厦门大学统计学系列教材

U0744993

Department of Statisics Textbooks

公司理财 【第二版】

■ 主　编　周永强
副主编　张玉哲

厦门大学出版社 国家一级出版社
XIAMEN UNIVERSITY PRESS 全国百佳图书出版单位

第二版前言

　　本书自 2008 年 3 月出版以来,得到广大读者的认可和厚爱,也有热心的读者来信指出了书中的一些错误和不足之处,并提出了很好的建议。在本书再版之际,对一贯支持和关心本书的读者表示衷心的感谢!

　　此次再版,由本人对全书做了一定的修改和补充。主要做了以下方面的工作:

　　1.修订了原书中的错误和不足;

　　2.增加和更新了一些新的资料;

　　3.部分章节添加了更具有实用性和启发性的案例分析。

　　当然,由于时间紧迫,尽管做了一些修订和补充,但全书可能还会存在一些错漏,希望读者不吝赐教,继续关心和支持,以期本书能够不断地得以完善。

周永强

2012 年 7 月

第一版前言

随着我国经济体制改革的逐步深入，社会主义市场经济体制和金融体系的进一步完善，我国经济步入了一个高速增长的发展阶段。在此背景下，中国资本市场也得以飞速发展，中国股市的良好表现引人注目。作为我国资本市场重要一员的公司，特别是上市公司，能否实现股东财富最大化这一目标，将成为我国资本市场能否持续有效发展的关键所在。

公司理财就是人们运用科学的方法，通过预测、决策、计划、控制和分析等手段，进行融资、投资(包括资金的内部配置和对外投资)和盈利分配的一项管理活动。公司要想利用资本市场筹集更多的资金，要想更加合理配置和使用资金，给公司的生存和发展创造良好的条件，以及给市场投资者提供更多的回报，就必须运用科学的方法和手段从事公司理财活动。本书正是基于此，较为全面地阐述了公司理财的基本理论和方法，并且借鉴了大量国际上各种行之有效的理财方法和手段，以期给读者提供更为宽阔的视野。

本书可作为大专院校的教材以及有志于公司理财活动、证券投资活动和各种其他投资活动的实际工作者重要参考书。

本书由厦门大学计统系系副主任周永强任主编，张玉哲任副主编。各章的执笔人分别是：周永强编写第一、第二、第六、第八章；张玉哲编写第三、第四、第五、第七、第九章；郭文编写第十、第十一章；黄月香编写第十二、第十三、第十四、第十五章；张志河编写第十六、第十七、第十八、第十九、第二十章。需要指出的是，张玉哲对第十二、第十三、第十四、第十五章做了大量的修改工作，周永强对第十、第十一、第十六、第十七、第十八、第十九、第二十章做了大量的修改工作。全书由周永强负责编写写作大纲和最后的修改、总纂工作。

2

本书在编写过程中,参考了国内外大量的相关文献资料,书后列出了主要参考文献。本书的出版得到了厦门大学经济学院计划统计系和厦门大学出版社的大力支持,在此一并表示衷心感谢!受编者水平所限,书中难免有疏漏或错误之处,恳请读者提出宝贵意见,以便日后进一步修改和完善。

周永强

2008 年 1 月 6 日于厦门大学

公
司
理
财

目

录

◀

①

第一章　总论

第一节　公司理财学的性质

一、什么是公司理财

公司是以营利为目的的经济组织。任何公司要达到营利这一目标,都必须拥有一定数量的资金,这些资金来源于所有者投入、向公司外界借款、公司内部形成的债务,以及公司的留存盈利。这些资金汇集于公司并被运用于:购置固定资产、为便利产销活动而储存一定数量的存货、向顾客赊销产品而形成的各种债权、为进行日常交易和偿付债务而储备的现金等等。在各个公司的各种经济活动中,形成了一条资金"长河",可以说公司是这种资金"长河"中的一个"蓄水池"。资金不断从这个"蓄水池"中发生流入和流出,数量上不断发生增加和减少,资金的这种变化事实上就是公司的资金运动。

在公司的资金运动过程中,人们必须了解公司根据当前的规模及今后的发展趋势该拥有或控制多少资金量,这些资金又该如何取得,以及得到了这些资金又该如何运用,公司通过运用资金取得盈利,而盈利又是如何分配的等等。所有这些方面的事务必须由公司财务人员做出合理的抉择,从而使公司的生产经营得以顺利进行。

公司的资金运动是一种客观实在,它伴随着公司生产经营活动的进行而存在。也就是说,只要有公司生产经营活动的存在,大量有关处理资金方面的事务就会客观存在。它不能脱离公司的生产经营活动,但又是相对于公司生产经营活动而存在的相对独立的领域。因此,公司的资金运动这一领域必须有专司其职的理财人员,运用科学的方法和手段进行调控,使之围绕着一定的目标运转,以保证公司生产经营的顺利进行和公司盈利目标的实现。公司资金运动是否正常,关系到公司的生死存亡,是公司存在与发展的重要前提。

为了保证公司资金的正常流动,人们必须借助于科学的方法和手段,对公司的资金运动实施有效的管理。更进一步地说,公司理财这一术语,就是指人们运用科学的方法,通过预测、决策、计划、控制和分析等手段,进行融资、投资(包括资金的内部配置和对外投资)和盈利分配的一项管理活动。也就是通常所说的财务管理。

总之,理财对于公司生产经营活动来说至关重要,是公司生产经营活动的前提和保证,只要有公司生产经营活动的存在就必然要有理财。理财是根据公司资金运动的客观规律,采取科学的方法和手段,对公司资金运动实施管理的一系列行为。它是公司这一营利组织能否朝着既定目标前进的重要保证。只要有公司就需要公司理财。

二、公司理财学的性质和内容

公司理财学也称公司财务学或公司财务管理学。它是用其独特的概念、逻辑形式和科学方法来研究资金运动规律,调控资金运动的一门经济管理科学。理财学的任务是:揭示资金运动的一般规律;探求遵循理财目标(财务管理目标),使公司资金运动有序运转所应当采取的形式、程序、方法和技术手段。

公司理财学是一门经济管理科学。具体地说,是研究公司资金运动的经济应用科学。与其他学科不同的是,由于理财学的研究领域是资金运动,而资金运动本身是一种价值运动,因此,理财学主要是从价值方面,研究如何调控公司资金运动的,它侧重于价值管理,当然也不忽视实物管理。此外,理财学的方法体系主要来自微观经济学,它的研究领域侧重于从公司这一主体来考察公司的资金运动。因此,理财学是一门微观经济管理科学。它必须研究如何围绕公司目标,进一步规范资金运动。至于宏观上的理财活动则属于财政学、金融学研究的范围。

尽管公司理财学是立足于公司的一门经济管理科学,但它并非研究公司所有的活动领域。因此,公司理财学的内容,首先必须阐明公司理财学的研究对象、公司理财的职能,在此基础上进一步揭示公司融资、投资和盈利分配的规律和方法,以规范公司理财行为,更好地实现公司的目标,提高经济效益。

具体地说,公司理财学的主要内容包括公司的融资、投资(包括资金的内部配置和对外投资)和盈利分配等方面的内容。

融资是公司生产经营活动的起点,也是公司理财活动的起点。它是公司为了满足生产经营的需要而进行的一系列筹集资金的行为。公司要开展生产经营活动首先遇到的问题是:公司究竟需要多少资金? 这些资金来源于何处? 这些不同的资金来源渠道其资金成本是多少? 有哪些不同的筹资方式? 筹资机会有多大? 所有这些涉及融资的理财活动,都必须运用科学的方法进行预测、对比和分析。因此,公司理财学首先必须探索融资活动的规律性,并运用科学的方法规范公司的融资行为,使公司的融资行为有序地进行。

投资(包括资金的内部配置和对外投资)是公司理财活动的第二阶段。公司筹集到了自己所需要的资金之后,接着便要考虑资金该用于何处。投资这一理财活动,事实上就是公司资金在各个不同领域和各种存在形态上的配置活动。从资金一般存在形态上看,公司筹集到的资金存在于下列形态:货币资金、储备资金、生产资金、成品资金等流动资金,以及固定资产、无形资产和其他非流动资产所占用的非流动资金。这些资金在时间上依次继起,在空间上同时并存。资金的任何一部分在循环周转中发生停顿都会使整个公司的资金循环发生障碍,生产经营也将无法顺利进行。公司理财学首先必须遵循资金运动的这一规律,运用科学的方法和程序,在收益率、机动性及其有关成本的比较,合理确定流动资产的恰当水平。同时,公司理财学研究投资还将涉及资金在各种固定资产等非流动资产之间的合理安排问题,其中包括多个投资方案的决策择优。由于一个投资方案的预期收益含有不确定性因素,它必然带有一定的风险性,因此,还必须重视投资方案风险的测定。总之,公司理财学研究投资,需要确定公司的资产总额、资产结构以及公司经营风险的状况。所有这些因素都会对公司目标的实现产生深刻影响。

盈利分配是公司理财活动的最后环节。它的实质是公司经营成果的分配活动。公司生产经营的重要目的之一,就是使公司资金增值。经过上述融资和投资活动,公司的生产经营及其资金运动围绕着公司既定的目标运转,运转的最终结果将是公司获得盈利或亏损。公司理财活动在这一环节上的具体内容就是对这一结果进行分配。公司理财活动对盈利分配的结果如何,将对公司今后的发展产生深刻的影响。严格说来,公司从收益中分配资金,既是一种分配活动,也是一项重要的融资活动。因为在盈利分配活动中,公司必须决定所得税额,对所有者分配利益的政策及支付方式,决定公司从收益中可用于扩大再生产的留存盈利额。这些内容既是资金分配范畴,也是一项重要的融资行为。因此,盈利分配这一环节可以说是投资或资金配置的继续,也是公司融资的连接环。在盈利分配过程中,公司理财同样必须研究盈利分配的一般规律及有关的国家税收政策,采取科学的方法分析盈利分配结果对今后公司发展的影响,以使公司盈利分配活动更趋合理化、规范化。

三、公司理财学的研究对象

每一门科学都有其独特的研究领域。有了自己的研究领域,这门科学也才有其存在的客观基础和必然性。同时,独特的研究领域也是各门学科相互区别的重要标志。如上所述,公司理财学是立足于公司这一主体的一门经济管理科学,但公司理财学的研究领域并不能包括公司行为的各个领域。它只涉及有关公司财产的价值方面,即公司资金运动。公司理财学的研究对象就是公司的资金运动。事实上,公司理财学的研究对象,也就是公司理财活动的具体对象。

公司的资金运动首先表现为现金形态,通过公司内部的资金配置和对外投资转变为各种形态的资产,随着公司生产经营的展开和资产的运用,各种资产形态又以各种不同的方式转变为现金。也就是说,公司的资金运动是以现金流动为主线,现金是其起点形态和终结形态。因此,我国许多学者据此认为公司理财的对象就是现金流动。这点我们不敢苟同,尽管资金运动是以现金流动为主线,但是现金转变为非现金资产,非现金资产再次转变为现金,有个较长的时间过程,而且随着非现金资产的耗用,公司也必须随时用现金予以补充。因此,大部分非现金资产是企业长期占用着的。为了尽快使公司非现金资产变成现金,就必须加速现金流转。此时与现金流动有着紧密联系的非现金资产管理同样是公司理财研究中不可缺少的重要领域。所以,我们认为,公司理财学的研究对象应该表述为公司资金运动更为恰当。

公司的资金运动可用下列图式表示。

1. 公司与金融市场之间的资金运动如图 1-1 所示。

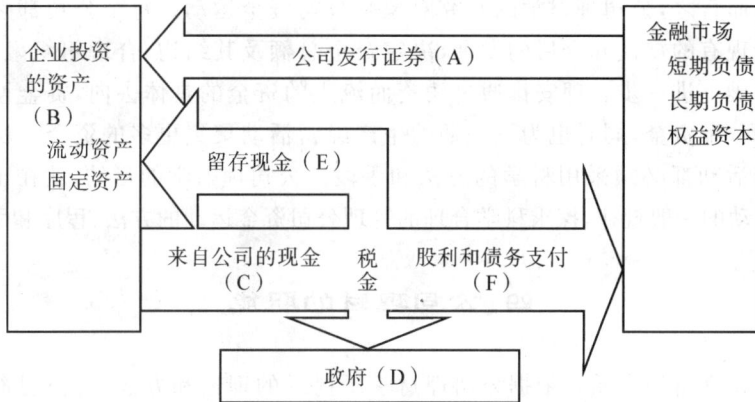

图 1-1　公司与金融市场之间的资金运动

图 1-1 中我们假设公司开始进行融资，在证券市场上向投资者发行股票和债券。现金从金融市场流向公司（A），公司经理将现金用于投资（B），公司经营创造现金（C），公司将现金支付给债权人和股东（F），公司留存一部分现金（E），一部分现金以税收方式支付给政府（D）。

2.公司内部资金运动如图 1-2 所示。

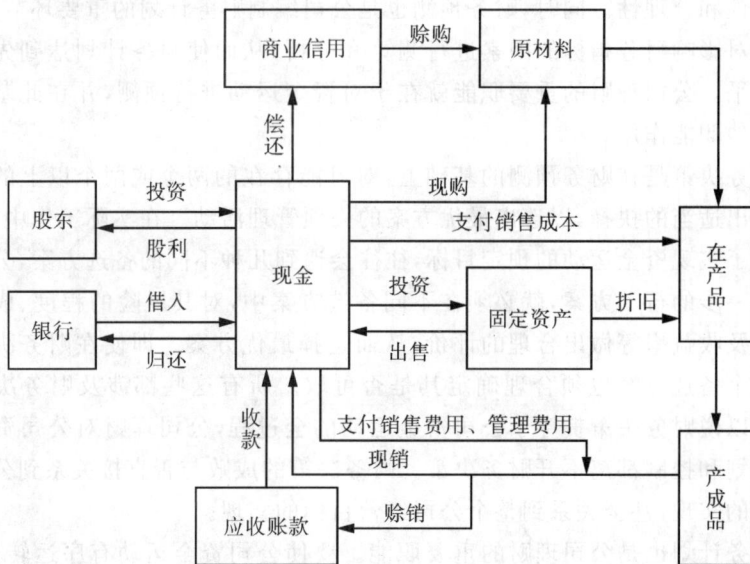

图 1-2　公司内部资金运动

总而言之,公司理财学的研究对象是公司资金运动。每个公司都必须根据自身现有的规模和今后的发展,决定资金总额及其结构,合理组织融资,并在此基础上进一步合理安排通过融资而流入的资金的具体去向,资金增值后须合理分配资金,同时也为下一期的生产经营活动聚集更多的资金。所有这一系列活动都必须采用科学的方法和手段。公司理财学的目的,就在于依据资金运动的一般规律,探求科学合理的管理公司资金运动的方法、程序和手段。

四、公司理财的职能

公司理财的实质是依据公司理财学所揭示的理论和方法,对公司资金运动实施调控的一项管理活动。公司理财活动的职能,就是调控公司资金运动。具体地说,公司理财活动具有财务预测、财务决策、财务计划、财务控制、财务分析五大职能。

财务预测是公司理财的首要环节。它是根据调查研究所掌握的公司资金运动的历史资料,以及当前的形势和今后的发展趋势,运用一定的方法,对公司资金运动及其结果进行科学的预计和推测。财务预测可以为财务决策提供不同的资金运动及其结果的方案,为财务决策提供叮靠的依据,保证财务决策的科学性和合理性。同时,财务预测也是公司编制财务计划的重要环节,它可以通过对影响财务指标的因素进行测算和分析,从而使财务计划达到先进合理的水平。公司理财的重要职能就在于对资金运动进行预测,并在此基础上发挥其他职能作用。

财务决策是在财务预测的基础上,对可能存在的两个或两个以上的备选方案做出适当的抉择,以选出最优方案的一项管理活动。在实际工作中,经济单位为了实现资金运动的预定目标,往往会遇到几种不同的备选方案,公司要确定下一步的行动方案,就必须在不同备选方案中,对其风险的程度、成本的高低以及收益率等做出合理的评价,从而选择最优方案。即使在财务决策中只有一个备选方案也须合理确定其是否可取。所有这些都涉及财务决策问题。可以说财务决策贯穿于公司资金运动的全过程,公司理财对公司资金运动的规划和控制都离不开财务决策。财务决策的成败与否直接关系到公司财务目标的实现,甚至关系到整个公司经营目标的实现。

财务计划也是公司理财的重要职能。要使公司资金运动有序运转,必须根据公司的目标,预先规定今后公司资金运动方向和预期目的。这是由公司所处的市场环境的风险性,及资金运动相互联系的特点所决定的。财务计划是公司整个生产经营计划的主要组成部分,是公司经营目标在公司资金运动中的具体化,也是指导、组织和控制公司资金运动的重要依据。公司理财发挥财务计划功能,就是要对公司资金运动的各种情况进行周密的分析和研究,在预测、决策的基础上,妥善安排日常财务收支,及时调控资金运动,以提高对公司资金运动的预见性,防止盲目性。事实上财务计划功能的发挥,既是财务预测、决策的进一步深化,也是公司理财履行其他职能的重要基础。

　　财务控制是对公司资金运动实施调控的具体行为。它必须根据财务计划所规定的各项资金运动目标,对预期可能发生的或实际已经发生的资金运动情况进行收集、比较和分析,并采取行之有效的措施对资金运动实行调控,及时纠正偏差,以使资金运动沿着计划目标有序运转,保证计划目标的实现。财务控制是对资金运动的日常调控行为,它具有经常性、及时性和全面性的特点,是一项十分具体而又繁杂的日常工作。

　　财务分析是以资金运动历史资料为主要依据,对公司资金运动结果进行对比、评价和考核活动,以确定公司经营业绩,揭示资金运动过程存在的问题,以便为日常实施财务控制提供可靠的依据。公司理财的一项重要职能就是对公司资金运动结果做出合理的评价,以便进一步肯定成绩,找出差距,并找出各种理财活动之间以及理财活动与其他经济活动之间的有机联系,及时采取有效的调控措施。这些大量的工作大部分集中于财务分析的范畴,或者说是建立在对资金运动进行分析的基础之上的财务调控行为。因此,财务分析同样是公司理财的一项重要职能。

五、公司理财的方法体系

　　公司理财的方法是依据资金运动的一般规律,调控资金运动的一系列技术和手段。

　　公司财务目标能否实现,资金运动过程能否有序运转,理财所具有的功能能否充分实现,在很大程度上取决于公司理财方法是否科学、合理和先进。因此探索和完善公司理财的方法体系,是公司理财学研究的重要目标。

　　公司理财的方法体系是建立在公司理财学研究对象和职能的基础之上的。因此,公司理财的方法体系也必须依存于公司理财学研究对象的一般规律及其职能的一般特性。它受到理财对象及理财职能的制约。研究理财的方法体系必须与公司理财学的研究对象和理财职能紧密联系起来。

　　依存于公司理财学的研究对象——公司资金运动——的一般特性,公司理财的方法体系具有如下特征：

1.资金运动是一种价值运动，它的计量单位主要是货币。因此，公司理财的方法体系，主要也是从价值方面，对公司资金运动进行预测、决策、计划、控制和分析的一系列专门方法。

2.货币本身是有时间价值的，为了保证不同时期资金运动之间的可比性，理财的方法体系必须考虑货币的时间价值。这一特征决定理财方法体系不能以币值稳定为前提，而必须考虑现实币值，甚至是将来币值，才可能对资金运动做出正确合理的评价，才不至于使决策误入歧途。因此严格地说，理财方法体系的运用过程，并不能完全直接运用财务会计所提供的信息，有时需要对之进行进一步的加工、整理、改造和延伸才能运用。

3.理财方法体系具有较大的灵活性。理财活动可以采用灵活多样的专门方法和技术。如财务预测有多种多样的预测方法，财务决策也有多种多样的决策方法，这些方法的选择并没有固定的程序，它必须根据当时的环境和所占有的资料，确定适当的方法，才有可能使公司理财真正做到行之有效。理财方法体系的这一特性，也决定了公司理财学研究所肩负的重任——它必须根据当前的形势和科学技术发展状况，不断探索新的行之有效的理财方法，并运用于理财的具体运用中去，在实践中不断得以完善。

此外，公司理财的方法体系也受到理财职能的制约，有怎样的理财职能就必然会产生怎样的理财方法。而理财方法反过来又进一步强化了理财职能，它是理财职能的进一步延伸和具体化。

具体地说，理财具有如下一系列方法体系。

1.财务预测方法。财务预测方法是推断和测算资金运动未来趋势的一种技术手段。它主要包括定性预测方法和定量预测方法两大类。定性预测方法包括个人判断法、集合意见法、市场调查预测法等等。定量预测方法主要有：移动平均法、指数平滑法、趋势预测法、回归预测法等等。财务预测并不是一种主观臆断，而是一种科学的推测。因此，它必须有一系列科学的技术手段作保证，才可能使预测与实际大体相符。

2.财务决策方法。财务决策方法是选择未来资金运动方案的技术手段。它包括筹资决策方法和投资决策方法两大类。筹资决策方法主要有：比较筹资成本法、比较筹资机会法、比较筹资收益与成本法等。投资决策的方法主要有：平均收益率法、投资回收期法、净现值法、现值指数法、内部收益率法等。投资决策方法中的前两个方法没有考虑货币的时间价值，有一定的局限性。后三种方法考虑了货币的时间价值，比较合理，因此运用也更为广泛。

3.财务计划方法。财务计划方法是编制财务计划的技术手段。它是在财务预测和决策方法基础之上通过编制各种计划入手,实现一系列资金运动目标。具体地说,包括资金计划、成本计划、利润计划等。

4.财务控制方法。财务控制方法是对日常资金运动实施调控的技术手段。主要包括:快速收现法、最佳订货量法、信用分析法、账龄分析法等等。

5.财务分析方法。财务分析方法是评价、考核资金运动结果的技术手段。它主要包括:财务比率分析法、对比分析法、共同基准分析法、杜邦分析法等。

总之,公司理财方法体系是多种多样的,它并没有绝对固定的程序,这些方法的运用,必须依据资金运动的内容,选择适当的方法,从而对公司资金运动实施有效的调控。

第二节 公司理财科学的产生和发展

一、公司理财的产生

公司理财的产生和发展,与股份有限公司和金融市场的完善和发展有着密切的联系。

大约在19世纪中叶,欧美产业革命已经完成,制造业迅速崛起,企业规模日益扩大,原先的独资、合伙企业已经不能适应形势发展的需要,从而出现了一种新的企业组织形式——股份有限公司。股份有限公司一出现就显示出了其强大的生命力,并逐步成为在现代社会生活中占统治地位的企业组织形式。股份有限公司之所以具有如此强大的生命力是与其内在所具有的优势有密切关系的。与独资、合伙企业相比,股份有限公司呈现出如下几大优势:

1.独立的法律实体。公司具有法人资格,它可以作为合同的一方购买或拥有资产;可以独立地承担相关的法律责任,可以起诉别人,也可以被起诉。

2.有限责任。股东对公司的债务负有有限责任,即以股东投资于公司的股本数为限。如:某股东拥有公司10 000元的股份,其可能产生的最大损失就是10 000元。

3.股份可以随时转让。由于公司的存在与持股者相分离,加上公司的产权又以股份形式表现,所以其产权不像其他企业组织形式那样受到严格限制,而随时可以转让给新的所有者。

4.永续经营。从理论上说,公司具有永久生命,因为公司与其所有者是分离的,它不会因为某个所有者死亡或撤出而消亡,即使某个所有者撤出,公司照样继续经营。

5.可筹集大量的资金。股份有限公司可以通过发行股票的形式向社会公众筹集资金,也可以通过发行公司债券向社会公众举债。因此,其资金来源渠道和方式要比其他企业组织形式广泛得多。

6.管理权与经营权的分离。由于公司的所有者——股东——独立于公司之外,因此,公司的经营管理权可以掌握在具有一定管理能力的管理者手里。这样更有利于公司的生产经营活动。

尽管股份有限公司具有种种优点,但与其他企业组织形式比较,也存在一些不容忽视的缺点:

1.双重课税。根据公司所得税法,公司作为一个独立的法人除了需要交纳公司所得税外,如果盈利分配给股东,股东还必须交纳个人所得税。也就是说,与其他企业组织形式比较,公司的股东是双重课税的。

2.管理大权过于集中,会给少数资本雄厚大股东提供舞弊的机会。公司大股东可能会不顾中小股东的利益而做出对自己有利的决策。

3.由于管理权和经营权的分离,由此产生了管理者和所有者之间复杂的委托—代理关系,公司管理者可能会出于自身的利益要求而做出损害股东利益的行为,即所谓的代理问题。

尽管股份有限公司也不可避免地存在着种种缺陷,但由于股份有限公司在管理上和融资上存在着巨大的优越性,因此,股份有限公司一出现就显示出了其强大的生命力。

伴随着股份有限公司的出现,在公司内部也相应出现了一些全新的问题,即:如何筹集股本、股票如何发行、公司外界有哪些资金来源渠道、筹集的资金应该如何运用、公司的盈利如何分配等等。为了解决上述问题,很多公司成立了新的职能部门——财务部门。这样独立的公司理财活动也就应运而生了。

二、公司理财的发展

公司理财从其形成之日起,就处于不断的发展和逐步完善的过程中。从其发展的历程来看,大致可以划分为三个阶段:

（一）融资理财阶段

这一阶段大约是从 19 世纪中叶到 20 世纪 30 年代止。由于理财科学研究尚处于起步阶段，理财的方法和手段也比较单一，因此，公司理财基本上是以描述金融市场和各种股票、债券的交易为主。从公司会计账目上看，主要集中在负债和所有者权益上。公司理财的重点就是融资。

（二）投资理财阶段

这一阶段大约是从 20 世纪 30 年代到 50 年代止。20 世纪 30 年代爆发了世界性的经济危机，世界经济处于萧条之中，导致企业纷纷倒闭。残酷的现实告诉人们，公司理财单纯依靠融资是远远不够的，人们还必须关注如何对资金进行有效的配置和合理的利用。也就是注重公司的资产管理，以最大限度地提高资金的利用效果。这一阶段公司理财发生了如下变化：

1. 公司理财由融资发展到了资产管理，即注意到了资产投资。

2. 现值的方法开始运用到资本支出的分析上，使得投资决策有了较为可靠的方法。

3. 评估资本成本和金融资产价值的技术方法有了较大的突破。

正是由于上述的几个变化，使得公司理财进入了一个重要的发展阶段，并为现代理财阶段奠定了坚实的基础。

（三）现代理财阶段

从 20 世纪 60 年代开始，公司理财获得了许多突破性的进展。这一阶段涌现出了许许多多崭新的理论，这些理论因在随后的理财实践中得以验证或因理论上无懈可击，而相应获得诺贝尔经济学奖。主要有：

1. 投资组合理论。投资组合理论是由美国财务学家马科维兹提出、拓展并由威廉·夏普和林特纳等人加以完善的现代公司理财重要理论之一。投资组合是指一种以上的证券或资产所构成的集合。该理论认为，通过组合投资可以降低风险，其收益是这种组合的证券收益的加权平均数，但其风险并不是这些证券风险的加权平均风险，因而通过组合投资，可以达到在保证收益一定的情况下分散风险的目的。该理论出现后在理财界引起了很大的反响，为此，马科维兹于 1990 年获得诺贝尔经济学奖。

2. 总价值理论（资本结构理论）。该理论由美国财务学家莫迪格莱尼和米勒提出。总价值理论主要研究一个公司能否通过改变其资本结构——负债和权益比率,来影响公司的总价值和提高股东财富。该理论主要包括:MM 资本结构无关论、MM 公司税模型、米勒模型。这些理论被认为在资本结构方面具有开拓性的进展,并把公司理财理论研究推向了一个新的高潮。米勒也因此获得 1990 年诺贝尔经济学奖(莫迪格莱尼于 1985 年获得该奖)。

3. 资本资产定价模型。该理论是由美国财务学家威廉·夏普在研究投资组合理论基础上提出的。该理论认为,风险包括系统风险或市场风险和非系统风险或独特风险。投资者通过投资组合可以化解非系统风险(独特风险),因而投资者所面临的风险只有一个,即系统风险(市场风险)。在考虑系统风险基础上,威廉·夏普提出了证券收益率的确定方法。威廉·夏普因该理论同样获得 1990 年诺贝尔经济学奖。

4. 套利定价理论。套利定价理论由美国财务学家罗斯(Ross)在 1976 年提出,套利定价理论把资本资产定价模型中的市场收益分解成由基本经济因素产生的各种收益,但这些因素的不确定性导致证券收益的不确定性。因此,证券的系统风险是多种的,各种证券对每一个经济因素的敏感程度是不同的。一个因素会使这种证券价格上升,另一个因素可能会使这种证券价格下降。套利定价理论将资本资产定价模型的单因素模型,拓展为多因素模型,以期能更好地适应复杂多变的现实经济情况。

5. 期权定价理论。由于期权是构造新型金融产品(包括新型金融工具和金融服务)的最重要部分,大量涌现的期权、新型金融产品和技术手段使金融市场具备了更为充分地转移风险和进行套期保值的能力,当然也为大规模的金融投机活动创造了新的机会和提供了新的工具和手段。只有深刻理解这些新型金融产品的特性,才能加强金融监管,规范市场行为,控制总体金融风险,保持金融系统的稳定和发展。已故的布莱克(Fischer Black)博士和舒尔斯教授 1973 年发表在《政治经济学杂志》上的第一个期权定价模型,是现代金融学的一座里程碑。在随后推广和完善该期权定价模型的过程中,默顿教授作出了突出贡献。金融交易的核心技术是对所交易的金融工具(或称有价证券)进行正确的估值和定价,他们的定价理论成果与金融市场的实际操作有非常紧密的联系,被直接应用于金融交易实践并产生了巨大的影响,推动了全球衍生金融产品市场的迅猛发展。为此,默顿和舒尔斯获得 1997 年诺贝尔经济学奖。

(四)近期的发展趋势

20 世纪 90 年代以来,公司理财的重点仍然在财务决策上,并在以下方面体现了公司理财的发展趋势:

1.人们越来越相信正确的投资决策有赖于对资本成本进行精确的测定,因此,资本成本的计量方法在公司理财中起着关键的作用;

2.企业并购活动不断发生,这导致人们对资本营运越来越有兴趣;

3.由于全球经济一体化趋势越来越明显,以及交通和通信技术的加速进步,促进了国际理财的进一步发展;

4.由于资本供应普遍不足,重新引起了人们对融资方法的兴趣;

5.由于人们对社会责任问题(环境保护、失业等)的日益重视,导致财务经理必须花费更多的时间去研究这些问题与股东财富最大化的恰当关系;

6.通货膨胀问题普遍存在,导致人们不得不将它看作是影响公司财务决策的重要力量。

总之,公司理财从它产生之日起,就处于不断的发展壮大之中,其中也有过不少的辉煌。但公司理财毕竟还是一门年轻的学科,许许多多的理论还值得我们进一步研究和探讨,我们期待着在中国公司理财也有个飞跃发展过程。

第三节　公司理财目标

一、公司理财目标的选择

公司是一个营利性的经济组织。因此,公司的目标就是为公司所有者(股东)创造财富。公司理财目标也应该尽量和公司的整体目标相一致。公司的目标大致可以确定为:营销最大化、扩大市场占有率、利润最大化、每股收益最大化、股东财富最大化。

(一)营销最大化和扩大市场占有率

公司的存在是为了生产,生产是为了销售,销售的目的是进一步扩大市场占有率,为公司创造更多的收入和为股东创造更多的利润。因此,公司生产出来的产品首要的任务就是销售,并且在激烈的市场竞争中迅速占领市场,在此基础上获取最大的收入。从这点上看,公司的这一目标也有其合理性。但是从这里我们也不难看出,营销最大化和扩大市场占有率其实质是收入最大化,这个目标忽略了成本因素。我们知道,当销售额不断增大时,各类经营成本也会相应地增加。其结果可能是销售额大而盈利额很小,甚至销售额越多,亏损越大。此时连公司的生产经营能否继续下去都很值得怀疑,更谈不上公司的进一步发展了。因此,营销最大化和扩大市场占有率可以作为公司某个特定时期的目标,但不能成为公司理财的目标。

(二)利润最大化

利润代表公司的财富,利润越多表明公司聚集的财富越多,也就越接近于公司的整体目标。而且,利润最大化也有其合理之处。因为:

第一,利润是公司生存和发展的源泉。公司要想在激烈竞争的市场中求得生存,必须获取利润,要想在生存中求发展更必须获取利润。一家公司如果长期处于亏损状态,就可能出现资不抵债,陷入破产、倒闭的境地。公司的生存都出现问题,其发展更缺乏基本的源泉和动力。

第二,利润是提高股东收益和经理人劳动报酬的源泉。因此,公司的外部股东、内部管理当局以及公司的一般员工都会为之而努力。

第三,利润在一定程度上也反映了公司经营效益的高低。

可见,把利润最大化当作公司理财的目标也有其合理之处。

但是,我们也应该看到,利润最大化尽管有着许多好处,但其也不可避免地存在着种种缺陷。

1.从会计学角度来看,利润是收入扣减费用以后的结果。在会计准则的制约下,收入和费用是依照权责发生制原则确定的,许多收入和费用是挂账的,它们并没有真正涉及现金收入和支出。许多公司尽管账面会计利润很多,但仍然不可避免地发生财务困难,道理就在于此。

2.没有考虑利润发生的时间,没有考虑货币的时间价值。假设有两个投资项目:一个是今年获利1万元,另一个明年获利1万元。如果从其利润来看好像是一样的。但严格说来,今年的1万元和明年的1万元是不等值的,因为今年的1万元可以进行投资,又可以获取投资收益。因此,今年的1万元比明年的1万元价值更高。但利润最大化并没有考虑货币的时间价值,有时就会造成财务决策的困难或者失误。

3.没有考虑风险因素。上述两个投资项目假设在同期获利都是1万元,哪个项目更好?如何选择?如果考虑了风险因素,在利润相同的情况下,就可以依照风险的大小来取舍。如果不考虑风险因素,那么,在这种情况下就很难做出决策了。

4.没有考虑与资本额的关系。如上例,都是获利1万元,一个项目投资额为5万元,另一个项目投资额为6万元,哪个项目更好?如果不与资本额联系也难以做出正确的判断。

可见,利润最大化并不是公司理财的可靠目标。

(三)每股收益最大化(净资产收益率最大化)

每股收益(净资产收益率)是利润额和股本数相比较的结果,能够反映公司的盈利水平,在财务分析中起着重要的作用。但是它仍然无法避免利润最大化目标所具有的那些缺陷,同样不能成为公司理财的目标。

(四)股东财富最大化(公司价值最大化)

股东是公司所有权的拥有者。股东财富最大化就是通过公司的合法经营,采取最优的财务决策,在考虑货币时间价值的基础上,不断使公司股票价格提高,从而达到股东财富或公司价值最大化。

这是因为:

1.公司股票价格代表了所有投资者对公司的集中评价,是公司各种经营情况的集中体现;

2.股票价格反映了公司当前收益和预期未来收益,反映了时间上的持续性;

3.股票价格考虑了风险、货币时间价值,以及影响股票价格的其他因素;

4.股票价格也反映了公司管理当局的管理水平。

但是怎样才能知道公司的决策是否符合股东财富最大化的目标呢?其实,股东财富就是以公司股票价格来衡量的。只要能选择和实施那些可令公司股票价格上升的决策方案,就可以实现股东财富最大化。所以,要判断公司的决策是否符合股东财富最大化的目标,只要看公司股票市场价格的表现就可以了。当然,股东财富最大化的目标,是建立在有效资本市场假设基础之上的。如果我们面对的是没有效率的资本市场,公司的各种信息无法体现在股票价格上,那么股票价格的升跌便不能正确反映出公司所面对的真实的回报和风险。这时股票价格就不是衡量股东财富最大化的指标。由此可见,有效资本市场的重要性。至于有效资本市场假设的具体内容我们将在下一节予以阐述。

二、社会责任

公司管理当局在追求股东财富最大化的同时,不可忽视社会责任。因为公司作为在社会上举足轻重的经济组织,必须慎重考虑其政策和行为对社会整体的影响。近年来,人们已经意识到外部经济环境对公司决策至关重要。

因此,公司在追求股东财富最大化的同时也必须承担相应的社会责任。

公司对社会承担的责任主要包括:(1)环境保护活动;(2)保护消费者利益;(3)付给职工公平合理的工薪;(4)社会慈善活动等。

公司在承担上述社会责任时,往往会遇到一些难题:

1. 所承担的社会责任并不均衡。因此,公司究竟要承担多大的社会责任,社会责任对股东财富最大化目标产生多大的影响等等,成为摆在公司管理当局面前的一大难题。

2. 社会责任有时与股东财富最大化目标相矛盾,如环境保护问题。本来公司盈利可以以股利方式分发给股东,但由于环境保护问题,公司不得不将部分财富用于环境治理上。从总体上说,尽管社会责任在短期内和股东财富有矛盾,但从长远看,两者并不矛盾,甚至有助于股东财富的形成。

当然,我们不可能要求公司能够完全解决上述矛盾。但公司在追求股东财富最大化的同时,应考虑社会责任问题。

案例 1-1 王老吉:一个亿捐款背后的逻辑

公益营销背后确实隐藏了很多机会。但这么多的机会里有大有小,有难有易,投身公益营销回报大不大,不在于出的钱多不多,而在于是不是能够抓住最关键的核心机会。只有这个机会,才能催化公益营销的效应,产生"四两拨千斤"的效果

"王老吉,你够狠!捐一个亿!为了整治这个嚣张的企业,买光超市的王老吉!上一罐买一罐!"这段话来自一篇题为《让王老吉从中国的货架上消失!封杀它!》的帖子。虽然只有短短40多个字,但其中的巨大"杀伤力",可抵十万雄兵。

这就是王老吉。在不同人眼中,王老吉有很多面,有人说王老吉粗俗得可以,把中国人民当白痴,雇佣网络营销团队到处注册新址,自编、自导、自演了一出"独角戏"。无论是发帖还是跟帖,据说80%都来自一家号称月收费38万的网络推广公司;也有人说,王老吉有爱心,大灾当前充当了一个大爱的角色,是中国人身上那股子向上的力量;还有人说,虽然王老吉炒作痕迹明显,但1个亿是不折不扣的真金白银,瑕不掩瑜,就算有炒作的成分,但作为中国食品业界的"第一捐",王老吉仍然值得敬重。

尽管在汶川地震中,捐赠超过1个亿,或者和王老吉一样多的企业为数不少,譬如央视赈灾晚会当天,王老吉旁边的"日照钢铁"也捐了1个亿,但是很明显,几天之后几乎没几个人记住了这家日照钢铁公司,但王老吉却成了中国

人民特别是中国网民心目中的"品牌英雄"。之所以出现如此之大的天壤之别,背后的故事发人深思。

　　这是一个营销的时代,每个品牌、每家企业都在不遗余力地跟消费者进行沟通,一遍又一遍的诉说着自己如何如何好,希望能够有效的扒开消费者的钱包;这也是一个不幸的时代,每天发生在地球上的天灾人祸层出不穷,大到国家、企业,小到个人,都必须经历一个又一个的突发事件。当面对汶川地震这样的突发事件时,企业可以做些什么,又应该做些什么,企业要怎么做才能既符合商业利益,又兼顾社会责任,这是个大课题,所有企业都希望能够参透这个课题。王老吉虽然捐赠了1个亿,超常规地履行了一家企业的社会责任,但王老吉同时也收获了社会给予的丰厚回馈——王老吉第二天开始全国市场的全线飘红刮起了一股巨大的营销旋风。原本一直在北方市场徘徊不前的状态一朝之间风云变幻,开始为北方所尝试接受。还有那些原本王老吉进入不了的渠道也成功地借助这次公益营销得以入驻,所有这些都是王老吉此番义捐的现实收益;而那些改编的广告语"要捐就捐一个亿,要喝就喝王老吉"、"今年过节不收礼,收礼只收王老吉",还有几亿中国网友的相互传播,可以说是王老吉的品牌潜在收益了。

　　王老吉捐赠1个亿所引起的种种讨论和争议,重新让食品行业思考一个老问题——公益营销,如何才能做到"赢"销。

系统公益营销思维

　　公益营销是继数据营销、体验营销之后的又一个营销概念,对于当代有成熟的消费价值观的消费者,公益营销因为同时具备公益特性和营销促进而广受追捧。因为这种营销方法在中国出现和流通的时间极短,跟世界500强的游刃有余比起来,国内企业显得相当的生疏和不适应。万科"捐赠门"事件的爆发,淋漓尽致地暴露了国内企业在公益营销运用上的相形见绌。

　　公益营销首先是公益,按中国人几千年传承的传统,做好事是不可以求名的,如果做了好事就四处宣扬,那是俗不可耐的。这个观念流行了几千年,就像一道魔咒一样,制约了从古到今许多企业或个人投身公益事业。

　　指望每个人都像雷锋一样是不现实的,雷锋毕竟只有一个。而且社会要发展,就必须让资源增值。而从企业投资回报的角度来讲,只有当投入能够带来回报的时候,投入才能实现增值,有增值才能有下一次更大的投入。如果只投入不产出,资源难免一朝用尽,到时,就算有心做慈善也怕是无力掏腰包了。

　　公益营销虽然可以作为一个整体来思考,但在这里面公益多一点还是营销多一点,什么时候这种比率关系又在发生变化,是一个相当微妙的关系。大多数企业之所以大搞公益而不敢做营销,或是公益营销遭遇猛烈抨击,主要就是拿捏不准这里边的微妙关系。此次汶川地震,应该说绝大多数企业都站出来出钱出力了,但是,一部分企业或个人虽然出了钱,但受到了国人特别是网民猛烈的抨击。譬如万科,捐赠了200万买来国内千万同胞的唾骂,汇聚的唾沫绝对可以淹没万科的办公大楼。

另外还有一些企业,譬如一家地产商号称拿100套别墅出来,让灾区的小朋友住上别墅,简直闻所未闻、匪夷所思,被认为是恶性的炒作而大受抨击。客观地说,这些企业也是出了钱的,但后来居然演变成了"出钱又出血(受伤)"。之所以出现这种现象,其根本就在于没有把握好公益与营销之间的微妙关系。

以汶川地震为例,企业投入公益营销,必须结合汶川地震不同的阶段,给予不同的公益营销把握。汶川地震的整个抗震救灾系统工作分为三个阶段,一是抗震救灾,二是灾民安置,三是灾后重建。

在第一个阶段抗震救灾,救人是第一位的,任何与救人无关的主题,都是多余且无法为人所接受的。譬如有一家企业第一时间推出了"消费一件产品就为灾区人民捐赠多少钱"的促销活动,就被人抨击为"无良企业,趁机敛财",这个时候,大家需要的是为救人提供直接的帮助,譬如捐赠救灾物资,直接组织救灾等。很多食品企业在这个阶段的公益营销都显得比较成功,譬如福建盼盼食品集团在地震一天后,即火速调集法式小面包运送灾区,成为第一个将法式小面包送进灾区的食品企业,尽管盼盼当时只是捐赠了大约100万元的食品,但在救灾时刻,一块法式小面包可能意味着一个生命,盼盼也因此而为媒体广泛报道。至于上述的"消费捐赠"活动,很显然不适合在"抗震救灾"第一阶段运用,而更适合在第二或是第三个阶段使用。

公益营销要稳

王老吉之所以大获成功,准确地说并不在于它出的钱多,而在于它出的钱"准"。王老吉本次捐赠的"准"主要体现在两个方面:一方面,5月18日前后,通过3~5天的救灾及信息披露,几所全球都完整地接收了汶川地震的信息,汶川成为全球关注、关怀的对象。与此同时,因为信息传递的不对称,互联网上风行一个《国际铁公鸡排行榜》,陈述了一个错误的事实,指出国际品牌在汶川地震中表现呆板,没有体现出足够的人道主义和企业责任。这个时候,正是群情激昂的时刻,王老吉出手就是1个亿,比之可口可乐、百事可乐、达能等大多数国际食品公司加起来的捐赠还要多得多,这一巨大的反差强烈地刺激了中国人民的神经,国际品牌在这一刻成了"品牌的矮人",而王老吉则瞬间超越了那些国际食品企业,成为"品牌的巨人";但鉴于灾区本身的混乱和无序,更多的人无法亲涉灾区见证,只有通过收看电视来表达关注之情。

中央电视台作为中国的传媒老大,其影响力和号召力非同一般。央视2008年5月18号举办的那场赈灾晚会,共有数亿人观看,其收视率甚至不亚于春节联欢晚会,王老吉选择在央视赈灾直播晚会现场捐赠,又是天量的1个亿,几分钟之内,这一信息就可以传递给13亿中国人民和海外华人,效果可以在几个小时内发酵,不可谓不"准"。

(资料来源:http://spzx.foods1.com/show_989356.htm 2010-9-10)

第四节　与公司理财目标相关的两大理论问题

一、代理问题

如前所述,现代公司的一大特点就是所有权和经营权的分离,股东聘请经理人管理公司的日常经营活动。因此,在股东和管理者之间就形成了一种委托—代理关系。但是经理人作为一个相对独立的利益群体,他的目标和所有者的目标并不完全一致。同时,在生产经营过程中,经理人又从银行或其他债权人那里筹借资金以支持公司的运作。这样又形成了股东和债权人之间的利益关系。债权人把资金借给公司并不是为了实现"股东财富最大化",他们的目标也与股东的目标不一致。为此,公司必须协调好这三者利益关系,才能真正实现"股东财富最大化"目标。

(一)所有者和管理者

当公司所有者同时也是经理人时,在公司的经营上就不会产生所有者和管理者之间的利益冲突,因为所有的利益和损失都由经理人自己承担。

但在一般大公司里,管理者并不是所有者,所以,他们可能会因为种种原因,未必采取对公司所有者最为有利的行动,给公司及所有者造成损失。这种委托人(股东)和代理人(管理者)之间的利益冲突就是所谓的代理问题。

1. 管理者目标

管理者作为独立的利益团体有他自身的目标：

(1)增加报酬。管理者可能会不顾股东利益,千方百计提高自身的工资、奖金等报酬。这一点在我国上司公司中的表现尤为突出。见资料1-2。

资料1-2 我国上市公司在高管薪酬方面存在的主要问题

①缺乏行之有效的薪酬管理办法,管理层只要按部就班就可以轻而易举地获取巨额奖金。而且重奖轻罚或是重奖不罚的现象普遍存在。

如山西一家公司,按超额累进比例提取奖励基金,利润目标每超过500万,提取比例上一个台阶,从4%起最高可提到25%,但如果完不成利润,只罚1%。再如一家纺织类上市公司,奖励基金按分段累进的办法提取:净资产收益率在6%以内,按利润的5%计提奖金;净资产收益率在6%~8%之间,按净利润的10%提取奖金;超过8%部分,按净利润的15%提奖金。资料显示,该公司上市以来运行平稳,净资产收益率均在6%以上,管理层每年至少可稳稳当当拿到400万元左右的奖金。值得注意的是,该公司提出奖励办法不久即发布了业绩大幅增长的预告,预计中期净利润将增长50%以上。如果全年公司净利润也能够增长50%,按照这一办法,管理层可拿到800多万奖金。

海南一家ST公司2002年扭亏为盈,董事会认为经理层在扭亏保"牌"中功不可没,决定奖励112.8万元。

在1 000多家上市公司,目前还没有发现一家公司由于亏损而大幅度减少高管的薪酬,对于经营问题高管也无须承担任何经济、法律和道德责任。

②约束机制缺失,管理层几乎可以随心所欲地自己为自己加薪。

从理论上说,上市公司的薪酬标准应由股东大会决定,但在中国由于股权结构不合理,在一股独大的情况下致使董事会决议很少被股东大会否决。许多上市公司的薪酬水平实际是由董事会决定,也就是说董事会自己在决定自己的薪酬水平。在没有其他约束的情况下,就出现了人有多大胆就拿多少钱的现象。上海荣正投资咨询有限公司在1999—2002年对上市公司的高管薪酬与业绩的相关分析的跟踪调查结果显示:1999—2001年基本不相关,也进一步说明了高管薪酬的随意性。我们不妨看看如下具体案例:

如"ST科龙"的高管以160万元的年薪连续3年蝉联中国上市公司中年薪最高的高管。2001年,年报数据表明,ST科龙亏损15.56亿元,系沪深股市四家巨亏15亿元以上的亏损大王之一,但该公司却以最高年薪750万元列沪深1 170多家上市公司高管薪酬之首。高管高薪与其业绩的关系简直令人不可思议。

巨亏 4 个多亿元的江苏一家公司，前三名高管人员的年薪仍为 207 万元。要知道这些薪酬还不包括上市公司高管所拥有的许多隐性收入。

一家高速公路公司尽管业绩下滑了 34％，但前三位董事的报酬还是由前一年的 32.8 万元增加到 160.9 万元，几乎是上一年的 5 倍。

另据有关资料显示，2001 年上市公司前三位高管年薪过百万的只有 50 家，而到了 2002 年，增加到 95 家，从已发布公告的情况估计，2003 年这一数目增长幅度更大。

③一些刚刚上市的公司在管理上并没有发生大的变化，也未给股东带来任何财富，便急不可耐地进行所谓的薪酬"改革"。

2003 年提出薪酬改革的 100 多家公司中，2000 年以后上市的占 40％，有 15 家是 2002 年以后刚刚上市的。

④公司高管薪酬结构不合理，简单化和短期化行为明显。

在薪酬结构上基本薪酬所占比例偏大，浮动薪酬，尤其是股权激励部分所占比例偏低。高管人员大部分未持有公司股份，说明国内的高管薪酬还主要集中在短期激励上。

调查显示，中国 66％的 CEO 并未拥有自己公司的股票，很少有公司在高管薪酬中引入了长期激励。而美国的高管基本薪酬占其薪酬总额的 32％，短期的激励（红利）占 17％，长期的激励（期权）占总额的 51％；而在国内，高管的基本薪酬达到了其薪酬总额的 85％，短期激励占 15％，长期激励几乎为零。

⑤片面强调高管高薪，忽视股东利益。

现在很多公司管理层追求的是股东分红最小化，高管薪酬最大化。部分上市公司在对高管出手大方的同时，对股东却吝啬有加。

如上述山西一家上市公司管理层可拿到 800 多万奖金，但公司上年派发给流通股东的红利才 1 000 万元。

某沿海上市公司近 4 年来每股收益均超过 0.50 元，高管总薪酬接近 1 000 万元，财务状况也较稳健，但公司却没有实施过派现送转方案。2002 年我国上市公司高管最高年薪位于前几名的上市公司之一——创智科技，高管人员（共 12 人）的年薪总额合计 276 万元，而股东红利为 1 253 万元，前者为后者的 21.30％；小天鹅 A，高管人员年度报酬总额 422 万元，而公司于本年度亏损，不分红。①

---

① 根据 http://gd.sina.com.cn（2003 年 7 月 13 日）：《人有多大胆就拿多少钱》和《经济参考报》（2003 年 7 月 16 日）有关资料整理。

资料 1-3　百强上市公司高管薪酬失控

本报讯"中国百强公司高管报酬的'失控'与'过高',不仅仅是相应减少股东财富的问题,而且会严重影响中国'现代企业制度建设'和公司治理改进步伐。"昨天,风险咨询和内部审计专业机构甫瀚公司联合中国社会科学院世界经济与政治研究所公司治理研究中心、国家行政学院领导人员考试测评研究中心共同发布了《2009 年中国上市公司 100 强公司治理评价》报告。

该专项研究通过对中国上市公司按市值(截至 2008 年 6 月 30 日)排名的前 100 家样本公司进行调查和分析,发现高管薪酬迅猛增长已有失控之势,金融业上市公司的公司治理水平已明显高于非金融类上市公司。

昨天发布的报告以 2007 年的年报披露数据为依据进行了报酬统计。中国百强上市公司高管报酬,继上年度的大幅度上升趋势之后,进一步呈现了超大幅度的跃升趋势。在全体高管人数增长 18.63％的情况下,全体高管成员(包括董事和监事)的报酬总额增长幅度却高达 111.23％。

从人均报酬水平来看,全体高管成员的人均报酬水平为 58.39 万元,比上年度的 36.08 万元增长了 61.83％。全体董事会成员的平均报酬水平为 46.92 万元,比上一年度的 27.03 万元增长了 73.58％。增长幅度最大的是执行董事,执行董事人均报酬为 177.01 万元,比上年度的 88.95 万元增长了近一倍。非执行董事和独立董事的人均报酬水平也都出现很高幅度的增长,分别为 32.87％和 31.82％。

报告指出,虽然薪酬数据来源于 2007 年年报,一定程度上受到 2007 年中国股市泡沫的影响,但执行董事人均报酬一年翻一倍的增长,都可以说是"失控"的。

报告建议,可以考虑对高管报酬进行股东分类投票表决制度,给予中小股东对高管薪酬方案的否决权。

本年度百强上市公司中共有 20 家金融类公司,其中包括银行业 13 家、保险业 3 家和证券业 4 家。研究显示,金融业上市公司的公司治理水平,无论整体还是各部分,都明显高于非金融业公司。

为什么金融企业在公司治理上要高出一筹? 报告分析指出,金融业上市公司除了必须遵守证监会的公司治理法规外,还必须遵守银监会和保监会的相关法规,包括专门的公司治理指引、董事会尽职指引、独立董事和外部监事指引等。此外,在过去的 3 年中,由于国有银行在改制上市过程中,引进外国战略投资者,强化董事会建设,特别是加强了企业内部风险管理和控制,有效地降低了银行不良贷款比例,提高了资本充足率。这些措施使我国金融业在国际金融危机中处危不惊。

(资料来源:2009-04-24 北京青年报)

资料1-4 高管薪酬被指激励过度 上市公司老总薪酬超香港

"两会"期间代表委员关于银行薪酬到底高不高的争论,又将银行业高薪推到了风口浪尖。从已披露年报的深发展来看,该行人均年薪22.5万,行长理查德拿到的869万已经超越去年银行业高管薪酬的最高值。即使如此,深发展很可能也并非是上市银行中最夸张的,从2011年上半年情况来看,招商、宁波、华夏等其他银行恐怕还要更胜一筹。而银行业仅仅只是上市公司现状的一个缩影,目前已公布年报的431家公司,支付的员工薪酬相当于去年净利润的93.45%,超过六成公司去年薪酬增幅高于净利增速。

行业调研报告显示,内地企业副总裁及其以上级别的薪酬,目前已经超过香港。北京师范大学出具的报告认为,上市公司这种高速膨胀式的涨薪行为已经属于严重的"激励过度"。

银行业高薪遭诟病

"两会"期间,代表委员关于银行薪酬到底高不高的争论,又将银行业高薪推到了风口浪尖。

高利润加上薪酬自定的规则,使得不管"丰年"还是"荒年",银行业的高薪酬都能丝毫不受外界经济环境影响,并充盈了银行高管的腰包。以目前唯一公布年报的上市银行深发展为例,2011年支付员工薪酬52.87亿,人均薪酬为28.5万,相比2010年该行支付员工薪酬37.48亿和人均薪酬22.5万分别增长了41.06%和26.67%,行长理查德年薪达869万(不含递延奖金),比2010年的554万增长了56.86%,已然超过了去年银行业高管最高薪酬的肖遂宁。

其实,深发展很可能不是上市银行中最夸张的。虽然目前其他银行尚未公布年报,但从2011年上半年情况来看,民生、招商、宁波、华夏等银行恐怕还要更胜一筹。全国政协委员、民建四川省副主委谢商华联合其他19名全国政协委员联名提交了一份提案,认为银行业绩好的根本原因并非是其经营管理有方,而是因为国家政策给银行的支持和保护。建议有关银行业监督管理部门和中央银行应当研究制定商业银行薪酬监管规定,加强对银行业高级管理人员的薪酬进行指导、限制,防止银行业高级管理人员薪酬过高,促进社会分配公平和行业公平。

半数公司员工工资超过净利润

在 A 股的上市公司中,薪酬与业绩或管理水平严重不符的情况并非仅仅局限在银行业。据 Wind 资讯统计,截至昨日共有 431 家上市公司发布年报,实现净利润共计 1 072.09 亿元,同比增长约 26%;这 431 家公司去年支付职工薪酬总额为 1 001.82 亿元,同比增长达 33%,这组数字显示薪酬比其净利增幅"跑得快",公司支付的薪酬相当于去年净利润的 93.45%。

而这个夸张的数字并非由一两家公司的巨额薪酬拉升造成。在 431 家公司中,去年薪酬增幅高于净利增速的达 277 家,占比 64.27%。如果说银行、石油等垄断行业上市公司是因巨额薪酬与其管理水平关系不大被诟病的话,那么中小公司的问题则是源于薪酬与业绩的严重脱钩。中小板、创业板 2011年净利润同比增幅为 11.34%,远低于沪深主板公司的业绩增速。尽管成长性垫底,不过薪酬却是"涨声一片",已披露年报的 178 家公司薪酬支出163.82 亿元,同比增加 38.42%,是业绩增速的 3.39 倍。

A 股"不死鸟"＊ST 星美在 2011 年又一次以 63 万元的净利润赢得了苟延残喘的机会,然而就是这家仅有 11 位职工且 5 名高管不在公司领取报酬的公司,去年职工薪酬与净利润的比例却是 76.6%,还慷慨地给了 2 名独董分别 10 万元的津贴。精艺股份在 2011 年净利润退缩到上市前一年的四成之后,公司高管的薪酬水平却"逆市"增加了 22%,是公司同期净利润的 3.78倍。

内地公司副总裁以上薪酬首次超越香港

在去年 CPI 始终高企的背景下,薪酬支出增加已在市场预料之中,但这种远超 CPI 增速和企业净利增速之上的高速膨胀式涨薪行为是否合理? 恐怕上市公司的回答并不能让人信服。

独立财经撰稿人皮海洲表示,高管薪酬应该与公司效益挂钩,上市公司业绩增长高管薪酬才能增长,业绩下降高管薪酬也必须下降。北京师范大学公司治理与企业发展研究中心主任高明华也认为,高管薪酬指数不是越高越好,也不是越低越好,而是数值越居中的越好,表明激励与绩效是匹配的,而两头的数据表明激励与绩效偏离较大,薪酬制度是低效率的。上市公司如果绩效很低但高管薪酬过高,则说明"激励过度";反之则是"激励不足"。

但从 2011 年年报中呈现的数据却可以看到,上市公司给高管的"激励"与业绩就算不能说是风马牛不相及,起码关系也并不大,其中又以金字塔"顶尖"者为甚。亚太区薪酬及福利政策顾问公司去年年底对近 200 家内地和香港大型企业进行访问,发现内地大型公司副总裁级别以上高层薪酬水平较香港同级雇员高出 3.2%，首次出现内地薪酬水平高过香港的情况；而在经理、高级经理、总监等级别，香港却高出内地 20% 左右。这个状况同样在年报中得到体现，在已披露的中小板、创业板公司年报中，高管去年平均年薪在 25 万元左右。其中年薪逾百万的"金领"较 2010 年多出了近四成。天虹商场董事兼总经理赖伟宣 2011 年年薪高达 256.70 万元，成为中小公司高管中薪酬最高的一位，同比增加了 1.16 倍。

北京师范大学出具的报告认为，超过七成的创业板上市公司高管薪酬指数较高，呈现严重"激励过度"现象；与之形成鲜明对比的是，只有不到 2% 的公司"激励不足"。独立财经评论人曹中铭则感叹，这是不正常的上市公司中出现的很"正常"的现象，不值得大惊小怪，从中反映出上市公司治理混乱已经不容忽视。

他山之石　各国元首轮番炮轰高薪高管

尽管银行等高管薪酬饱受诟病，但在前国资委主任李荣融看来却并不高，"银行薪酬高不高？我认为不高，这要放在市场中来看。"李荣融认为，银行高薪是源于其自身会赚钱，"足球运动员够有水平，也能拿几千万年薪，有市场价的嘛。所以要看企业绩效，绩效好就高。"

李荣融的这番表态支持者寥寥，甚至有业内人士直言，"国企老总会赚钱？李荣融这话不知羞！"曾被福布斯评为 A 股非国有上市公司最佳 CEO、年薪却仅有 50 万的三一重工总裁向文波对此也表示，"结合中国的国情。我也不赞成国有企业，尤其是银行拿过高的工资"。在他看来，这些领域都带有一定的垄断性，财富积累与国家政策有很大关系。

与国内上市公司高薪不断增长形成鲜明对比的是，西方各国均已着手限制高管高薪。美国总统奥巴马、法国总统萨科齐、英国前首相布朗、欧盟委员会主席巴罗佐等欧美领导人从去年底开始轮番对高管薪酬进行炮轰，强调在金融危机蔓延情况下企业高管高薪却没有因此被下调，这一现象堪称"丑闻"。各国为此先后出台了多项政策和措施以提高行业薪酬透明度，要求薪酬水平与业绩成长挂钩。英国首相卡梅伦今年年初就公开表示，支持政府立法赋予股东否决权，以限制上市公司高层收入不断攀升的趋势。

（资料来源：2012 年 03 月 14 日信息时报）

（2）提高社会地位。公司管理者可能会不顾股东利益和公司实力千方百计扩大公司规模、购买高级小轿车、装修豪华办公室等，以此提高管理者自身的社会地位和社会影响。

案例1-5 中石化奢华装修惹众怒

近日,关于中石化的讨论一波未平,一波又起。"中石化谈裸油价"还未平息,又有一网友爆料"中石化大楼一盏1 200万的天价吊灯",再次把中石化推上了舆论的风口浪尖。此帖随后被各大论坛转载,迅速成为网上热点。

天价吊灯"吓"坏参观者

7月13日,ID为"banwanliming"的网友在网易论坛上发出了一个名为"朋友去中石化参观了价值1 200万的天价吊灯"的帖子,在文中称,"前不久,几位朋友到数十亿建造的中国石化大楼参观,10余层高的辉煌大堂已经让所有人惊讶了,可是负责接待的领导偏偏让大家猜猜悬挂在大堂中间的一个吊灯的价格,有人猜8 000,有人猜1万,有人猜5万,有人猜10万,也许去的朋友没见过大市面,看看接待方的眼神和摇晃的脑袋,大胆报出100万的天价。接待方的领导看大家真的猜不出来了,便说'再加10倍也不够!',大家真的目瞪口呆了:'啊? 1 000多万一个灯?'这时接待方领导小声地说:1 200万。现场所有的人彻底地晕了!"

在帖子结尾,该网友还特地指出:"而就在前不久中石化还声称:为社会责任去年炼油实际亏1 144亿,我大概地算了算去年中石化实际亏超9 533个吊灯。"

就在同一天,同样是这名"banwanliming"网友,还在网易论坛上发了一篇名为"天天喊亏损天天喊穷的中石化公司装修要2.4亿"的帖子,内文中列出了一个"中石化现在正在进行的中国石油(601857)化工集团公司维修工程"的预算。据该网友提供的图片,在中国建设招标网上,这个从今年4月29日开始招标的项目,其招标公告上列明了这项工程的花费为2.4亿元。"banwanliming"质疑,中石化"天天喊亏损"要求政府提油价,却投入如此巨资进行装修,是在"忽悠老百姓,忽悠政府,忽悠油价"。

抛出"裸油价"说

而就在上个月,因为一个月内连续两次上调成品油价,有舆论质疑国内油价"虚高",并指中国油价已高于美国。对此,中石化一位权威人士提供了一份详尽的中美两国成品油价对比数据,力证国内油价目前仍低于美国。

据这份统计数据显示,以7月6日的油价水平为例,美国当天的汽油零售价为每加仑261.2美分,其中包含了联邦税18.4美分/加仑以及州税21.72美分/加仑,税占比为15.36%。按照汇率折算之后,美国不含税的汽油价格折合人民币为3.99元/升。至于柴油,美国不含税的柴油价格折合人民币为

3.83 元/升。

而 7 月 6 日中国 90 号汽油的最高零售价为 7 543.67 元/吨,其中包含了增值税 1 096.09 元/吨、消费税 1 388 元/吨、城建等税收 248.409 元/吨,税占比为 36.22%。最终,不含税的国内汽油价格为 3.47 元/升,比美国低 13.03%;不含税的柴油价格为 3.38 元/升,比美国低 11.75%。

然而,这个"裸油价"的理论一出,网上一片哗然。

网评直指"算账太偏心"

网络评论员王毅随即发表博客文章,讽刺"中石化谈裸油价,全世界都笑了"。王毅认为,让国民人均收入不足美国十分之一的中国去与美国比较裸油价的高低,是"一件非常可笑的事情"。他还指出,中石化、中石油之所以在世界 500 强的排名中名列前茅,是得益于垄断收益以及几乎每年都有的国家巨额补贴。

另一名网友也发文反驳中石化的"裸油价"说法,"原油主要有两个来源:一是从国外进口,一是在国内自采。这两种来源的原油的成本大相径庭,就目前而言,国际原油的价格在 70 美元/桶左右(近日有下降趋势),而国内油田的平均开采成本为 20～25 美元/桶。中国目前的原油对外依存度为 47%,而美国为 60%,也就是说,美国消费的原油大都是进口的高价原油,而中国相反。"该网友还列举了劳动力成本等对比,力证中国的石油成本并不比美国高。"对自己有利的算得很清楚,对自己不利的却只字不提。从以上分析可以看出,中石化算账'心太偏',怎能证明油价不虚高呢?"文章最后,网友再次质疑。

一名似乎了解内情的浙江网友,则跟帖分析了中石化的利润和亏损组成,"中石化是个集团公司,它下属有很多分公司,石化分石油和化工两部分,当石油进口后直接进入其所属的炼油厂生产出油(包括汽油、柴油等等)这部分归它石油化工公司,也就是大家最关注的那部分,这部分每年亏损是正常的,估计国外企业这部分也不赚什么钱,但是另一部分炼油后的化工产品对石化企业来说就是纯利润,这部分是大家所不了解的,主要用在工业生产上平时大众不接触,这才是其利润之所在。"

(资料来源:2009 年 07 月 17 日信息时报)

----

(3)增加闲暇时间。管理者总是希望能有较少的工作时间、工作时间里较多的空闲或者有效的工作时间内减少工作强度等等。

案例 1-6　亿元亏损案背后:国企老总"主抓"陪情人游山玩水

据新华社电　一个原本拥有十几亿元公众募集优质资产的国有控股上市企业——江西万年青水泥股份有限公司,近年来在市场行情看好的情形下,竟然连年亏损。累计 1.3 亿元亏损的背后,究竟隐藏着哪些秘密?

10 多亿元公众资产"蒸发"

江西省国有资产监督管理委员会,通过排查群众来信来访,终于查清包括"万年青"原总经理杨石根等在内的 65 人涉嫌侵吞、挥霍 10 多亿元公众资产,给企业造成巨大损失的违法违纪事实。在总结、反思此案沉痛教训时,江西省国资委有关负责人说,"一把手"权力失控现象亟待根治。

经查,杨石根等人盲目投资疏于管理:1993 至 2003 年,杨石根等人擅自决策,盲目对非主业进行投资,金额累计 4.3 亿元,目前绝大多数已难以收回;杨石根的司机竟可从企业账上一次提取现金 90 万元,说是用于买车,但至今 9 年过去了,钱、车皆无。

经查实,杨石根在任职期间,共受贿 110 万元,收受礼金 60 余万元,滥发和私分国有资产 143 万元。"万年青"原党委副书记、纪检书记梁家友先后与多名女性保持不正当关系,收受贿赂 5 万元、礼金 28 万余元。

个人生活极度腐化

杨石根在担任股份公司总经理以来,企业所谓的"管理费"连年增加,到 2004 年已高达 5 531.6 万元,占当年销售额的 9%。这数以千万元的"管理费"大都转化为其个人消费基金。

经查明,他先后包养多名情妇。杨石根一年之中绝大多数时间是在与情人游山玩水中度过,直到案发前一两个月,他在公司报销的机票就达 4 万多元。

为方便杨石根等人玩乐,公司专门在香港设立办事处,8 年来办事处未开展任何业务,但每年花费都在二三十万港元。仅 2003 年至 2004 年,杨石根就往返港澳 15 次之多,最长一次停留了 16 天,几乎天天逍遥在灯红酒绿中。

杨石根嗜酒成瘾,而且只喝专供北京市场的"京酒"。为满足其"嗜好",公司竟派专人从北京拉回整整一火车皮的"京酒",存放在公司总部和各生产基地,供其享用。

(资料来源:2006 年 07 月 14 日荆楚网—楚天都市报)

(4)尽量避免风险。管理者为了保住自己已有的职位和利益,总是想方设法避免风险。在工作上就可能表现为因循守旧,不思进取。如我国上市公司的股权融资偏好,事实上就是为了尽量减轻经理人在任期内的利息和还款压力以及经营压力的集中表现。

2.防止管理者背离股东财富最大化目标的主要措施我们不妨先看看如下案例,然后再来探索防止代理问题出现的各种措施和手段。

案例 1-7

导读:1 月 15 日上午,《2011 年度中国企业家犯罪报告》发布。报告显示,在企业家涉案的 199 例案件中,国企和民企分别为 88 例和 111 例,其中 59 例国企企业家贪腐案例中,平均涉案金额达到 3 380 万余元,其中一审被判死缓的光明集团前董事长冯永明一人就贪污 7.9 亿元。

贪腐国企高管平均涉案金额逾 3 000 万

"2009 年我国可统计的'落马'企业家有 95 位,2010 年这一数字上升到 155 位,2011 年突破了 200 位。近年来,公众对企业家的关注点仍然在形形色色的富豪排行榜上,却忽视了一个问题——中国企业家犯罪也在出现稳步上升的趋势。"

王荣利:一些数据还是令我震惊

1 月 15 日,法制日报社子刊《法人》杂志发布《2011 年度中国企业家犯罪报告》。这是该机构继 2009 年度和 2010 年度后,第三次发布中国企业家犯罪报告。

报告由该杂志特约研究员、中国企业家犯罪问题研究专家王荣利律师执笔,历时一年,跟踪收集了 2011 年全年媒体公开报道的 202 例企业家犯罪案件的各项数据后,分析、归纳而成。

"尽管一年来每天都在收集案件,但当统计结果出来的时候,一些数据还是令我震惊。"王荣利表示,"比如国企企业家的贪腐金额和共同犯罪问题。"

由中国人民大学诉讼制度与司法改革研究中心、北京大学法律经济学研究中心提供学术支持,并由学者、律师和媒体共同参与的《2011 年度中国企业家犯罪报告》昨日上午发布。

报告显示,在企业家涉案的 199 例案件中,国企和民企分别为 88 例和 111 例,其中 59 例国企企业家贪腐案例中,平均涉案金额达到 3 380 万余元。

去年落马企业家超 200 位

报告显示,2009 年中国可统计的落马企业家有 95 位,2010 年该数据上升到 155 位,去年这一数字突破了 200 位。

报告撰稿人,中国企业家犯罪问题研究专家王荣利介绍,报告所关注的

220 例企业家案件中,除 18 例失踪、自焚或遇害,3 例被通缉在逃外,其余 199 例分别处于"双规"、拘留、逮捕、起诉和审理中,其中国企 88 例,民企 111 例,部分案例目前已经结案。

光明集团前老总贪 7.9 亿

"报告中的一些数据还是很让人吃惊,比如国企企业家的贪腐问题。"王荣利介绍,国企案例中,有 56 例初步查明或判决确认涉及贪腐,涉案金额 19.9 亿余元,每案平均涉案金额为 3 380.82 万余元,其中一审被判死缓的光明集团前董事长冯永明一人就贪污 7.9 亿元。

在民营企业家方面,报告显示其在各类诈骗和"涉黑"案中表现突出。此外,2011 年企业家犯罪呈现"涉黑"案件所占比例有所下降,各类诈骗案件所占比例大幅上升等特点。

贪腐金额"暴涨",系往年 3.5 倍

"国企企业家贪腐金额平均突破千万,较往年显著增加。"在报告总结的 2011 年企业家犯罪现象七大特点中,国企企业家贪腐金额"暴涨"这点格外突出。

相应地,报告显示"判决死刑缓期二年执行的数量在增加"。从 7 人增到 14 人,较 2010 年翻了一番。

报告指出,在 2011 年初步查明或判决确认的 59 例贪腐案件中,国企企业家每案的平均贪腐金额是每人 3 380.82 万元。

"其中光明集团创始人、前董事长冯永明一个人就贪了 7.9 亿元,如果去掉这一特殊案例,平均每人贪腐金额也达到 2 077 万余元。"王荣利介绍,"而 2010 年这个数字是 957 万元。"

据中国青年报记者估算,若按人均贪腐金额 3 380 万元计算,数字可达前一年度的 3.5 倍。

"贪腐金额是我创造的一个概念,与涉案金额不同,它指国企管理人员贪污、受贿、巨额财产来源不明、侵占、私分国有资产等利用职权以权谋私获得的,拿到自己家里或归自己所有的财产的总额。"王荣利向中国青年报记者进一步解释,"不包括挪用公款、失职造成的损失等,因为挪用公款有的归还了,有的部分归还,有的追回了一部分等。"

从报告中可见,若将 13 例挪用公款罪、挪用资金罪纳入视野,平均每案的挪用金额达 8 473 万余元。

为何国企企业家贪腐金额呈"暴涨"现象?"在我个人看来,原因首先在于我国的经济总量在逐年稳定发展,手头可运作的钱增长很快,这是大背景;此外,四万亿经济刺激计划中,有很大一部分钱投给了国企,给国企企业家贪腐提供了额外'机会'。"王荣利向中国青年报记者分析,"当然,也不能忽视国企内部容易出现'一个人垄断大的经济活动'的现象。当一个人把钱拿在手里,就能促成一个大的经济活动的时候,大笔贿赂金更容易集中流向某一个人。"

九成国企企业家因贪腐获罪,多在垄断领域

报告显示,202例企业家犯罪案件中,除3例被通缉在逃外,199例分别处于纪委"双规"或司法程序阶段。199例案件中,国企企业家犯罪或者涉嫌犯罪的88例,占总数的44.2%。

这些国企企业家包括河北省港口集团董事长黄建华、东航股份公司驻韩国办事处总经理黄舒生、中国移动通信集团重庆有限公司董事长沈长富、广东健力宝集团前董事长兼总经理李经纬等,平均年龄约52岁。

报告显示,上述国企企业家中有76例基本确定了犯罪罪名,绝大多数是因经济问题获罪。其中,仅受贿罪、贪污罪就合计达69例,占到九成。

此外,在他们合计触犯的122个罪名里,除受贿罪45例、贪污罪24例外,还包括挪用公款罪11例、巨额财产来源不明罪5例、职务侵占罪5例、挪用资金罪3例、私分国有资产罪2例、内幕交易罪3例、利用未公开信息交易罪2例等。

"总体上看,国企企业家的主要犯罪类型是贪腐,这是毫无疑问的。虽然贪污、受贿等罪名一定程度上会在同一个人身上交叠,但近3年来,因贪腐获罪的国企企业家,基本都保持在八九成。"王荣利在接受中国青年报记者采访时表示。

记者梳理随报告一同发布的《2011年度十大企业家落马案件》后也发现,在去年新"落马"的十大国企企业家中,除皖能电力监事会主席张长顺、江苏南通产业控股集团有限公司总经理陈金明二人没有明确通报"落马"原因外,其余八位都明确显示"落马"与经济问题相关,六位"锁定"为贪污、受贿问题。

尤其值得注意的是,上述去年新"落马"的十大国企企业家,多属于垄断经营领域,如航空、铁路、电力、粮储等。

报告还显示,88例犯罪或涉嫌犯罪的国企企业家中,至少有20位曾是人大代表、政协委员等。

民营企业家多在融资环节犯罪

除国企企业家外,报告也分析了民营企业家2011年的犯罪特点,指出民营企业家多在融资环节犯罪,而"各类诈骗案件所占比例大幅上升"是其最主要特点。

在199例企业家犯罪案件中,有111例为民营企业家。"由于国企和民企的管理者在身份、职责、待遇和犯罪特点上都有不同,所以把二者'分开看待'。"王荣利表示,"比如,民营企业家与贪腐罪名基本无关,罪名多集中在各种诈骗、'涉黑'犯罪、行贿和非法集资等领域。"

报告显示,在109例民营企业家被初步确定或判决罪名的案件中,除了17例"涉黑"案外,其余92例中的41例,都是合同诈骗、集资诈骗、贷款诈骗等各类诈骗罪,占近一半比例。

"在2010年度,民营企业家各类诈骗案只有19例,2011年度却达41例,增涨了1倍多。"王荣利表示。

中国青年报记者梳理《2011年度十大企业家落马案件》后也看到,十位2011年"落马"的民营企业家中,有五成是因涉嫌骗取贷款、欺诈发行股票和非法集资等问题所致,且多集中在生物科技、投资、酒店餐饮等行业。

"与国企企业家不同,民营企业家多在融资问题上犯罪。前者是钱多,后者是没钱。"会上,全国律师协会刑事业务委员会主任、京都律师事务所主任田文昌律师分析上述数字后认为,这反映出企业——尤其是民营企业对资金的需求旺盛,而供应与需求的失衡,导致出现了不惜以犯罪手段进行融资的现象。

"那么,如何建立健全一个完善的金融供应体系,让不同类型的企业都有顺畅的融资渠道,让民间资本健康发展,是值得我们思考的紧迫问题。"京都律师事务所合伙人朱勇辉律师就此指出。

报告同时显示,民营企业家因行贿行为而受到司法追究的,也占相当一部分。"通过20多年企业家犯罪的研究,我认为许多民营企业家依然过于迷信权力,迷信'关系'、'后台'。"王荣利告诉中国青年报记者。

朱勇辉律师最后表示,我国的企业家犯罪还有一个不容忽视的原因,就是经营方式不断踩"雷"。"这其中除了一些急功近利、铤而走险的企业外,有相当一部分企业实际上是败在了'创新'上。这些'创新'的经营方式,往往伴随着极高的经济风险,就像一场赌博。"他说,"这反映出我国市场经济的发展已到了一个更新、更高的层面,如何进一步规范市场、完善市场经济的法律体系,需要我们加强相关研究,跟上时代发展的步伐。"

(资料来源:2012-01-16 新京报)

为了防止管理者背离股东财富最大化目标,一般可以采取以下措施:

(1)监督。管理者背离股东的目标,主要是由于信息不对称。因为股东分散且许多股东游离于公司经营之外,管理者所获取的信息要比股东多得多。因此,为了获取更多的有关公司经营状况的信息,防止管理者背离股东的目标,股东必须建立一系列监督机制,如:注册会计师审计制度、外部独立董事制度、监事会制度等。监督可以减少管理者违背股东意愿的行为。当然股东也必须为此花费一定的监督成本。

（2）激励。实施激励机制也是防止管理者背离股东的目标的有效办法。如当公司盈利水平提高或股票价格提高时，给予管理者一定的现金、股票奖励，以激励他们为实现股东财富最大化目标而努力。同样，股东也必须为此花费一定的激励成本。

（二）股东和债权人

当公司向债权人借入资金后，在股东和债权人之间也形成了一种代理关系。债权人把资金交给公司使用，是为了到期收回本金，并按债务契约约定获取固定的利息收入。但借款契约一旦形成，债权人就失去了对这部分资金的控制权。股东可能不顾债权人的利益，把资金投资于风险较大的领域，以获取高额利润。由于债权人的利息是固定的，高风险所能产生的高收益都归属于股东。而高风险投资如果失败，将可能危及债权人本金的安全。为此，债权人可能在借款契约中设定许多限制性的条款，直至寻求立法保护等。这些限制性规定可能对公司的经营管理活动产生一些不利影响，从而损害股东的利益。这就是协调股东与债权人之间的关系而付出的代价。

（三）代理成本

股东在处理代理问题过程中，都必须花费一定的成本，这就是所谓代理成本。也就是说代理成本是指在信息不对称、不充分的情况下，由于代理人有可能不完全按照契约行动或偏离委托人目标、意愿而给委托人造成的价值损失。主要包括：（1）股东花费在监控工作上的监督成本；（2）付给管理者的奖励金；（3）协调股东和债权人之间利益关系所付出的代价等。

总之，公司必须协调好股东和管理者、债权人的关系，尽量降低代理成本，才有可能真正实现股东财富最大化的目标。

二、有效资本市场假设

（一）有效资本市场的含义

市场有效性理论是理性预期学派理论的一个重要组成部分，也是现代公司理财的理论基石之一。在20世纪60年代，市场有效性理论一经提出，就受到经济学家的极大关注。市场有效性理论实际上是亚当·斯密"看不见的手"在资本市场的延伸。虽然目前对该理论还有某些质疑,在现实的资本市场中亦有一些不能被该理论所解释的现象(这类现象被经济学家称为异象),但经过多年的发展与完善,市场有效性理论已被广泛应用于西方资本市场。资本市场有效性是衡量资本市场信息分布、信息传递速度、交易的透明度和规范程度的一个重要标志。资本市场的发展目标最终是造就一个规范化的、高效率的、充满竞争的市场。只有市场有效,信息在价格中得到充分反映,才能实现资本的有效配置和最优化,才能真正实现股东财富最大化。

资本市场价格行为的早期经验研究表明,价格行为可以描述成一种随机漫步(random walk)。只要价格变动是随机的并且服从独立分布,就可以说它遵循随机漫步规律。最早发现这一规律的是英国统计学家肯德尔(Kendall),他在 1953 年对股市价格的研究中发现股市价格没有任何模式可寻,而是随机波动的,即遵循随机漫步规律。肯德尔的发现使当时的许多经济学家感到困惑,因为这一发现似乎暗示着股票市场是由一种反复无常的市场心理所驱使,没有任何逻辑和理性。然而随着进一步的研究,经济学家们很快给出了新的观点,最后认为:随机价格波动反映的正是一个功能良好、有效率的市场,这样的市场是理想的竞争市场的结果,是理性的,而不是非理性的。

市场有效性理论的确立是以美国经济学家法马(Fama)在 1970 年发表的《有效资本市场:对理论和实证工作的评价》一文为标志的。在这篇文章中,法马提出了得到普遍接受的有效市场的定义,即有效资本市场是指:股票价格能够即时地、充分地反映信息。投资者都利用可获得的信息力图获得更高的报酬,证券价格对新的市场信息的反应是迅速而准确的,证券价格能完全反映全部信息,市场竞争使证券价格从一个均衡水平过渡到另一个均衡水平,而与新信息相应的价格变动是相互独立的,或称随机的。因此资本市场有效性理论又称随机漫步理论。

美国经济学家哈里·罗伯茨(Harry Roberts)在 1967 年 5 月芝加哥大学的证券价格讨论会上,首次按可获得信息的类型不同,把资本市场的有效性分为三种形式。即将市场有效性假设分为弱式有效假设、半强式有效假设和强式有效假设。在此基础上,法马等人对其进行了完善。目前被广泛使用的市场有效性的三个假设形式是由法马在 1970 年提出的,它的主要内容是:

1. 弱式有效假设(weak form efficiency)

在弱式有效假设的市场里,股票价格反映了过去价格所包含的信息。换句话说,如果市场呈弱式有效,那么,试图以过去的价格来预测未来的价格走势,并以此指导投资活动,将不可能获得超额利润。在证券界有一种所谓的"技术分析方法",这种方法致力于研究证券价格的历史变动。他们相信,通过分析证券价格的历史变动趋势,可以预测未来证券价格的可能变化。如果市场是弱式有效,那么,他们的这种努力是徒劳无功的。因为过去的信息已经反映在当前的证券价格上,利用过去的信息是预测不到未来的价格走势的。此时,如果你能利用刚公布的或未公开的消息,先人一步,抢先买卖股票也许还可以赚取一定的超额利润。

2. 半强式有效假设(semi-strong form efficiency)

在半强式有效假设的市场里,证券价格已经反映了所有已公开的信息。已公开的信息包括了过去的信息。如果市场呈半强式有效,那么,试图利用已公开信息进行证券投资,将不可能获得超额利润。因为当你知道某些信息时,该信息已经在价格上得以体现。也就是说,当消息公布时证券的价格已经即时调整到位,该涨的已经涨了,该跌的也已经跌了,投资者只能以调整到位的价格买卖,无法从中获取超额利润。如果半强式有效假设能够成立,那么在证券市场上的所谓"基本面分析"学派——这一分析学派通过收集公司已公开的各种信息,指导投资者从事投资活动,他们所进行的证券价格预测同样是徒劳无功的。因为他们所收集的公开信息已经在证券价格上得以反映。此时,你利用未公开的消息(内幕消息)买卖股票也许还可以赚取一定的超额利润。当然,利用内幕消息买卖股票通常称为内幕交易。这在许多国家和地区(包括我国的香港地区)都是严格禁止的,在这些国家和地区它属于刑事犯罪行为。

3. 强式有效假设(strong form efficiency)

在强式有效假设的市场里,价格反映了所有的信息,包括公开的信息和未公开的信息(内幕消息)。此时,证券的市场价格已经反映了市场上所有的信息,哪怕是公众尚不知道、只有一小部分掌握公司内幕的人知道的信息。在这种情况下,市场上所有的人包括公司内部人员都不可能赚取超额利润。

我们知道,过去信息是公开信息集合的部分集合,而公开信息集合则是所有信息集合的部分集合。因此,强式有效假设包含了半强式有效假设和弱式有效假设,而半强式有效假设包含了弱式有效假设。上述三种形态的资本市场效率假设的关系可用图 1-3 表示:

所有的信息（强式有效）

公开的信息
（半强式有效）

过去信息
（弱式有效）

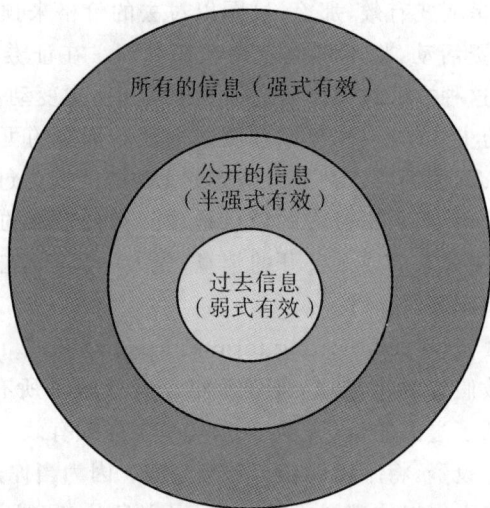

图 1-3 三种不同信息集合及市场效率的关系[①]

图中最外圈是强式有效市场,它包含了半强式和弱式有效两种形态;中间圈为半强式有效市场,它包含了弱式有效形态;最里圈为弱式有效形态。也就是说,如果股价只反映过去的信息,此市场为弱式有效;如果股价反映了公开的信息,此市场为半强式有效;如果股价反映了所有的信息,包括已公开和未公开的信息,此市场为强式有效。

（二）有效资本市场的验证

在前面我们已经讨论了有效资本市场假设及其三种表现形式。那么,在现实的资本市场中有效资本市场假设能否成立? 我们的市场又会是什么形式的效率市场? 为此,财务学家们做了许许多多的验证和测试。他们所作的研究范围相当广泛,主要有:第一,有关股价变动是否属于随机的证明;第二,事件研究;第三,研究由专业经理人管理的投资公司的业绩记录。

1.弱式有效假设的验证

弱式有效假设意味着股票价格已经反映了过去的信息。测试弱式有效市场假设一般可以采用过滤测试(filter test)或序列相关测试(serial correlation test)两种方法。

---

① 引自 Ross,Westerfield,Jaffe 著,张中民译:《财务管理》(第五版),台湾西书出版社 1997 年版,第 355 页。

(1)过滤测试(filter test)。过滤测试事实上就是一种技术分析方法,它主要是测试股价变动是否存在系统性式样。按照这种方法投资者只需运用简单的算式计算,定出入市位和止损位,待股票到达指定的价位,便马上做出股票买卖决定。也就是当股票在某个低位上涨 $x\%$ 买入股票。然后一路持有,股票价格每逢新高价位,便以新高价位作为下一个止损位,直至该股票从高位下跌 $x\%$ 卖出股票。如果这种方法能够获取超额利润,说明市场并不是弱式有效市场,反之就是弱式有效。过滤测试研究结果显示,过滤技术并没有给投资者带来更高的收益。

(2)序列相关测试(serial correlation test)。序列相关测试就是研究目前股票回报与同一股票往后一段期间回报的相关性。

如果某种股票的序列相关系数为正数,就表示一种持续的倾向。也就是说,今天若是有高于平均值的报酬,未来很可能也有高于平均值的报酬;同样地,若今天的报酬低于平均值,很可能未来的报酬也低于平均值。

如果某种股票的序列相关系数为负数,则代表一种反向的趋势。也就是说,若今天的报酬高于平均值,很可能未来的报酬会低于平均值;同样地,若今天的报酬低于平均值,则未来的报酬很可能高于平均值。

很明显,很显著的正或负的序列相关,都代表市场很没有效率。因为在这两种情况下,今天的报酬可以用来预测未来的报酬。

股票回报的序列相关系数趋近于零与随机漫步假设是一致的。此时,某一股票目前的回报高于平均值,未来的回报可能低于平均值,也可能高于平均值;同样地,目前股票回报低于平均值,未来的回报可能高于平均值,也可能低于平均值。

在股票投资中,人们常常运用各种各样的技术分析方法来分析股票价格的走势。事实上,技术分析方法是没有实质的财务理论支持的。如果投资者能够利用技术分析预测未来股票价格走势,并从中获取超额利润,那么,股票市场便不是弱式有效市场了。

一直都有人用很多不同的方法在测试弱式有效市场假设。总体而言,各种测试显示,资本市场与弱式有效假设有着很明显的一致性。

2.半强式有效假设的验证

半强式有效假设是指股票价格应反映所有已公开的信息。根据半强式有效市场假设,股票在 t 时间的异常回报,应该反映同期 t 所宣布的信息。任何在此之前宣布的信息应该不会影响到此期间的异常回报。因为那些信息的所有影响,应该在过去就已经产生。也就是说,一个有效率的市场早已将过去的信息包含在价格中。同时,今天的股票回报不可能是由市场尚未知道的信息决定的,所以只有在未来才知道的信息也不会影响当前的股票回报。

（1）事件研究

事件研究就是运用股票的异常回报仅与该期间披露的信息有关这一原理来测试半强式有效假设的一种方法。某日某股票的异常回报（AR）等于当天股票的实际回报（R）减去同一天市场的平均回报（R_m）。市场的平均回报可用综合指数来衡量,如我国的上证综合指数、深证成分指数等。用公式表示：

$$AR = R - R_m$$

事件研究就是通过研究事件发生的时间及其对股票异常回报的影响,来检测市场是否属于半强式有效的方法。具体就是检测如下关系系统：

①在时点 $t-1$ 披露的信息,只影响 $t-1$ 时点的股票异常回报,记作：AR_{t-1}；

②在时点 t 披露的信息,只影响 t 时点的股票异常回报,记作：AR_t；

③在时点 $t+1$ 披露的信息,只影响 $t+1$ 时点的股票异常回报,记作：AR_{t+1}。

事件研究属于统计上的研究,它检测信息披露产生的效果是否会影响其他期间的回报。

最著名的事件研究是由法马（Fama）、费希尔（Fisher）、詹森（Jensen）及罗尔（Roll）在 1969 年做的。他们研究了 940 种股票在分割前后对股票异常回报影响的结果。如图 1-4 所示：

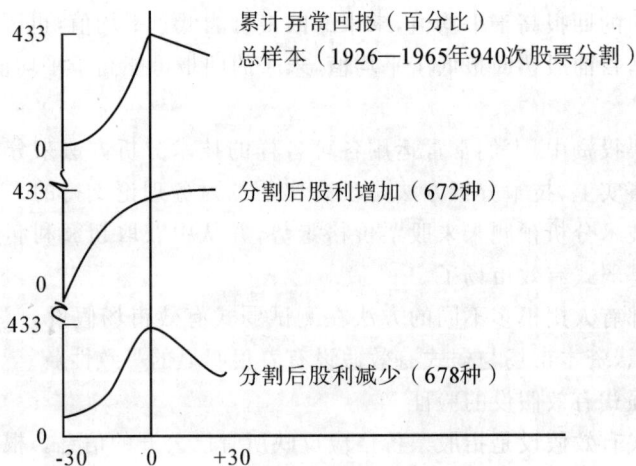

图 1-4 宣布股票分割的公司的异常回报

图1-4显示,异常回报在股票分割前上升,股票分割后异常回报就停顿了,这是一个与有效资本市场假设一致的发现。

多年来,这种方法已经应用在非常多的事件上,如股利政策的变化、每股收益的增减、公司合并、增发新股等。这些检测的结果虽然有一些例外,但总体上支持半强式有效(也包括弱式有效)市场假设。

(2)观测基金的表现

基金经理是专业化投资机构管理人,他们根据市场公开信息来选股。因此,如果市场是半强式有效市场,那么,他们的平均回报率会与市场上所有投资者的平均回报率相同。所以,我们可以比较这些专业经理和某种市场指数的表现,来测试半强式有效市场假设。美国学者的大量研究显示,基金的表现并没有比大市的表现好,有时甚至还要逊色。这种测试结果符合半强式有效市场假设。

3.强式有效市场假设测试

强式有效市场假设是指所有的信息已经反映在股价上,包括内幕消息。强式有效市场假设是很难成立的,因为如果有人拥有其他人所不知道的信息,他的确可能从中获利。此时的测试方法就是调查公司内幕人员的投资记录。因为公司内幕人员可以获得一般人所无法获得的内幕消息。如果强式有效市场假设能够成立,那么,他们尽管掌握了许许多多的内幕消息,并利用这些内幕消息进行交易,还是无法获取超额利润。许多国家的证券法规定,公司内部人员必须公开所有买卖本公司股票的交易资料。通过检查此种交易资料,我们就可以知道他们是否获得了超额利润。许多研究结果显示,内幕交易还是会带来超额利润的,因此,强式有效市场假设似乎得不到证实。

(三)有效资本市场假设给我们的启示

1.如果市场是有效的,那么证券价格就能真正反映公司所发出的各种信息,这样的价格才能真正反映公司的价值。如果市场是无效的,那么证券价格就不能真正反映其价值,买卖双方所发出和接受的信息都是被扭曲的,资本市场进行资源配置的功能也就大打折扣。

2.如果市场是有效的,那么资本市场就是一个投资的市场。此时,依靠投机赌博来一夜暴富是不可能的。

3.要想建立一个有效的资本市场,上市公司的一切信息都要规范和公开,使市场的每个参与者都有同等的机会获取信息。这样的市场才是一个公平的市场。

4.要想建立一个有效的资本市场,就要严厉打击内幕交易行为。防止内部人员利用内幕消息牟取暴利,或者内外勾结操纵股市。

总之,只有一个有效的资本市场才是真正公平竞争的市场,也才是对宝贵的资源——资本进行有效配置的市场,也才能真正体现股东财富最大化目标。统观我国资本市场的表现,要想真正建立起一个充满效率的市场,任重而道远。

案例1-8 "股票门"后王石难逃道德拷问

尽管中国股市的内部交易也许每天都在进行,可是被揪住的并不多,但是王石的老婆却被逮了个现行。做了大哥好多年,一向媒体形象极佳的地产大腕王石一不小心就成了房地产上市公司股票内部交易的"带头大哥"。他是否中了别人的圈套?

王石不是带头大哥

有时候名气大了真不是什么好事情。

一向喜欢游山玩水的王石不愧为中国地产界的大腕,无论做点什么都可以出名。就连他周围的人也不例外。由于"王石老婆炒万科(000002)巧抄底、获暴利"成为大街小巷股民们茶余饭后谈论的话题。7月的王石深陷"股票门",尽管还是在游山玩水,但是还多了一项工作,那就是反复向股民们道歉。

7月10日,深交所网站披露,王石的妻子王江穗7月6日购入46 900股万科A股,成交均价为19.38元,共耗资90.8922万元。当时此事并未受到太大的关注。可是,随后万科的一系列好消息却把这个购买万科股票的行为变成了一个"公共事件"。

7月10日万科发布公告,称将与亚洲最大的上市公司之一嘉德置地集团下属的零售业地产企业凯德商用展开合作;7月13日,万科再发公告,称其公开增发事件将进行审议;7月16日,万科公布上半年销售业绩大增。而随着诸多利好消息的发布,万科A股价一路攀升。7月19日晚间万科发布公告称,王江穗已决定于7月23日卖出其代理人买入的46 900股万科A股,并将所得的全部收益交给公司。根据买卖均价推算,王江穗这笔"错买股"在短短十个交易日内收益率超过30%,获利33万元,万科公告称会全数交给公司。公告还称,股票是在王石和王江穗均不知情的情况下由王江穗的代理人买入的。

王石随后也在其博客上发表道歉文章。

在中国股市如日中天的今天,这样事情可能每天都在发生,但是由于是万科,由于涉及王石,所以这个事件一下子被媒体放大,也让股民更关注。实际上,这样一个小小的"偶然"事件会影响到人们对万科的判断。

按照目前已经作出的结论,王江穗不是内部交易的违法违规者,王石当然也就不是股市里的又一个"带头大哥"。

道德拷问超过法律追讨

有专业人士认为,从法律规定的关于内幕交易行为的认定看,不仅王夫人属于万科的内幕交易人,王夫人的代理人也应该属于万科的内幕交易人。因此,不仅其代理的王夫人的账户不能买万科的股票,其自己的账户以及其代理的其他人的账户都不能买万科的股票。因此,我们无须知道王夫人的代理人是否真没得到主人的授意,该行为理当属于内幕交易行为,应该受到法律的制裁。

但是,躲过了法律制裁的王石却难逃道德的拷问。当然,前提是,他是一个道德高尚的人。

深交所根据中国证监会发布的《上市公司董事、监事和高级管理人员所持本公司股份及其变动管理规则》,以及深交所5月8日发布的相关指引,上市公司董事、监事和高管的配偶及直系亲属买卖本公司股票时,明确规定应在发生买卖行为的两个交易日内,在深交所网站进行披露。王江穗买入股票后,已经按要求向公司董秘报告,并在交易所网站作了相应披露,万科也向深交所提供了整个买卖资料。因此,深交所表示,依照现行法规,王江穗买万科股票并不违规。

但不违法并不是现代社会给王石们的底线。

毕竟,普通的股民不可能像王江穗一样和王石有如此亲密的接触,除了万科集团的公开披露,他们不可能从王石那里得到任何信息。信息的不对称让王江穗和普通的万科股民有了天壤之别。问题的关键是,万科的股票走势又让王江穗得到了巨额的回报。因此,万科的散户的怀疑不能说一点道理都没有,因为从表面上看,王江穗还真是一个擅长"抄底"的"短线高手"。

王石在他的博客中写道:"我的妻子只是一个普普通通的纤弱女子。她没有聪明到像一些传闻所说的那样,是一个擅长'抄底'的'短线高手',她连自己掌管股票账户的兴趣都没有,更谈不上懂得利用内幕消息来赚钱。但另一方面,她也不会愚鲁到为了区区几万股万科股票的收益拿我们一生的清誉去冒险。"

假定王石的这一段话是诚实的,他的清誉远远超过王江穗从股市得到的几十万回报,而且老王也的确看不上这几个小钱。因为,王石每年有数百万的年薪,而且还有股票和期权。更为重要的是,对于一个职业经理人而言,职业道德操守有时候比自己的生命更重要。

对于股市而言,信心是一个关键的要素,而其职业经理人的道德问题则是决定股民信心的一个重要依据。在一个没有建立诚信体系的资本市场,哪些上市公司是值得股民信任的,又有哪些职业经理人是道德高尚者?万科的散户们可能还是要问,为什么王石不对自己身边的人有一个更好的约束呢?给王石老婆理财的人到底有多少呢?他们是否能够完全摆脱内部交易的嫌疑?

不可否认,王石"股票门"事件,让散户们对国内资本市场的诚信更加狐疑,这恐怕需要上市公司的王石们引以为戒。

(资料来源:焦点重庆房地产网 作者:李星辰 2007 年 08 月 06 日)

第五节　公司理财环境

一、公司理财环境的意义

公司理财环境是指对公司理财活动产生影响的各种因素。环境因素是公司理财难以改变的约束条件,我们更多的只能是去适应它的要求和变化。环境因素对公司理财的影响主要表现在如下两个方面:一是为公司理财活动提供便利的条件和机遇。如资本市场的发展为公司融资提供了更多的方便和机会;经济的发展,为公司提供更多的投资机会等。二是对公司理财活动产生制约作用。如为了防止经济过热而紧缩银根、增加税负等。可见,研究公司理财环境就显得十分必要了。具体地说,研究公司理财环境对搞好公司理财工作有着十分重要的意义。

1.研究公司理财环境可以保证财务决策的正确性。公司理财人员通过对环境的研究和分析,可以了解政治、经济、技术等的发展状况和动向,以使财务决策更加符合客观实际及其动态变化,保证财务决策的正确性。

2.研究公司理财环境以保证财务决策的及时性。环境因素的变化错综复杂,有时是瞬息万变、稍纵即逝的。如果我们能深入研究环境因素,就可以在财务决策中根据环境的变化及时做出相应的调整。当环境朝着有利的方向发展时,我们可以及时抓住良机以获取利益。反之,我们可以及时采取措施以避免或减少损失。

3. 研究公司理财环境，还可以预见未来环境的变化情况，以保证公司理财具有一定的预见性。

二、公司理财环境的内容

公司理财环境的内容非常广泛，包括政治环境、经济环境、社会环境、法律环境、教育环境、技术环境等等。但对公司理财产生直接影响的环境因素主要有：法律环境、经济环境、金融市场环境。

（一）法律环境

公司理财的法律环境是指公司与外部发生经济关系时所应遵守的一系列法律和规章。公司的一切经营活动都必须在一定的法律环境下进行，如果公司经营脱离了法律要求将会受到法律的制裁。合法经营是公司活动的最基本要求。对公司理财产生较大影响的法律主要有：

1. 公司法。《中华人民共和国公司法》对公司的设立条件、程序、组织结构、组织变更和终止、股东人数、资本额、资本筹集方式、股票的发行和交易、债券的发行和转让、利润的分配等等做出了明确的规定。公司一旦成立，其理财活动都必须根据《公司法》的要求来进行。因此，《公司法》是公司理财活动最重要的法律规范。

2. 证券交易法。《中华人民共和国证券法》是为了规范证券发行和交易行为，保护投资者的合法权益，维护社会经济秩序和社会公共利益，促进社会主义市场经济的发展而制定的。《证券法》对证券发行、证券交易、上市公司收购等进行了法律规范。上市公司必须根据此规范的要求向证监会提出发行证券和证券上市的申请，并且根据法律要求进行相关的信息披露。上市公司的收购也必须依照此法律规定进行。

3. 税法。主要包括所得税法、流转税法和其他地方税法等。公司必须依法纳税。公司的各项理财活动几乎均与税法有关。如投资决策必须考虑不同税负条件下的投资方案，一项投资决策在当前税负条件下，可能是一项最优决策，但当税负发生变化时就有可能变成错误的决策。利润分配也是如此，它必须考虑公司所得税和个人所得税的问题。公司税负作为公司一项现金流出，人们总是想在不违反税法的基础上尽量少纳税，但它必须在事前经过精心的筹划才可能实现，纳税事件发生后的少纳税就是偷税漏税，公司将受到法律的严惩。因此公司理财人员必须精通税法。

(二)经济环境

经济环境是指影响公司理财活动的各种经济因素。主要包括:经济周期、通货膨胀等。

1.经济周期

每个国家的经济发展总是处于萧条、复苏、上升、高涨几个阶段不断循环之中。当经济处于萧条时期,由于宏观经济的不景气,致使公司的产销量缩减、销售价格下跌、销售收入大幅下降、投资机会减少。它一方面可能导致公司的资金周转困难。另一方面,由于投资机会的减少也可能导致公司资金闲置。当经济处于高涨时期,市场需求量大增,产销量大幅上升,投资机会增多。这就要求公司必须增加投资,增加存货,扩招公司员工,以扩大公司的产销量。为此,公司理财人员必须积极筹措资金,保证公司生产经营活动的资金需要。但当经济"过热"时,政府可能采取有力的措施进行"调整"、"整顿",公司理财人员对此也应有所准备,积极应对。

2.通货膨胀

通货膨胀已经成为一个世界性的普遍问题,也是影响公司理财的重要力量。通货膨胀的直接后果是:

(1)利率上升,筹资成本增加。在资本市场上筹措资金都要考虑利率因素。如果出现了通货膨胀,市场上的利率,将在基本利率基础上加上一个"通货膨胀贴水"或"保值率"。"通货膨胀贴水"反映了预期的长期通货膨胀率,因此,预期通货膨胀率会转化成较高的利率。这又意味着在通货膨胀情况下公司的筹资成本将会大幅提高,公司筹资所付出的代价将会更大。

(2)给公司制订计划造成困难。每一个公司都有其自身的发展规划和经营目标,可以说公司都是在长期规划的基础上运行的。如公司在开办时,就要在预期收入和成本之间进行权衡,故必须进行精确的计划才能做出合理的决策。但在通货膨胀情况下,由于原材料成本、劳动力成本等发生剧烈的不规则的变动,这样会给公司计划造成很大的困难。

(3)资本需求量大增,筹资难度加大。通货膨胀加大了既定业务量的资金额。存货销售出去后,又必须以更高的成本重新购入存货,公司的员工也要求有较高的工资额。为此,公司理财部门不得不不断追加贷款。但政府有关管理部门为了调控宏观经济运行,降低通货膨胀率,又往往限制贷款的发放,这样导致贷款利率不断提高。资金供应与需求的矛盾日益增大,公司理财人员筹措资金的难度也日益加大。

(4)债券价格下跌。当发生通货膨胀时,市场上的利率上升,投资者为了防止其自身发生资本损失,开始把资金投放在短期项目上,而不愿意投放在长期贷款上。由于缺乏长期资金的支持,证券市场上的债券价格持续下跌,由此可能导致公司的资本损失。同样也给公司的融资、投资等理财活动造成了极大的困难。

(5)公司理财的最基本信息——会计信息失真,由此可能导致财务决策失误。当发生通货膨胀时,传统会计模式所提供的会计报表严重失真。这可能导致依据传统会计模式所提供的会计信息进行的财务决策出现重大失误。我们可以看看例1-1。

【例1-1】假设A公司最近三年的销售收入及近三年的物价指数如表1-1所示。

表 1-1

年 份	平均物价指数	销售额(元)
2002 年	80	2 000 000
2003 年	100	2 400 000
2004 年	120	2 760 000

再假设2004年底物价指数为130。

以上历史数据表明,该公司的销售额逐年都有很大的增长,成绩是喜人的。然而,如果我们考虑了通货膨胀因素,它又将会得出怎样的结果呢?见表1-2所示。

表 1-2

年 份	销售额(元)	换算系数	换算后的结果(元)
2002 年	2 000 000	130/80	3 250 000
2003 年	2 400 000	130/100	3 120 000
2004 年	2 760 000	130/120	2 990 000

从换算后的结果可以看出,该公司的销售额是逐年下降的。如果我们一味依据传统会计信息,而不考虑当前的实际情况,可能使财务决策发生重大错误。

【例1-2】仍以上述公司为例,假设该公司2001年以10 800 000元购入固定资产,当时的物价指数为 65,每年固定资产折旧费为 540 000 元。该公司其他费用总额为 1 800 000 元,假设这些费用都是在年内均匀地发生和支付的。该公司 2004 年的利润表如表 1-3 所示。

表 1-3

销售额		2 760 000
折旧费	540 000	
其他费用	1 800 000	
费用总额		2 340 000
净利		420 000

依据上述资料,我们知道该公司 2004 年净利为 420 000 元,其销售利润率为 420 000/2 760 000＝15.18%。

如果考虑通货膨胀因素,那么该公司的获利情况如表 1-4 所示。

表 1-4

项　　目	传统数据	换算系数	换算后的结果
销售额	2 760 000	130/120	2 990 000
折旧费	540 000	130 /65	1 080 000
其他费用	1 800 000	130/120	1 950 000
费用总额	2 340 000		3 030 000
净利(损失)	420 000		－40 000

从表 1-4 可见,如果考虑了通货膨胀因素,该公司不仅没有获利,反而出现了 40 000 元的亏损,其销售利润率为－1.34%。

因此,在通货膨胀情况下,单纯依据传统会计模式所提供的财务数据进行财务决策,有可能将管理当局引入歧途。

(三)金融市场环境

公司理财活动面临的首要问题就是资金筹集问题。公司所需要的资金除了来自公司内部自然筹资外,更主要的形式是依赖公司外部的金融市场。各个公司除了在商品市场开展竞争外,同时又必须在金融市场上较量。金融市场对公司的生存与发展起着举足轻重的作用。为此,我们必须了解金融市场的特殊功能。

1.金融市场

金融市场是指资金供应者和需求者通过信用工具融通资金达成交易的场所。它有两个特征:(1)金融市场的交易对象是资金。资金的供求双方通过这个市场实现运用和借入资金的目的。(2)金融市场是抽象的市场。除了证券市场有固定场所之外,其他交易都无固定场所,许多交易是通过电话、网络等方式完成。

金融市场的构成要素有:(1)资金的供应者和需求者,如银行、公司和个人等。(2)信用工具,它主要包括投资、融资工具(如股票、债券等)以及套期保值工具(如期货、期权、远期合约、利率掉期等)两大类。(3)调节金融活动的市场机制——利率。

2.金融市场的分类

(1)按交易的期限可分为短期资金市场和长期资金市场。短期资金市场是指期限不超过一年的资金交易市场,通常也叫做货币市场。长期资金市场是指期限在一年以上的股票和债券市场,通常也称作资本市场。

(2)按交割的时间可分为现货市场和期货市场。现货市场是指买卖双方成交后,当场或几天之内就实施交割的市场。期货市场是指买卖双方成交后,双方约定在将来某个特定时日才正式交割的市场。

(3)按交易的性质可分为发行市场和流通市场。发行市场从事新证券发行的市场,也叫初级市场或一级市场。流通市场是指从事已上市旧证券转让的市场,也叫次级市场或二级市场。

(4)按交易的直接对象分可分为同业拆借市场、国债市场、企业债券市场、股票市场、期货市场、黄金市场等。

3.金融市场对公司理财的作用

(1)金融市场是公司融资和投资的场所。当公司需要资金时可以利用金融市场所提供的各种筹资方式,选择适合自己需要的筹资方式进行筹资。当公司有暂时闲置的资金时,也可以利用金融市场选择合适的投资方式,为暂时闲置的资金寻找出路。

(2)金融市场可以为公司长短期资金的互相转化提供重要场所。企业所持有的股票、债券属于长期资产,它们在金融市场上随时可以转让变成现金;远期票据可以通过贴现转化为现金;大额可转让存单可以卖出转化为现金。同时,短期资金也可以在金融市场上转变为股票、债券等长期资产。

(3)金融市场为公司理财提供了重要的信息。如利率的波动,反映了金融市场上资金供求关系的变化。股票市场的价格的变动反映了投资者对公司经营状况、盈利水平和管理水平的综合评价。公司财务决策的正确与否也可以通过股票价格的变动予以检验。这些信息都是公司理财的重要依据。

第六节 理财与会计

在我国，理财和会计的关系长期混淆不清，致使长期以来财会合一，理财和会计职责不分，这与我国社会主义市场经济环境极不相称。为此，探索理财和会计的关系，对我们进一步理解公司理财学的基本原理及发挥理财职能具有重要意义。

一、理财与会计的联系

（一）总体研究对象相同

企业的生产经营活动，从其物质形态看，不外乎就是企业各种财产物资在企业的流动，但从其价值形态上看，则表现为资金运动。理财与会计的研究对象都是企业财产物资运动的价值方面——资金运动。

（二）两者同源

理财与会计的产生都是出于人们对生产过程的关心。马克思说过，在任何社会，人们都在不同程度上关心生产生活资料所耗费的劳动时间。起初，人们直接关心着自身财产的变化和效益的高低，而这种关心并不能脱离生产过程。在人类社会早期，生产活动、理财活动和会计信息处理是紧密结合在一起的，具有不可分割性。以后随着物质资料的丰富和社会分工的出现，才有了专人从事理财活动和会计记录。而且，在相当长的时间内理财和会计是合一的。可见，两者出自同一源头，并长期合二而一。

（三）大部分信息资料来源相同

我们知道，会计的主要目的是提供反映企业资金运动的一系列财务成本信息。它是依据过去资金运动所发出的信息进行加工、整理和汇总，从而为管理当局及企业利益相关者提供可靠的财务信息。公司理财也需要大量的信息，尽管理财活动所需的信息并不完全局限于会计所提供的信息，有时需要对之进行进一步的加工,但理财活动所利用的资料绝大部分来自会计信息,而这些会计信息都是资金运动的客观反映。因此,理财和会计的大部分信息都来源于企业资金运动。

（四）机构共设

长期以来,我国将会计机构和理财机构合二而一,这一机构的人员具有双重身份,他们既是理财人员,也是会计人员,统称为"财会人员"。

二、理财与会计的区别

（一）研究对象的侧重点不同

如上所述,尽管理财与会计从总体上说其研究对象都是资金运动,但是它们各自所作用的具体客体却是有区别的。会计研究对象侧重于资金运动的信息,并以提供一整套反映资金运动的信息为其主要目标。而理财的研究对象则是实实在在的资金运动,具体地说,就是通过融资、投资和成果分配对资金运动进行调控。其主要目标是保证企业资金的有效供给和运用,并使资金增值,从而实现股东财富最大化。

（二）工作性质不同

尽管会计工作与人们的经济行为密切相关,但是会计既不能生产物质产品,也不直接对生产过程实施调控。它是为管理当局及企业外界有关人员提供信息服务的。就企业内部而言,其服务的内容主要是为管理当局组织和管理生产过程提供财务信息及其他经济信息。因此,如何加工、处理、传递信息是会计工作的主要内容。可以说,会计工作是一种信息处理和信息服务活动。而理财则不同,它是实实在在的管理活动,是一种具体的调控行为。会计必须为理财活动提供信息。正如日本宫匡章在《会计情报手册》概述西方学者的观点一样:理财是以资本为对象的实体活动,会计是以财务活动及其结果为对象的情报处理活动。这就是说,它们两者的工作性质是不同的。

（三）职能不同

会计的主要职能是反映和监督,其中反映是最基本的职能。反映的过程是把大量的资金运动信息转换成一系列财务信息,而监督职能则在于依据国家的方针、政策、法律、法令、制度等,揭露和制止各种违法违纪行为的出现。监督主要是为了保证会计信息符合准则、制度和程序的要求,是反映职能的延伸。而理财的职能则是财务预测、财务决策、财务计划、财务控制和财务分析。它是一系列具体的管理活动。

（四）方法体系不同

既然理财与会计对象的侧重点不同,工作性质不同,职能不同,因此势必带来这两者在方法体系上的巨大差别。会计的方法体系主要是提供如何更快更准确地处理和传递财务信息的技术手段。而理财的方法体系则是提供如何更科学、更合理地实施调控资金运动的一系列技术手段。具体地说,会计方法主要有设置账户、复式记账、填制凭证、登记账簿、货币计价、成本计算、财产清查、编制报表八大方法。理财的方法体系主要有财务预测方法、财务决策方法、财务计划方法、财务控制方法和财务分析方法。另外,会计处理的技术方法具有固定的程序,而理财方法比较灵活,无固定程序。

由此可见,理财和会计尽管有着千丝万缕的联系,但无论从它们的具体对象、工作性质,还是职能和方法上说,都有着本质的区别。因此,我们必须根据当前社会主义市场经济条件,变革现有的"财会合一"体制所造成的企业有理财之名而无理财之实的现状,尽力推进财会分离,使理财工作者和会计工作者能够真正履行自己的工作职责。可以说,推进财会分离乃是摆在我们面前的当务之急！

三、理财在公司组织结构中的地位

在公司组织结构中,公司理财的职能主要由财务副总裁负总责。由于金融市场的发展和公司追求股东财富最大化的需要,公司理财在公司高层决策中起核心作用。这是因为:

1. 公司理财是资本市场和公司经营的中间连接环

公司经营活动的开展,必须由理财机构通过发行股票、债券和申请银行贷款等方式从资本市场上取得资金。资金流入公司后,理财机构将其合理配置于公司各部门以及占用在各种资产上,随着生产经营的开展取得盈利收回资金。而收回的资金又需经过理财部门进行分配,一部分以股利的形式流出公司作为投资者的回报,另一部分作为留存盈利进行再投资。如图 1-5 所示。

由此可见,公司理财在公司经营中起着举足轻重的作用。没有公司理财,

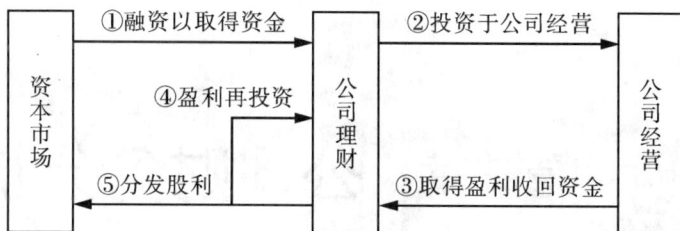

图 1-5　公司理财与资本市场和公司经营的关系

公司的经营就无法顺利进行。

2.在公司组织结构中理财机构和理财人员地位较高

公司的理财事务是由财务副总裁负全责。财务副总裁的地位往往超过其他副总裁,成为仅次于总裁的高级管理人员,且往往成为总裁的继承人[①]。

一般公司的组织结构如图 1-6 所示。

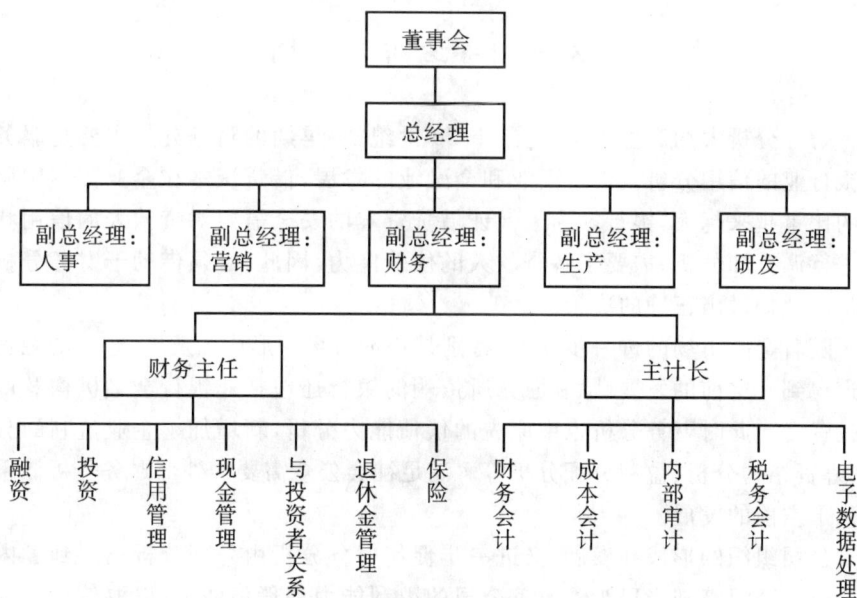

图 1-6　公司组织结构和财务部门

---

① 沈熙著:《公司财务管理》,上海人民出版社,1995 年版,第 29 页。

第二章 公司财务分析

第一节 公司财务分析基础

一、公司财务分析及其内容

财务分析大约产生于19世纪末20世纪初，早期的财务分析主要是服务于银行业的信用分析。由于商业和金融业的发展，借贷资本在企业资本中所占的比重越来越大，银行家为了保证借贷资本的安全需要对贷款人的信用状况进行调查和分析，需要了解贷款人的偿债能力，因此，必须借助于财务分析以帮助他们做出正确的决策。

随着金融市场的进一步发展，特别是资本市场的形成和发展，企业的融资渠道得到了空前的发展，除了原先所依赖的银行还包括非银行金融机构及广大投资者。此时财务分析也由原先的偿债能力分析，新增加了企业盈利的分析、筹资结构分析、盈利分配分析等。满足社会公众需要的外部财务分析体系得到了空前的发展。

公司组织的形成和发展，又进一步促使财务分析由外部分析拓展到了内部分析。公司管理当局为了改善公司的盈利能力和偿债能力，以取信于外部投资者和债权人，不仅利用公开的财务报表数据，而且利用了内部数据开展大量的内部分析，以求改善公司的经营管理，改善未来的财务报表，争取得到外部投资者和债权人的理解和支持。此时，财务分析形成了一个较为完整的分析体系。

公司财务分析是以公司财务报表和其他资料为主要依据，采用专门的方

法,系统地剖析和评价公司财务状况、经营业绩和财务状况变动的一种手段。其主要内容包括:

1.偿债能力分析。通过分析公司的短期偿债能力和长期偿债能力,揭示公司的权益结构,为债权人、股东和公司管理当局提供有关偿债和进一步融资的有用信息。

2.营运能力分析。主要是评价和分析公司资产的分布状况及其周转速度,揭示公司资金的利用效率。

3.盈利能力分析。主要分析公司经过一段时间的经营所取得的经营成果及其获利能力。评估公司今后可能控制资源的潜在能力,预计公司利用现有资源所能产生现金流量的能力,以及判断公司利用新增资源可能产生的效益。

二、公司财务报表及其结构

公司财务分析的主要依据是公司的财务报表及与之相关的其他资料。因此,我们必须了解公司财务报表及其结构。公司基本财务报表主要有:资产负债表、利润表和现金流量表。

(一)资产负债表

资产负债表是反映公司某一特定日期财务状况的报表。它概括地反映了公司在某一特定时日所控制的经济资源,所承担的债务责任和股东所拥有的权益。它能够帮助报表使用者了解公司的总体资金实力、资本结构、流动性和偿债能力以及公司适应其所处环境变化的能力。

资产负债表以会计基本等式为其编制的基础。即:

资产＝负债＋所有者权益

等式两边永远保持恒等关系。其中资产是企业所控制的资源;负债是企业所承担的今后在规定的期限内偿付一笔资金的责任;所有者权益则被定义为企业的资产与负债之差,它事实上是指股东在清偿债务以后所拥有的剩余权益。

在资产负债表中资产按其变现速度快慢的顺序进行排列,如:流动资产、长期投资、固定资产、无形资产以及其他资产等。

负债和所有者权益则是按其偿还期的长短排列,如:流动负债、长期负债、所有者权益。

表2-1列示了某房地产上市公司的真实资产负债表,我们假设该公司名为"中天公司"。此表的格式为账户式的资产负债表。其左边列示资产项目,

右边列示负债和所有者权益。还有一种列示方法叫直排式,其遵循"资产－负债＝所有者权益"的方式排列。

表 2-1 中天公司资产负债表

单位:万元

项目 \ 日期	2006 年末	2005 年末	项目 \ 日期	2006 年末	2005 年末
流动资产:			负债及所有者权益		
货币资金	11 398.14	6 345.46	流动负债:		
短期投资	0	0	短期借款	25 900.00	14 600.00
短期投资跌价准备	0	0	应付票据	0	0
短期投资净额	0	0	应付账款	18 429.31	5 110.91
应收票据	0	0	预收款项	20.2	5 755.98
应收股利	0	0	代销商品款	0	0
应收利息	0	0			
应收账款	3 809.55	1 191.43	应付职工薪酬	52.47	30.1
其他应收款	244.46	246.42	应付股利	0.08	3 920.52
坏账准备	0	0	应交税费	5 175.87	3 968.13
应收账款净额	4 054.01	1 437.85			
预付款项	29 630.52	23 450.66	其他应付款	5 559.92	1 102.9
应收补贴款	0	0	应付短期债券	0	0
存货	48 603.36	33 543.74	预提费用	0	621.64
存货跌价准备	37.13	37.13	一年内到期的非流动负债	0	0
存货净额	48 566.23	33 506.61	其他流动负债	0	0
待摊费用	9.97	0	职工奖励及福利基金	0	0
待处理流动资产净损失	0	0	流动负债合计	55 137.84	35 110.17
一年内到期的长期债权投资	0	0	长期负债:		
其他流动资产	0	0	长期借款	0	0

续表

项 目 \ 日 期	2006 年末	2005 年末	项 目 \ 日 期	2006 年末	2005 年末
流动资产合计	93 658.87	64 740.58	应付债券	0	0
长期投资：			长期应付款	0	0
长期股权投资	12 763.43	13 635.18	住房周转金	0	0
长期债权投资	0	0	其他长期负债	0	0
其他长期投资	0	1 141.61	长期负债合计	0	0
长期投资合计	12 763.43	14 776.80			
长期投资减值准备	0	0	递延所得税负债	0	0
长期投资净值	12 763.43	14 776.80			
合并价差	1 023.25	1 141.61	负债合计	55 137.84	35 110.17
股权投资差额	0	0	少数股东权益：		
固定资产：			少数股东权益	1 307.66	0
固定资产原值	2 732.94	2 396.55	股东权益：		
累计折旧	350.71	221.91	股本	24 502.80	24 502.80
固定资产净值	2 382.22	2 174.64	资本公积金	916.37	916.37
工程物资	0	0	盈余公积	20 580.03	18 844.83
待处理固定资产净损失	0	0	公益金	4 170.71	3 592.31
固定资产合计	2 240.19	2 032.61	未确认的投资损失	0	0
无形及其他资产：			未分配利润	3 770.37	2 179.56
无形资产	2.86	3.74	外币报表折算差额	0	0
开办费	0	0	股东权益合计	52 219.84	46 443.56
长期待摊费用	0	0			
其他长期资产	0	0			
无形资产及其他资产合计	2.86	3.74			
资产总计	108 665.35	81 553.72	负债和股东权益总计	108 665.35	81 553.72

(二)利润表

利润表是用来衡量企业一定时期经营业绩的报表。利润表是以会计等式：

收入－费用＝利润

为其编制基础的。它通常由几个部分所组成：

(1)主营业务收入净额＝主营业务收入－折扣与折让

(2)主营业务利润＝主营业务收入净额－主营业务成本－主营业务税金及附加

(3)营业利润＝主营业务利润＋其他业务利润－存货跌价损失－销售费用－管理费用－财务费用

(4)利润总额＝营业利润＋投资收益＋营业外收入＋补贴收入－营业外支出

(5)净利润＝利润总额－所得税

表2-2列示了中天公司合并利润表格式。其中要注意的是,在利润总额基础上还要减去少数股东权益和其他有关项目后,才是合并净利润。详见表2-2所示。

表 2-2　中天公司利润表

单位:万元

年　度 项　目	2006 年	2005 年
主营业务收入	30 717.73	30 850.09
折扣与折让	0.00	0.00
主营业务收入净额	30 717.73	30 850.09
主营业务成本	16 358.58	20 259.07
主营业务税金及附加	4 090.91	2 829.61
主营业务利润	10 268.24	7 761.42
其他业务利润	79.95	1 047.84

续表

年度 项 目	2006 年	2005 年
存货跌价损失	0.00	0.00
销售费用	521.62	734.31
管理费用	768.01	1 451.69
财务费用	856.16	493.98
营业利润	8 202.40	6 129.27
投资收益	586.24	607.45
期货损失	0.00	0.00
补贴收入	0.00	222.35
营业外收入	5.02	11.01
营业外支出	0.00	196.43
分给外单位利润	0.00	0.00
利润总额	8 793.66	6 773.66
所得税	3 029.71	1 836.56
少数股东权益	−12.34	−41.09
职工奖励及福利基金	0.00	0.00
购并利润	0.00	0.00
未确认的投资损失	0.00	32.43
所得税返还	0.00	0.00
净利润	5 776.29	5 010.61

（三）现金流量表

现金流量表反映企业在特定时期内的现金流量。这里的"现金"是指广义的"现金"，即包括现金及现金等价物。

对于公司理财而言，现金流量是一个非常重要的概念，因为公司的价值就在于其产生现金流量的能力。

现金流量表可以帮助投资者、债权人和其他人士：(1)评估企业在未来创造有利的净现金流量的能力；(2)评估企业的偿债能力、分派股利的能力以及今后的融资需要；(3)分析净利润与相关现金收支产生差异的原因；(4)评估当期现金与非现金投资和理财事项对企业财务状况的影响。

为了弄清企业财务状况，我们通常把现金流量划分为：

1.经营活动产生的现金流量

它包括销售商品、提供劳务收到的现金；收取的租金；收到其他与经营活动有关的现金；购买商品、接受劳务支付的现金；支付给职工以及为职工支付的现金等。经营活动产生的净现金流量通常为正数，当企业经营活动产生的净现金流量长期为负数时，就表明该企业已经陷入困境，因为其经营活动的现金入不敷出。

2.投资活动产生的现金流量

它包括收回投资所收到的现金；处置固定资产、无形资产和其他长期资产而收回的现金净额；购建固定资产、无形资产和其他长期资产所支付的现金；权益性投资所支付的现金；债权性投资所支付的现金等等。投资活动产生的净现金流量如为正数，说明本期投资活动带来了净现金流入；投资活动产生的净现金流量如为负数，说明本期投资活动引起净现金流出。

3.筹资活动产生的现金流量

它包括吸收权益性投资所收到的现金、借款所收到的现金、偿还债务所支付的现金、发生筹资费用所支付的现金等等。筹资活动产生的净现金流量如为正数，说明本期筹资活动带来了净现金流入；筹资活动产生的净现金流量如为负数，说明本期筹资活动引起净现金流出。

4.现金及现金等价物净增加额

它是由经营活动产生的现金流量净额、投资活动产生的现金流量净额、筹资活动产生的现金流量净额所构成。

表2-3列举了中天公司现金流量表。

表 2-3　中天公司现金流量表

单位:万元

项　目		年　度	2006 年
经营活动产生的现金流量	销售商品、提供劳务收到的现金		22 455.65
	收取的租金		0.00
	收到的增值税销项税额和退回的增值税款		0.00
	收到的除增值税以外的其他税费返还		0.00
	收到的其他与经营活动有关的现金		18 691.22
	经营活动产生的现金流入小计		41 146.86
	购买商品、接受劳务支付的现金		25 420.16
	经营租赁所支付的现金		0.00
	支付给职工以及为职工支付的现金		208.33
	支付的增值税款		0.00
	支付的所得税款		0.00
	支付的除增值税、所得税以外的其他税费		6160.37
	支付的其他与经营活动有关的现金		13 660.57
	经营活动产生的现金流出小计		45 449.43
	经营活动产生的现金流量净额		−4 302.57
投资活动产生的现金流量	收回投资所收到的现金		2 140.00
	取得投资收益所收到的现金		638.75
	处置固定资产、无形资产和其他长期资产而收回的现金净额		0.00
	收到的其他与投资活动有关的现金		0.00
	投资活动产生的现金流入小计		2 778.75
	购建固定资产、无形资产和其他长期资产所支付的现金		126.04
	权益性投资所支付的现金		0.00
	债权性投资所支付的现金		0.00
	支付的其他与投资活动有关的现金		0.00
	投资活动产生的现金流出小计		126.04
	投资活动产生的现金流量净额		2 652.71

续表

项 目	年 度	2006 年
筹资活动产生的现金流量	吸收权益性投资所收到的现金	203.74
	子公司吸收少数股东权益性投资所收到的现金	0.00
	借款所收到的现金	21 000.00
	收到的其他与筹资活动有关的现金	0.00
	筹资活动产生的现金流入小计	21 203.74
	偿还债务所支付的现金	9 700.00
	发生筹资费用所支付的现金	0.00
	分配股利或利润所支付的现金	4 801.20
	子公司支付少数股东的股利	0.00
	偿付利息所支付的现金	0.00
	融资租赁所支付的现金	0.00
	减少注册资本所支付的现金	0.00
	子公司依法减资支付给少数股东的现金	0.00
	支付的其他与筹资活动有关的现金	0.00
	筹资活动产生的现金流出小计	14 501.20
	筹资活动产生的现金流量净额	6 702.54
	汇率变动对现金的影响	0.00
	现金及现金等价物净增加额	5 052.68

第二节　财务比率分析

　　财务报表有着大量的数据,我们可以根据需要计算出许多有意义的比率,并通过比率分析反映企业经营管理的各个方面。这些比率主要包括:变现能力比率、营运能力比率、负债比率、盈利能力比率。

一、变现能力指标

变现能力是企业产生现金的能力,它反映了企业短期内流动资产转变成现金,并以此偿付到期债务的能力。可以说变现能力反映了企业短期偿债能力。

企业能否及时偿还到期债务是企业财务状况好坏的重要标志。因此,变现能力(短期偿债能力)是债权人、供应商和投资者所关心的重要指标。

就债权人来说,企业要有较强的变现能力,才能有足够的短期偿债能力,才能保证债权人债权的安全并按时收回本息。

就供应商而言,在现代市场经济环境中,供应商一般都是采取商业信用的方式销售商品。产品一旦销售出去,就形成了一笔应收账款。如果对方变现能力比较差,也就意味着短期偿债能力比较差,这样就会影响今后应收账款的收回。

就投资者来说,如果企业变现能力差,短期偿债能力有问题,就会迫使管理当局花费大量的精力去筹措资金,以应付还债。这样管理当局就难以有足够的精力去从事企业经营管理。此外,还会加大企业筹措资金的难度,增加筹措资金成本,从而影响企业的盈利水平,影响股东财富。

反映变现能力的比率主要有流动比率、速动比率和保守速动比率。

(一)流动比率

流动比率是流动资产与流动负债的比率,其计算公式如下:

$$流动比率 = \frac{流动资产}{流动负债}$$

它表明每一元的流动负债有多少流动资产作保证。反映企业用短期内转变为现金的流动资产偿还流动负债的能力。

【例 2-1】上述中天公司 2006 年末流动资产为 93 658.87 万元,流动负债为 55 137.84 万元。依上式计算其流动比率为:

$$流动比率 = \frac{93\ 658.87}{55\ 137.84} = 1.70$$

流动比率越高,债权人权益越有保证,短期偿债能力越强。反之,则越弱。

当然,企业偿债能力的大小,也可以用营运资金来衡量。营运资金就是流动资产减去流动负债后的余额。营运资金越多表明企业偿债能力越强。但营运资金是个绝对数,如果企业规模相差很大,用这一绝对数来比较意义非常有限。而流动资产和流动负债的比值则是个相对数,它可以排除企业规模不同的影响,更适合企业与企业之间以及本企业不同时期的比较。

需要指出的是,流动比率也不宜过高。流动比率越高表明企业占用的流动资产越多,而流动资产是非盈利或盈利性很差的资产。流动资产占用过多会影响企业的获利能力。同时,过高流动比率也有可能是由于存货占用过多的结果。

一般认为,合理的流动比率以 2 为好。因为在流动资产中变现能力较差的存货约占流动资产总额的一半。如上述中天公司存货为 48 603.36 万元,占流动资产的比重为 52%。剩下的流动性较大的流动资产至少等于流动负债,企业短期偿债能力才有保证。当然这只是人们的经验认识并没有在理论上得以证明,因此还不能成为统一的标准。

流动比率只有和本企业不同时期进行比较,以及和同行业进行比较,才能真正判断出该比率是高还是低,也才能真正得出该企业短期偿债能力是强还是弱的结论,这样的分析结果也才有意义。

（二）速动比率

速动比率是流动资产扣减存货后再除以流动负债的比率。速动比率的计算公式如下:

$$速动比率 = \frac{流动资产 - 存货}{流动负债}$$

在上述公式中我们将存货从流动资产中剔除,这是因为:

1. 存货的变现速度慢。在现代市场经济中,由于商业信用较发达,存货出售后首先转化为应收账款,以后通过应收账款的收回,才能转变为现金。这里就存在两个问题:一是存货是否能够顺利卖出;二是即使存货顺利卖出,应收账款能否及时收回。这些都会影响存货的变现速度。

2. 存货中可能存在一些积压物资或已经报废但尚未作损失处理的部分,这部分包含在流动资产中的存货已不可能变成现金。

3. 部分存货已经抵押给了某个债权人。这部分存货的权益实际上已经转移给了某个特定债权人。

4. 存货的估价可能还存在着成本与市价相差悬殊的情况。

正是基于以上原因,从稳健的角度考虑,人们不希望用变卖存货的办法来还债。因此,将存货从流动资产中剔除掉,以此计算速动比率来反映短期偿债能力似乎更为可靠。

【例 2-2】上述中天公司 2006 年末流动资产为 93 658.87 万元,存货为 48 603.36万元,则其速动比率为:

$$速动比率 = \frac{93\ 658.87 - 48\ 603.36}{55\ 137.84} = 0.82$$

一般认为,速动比率为 1 较为合适。速动比率如果小于 1 被认为短期偿债能力偏低,但这只是一般的看法。因为行业不同,速动比率也会有较大的差别。如采用现金销售的零售业,几乎没有应收账款,其速动比率小于 1 是很正常的,相反,应收账款比较多的企业通常速动比率要大于 1。同样,速动比率除了和本企业不同时期比较之外,更重要的是和同行比较。

(三)保守的速动比率

从保守的角度看,在流动资产中还包含一些当期不会产生现金流入的项目,如预付账款、待摊费用等。这些项目本质上属于费用,同时又具有资产性质,它们只会减少当期的现金支出,而不会变成现金。想依靠它们变成现金来还债也是不现实的。因此,在计算速动比率时,人们也往往将这些项目从流动资产中剔除。这种速动比率通常叫做保守的速动比率或称超速动比率。其计算公式如下:

$$保守的速动比率 = \frac{流动资产 - 存货 - 预付账款 - 待摊费用}{流动负债}$$

【例 2-3】上述中天公司 2006 年末流动资产为 93 658.87 万元,存货为 48 603.36万元,预付账款为 29 630.52 万元,待摊费用为 9.97 万元。则其保守的速动比率计算如下:

$$保守的速动比率 = \frac{93\ 658.87 - 48\ 603.36 - 29\ 630.52 - 9.97}{55\ 137.84} = 0.23$$

从上述三个指标看,中天公司的短期偿债能力与一般的标准对照来看是比较差的。当然,要对该公司的短期偿债能力做出有力的评价,还须与公司的前期比较以及与同行业进行比较。

二、营运能力指标

营运能力指标是衡量公司资产管理效率和营运能力的指标。它通常是以企业资金周转速度指标来衡量企业资金使用效率。资金周转速度越快表明企业资金利用效果越好,效率越高。主要包括:应收账款周转率、存货周转率、流动资产周转率和总资产周转率。

（一）应收账款周转率

应收账款在流动资产中有着举足轻重的地位。及时收回应收账款,不仅可以增强企业的短期偿债能力,而且也反映了企业管理应收账款方面的效率。

应收账款周转率可以有两种表示方法:一是应收账款周转次数。也就是一年内应收账款转变为现金的平均次数,表明应收账款流转的速度。二是应收账款周转天数,也叫着应收账款平均收账期或应收账款平均回收期。它表明企业从取得应收账款的权利到真正收回账款所需要的时间。

应收账款周转率计算公式如下:

1.应收账款周转次数

$$应收账款周转次数 = \frac{销售收入}{应收账款平均余额}$$

其中,$应收账款平均余额 = \frac{应收账款期初数 + 应收账款期末数}{2}$

【例 2-4】上述中天公司 2006 年应收账款期初数为 1 191.43 万元,应收账款期末数为 3 809.55 万元,本期销售收入为 30 717.73 万元。则其应收账款周转次数计算如下:

$$应收账款平均余额 = \frac{1\ 191.43 + 3\ 809.55}{2} = 2\ 500.49(万元)$$

$$应收账款周转次数 = \frac{30\ 717.73}{2\ 500.49} = 12.28(次)$$

2.应收账款周转天数

$$应收账款周转天数 = \frac{计算期天数}{应收账款周转次数}$$
$$= \frac{应收账款平均余额 \times 计算期天数}{销售收入}$$

【例 2-5】上述中天公司的应收账款周转天数依据有关数据计算如下:

$$应收账款周转天数 = \frac{360}{12.28} \approx 29(天)$$
$$或 = \frac{2\ 745.93 \times 360}{30\ 717.73} \approx 29(天)$$

需要指出的是,上述的"销售收入"是指扣除折扣和折让后的销售净额。也有的人主张销售净额还应扣减现金销售部分,即用赊销净额来计算。从理论上说用赊销净额计算是合理的。但是,就外部报表使用者来说,赊销净额是难以获得的数据,即使内部报表使用者也未必容易取得该数据。因此,按销售净额来计算是比较切实可行的。只要保持历史的一贯性,使用销售净额来计算应收账款周转率并不影响它的使用价值。应收账款平均余额是指未扣除坏账准备的应收账款余额期初数与期末数之和除以2。

一般来说,应收账款周转次数越高,周转天数(平均收账期)越短,说明应收账款收回越快,资金利用效果越好。否则,企业过多的营运资金占用在应收账款上,尽管本期利润很多同样会发生财务困难。当然,财务分析人员在利用此指标时,除了与本企业前期比较之外,还应该与同行进行比较,才能真正反映出问题。

(二)存货周转率

存货在流动资产中所占的比重较大。存货的流动性直接影响着企业的流动比率,因此,在分析企业营运能力时,存货的周转速度是极其重要的指标。

存货周转率是衡量和评价企业从购入存货、投入生产、到销售收回等过程管理水平的综合性指标。它是一定期间内企业销售成本和平均存货之间的比率。同样,存货周转率也可以有两种表示方法:一是存货周转次数,用以衡量存货的流转速度;二是存货周转天数,表明企业从购入存货到存货销售所需花费的时间长短。

存货周转率计算公式如下:

1.存货周转次数

$$存货周转次数 = \frac{销售成本}{平均存货}$$

$$其中,平均存货 = \frac{期初存货 + 期末存货}{2}$$

【例 2-6】中天公司 2006 年销售成本为 16 358.58 万元,期初存货为 33 543.74 万元,期末存货为 48 603.36 万元。该公司存货周转次数为:

$$平均存货 = \frac{33\,543.74 + 48\,603.36}{2} = 41\,073.55(万元)$$

$$存货周转次数 = \frac{16\,358.58}{41\,073.55} = 0.4(次)$$

2.存货周转天数

$$存货周转天数 = \frac{360}{存货周转次数}$$

$$= \frac{平均存货 \times 360}{销售成本}$$

【例 2-7】根据上述中天公司有关数据计算存货周转天数如下：

$$存货周转天数=\frac{360}{0.4}=900（天）$$

$$或=\frac{41\ 073.55\times360}{16\ 358.58}=900（天）$$

由上述指标可以看出中天公司存货周转率是比较差的。该公司主要从事房地产开发,存货周转速度一般会比较慢些。但存货周转一次将近三年时间未免也过长了点,因此该公司应加强存货的管理,加大存货推销力度,提高存货的周转速度。当然,该指标的分析还应该和同行比较才能真正发现问题之所在。

（三）流动资产周转率

流动资产周转率是反映企业流动资产周转速度的指标。它是企业销售收入与全部流动资产平均余额的比率。其计算公式如下：

$$流动资产周转率=\frac{销售收入}{流动资产平均余额}$$

其中,$流动资产平均余额=\frac{流动资产期初数+流动资产期末数}{2}$

【例 2-8】中天公司 2006 年流动资产期初数为 64 740.58 万元,期末数为 93 658.87 万元,本期销售收入为 30 717.73 万元。则其流动资产周转率计算如下：

$$流动资产平均余额=\frac{64\ 740.58+93\ 658.87}{2}=79\ 199.73（万元）$$

$$流动资产周转率=\frac{30\ 717.73}{79\ 199.73}=0.39（次）$$

说明该企业流动资产周转速度比较慢,这样势必增加企业流动资金的需求量,影响企业的获利能力。因为流动资产一般是非盈利或盈利比较差的资产,占用过多的流动资产,必然影响企业的获利能力。具体分析还应和同行业企业比较。

（四）总资产周转率

总资产周转率是反映总资产周转速度的指标。总资产周转速度越快,说明企业销售能力越强,资金使用效率越高。该比率计算公式如下：

$$总资产周转率=\frac{销售收入}{资产平均总额}$$

其中,资产平均总额=$\dfrac{期初资产总额+期末资产总额}{2}$

【例 2-9】中天公司 2006 年期初资产总额为 81 553.72 万元,期末资产总额 108 665.35 万元,本期销售收入为 30 717.73 万元。其总资产周转率计算如下:

资产平均总额=$\dfrac{81\ 553.72+108\ 665.35}{2}$=95 109.54(万元)

总资产周转率=$\dfrac{30\ 717.73}{95\ 109.54}$=0.32(次)

三、负债比率

负债比率是指负债与总资产、净资产之间的比例关系。它是反映企业长期偿债能力的指标。企业的债务越多,其不能履行债务责任的可能性就越大。也就是说,过多的债务可能导致企业丧失偿债能力,陷入财务危机。但是,另一方面负债又是一个重要的资金来源渠道,并且其利息可以在税前扣除因而可以起到节税的作用。可见,分析负债比率具有十分重要的意义。

从企业的偿债义务看,一是要偿还本金,二是要支付利息。因此,分析企业的偿债能力,既要看企业偿还本金的能力,也要看企业支付债务利息的能力。

(一)资产负债率

资产负债率是负债总额与资产总额之间的比率。它反映了在企业总资产中有多少是通过举债筹资而形成的,可以衡量企业清算时债权人利益的保护程度。其计算公式如下:

资产负债率=$\dfrac{负债总额}{资产总额}$

该指标可以从如下几个方面来看:

1. 从股东的角度看,该比率大,说明企业能够利用较少的股权资本形成较多的经营资产。不仅扩大了企业的规模,而且在全部资本利润率超过负债利息率时,股东可以获取更大的利润。在这种情况下,股东希望负债越多越好。反之,则对股东不利。

2. 从债权人角度看,他们最关心的是贷给企业款项能否按期收回本金和利息。该比率如果过大,则企业的主要风险将由债权人承担。因此他们希望该比率越低越好。

3. 从经理人角度看,如果举债过大,超出债权人心理承受能力,今后筹借资金将十分困难,风险较大。如果举债过小,说明企业畏缩不前、负债经营能力差,不能充分利用债权人资金为股东创造更多的财富,从而可能导致股东的不满。因此,就经理人来说如何保持适当的负债比率显得十分重要,为此必须在风险和收益之间进行权衡。

【例 2-10】2006 年末中天公司负债总额为 55 137.84 万元,资产总额为 108 665.35 万元。这样其资产负债率为:

$$资产负债率 = \frac{55\ 137.84}{108\ 665.35} = 50.75\%$$

(二)产权比率

产权比率是负债与股东权益之间的比率,也是衡量企业长期偿债能力的指标之一。其计算公式如下:

$$产权比率 = \frac{负债总额}{股东权益总额}$$

【例 2-11】中天公司 2006 年末负债总额为 55 137.84 万元,股东权益总额为 52 219.84 万元。则其产权比率计算如下:

$$产权比率 = \frac{55\ 137.84}{52\ 219.84} = 105.59\%$$

首先,产权比率说明了股东权益对债权人权益的保障程度。该比率越低,长期偿债能力越强,债权人权益越有保障,风险越小。反之,债权人权益越没有保障,风险越大。

其次,产权比率也反映了债权人提供的资本和股东提供的资本之间的相对关系。体现了企业资本结构是否稳定。从上述中天公司情况看,债权人提供的资本是股东提供的资本的 1.06 倍。如果此时进行清算,则中天公司的债权人权益将无法完全得到保证。

(三)权益乘数

权益乘数说明了企业资产总额是股东权益总额的多少倍。它是从另一个角度反映企业长期偿债能力。该比率越大,说明股东提供的资本在企业总资产中所占的比重越小,负债比率越大。计算公式如下:

$$权益乘数 = \frac{资产总额}{股东权益总额}$$

【例 2-12】中天公司 2006 年末资产总额为 108 665.35 万元,股东权益总额为 52 219.84 万元。则其权益乘数为：

$$权益乘数 = \frac{108\ 665.35}{52\ 219.84} = 2.08$$

（四）利息保障倍数（已获利息倍数）

利息保障倍数是息税前利润（EBIT）与利息费用之间的比率。这一比率主要反映企业所赚取的利润对利息的偿付能力。

$$利息保障倍数 = \frac{息税前利润}{利息费用}$$

息税前利润（EBIT）是指未扣除利息费用和所得税之前的利润。由于我国现行的利润表未单独列示利息费用，而是混在财务费用里面，因此，它可以用"利润总额加财务费用"来估算。

【例 2-13】中天公司 2006 年利润总额为 8 793.66 万元，财务费用为 856.16万元。则其利息保障倍数为：

$$利息保障倍数 = \frac{8\ 793.66 + 856.16}{856.16} = 11.27$$

四、盈利能力指标

盈利能力是指企业获取利润的能力，也叫获利能力。它是投资者、债权人、企业管理当局等与企业的利益关系者十分关心的问题。

盈利能力指标主要有：销售利润率、成本费用利润率、总资产利润率、净资产利润率等等。

（一）销售利润率

销售利润率是企业净利润与销售收入之间的比率，反映了企业每取得一元销售收入能带来多少净利润。通过该指标的比较和分析，能够促使企业在扩大销售收入的同时，注意减少成本费用，改善经营管理，从而达到提高盈利水平的目的。其计算公式如下：

$$销售利润率 = \frac{净利润}{销售收入}$$

【例 2-14】中天公司 2006 年净利润为 5 776.29 万元，本期销售收入为30 717.73万元。则其销售利润率为：

$$销售利润率 = \frac{5\ 776.29}{30\ 717.73} = 18.80\%$$

（二）成本费用利润率

成本费用利润率是净利润与成本费用总额之间的比率。它说明每投入一元的成本费用能给企业带来多少净利润,反映了耗费与收益之间的关系。该比率高,说明企业能够以较少的耗费取得较大的经济效益。其计算公式如下:

$$成本费用利润率 = \frac{净利润}{成本费用总额}$$

【例 2-15】 中天公司 2006 年净利润为 5 776.29 万元,费用总额为为 25 624.99万元。其中主营业务成本为 16 358.58 万元,主营业务税金及附加为 4 090.91 万元,销售费用为 521.62 万元,管理费用为 768.01 万元,财务费用为 856.16 万元,所得税为 3 029.71 万元。

$$成本费用利润率 = \frac{5\ 776.29}{25\ 624.99} = 22.54\%$$

（三）总资产利润率（ROA）

总资产利润率是企业净利润与总资产平均余额之间的比率,是反映企业资产综合利用效果的指标。该指标越高,说明企业资产利用效果越好,企业获利能力越强,否则相反。其计算公式如下:

$$总资产利润率 = \frac{净利润}{总资产平均余额}$$

其中,总资产平均余额 $= \dfrac{期初资产总额 + 期末资产总额}{2}$

【例 2-16】 2006 年中天公司期末资产总额为 108 665.35 万元,期初资产总额为81 553.72万元,净利润为 5 776.29 万元。则其总资产利润率计算如下:

$$总资产平均余额 = \frac{108\ 665.35 + 81\ 553.72}{2} = 95\ 109.54（万元）$$

$$总资产利润率 = \frac{5\ 776.29}{95\ 109.54} = 6.07\%$$

（四）净资产利润率（ROE）

净资产利润率是企业净利润与平均净资产之间的比率。由于净资产是企业总资产减去总负债以后的结果,也就是股东权益,因此该指标也称股东权益利润率。其计算公式如下:

$$净资产利润率 = \frac{净利润}{平均净资产}$$

其中,$平均净资产 = \frac{期初净资产 + 期末净资产}{2}$

【例 2-17】中天公司 2006 年净利润为 5 776.29 万元,期初净资产(股东权益)为 46 443.56万元,期末净资产(股东权益)为 52 219.84 万元。则其净资产利润率计算如下:

$$平均净资产 = \frac{46\ 443.56 + 52\ 219.84}{2} = 49\ 331.70(万元)$$

$$净资产利润率 = \frac{5\ 776.29}{49\ 331.70} = 11.71\%$$

式中"平均净资产"也可以直接用"期末净资产"计算。

净资产利润率反映了股东权益的投资报酬率,具有很强的综合性。事实上它是由反映偿债能力的权益乘数、反映营运能力的总资产周转率和反映盈利能力的销售利润率所构成。具体分解如下:

$$净资产利润率 = \frac{平均总资产}{平均股东权益} \times \frac{销售收入}{平均总资产} \times \frac{净利润}{销售收入}$$

可见,净资产利润率是偿债能力、资产周转率和盈利能力相互作用的结果。

需要指出的是,从式中似乎可以看出,权益乘数越高,企业负债越多,净资产收益率就会越高。事实上,只有当总资产利润率超过债务利率时才可能如此。此时负债增加,会提高净资产利润率,但过多的负债也潜伏着风险。为此企业必须进行综合考虑,才可能做出正确的抉择。

(五)每股收益(EPS)

每股收益是衡量上市公司盈利情况的一个重要指标。它是本年净利润与流通在外的普通股加权平均股数之间的比率。计算公式如下:

$$每股收益 = \frac{净利润}{流通在外普通股加权平均股数}$$

在投资决策分析中,每股收益是反映股票市场行情的一个重要指标。但这一指标不足之处在于,不同企业间的每股收益是不可比的。因为各个企业所发行的股票价格是不一样的,它仅仅按股份数来计算,没有考虑与盈利状况紧密联系的资本额。

【例 2-18】中天公司 2006 年净利润为 5 776.29 万元,总股数为 24 503 万股。其每股收益为:

$$每股收益 = \frac{5\ 776.29}{24\ 503} = 0.235\ 7(元/股)$$

(六)市盈率(P/E)

市盈率是每股市价对每股收益的倍数。其计算公式如下:

$$市盈率 = \frac{每股市价}{每股收益}$$

【例 2-19】中天公司 2006 年每股收益为 0.235 7 元,每股市价为 5.34 元。则其市盈率为:

$$市盈率 = \frac{5.34}{0.235\ 7} = 22.66(倍)$$

市盈率是人们普遍关注的指标之一。它反映了投资者对每一元净利润所愿意支付的价格,可以用来估计股票的投资报酬与风险。该指标越高,说明投资者对公司的未来发展越看好,因而他愿意为获取一元利润而支付更高的价格。当然,市盈率越高,投资风险也就越大,反之亦然。因此,该指标必须结合所属行业的发展前景,并在不同企业间进行比较,以作为选择投资目标时的参考。

(七)股利支付率和留存盈利比率

股利支付率是现金股利占净利润的比重。它反映了公司的股利政策和股利支付能力。公式如下:

$$股利支付率 = \frac{现金股利}{净利润}$$

留存盈利比率是企业留存盈利占净利润的比重。其计算公式如下:

$$留存盈利比率 = \frac{留存盈利}{净利润}$$

由于

$$留存盈利 = 净利润 - 现金股利$$

因此:

$$留存盈利比率 = \frac{净利润 - 现金股利}{净利润} = 1 - 股利支付率$$

第三节 综合分析

要全面了解和评价公司的财务状况和经营成果,只分析单个财务指标是不够的,只有对各项财务指标进行系统、综合的分析,才能对公司的财务状况和经营业绩做出合理的评价。

一、杜邦分析法

杜邦分析法是在第一次世界大战期间,由杜邦公司首先采用的一种综合分析方法,这种方法后来得到了广泛的承认和运用,故称为杜邦分析法。

上一节我们运用比率分析方法可以了解公司的偿债能力、营运能力和盈利能力,但不能反映三者之间的依存关系。而杜邦分析法则将上述几种财务比率有机地结合起来,综合地分析公司财务状况。

杜邦分析法可用图 2-1 所示,它说明了:

1. 杜邦分析法是以权益利润率(净资产利润率)为核心,综合反映股东投入资本的获利能力。

2. 该指标的高低取决于总资产利润率和权益乘数。总资产利润率反映了企业总资产综合利用效率。而权益乘数则表示企业的负债程度,权益乘数越大,企业负债程度越高。也就是说,公司要想进一步提高权益利润率,一方面要提高总资产利润率,提高资产综合利用效果。另一方面,在总资产利润率超过负债利息率的情况下,应该适当增加负债,进一步提高权益乘数。

3. 总资产利润率的高低,又取决于销售利润率和总资产周转率。要想提高销售利润率,一方面要增加销售收入,另一方面要降低成本,使企业净利润进一步扩大。同时增加销售收入,还可以提高总资产周转率。所以,增加销售收入、降低成本是企业经营管理的重要环节。

4. 利用杜邦分析法还可以将企业的利润表和资产负债表分列于其中,管理当局可以一目了然地看出企业的经营业绩情况和财务状况。

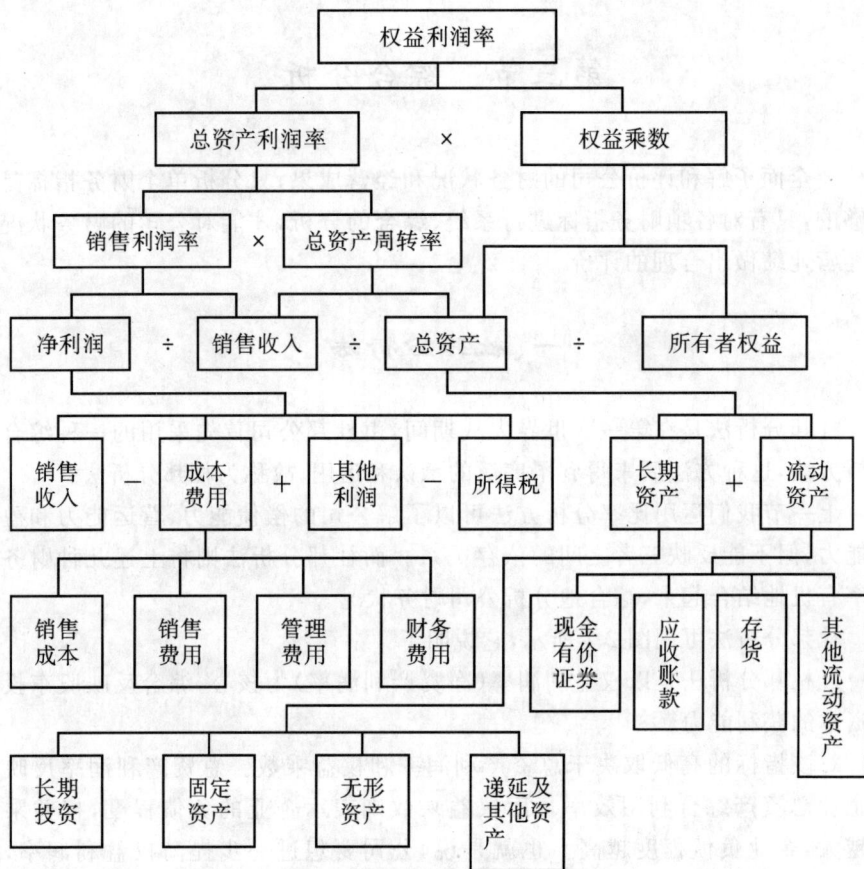

图 2-1 杜邦分析法

二、沃尔评分法

亚历山大·沃尔于 20 世纪初出版了《信用晴雨表研究》和《财务报表比率分析》两本著作。在这些著作中沃尔提出了信用能力指数概念。沃尔评分法选择了 7 个财务比率,给出各自的权重,然后确定标准比率并与实际比率比较,评出每项得分,最后求出总得分,总得分为 100 分。我们利用沃尔评分法对 A 公司的财务状况进行评价,其综合得分结果见表 2-4。

表 2-4

财务比率	权重 ①	标准比率 ②	实际比率 ③	相对比率 ④=③÷②	得分 ⑤=①×④
流动比率	25	2	1.70	0.85	21.25
净资产/负债	25	1.50	0.95	0.63	15.75
资产/固定资产	15	2.50	5.00	2.00	30.00
销售成本/存货	10	8	0.40	0.05	0.50
销售额/应收账款	10	6	12.28	2.05	20.50
销售额/固定资产	10	4	6.00	1.50	15.00
销售额/净资产	5	3	0.59	0.20	1.00
	100				104

沃尔评分法并未能证明为什么要选择这 7 项比率,未能证明确定这些比率权重的理论依据是什么。尽管如此,沃尔评分法还是在实践中得到广泛运用。

三、国有资本金效绩评价体系

为适应社会主义市场经济体制和政府职能转变的需要,加强国有资本金基础管理,完善国有资本金监管制度,科学解析和真实反映企业资产运营效果和财务效益状况。1999 年财政部、国家经济贸易委员会、人事部、国家发展计划委员会联合颁发了《国有资本金效绩评价规则》。国有资本金效绩评价是指运用科学、规范的评价方法,对企业一定经营期间的资产运营、财务效益等经营成果,进行定量及定性对比分析,做出真实、客观、公正的综合评判。其评价指标体系见表 2-5 所示。

表 2-5 企业效绩评价指标体系与指标权数表

评价指标	基本指标		修正指标		评议指标	
评价内容	权数 100	指标	权数 100	指标	权数 100	指标	权数 100

续表

评价指标		基本指标		修正指标		评议指标	
一、财务效益状况	38	净资产收益率	25	资本保值增值率	12	经理人基本素质	18
		总资产报酬率	13	主营业务利润率	8	产品市场占有能力（服务满意度）	16
				盈余现金保障倍数	8		
				成本费用利润率	10	基础管理水平	12
二、资产营运状况	18	总资产周转率	9	存货周转率	5		
		流动资产周转率	9	应收账款周转率	5	发展创新能力	14
				不良资产比率	8	经营发展战略	12
三、偿债能力状况	20	资产负债率	12	现金流动负债比率	10	在岗员工素质	10
		已获利息倍数	8	速动比率	10	技术装备更新水平（服务硬环境）	10
四、发展能力状况	24	销售(营业)增长率	12	三年资本平均增长率	9		
		资本积累率	12	三年销售平均增长率	8	综合社会贡献	8
				技术投入比率	7		
		80%				20%	

企业效绩评价指标体系由基本指标、修正指标、评议指标三个层次构成。

基本指标反映效绩评价内容的基本情况，可以形成企业效绩评价的初步结论。

修正指标是依据企业有关实际情况对基本指标评价结果进行逐一修正，以此形成企业效绩评价的基本定量分析结论。

评议指标是对影响企业经营效绩的非定量因素进行判断，以此形成企业效绩评价的定性分析结论。

该指标体系采取以定量分析为基础，以定性分析为辅助，实行定量分析与定性分析相互校正，以此形成企业效绩评价的综合结论。

（一）基本指标计分方法

基本指标计分方法是指运用企业效绩评价基本指标，将指标实际值对照相应评价标准值（标准值由财政部定期颁布），计算各项指标实际得分。计算公式为：

基本指标总得分＝∑单项基本指标得分

单项基本指标得分＝本档基础分＋调整分

本档基础分＝指标权数×本档标准系数

调整分＝[(实际值－本档标准值)/(上档标准值－本档标准值)]×
        (上档基础分－本档基础分)

上档基础分＝指标权数×上档标准系数

若有关指标的分母为零或为负数,则作如下具体处理:

1.对于净资产收益率、资本积累率指标,当分母为 0 或小于 0 时,该指标得 0 分。

2.对于已获利息倍数指标,当分母为 0 时,则按以下两种情况处理:

(1)如果利润总额大于 0,则指标得满分;

(2)如果利润总额小于或等于 0,则指标得 0 分。

在每一部分指标评价分数计算出来后,要计算该部分指标的分析系数。分析系数是指企业财务效益、资产营运、偿债能力、发展能力四部分评价内容各自的评价分数与该部分权数的比率。基本指标分析系数的计算公式为:

某部分基本指标分析系数＝该部分指标得分/该部分权数

(二)修正指标计分方法

修正指标计分方法是在基本指标计分结果的基础上,运用修正指标对企业效绩基本指标计分结果作进一步调整。修正指标的计分方法仍运用功效系数法原理,以各部分基本指标的评价得分为基础,计算各部分的综合修正系数,再据此计算出修正指标分数。计算公式为:

修正后总得分＝∑四部分修正后得分

各部分修正后得分＝该部分基本指标分数×该部分综合修正系数

综合修正系数＝∑该部分各指标加权修正系数

某指标加权修正系数＝(修正指标权数/该部分权数)×该指标单项修正系数

某指标单项修正系数＝1.0＋(本档标准系数＋功效系数×0.2－该部分基本指标分析系数)

功效系数＝(指标实际值－本档标准值)/(上档标准值－本档标准值)

该部分基本指标分析系数＝该部分基本指标得分/该部分权数

在计算修正指标的修正系数时,对有关指标的单项修正系数作如下特殊规定:

1. 当盈余现金保障倍数的分母为0或负数时,如果分子为正,则其单项修正系数确定为1.0;如果分子也为负,则其单项修正系数确定为0.9。

2. 如果资本保值增值率和三年资本平均增长率指标的分子、分母出现负数或分母为0时,则按如下方法确定其单项修正系数:

(1)如果分母为负,分子为正,则单项修正系数确定为1.1。

(2)如果分母及分子都为负,但分子的绝对值小于分母的绝对值,则单项修正系数确定为1.0;反之,分子的绝对值大于分母的绝对值,则单项修正系数确定为0.8。

(3)如果分母为正,分子为负,则单项修正系数确定为0.9。

(4)当分母为0时,如果分子为正,其单项修正系数确定为1.0;如果分子为负,其单项修正系数确定为0.9。

3. 如果不良资产比率指标实际值低于或等于行业平均值,单项修正系数确定为1.0;如果高于行业平均值,用以上计算公式计算。

4. 如果技术投入比率指标没有行业标准,该指标单项修正系数确定为1.0。

在每一部分修正后的评价分数计算出来后,要计算该部分修正后的分析系数,用于分析每部分的得分情况。计算公式为:

某部分修正后分析系数＝该部分修正后分数/该部分权数

(三)评议指标计分方法

评议指标计分方法是根据评价工作需要,运用评议指标对影响企业经营效绩的相关非计量因素进行深入分析,做出企业经营状况的定性分析判断。具体根据评议指标所考核的内容,由不少于5名的评议人员依据评价参考标准判定指标达到的等级,然后计算评议指标得分。公式为:

评议指标总分＝∑单项指标分数

单项指标分数＝∑(单项指标权数×每位评议人员选定的等级参数)/
　　　　　　评议人员总数

如果被评价企业会计信息发生严重失真、丢失或因客观原因无法提供真实、合法会计数据资料,以及受国家政策、市场环境等因素的重大影响,利用企业提供的会计数据已无法形成客观、公正的评价结论时,经相关的评价组织机构批准,可单独运用评议指标进行定性评价,得出评价结论。

（四）定量与定性结合计分方法

定量与定性结合计分方法是将定量指标评价分数和定性指标评议分数按照规定的权重组合形成综合评价结果，即根据评议指标得分对定量评价结论进行校正，计算出综合评价得分，其计算公式为：

定量与定性结合评价得分＝定量指标分数×80％＋定性指标分数×20％

（五）评价结果

1. 评价类型以评价得分为依据，按 85、70、50、40 四个分数线作为类型判定的资格界线。

优（A）：评价得分达到 85 分以上（含 85 分）；

良（B）：评价得分达到 70 分～85 分（含 70 分）；

中（C）：评价得分达到 50 分～70 分（含 50 分）；

低（D）：评价得分在 40～50 分（含 40 分）；

差（E）：评价得分在 40 分以下。

2. 级别标注

以上五种评价类型再划分为十个级别，分别是：

优：A^{++} A^{+} A

良：B^{+} B B^{-}

中：C C^{-}

低：D

差：E

当评价得分属于"优"、"良"类型时，以本类分数段最低限为基准，每高出 5 分（含 5 分，小数点四舍五入），提高一个级别；当评价得分属"中"类型，60 分以下用"C^{-}"表示，60 分以上（含 60 分）用"C"表示；当评价得分属于"低"、"差"类型，不分级别，一律用"D"、"E"表示。企业效绩评价结果以汉字、英文和"＋"、"－"符号共同标示，如优（A^{+}）、低（D）[①]。

---

① 详见财政部文件，财统字[1999]2 号和财统字[2002]5 号。

第三章　财务预测与计划

　　企业在其生产经营过程中,为了保证经营目标的实现,取得理想的经济效益,需要在科学的理论指导下,制订具有协调、监督、控制作用的全面计划,来促成经营目标的完成,并借以分析和考核企业总体及各个部门工作的完成情况。这个全面的计划就是企业的财务计划。

　　预测是计划过程中不可缺少的组成部分。在企业财务计划制订的过程中,准确的财务预测是关键,它是编制财务计划的前提,也是企业进行财务决策的基础工作。财务预测是财务人员根据历史资料,依据现实条件,利用一定的方法对企业未来财务活动的发展趋势做出科学的测算和估计。本章在主要阐述企业财务预测方法的基础上,讨论财务预测的内容、方法及财务计划编制过程。

第一节　财务预测与计划的意义、内容和步骤

一、财务预测与计划的意义

　　企业财务计划是依据企业的发展战略和经营计划,对未来一定期间的财务活动及其结果进行的规划、部署和安排,它规定了企业计划期财务工作的任务和目标及预期的财务状况和经营成果。[①]

　　财务预测是指在科学理论的指导下,对企业财务活动、财务状况及财务成果进行估计、判断和推测的过程。通过财务预测的结果,可以帮助企业分析比

---

　　①　陈余有,张传明:《企业财务管理学》,中国财政经济出版社,2003年版。

较其可采用的决策和计划的各种可行方案,并做出正确的判断和选择。

财务计划是财务管理的必要环节,它表现为一个过程。在这个过程中,进行准确的财务预测是制订财务计划的关键。制定财务预测与计划的重要性具体表现在:

1.明确目标,为投融资决策提供依据

财务计划是企业经营目标在财务上的具体体现,它是指导企业未来财务活动的基础性文件。通过财务计划的制订,将企业长期和短期、总体与具体的活动目标和实施方案进行规划和确定,并通过编制各类具体的财务指标来表现,从而为企业生产经营过程中的各种投资和融资等决策提供数据依据。

未来财务活动的确定是以准确的财务预测为前提的。没有准确的预测,就没有正确的决策和计划。为了使企业的计划更符合未来的客观实际,必须在精确的预测基础之上来编制财务计划。企业的管理者应该根据财务预测与计划得出的相关财务活动的数据来安排企业的融资和投资计划,以确保企业资金合理、有效地利用,为企业增加收益、减少风险。

2.相互协调,有助于改善投资决策

企业的经营目标是多重的,反映在财务上也很难用唯一的数量指标来表达。这样各部门之间,因其职责不同,往往会出现相互矛盾、相互冲突的现象。因此需要通过财务预测与计划把企业的各种目标,如销售、生产、成本费用、收入和利润等分解为各个部门的具体目标,从而有助于企业内部各个部门协调一致地安排自己的活动,保证企业生产经营的正常进行,以促成企业总目标的实现。如根据销售前景估计出的销售不一定能满足生产部门的最佳生产计划,而销售部门的销售计划也可能会因为生产部门无法完成其所需要的产量而压缩,此时就需要根据可能筹集到的资金来安排销售、生产以及有关的投资项目。

3.监督控制,及时修正各项计划

财务预测与计划要求对各种可能的情况做出假设,以提高企业对不确定事件的反应能力。财务计划一经确定并进入实施之后,便为财务活动的检查和控制提供了标准。通过财务预测与计划和实际情况的对比,可以了解实际情况与假设是否出现偏差,如有,则要进一步分析原因,及时修正经营活动计划,以减少不利事件出现带来的损失,保证企业生产经营的正常进行。

4.评价衡量,为科学决策提供参考

财务计划可以作来考核和评价企业财务状况和经营成果的尺度,还可以通过各类财务指标来衡量管理工作水平,并且为投资者或者债权人提供关于企业未来的发展状况及财务前景的信息,从而为投资者或者债权人进行决策提供参考依据。

二、财务预测与计划的内容和步骤

(一)财务计划与预测的内容

财务计划包括资金筹措和使用计划、专项投资计划及全面生产经营计划的预计财务结果。这些内容主要通过财务预测①来反映。财务预测就是以货币形式表示的财务方面的经营计划,有广义和狭义之分。广义的财务预测指企业预算期内反映整个经营过程中有关资金综合变动状况的预测或预算,包括销售预测、筹资预测、资本预测、现金预测和预计财务报表等,这一系列预算也称为财务总预测或全面预算。狭义的财务预测只包括现金预算和预计财务报表。预计财务报表反映计划期预期的财务状况和经营成果,包括预计资产负债表、预计利润表、预计现金流量表和预计主要财务比率。

(二)财务预测的步骤

1. 明确预测目标

财务预测的目标就是财务预测的对象和目的。预测目标不同,则预测资料的搜集、预测模型的建立、预测方法的选择以及预测结果的表现方式等也有所不同。

2. 搜集相关资料

财务预测是建立在各种资料基础之上的。因此应当根据预测的目的,广泛搜集与预测目标相关的各种资料信息,包括内部和外部资料、财务和生产技术资料、计划和统计资料等,并对所搜集的资料进行准确性、完整性和典型性检查,从而通过整理,使之符合预测的需要。

3. 建立预测模型

根据所搜集的资料及影响预测对象的各个因素之间的相互关系,建立适当的财务预测模型。常见的财务预测模型包括回归分析预测模型、时间序列

---

① 大多数教材使用"财务预算"这一名词,这里统一采用"财务预测"。

预测模型等。

4.进行预测,确定最佳方案

根据预测模型进行财务预测,并考虑预测的误差,对各种预测的结果进行分析评价,从而确定最优值和最佳方案。

第二节　财务预测的方法

从预测方法上来看,预测的方法有定性预测与定量预测两大类:

定性预测主要是通过预测者所掌握的信息和情报并结合各种因素,揭示现象在未来的性质表现或发展方向。该方法也可以用来推算预测对象未来的数量表现,但所用的方法较为简单,定量结果较为粗糙。它普遍适用于对缺乏历史统计资料的事件进行预测。具体方法有德尔菲法(专家意见法)、意见汇总法等。这些方法中有些不需要预测者直接以实际数据资料进行预测,而是由预测者经过调研取得调查对象(专家、群众)对预测对象的判断意见,然后使用统计方法汇总得出预测结论。

定量预测方法是根据变量之间的某种数量关系,通过建立数学模型而进行预测的方法。常用的定量预测方法有:回归预测法、时间序列预测法和因果预测法等。采用定量分析方法要求有较充足的统计数据和原始资料,预测对象和目标与其相关因素之间的关系明确、客观,人为影响因素较少。

应该说,财务预测的内容不同,其预测的方法也各有不同,下面就针对财务预测的各个内容分别介绍财务预测的方法。

一、销售预测及其方法

销售预测是公司财务预测的起点,在制订公司计划过程中至关重要。销售预测主要包括:(1)在新的一年里能否继续保持过去的销售趋势;(2)可能影响销售趋势的因素对销售可能造成的影响;等等。

公司进行销售预测常用的方法是时间序列趋势分析方法。它是将历年销售数据按时间先后顺序排列,形成销售数据的时间数列,然后运用统计的时间序列趋势分析方法来预测其未来的发展变化趋势。时间序列趋势分析方法包括简单平均法、移动平均法和指数平滑法等。

1.简单平均法

这一方法就是对历年全部的销售数据求算术平均数,并以这一算术平均数作为预测值。设历年全部销售数据分别为 $y_1, y_2, \cdots, y_n$,则计算其算术平均数,并得到预测值如下:

$$\hat{y}_{t+1} = \frac{各期销售数据之和}{期数} = \frac{1}{n}\sum_{t=1}^{n} y_t \tag{3.1}$$

式中,$\hat{y}_{t+1}$ 为预测值。

【例 3-1】某公司 2004 年 1—6 月份的销售额如表 3-1 所示,用简单平均法预测其 7 月份的销售额。

表 3-1　某公司 2004 年 1—6 月份的销售额

月份	1	2	3	4	5	6	合计
销售额(万元)	450	430	460	480	505	495	2 820

解得 $\hat{y}_{t+1} = \frac{1}{n}\sum_{t=1}^{n} y_t = \frac{2\ 820}{6} = 470$(万元)

简单平均法计算简单、易懂,但是由于它将历年资料的差异平均化,而且当计算的起点不同时,预测值也变动较大,因此它只适合在预测对象的销售较稳定时使用,当存在趋势变动时,则不宜使用。

2.移动平均法

移动平均法,是按一定的规则连续地对若干销售数据计算移动平均数来估计未来预测值。根据计算移动平均数时所使用的是简单算术平均数还是加权算术平均数,又分为简单移动平均和加权移动平均两种。

(1)简单移动平均法

简单移动平均,也称中心移动平均法,指的是所计算出的移动平均数代表了移动平均中项的趋势值,但是在进行预测时,这一趋势值不是移动中项的趋势值,而是作为下一期的预测值。

在计算移动平均数时,根据其移动平均的项数不同,可分为奇数项(3 项、5 项、7 项)移动平均法和偶数项(4 项、8 项、12 项)移动平均法,因为偶数项的处理相对较复杂,一般情况下,采用奇数项移动平均(当销售数据存在周期变动,而其周期又是偶数时,则要采用偶数项移动平均)。这里只介绍奇数项移动平均(以三项移动平均为例)。

设历年的销售数据分别为 $y_1, y_2, \cdots, y_n$,则奇数项的中心化简单移动平均数为:

$$M_t^{(1)}=\frac{1}{N}(y_{t-\frac{N-1}{2}}+\cdots+y_{t-1}+y_t+y_{t+1}+\cdots+y_{t+\frac{N-1}{2}}) \qquad (3.2)$$

式中：N 为移动项数；

$\quad\quad t$ 为每个移动平均数中项的时期数 $(t=\frac{N+1}{2},\frac{N+1}{2}+1,\cdots)$；

$\quad\quad M_t^{(1)}$ 为第 t 期的一次移动平均数。

特别地，当 $N=3$ 时，则根据式(3.2)就可计算出逐期的移动平均数：

$$M_2^{(1)}=\frac{1}{3}(y_1+y_2+y_3)$$

$$M_3^{(1)}=\frac{1}{3}(y_2+y_3+y_4)$$

$$\vdots$$

$$M_{n-1}^{(1)}=\frac{1}{3}(y_{n-2}+y_{n-1}+y_n)$$

而第 t 期的销售预测值就为：

$$\hat{y}_{t+1}=M_t^{(1)} \qquad (3.3)$$

仍以例 3-1 数据为例，说明如下。

【例 3-2】某公司 2004 年 1—6 月份的销售额如表 3-1 所示，用简单移动平均法预测该年 7 月份的销售额。（移动平均项数为 3）

$$M_2^{(1)}=\frac{1}{3}\times(450+430+460)=446.67(万元)$$

$$M_3^{(1)}=\frac{1}{3}\times(430+460+480)=456.67(万元)$$

$$M_4^{(1)}=\frac{1}{3}\times(460+480+505)=481.67(万元)$$

$$M_5^{(1)}=\frac{1}{3}\times(480+505+495)=446.67(万元)$$

根据以上数据可以得到各期的预测值：原为 2、3、4、5 月的趋势值，现分别成为 4、5、6、7 月份的预测值。详见表 3-2。

表 3-2　某公司 2004 年各月份的销售额及预测值

月份	1	2	3	4	5	6	7
销售额（万元）	450	430	460	480	505	495	—
移动平均数	—	446.67	456.67	481.67	493.33	—	—
预测值	—	—	—	446.67	456.67	481.67	493.33

因此,该公司 7 月份的销售额预测值为 493.33 万元。

值得注意的是,一次移动平均法通常只有一期的预测能力,即第 t 期的一次移动平均数作为第 $t+1$ 期预测值,如果要进行多期预测,应该对预测值再进行移动平均,但是这可能会造成预测误差的积累。

简单移动平均法在计算上比较简单,但它同样使历史资料的差异平均化。与简单平均法不同的是,它在历史资料的使用上尽量选择接近预测月份的数据,从而使预测数更接近实际。这一方法适用于销售数据稍有波动的产品。

(2)加权移动平均法

加权移动平均法是在简单移动平均的基础上,对所采用的资料进行不同的加权,计算加权算术平均数作为销售预测值的预测方法。

通常认为,时间序列中近期数据对预测值的影响较大,而远期数据对预测值的影响较小。为了突出近期数据在预测值中的影响作用,应给予近期数据较大的权数而对远期数据赋以较小的权数。仍以三项移动平均为例,则各期加权移动平均数的计算公式为:

$$M_{\omega 2}^{(1)} = \frac{(1y_1 + 2y_2 + 3y_3)}{1+2+3}$$

$$M_{\omega 3}^{(1)} = \frac{(1y_2 + 2y_3 + 3y_4)}{1+2+3}$$

$$\vdots$$

$$M_{\omega (n-1)}^{(1)} = \frac{1y_{n-2} + 2y_{n-1} + 3y_n}{1+2+3}$$

而第 t 期的销售预测值就为:

$$\hat{y}_{t+1} = M_{\omega t}^{(1)} \tag{3.4}$$

仍以例 3-1 的数据为例,则该公司 4、5、6、7 月份的预测值分别为:

$$M_{\omega 2}^{(1)} = \frac{(1 \times 450 + 2 \times 430 + 3 \times 460)}{6} = 448.33(万元)$$

$$M_{\omega 3}^{(1)} = \frac{(1 \times 430 + 2 \times 460 + 3 \times 480)}{6} = 465(万元)$$

$$M_{\omega 4}^{(1)} = \frac{(1 \times 460 + 2 \times 480 + 3 \times 505)}{6} = 489.167(万元)$$

$$M_{\omega 5}^{(1)} = \frac{(1 \times 480 + 2 \times 505 + 3 \times 495)}{6} = 495.833(万元)$$

即 7 月份的销售预测值为 495.833 万元。

3.指数平滑法

指数平滑法又称指数修匀预测法,是统计预测中广泛使用的一种方法,它可以直接用于预测,也可以用于估计模型的参数。指数平滑法按其修匀次数的多少分为一次指数平滑、二次指数平滑、三次指数平滑乃至多次指数平滑。下面讨论一次指数平滑。

一次指数平滑是对一次移动平均数所做的适当变形。它将 t 期的销售预测值 $\hat{y}_t$,与 t 期的实际值 y_t,分别赋以不同的权数进行加权平均,求得下一期的销售预测值。即:

$$\hat{y}_t = \alpha y_{t-1} + (1-\alpha)\hat{y}_{t-1} \tag{3.5}$$

式中 $\hat{y}_t$ 为第 t 期的预测值;y_{t-1} 为第 $t-1$ 期的实际值;α 为平滑系数(相当于权数),$0 < \alpha < 1$。

需要注意的是,在应用指数修匀法进行预测时,α 值的确定是一个关键问题。因为权数的分配是按指数递减的,递减的速度取决于 α 值的大小。α 值越大,递减的速度越快,反之越慢。一般在确定之前,可以取各种值进行试算,然后再做决定。

4.线性回归模型法

线性回归分为一元线性回归和多元线性回归。这里只介绍一元线性回归模型。

一元线性回归,又称直线回归,一元线性回归模型是假定因变量与自变量之间存在线性关系。它通过建立一元线性回归模型来进行预测,模型的形式为:

$$\hat{y}_t = b_0 + b_1 x_t \tag{3.6}$$

式中,$\hat{y}_t$ 为因变量(可以理解为要预测的变量,如预测的销售额);

x_t 为自变量(影响因变量的因素,在销售预测中,可以是时间变量);

b_0 与 b_1 称为回归系数,b_0 为常量,b_1 表示自变量对因变量的影响系数。

对于一元线性回归模型,可用最小二乘法(最小平方法)求解 b_0 与 b_1,从而得到一个反映 y_t 与回归直线之间误差平方和最小的直线方程。利用这一方程,给定任意的自变量就可以得到相应的因变量的数值,从而可以用于预测。

利用最小二乘法计算 b_0 与 b_1 的公式如下:

$$b_1 = \frac{\sum xy - \frac{1}{n}\sum x \cdot \sum y}{\sum x^2 - \frac{1}{n}(\sum x)^2}; b_0 = \frac{\sum y - b_1 \sum x}{n}$$

【例 3-3】某公司 2004 年 1—6 月份的销售额如表 3-1 所示,用一元线性回归预测其 7 月份的销售额。

解:建立销售额依时间的一元线性回归模型:

$\hat{y}_t = b_0 + b_1 t$

这里 $\hat{y}_t$ 为销售额,t 为时间变量,b_0 与 b_1 称为回归系数。运用最小二乘法解得结果见表 3-3 所示。

表 3-3　某公司 2004 年各月份的销售额预测的相关数据

月份	t	销售额(万元)y	ty	t^2
1	1	450	450	1
2	2	430	860	4
3	3	460	1 380	9
4	4	480	1 920	16
5	5	505	2 525	25
6	6	495	2 970	36
合计	21	2 820	10 105	91

计算得:$b_1 = \dfrac{\sum ty - \dfrac{1}{n}\sum t \cdot \sum y}{\sum t^2 - \dfrac{1}{n}(\sum t)^2} = 13.43$

$b_0 = \dfrac{\sum y - b_1 \sum t}{n} = 423$

模型记为:

$\hat{y}_t = 423 + 13.43t$

则该公司 7 月份的销售额为:

$\hat{y}_7 = 423 + 13.43 \times 7 = 517$(万元)

二、融资需求(筹资)预测及其预测方法

公司筹集资金要以需定筹,因此,必须科学、合理地对公司在未来一定时期的资金需要量进行预测。只有这样,才能使筹集的资金既能保证生产经营的需要,又不会造成资金的闲置。预测融资需求的方法主要有定性预测法和定量预测法。其中定量预测法包括销售百分比法和资金习性分项预测法。

1.销售百分比预测法①

销售百分比预测法是根据销售与选定的资产负债表和利润表项目之间的比例关系,按照计划期销售额的增长来预测短期资金需求量的方法。运用销售百分比法预测一段时期内的资金的需求量,需要分以下两个步骤:

(1)预测公司内部资金来源的增加额

对公司内部资金来源的增加额的预测,需要根据利润表与销售额之间的关系,来编制预计利润表,从而预测留用利润这种内部资金来源的增加额。具体又分为以下步骤:

首先收集基年实际利润表的资料,并计算利润表各项目与销售额的比例;其次将预测年度销售额的预测数与基年的比例相乘,从而计算出预测年度利润表各项目的预测数,编制预计利润表;最后根据预测年度税后利润的预测数和预定的留用利润比例,计算出留用利润的数额。

【例3-4】某公司2004年实际利润表的各相关项目与销售额的比例如表3-4所示,据预测,2005年该公司销售额的预测值为 4 200 万元,公司所得税率为30%,税后利润的留存比例为50%,预测2005年的利润表。

表3-4　某公司 2004 年的利润表与 2005 年预测值

单位:万元

项　　目	2004 年的实际值	占销售额的百分比(%)	2005 年预测值
销售收入	3 000	100	4 200
减:销售成本	2 100	70	2 940
销售税金及附加	180	6	252
销售费用	15	0.5	21
销售利润	705	23	987
减:管理费用	600	20	840
财务费用	15	0.5	21
税前利润	90	3	126
减:所得税	27		37.8
税后利润	63		88.2

---

① 有的教材又称之为财务报表预测的不变比率法。

通过计算得,2005 年税后利润的预测值为 88.2 万元,因为税后利润的留存比例为 50%,所以预计的留存利润额为 44.1 万元,这就是公司内部的留存额。

(2)预测外部融资需求额

外部融资需求额的预测要先编制融资前的资产负债表,计算出预测期的资产总额、负债总额与所有者权益之后就可以利用会计恒等式来预测外部融资需求额了。即根据资产＝负债＋所有者权益,可以得到:

外部融资需求额＝预计资产总额－预计负债与所有者权益总额

其中,预测期的资产负债表是根据公司的资产负债表中的项目与销售额的比例来编制的。在资产负债表中与销售额存在固定不变的比例关系的项目称为敏感项目,敏感项目又分为敏感资产和敏感负债。敏感资产包括现金、应收账款、存货、固定资产净额等,敏感负债包括应付账款、应付费用等。其余的项目为不敏感项目。

【例 3-5】接例 3-3 的数据,又已知该公司 2004 年资产负债表如表 3-5 所示,编制其预测的 2005 年的资产负债表。

表 3-5　某公司 2004 年的资产负债表与 2005 年预测值

单位:万元

项　目	2004 年的实际值	占销售额的百分比(%)	2005 年预测值
资产:			
现金	60	2	84
应收账款	480	16	672
存货	510	17	714
待摊费用	30	—	30
固定资产净额	150	5	210
资产总额	1 230	40	1 710
负债及所有者权益:			
短期借款	33	—	33
应付账款	600	—20	840
应付费用	60	—2	84
长期借款	45	—	45
实收资本	295.2	—	295.2
留存利润	196.8	—	240.9(196.8＋44.1)
追加前负债及所有者权益额	1 320		1 538.1
追加外部筹资额			171.9
追加后负债及所有者权益额	1 320	—22	1 710

从表 3-5 可以计算得,预测的负债及所有者权益额为 1 538.1 万元(已经将例 3-4 中的留存利润 44.1 万元加进去之后的数据),与预测的资产相差 171.9 万元,这就是需要追加的外部筹资额的预测值。

此外,外部融资需求额还可以根据销售增加量确定,计算公式如下:

外部融资需求额＝资产增加－负债自然增加－留存收益增加

＝(资产销售百分比×新增销售额)－(负债销售百分比×新增销售额)－[计划销售净利率×销售额×(1－股利支付率)]

仍以上例数据为例,因为预测期销售额为 4 200 万元,基期为 3 000 万元,销售额新增 1 200 万元,留存利润即内部筹资额为 44.1 万元,可以得到:

外部融资需求额＝40％×1 200－22％×1 200－44.1＝171.9(万元)

销售百分比法的优点是能够为公司提供短期的预计财务报表,以适应外部筹资的需要。但是,它以预测年度敏感项目与销售额的比例及非敏感项目保持不变为前提,当现实有关比例或项目发生变化时,就会得到错误的预测值,在使用这一方法预测时,应该注意这一问题。

2.资金习性分项预测法

资金习性预测法的实质是利用回归分析方法,将不同类型的资金根据其资金习性分为不变资金、变动资金和半变动资金;而半变动资金又可以通过一定的方法分解为变动资金和不变资金,从而将资金归为两大类:变动资金和不变资金,并建立回归模型加以预测。这里"资金习性"是指资金的变动同产品的产销数量变动之间的依存关系。这一"习性"是划分变动资金和不变资金的依据。

资金习性分项预测法是根据各资金占用项目(如现金、存货、应收账款、固定资产等)与销售额之间的关系,把各项目的资金分成变动资金和不变资金,然后汇总求出公司变动资金总额和不变资金总额,再预测资金需要量。具体步骤如下:

第一步,建立某项资金占用与销售额之间的回归模型:

$$\hat{y}_t = b_0 + b_1 x_t \tag{3.7}$$

式中,$\hat{y}_t$ 为历年某项资金需要量;

b_0 为某项资金中的不变资金;

b_1 表示单位销售额所需要的变动资金;

x_t 为历年的销售额。

第二步,可以利用最小平方法估计模型参数,得到该项资金占用中不变资金和变动资金与销售额之间的依存关系。

第三步,用同样的方法得到其他各项目资金占用中不变资金和变动资金与销售额之间的依存关系。

第四步,汇总各项资金占用的不变资金总额和可变资金总额,从而得到该公司资金总需要量的预测模型:

$$\hat{Y}_f = B_0 + B_1 X_f \tag{3.8}$$

式中,$\hat{Y}_f$ 为预测期的资金总需要量;

B_0 为资金占用中的不变资金总额;

B_1 表示单位销售额所需要的变动资金;

X_f 为预测期销售额。

【例 3-6】某公司 2001—2005 年的现金占用与销售额之间的关系如表 3-6 所示,该公司预测 2006 年的销售额为 5 200 万元,试预测 2006 年的资金需要量。

表 3-6　某公司 2001—2005 年的现金占用与销售额数据

单位:万元

年份	销售额	现金占用额
2001	3 000	165
2002	3 450	180
2003	3 900	187.5
2004	4 350	210
2005	4 800	255

首先,建立现金占用额与销售额的一元回归模型:$\hat{y}_t = b_0 + b_1 x_t$

其次,利用最小平方法估计回归系数。解得 $b_1 = 0.046\ 7$,$b_0 = 17.5$,即回归模型为:

$$\hat{y}_t = 17.5 + 0.046\ 7 x_t$$

再次,用同样的方法将应收账款、存货、固定资产、流动负债等项目占用的资金分解为变动资金和不变资金,汇总列示在表 3-7 中。

表 3-7　某公司资金占用与销售额汇总表

单位:万元

项 目	年度不变资金 b_0	单位销售额所需要的变动资金 b_1
流动资产:		
现金	17.5	0.046 7
应收账款	87.5	0.14
存货	157.5	0.224
小计	262.5	0.410 7
减:流动负债		
应付账款	122.5	0.130 7
应付费用	17.5	0.046 7
营运资金占用	122.5	0.233 3
固定资产	105	
所需要的资金合计	227.5	0.233 33

得到该公司所需要的资金总量模型:

$$\hat{Y}_f = 227.5 + 0.233\,33 X_f$$

最后进行预测,解得该公司在销售额预测值为 5 200 万元时的资金需要总额为:

$$\hat{Y}_f = 227.5 + 0.233\,33 \times 5\,200 = 1\,440.66(万元)$$

对于所需要的资金是由公司内部留存还是从外部筹资,则可以根据前面的方法具体求出。

资金习性分项预测法利用资金净需要量与销售额之间的数学关系进行预测,是一种较为科学、合理的预测长期资金需求的方法。但是在使用资金习性分项预测法时,应当注意以下几个问题:

第一,由于在资金需求与销售额之间运用的是线性模型,因而两者之间必须符合线性关系的假定。

第二,所需要的历年资料要尽可能得多,即时间数列的期数要尽可能多,才能减少预测误差,一般至少要有 3 年以上的数据。

第三,应该考虑价格等因素的影响。

3.两种方法的对比

销售额百分比法假定资产负债表的某些项目直接随销售额的变动而等比

例变动,反映二者关系的直线方程通过原点,从而资产负债表的各相应项目与销售额之间的关系仅仅只是斜率不同而已;而资金习性分项预测法是以资金的习性为基础,通过回归方程来描绘资产负债表各项目与销售额的关系,二者也是一种线性关系,只是对应的直线方程并不一定通过原点。

　　一般说来,当预测远期的资金需要量时,采用资金习性分项预测法预测更合适。

三、利润预测与本量利分析法

　　利润预测是企业经营预测的一个重要方面,它是在销售预测的基础上,通过对产品的销售数量、价格水平、成本状况进行分析和测算,预测出企业未来一定时期的利润水平。

　　一般地,利润预测的方法是本量利分析法,它主要根据成本、销售量和利润三者之间的变化关系,分析某一因素的变化对其他因素的影响。本量利分析法既可用于利润预测,还可用于成本和销售量的预测。这里介绍利润预测的本量利分析法。

(一)本量利分析法的假定

　　1.总成本可以分为两部分:固定成本和变动成本。

　　固定成本是指在一定的销售量范围内,不受销售量影响的成本;变动成本是指随销售量增长而成正比例增长的成本。还有一种成本称为混合成本,是指介于变动成本和固定成本之间,随销售量增长而增长,但与销售量增长不成正比例的成本。它可以分解为固定成本和变动成本两个部分。因此,总成本都可以分成固定成本和变动成本两个部分。

　　2.公司只有单一产品,如果是几种产品的组合,则假定当总的销售量变化时,产品组合不变。

　　3.不考虑货币的时间价值。

(二)本量利分析法的恒等式

　　反映本量利之间关系的恒等式有三种:分别是损益方程式、边际贡献方程式和本量利图。

　　1.损益方程式

　　又分为基本损益方程式和包含期间成本的损益方程式两种。

(1)基本损益方程式

本量利分析法涉及固定成本、单位变动成本、销量和利润,这些变量之间的关系可以用方程式来表示:

利润＝销售收入－总成本   (3.9)

其中,销售收入＝单价×销售量

总成本＝固定成本＋变动成本＝固定成本＋单价×单位变动成本

因此:

利润＝(单价－单位变动成本)×销售量－固定成本   (3.10)

式(3.9)和式(3.10)就称为基本损益方程式。它明确反映了本量利之间的数量关系,根据这一方程式,就可以根据相关数据计算出利润额。需要注意的是,这里的利润是指息税前利润(EBIT)。

【例3-7】某公司只生产一种产品,某年销售量为 10 000 件,每件售价 200元,当年固定成本为 500 000 元,单位变动成本为 120 元,要求计算该年的利润。

利润＝(单价－单位变动成本)×销售量－固定成本

   ＝(200－120)×10 000－500 000

   ＝300 000(元)

实际上,式(3.10)中,只要给定任意四个变量,就可以求出另一个未知变量,这里不一一列举。

(2)包含期间成本的损益方程式

在基本损益方程式的基础上,若考虑销售费用、管理费用等期间成本,就得到包含期间成本的损益方程式:

税前利润＝单价×销售量－(单位变动产品成本＋单位变动销售和管理费用)×销售量－(固定成本＋固定的销售和管理费用)

                                                              (3.11)

【例3-8】某公司只生产一种产品——A 产品,本月计划销售 8 000 件,单价 10 元,变动制造成本 5 元/件,变动销售、管理费用 1 元/件;每月固定制造成本总额 20 000 元,每月固定销售、管理费用 5 000 元,所得税税率为 33%。要求计算预计税前利润和税后利润。

税前利润＝10×8 000－(5＋1)×8 000－(5 000＋20 000)＝7 000(元)

税后利润＝税前利润×(1－所得税税率)＝7 000×(1－33%)＝4 690(元)

2.边际贡献方程式

（1）边际贡献与单位边际贡献

边际贡献是指销售收入减去变动成本后的差额，即：

边际贡献＝销售收入－变动成本

如果用单位产品表示，则：

单位边际贡献＝单价－单位变动成本

（2）边际贡献率与变动成本率

也可以用边际贡献率来反映某种产品的销售收入对利润的边际贡献。边际贡献率指边际贡献在销售收入中所占的百分比。它反映每1元的销售收入所提供的边际贡献。计算公式为：

$$边际贡献率 = \frac{边际贡献}{销售收入} \times 100\% = \frac{单位边际贡献}{单价} \times 100\%$$

与边际贡献率相对应的是变动成本率。变动成本率是指变动成本在销售收入中所占的百分比。计算公式为：

$$变动成本率 = \frac{变动成本}{销售收入} \times 100\% = \frac{单位变动成本}{单价} \times 100\%$$

由于销售收入被分解为变动成本和边际贡献两个部分，因此，边际贡献率和变动成本率之间有如下关系：

边际贡献率＋变动成本率＝1

【例3-9】根据例3-7的数据计算边际贡献、单位边际贡献、边际贡献率与变动成本率。

边际贡献＝销售收入－变动成本

$$= 200 \times 10\,000 - 120 \times 10\,000$$

$$= 800\,000（元）$$

单位边际贡献＝单价－单位变动成本＝200－120＝80（元）

$$边际贡献率 = \frac{边际贡献}{销售收入} \times 100\% = \frac{800\,000}{200 \times 10\,000} \times 100\% = 40\%$$

$$变动成本率 = \frac{变动成本}{销售收入} \times 100\% = \frac{120 \times 10\,000}{200 \times 10\,000} \times 100\% = 60\%$$

（3）边际贡献方程式和边际贡献率方程式

根据边际贡献与利润之间的关系，式（3.10）也可以表达为如下方程式：

利润＝边际贡献－固定成本

$$\qquad = 销售量 \times 单位边际贡献 - 固定成本 \qquad\qquad (3.12)$$

式（3.12）称为边际贡献方程式。

同样,根据边际贡献率和利润之间的关系,式(3.10)还可以表达如下:

利润＝销售收入×边际贡献率－固定成本　　　　　　　　　　　(3.13)

式(3.13)称为边际贡献率方程式。

【例3-10】根据例3-7的数据,用边际贡献方程式和边际贡献率方程式计算利润。

利润＝销售量×单位边际贡献－固定成本

　　＝10 000×80－500 000

　　＝300 000(元)

或

利润＝销售收入×边际贡献率－固定成本

　　＝10 000×200×40%－500 000

　　＝300 000(元)

需要注意的是,式(3.12)和式(3.13)所计算的利润都是息税前利润。

3.本量利图

本量利图为盈亏临界图或损益平衡图,以销售量为横轴,以金额为纵轴,将成本、销量、利润的关系反映在直角坐标系中,又分为基本的本量利图和边际贡献式的本量利图。

基本的本量利图以横轴表示销售数量,以纵轴表示成本和销售收入的金额。以例3-7数据为例,绘制的基本的本量利图如图3-1所示。

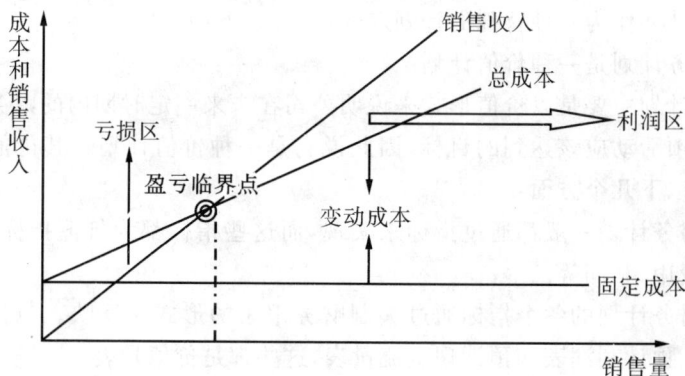

图 3-1

四、财务预测的其他方法

除了以上预测方法外,常用的还有多元回归预测法。即建立多元线性回归模型:

$$\hat{Y}_f = \hat{\beta}_1 + \hat{\beta}_2 X_{2f} + \cdots + \hat{\beta}_k X_{kf} \tag{3.14}$$

式中,$\hat{Y}_f$ 表示需要预测的变量;$X_{1f}, X_{2f}, \cdots, X_{kf}$ 为影响预测变量的各个可能因素。

由式(3.14)求解回归系数(运用最小平方法)$\beta_1, \beta_2, \cdots, \beta_k$,从而解得估计的回归模型,并根据这一估计模型进行预测。

实际上,预测公司资金需要量的更精确的方法是多元回归分析法。在这种方法下,资金需要量由多个变量决定,如产品的组合、信用政策、价格政策等,考虑更为全面。

第三节　财务计划与控制

一、财务计划的特点

财务计划作为一种特殊的计划形式,具有以下特点:

1.财务计划是一种价值计划

财务计划主要是以价值形式来说明公司在未来一定时期内的财务活动乃至公司各项活动应该达到的目标,因此说它是一种价值计划。其价值属性主要体现在以下几个方面:

(1)财务计划一般都通过指标来实现,而这些指标都为价值指标,如销售额、成本费用、利润等。

(2)财务计划的各个指标通过编制财务报表的形式来反映。包括预计资产负债表、预计利润表和预计现金流量表,这些都是价值量表。

(3)财务计划具体体现为以利润为中心的收支流和以现金净流量为中心的现金流这两大类计划体系,无论是收支流还是现金流,都是价值流。

2.财务计划是一种综合计划

财务计划的综合性是相对于公司的其他分散的、相对独立的实物性计划而言的。财务计划的价值性,使得公司的全部经营活动都可以统一于财务计划之内,又将财务计划最终综合为公司的目标利润和现金净流量。

3.财务计划是一种系统计划

财务计划是以目标利润为中心来规划公司未来一定时期的财务收支活动的计划。财务计划通过目标利润构成一个系统。它不仅使得公司一切的经营活动都要以目标利润为中心,公司各部门、人员和各个层次的活动计划都必须统一在目标利润的要求下,而且通过目标利润把投资者、经理人和员工三者的利益协同起来,共同确保目标利润的实现。

二、财务控制

财务控制是以财务计划为依据对公司日常财务活动进行指导、督促和约束,确保财务计划全面完成的一种管理活动。它以财务计划为依据,通过收支控制方法和现金控制方法确保财务计划的全面完成。

财务控制按控制环节划分,可分为制订计划、日常控制和定期考核评价。制订计划既是为控制提供依据,也是控制的方式之一,因为计划意味着责任和约束。日常控制是指制订财务计划后,保证财务计划得以实施的过程,它具有跟踪控制和反馈的作用。定期考核评价则是根据各计划主体完成计划指标的情况,找出差别和原因,并提出相应的改进方法。

从内容上来看,财务控制分为收支控制和现金控制。所谓"收支控制",是指以收入和成本费用计划为依据,对公司日常经济活动尤其是财务活动所实现的收入和形成的成本费用进行指导、督导和约束,以保证计划目标实现的管理活功。实际的收支控制是按预算进行的,因而又可称为预算控制。预算控制具有项目上的针对性、时间上的连续性、受控主体的明确性(或责任主体的明确性)等基本特征。所谓"现金控制",是指以现金流量计划为依据,对财务收支过程中发生的现金流入、流出进行指导、督导和约束,以保证计划目标实现的管理活动。

第四章 货币的时间价值

在理财活动中需要考虑的一个基本的和重要的原则就是:未来的1元钱和现在的1元钱的关系。这一关系被称为货币的时间价值,它是理财学中很多重要成果的基础,例如定价理论、资本预算、资本成本等等。货币的时间价值是客观存在的经济范畴,任何公司的理财活动都是在特定的时空中进行的。如果离开了货币时间价值这一因素,就无法正确计算不同时期的财务收支,也不能正确评价公司盈亏。时间价值原理揭示了不同时点上货币资金之间的换算关系,是财务决策的基本依据。

第一节 货币时间价值的概述

一、货币时间价值的概念

1. 货币时间价值的含义

货币的时间价值(time value of money),是指资金在使用过程中,随着时间的变化所发生的增值,即货币经历一定时间的投资和再投资后所增加的价值。也就是说,一定量的货币资金在不同的时点上具有不同的价值。货币之所以具有时间价值,是利息因素和时间因素共同作用的结果。

在商品经济中,有这样一种现象:现在的1元钱和1年后的1元钱的经济价值不相等,或者说其经济效用不同。现在的1元钱比1年后的1元钱的经济价值要大一些,即使不存在通货膨胀也是如此。这表明货币的价值随着时间的推移而不断发生变化。例如:将100元存入银行,在银行存款年利率为8%的情况下,一年后就是108元,多出的8元就是100元资金经过一年时间发生的增值,也就是所谓的货币时间价值。这里 100 元之所以具有 8 元的时间价值,是银行 8%的存款年利率和一年存款时间这两个因素共同起作用的结果。

　　2.与时间价值有关的三个报酬率概念

　　(1)必要报酬率。必要报酬率是指准确反映期望未来现金流量风险的报酬率。也可以将其称为投资者愿意进行投资所必须赚得的最低报酬率。

　　(2)期望报酬率。期望报酬率是指投资者如果进行投资,估计能够赚到的报酬率。

　　(3)实际报酬率。实际报酬率是在特定时期实际赚得的报酬率。

　　在完善的资本市场中,所有投资的净现值都为零,所有价格都为公平市价,因此期望报酬率与必要报酬率总是相等(这导致两者特别容易混淆)。在这种情况下,人人都期望获得与其所承担风险相适应的必要报酬率。另外,因为风险的存在,投资的结果(实际报酬率)很少与期望值(期望报酬率)相同。这两者之间的差异越大,风险越大,反之亦然。也就是说,由于风险的存在,实际报酬率与期望报酬率、必要报酬率之间没有必然的联系。

二、货币时间价值的实质

　　对于货币时间价值实质的认识,存在着几种不同的观点。英国经济学家凯恩斯从资本家和消费者心理出发,高估现在货币的价值,低估未来货币的价值。他认为在任何时候,利息即为放弃周转灵活性之报酬,利率则为衡量持有货币而不愿意放弃对此货币之灵活控制权的程度。也就是说,时间价值在很大程度上取决于流动性偏好及消费倾向等心理因素。

　　西方关于货币时间价值的概念虽众说纷纭,但大致可综述如下:投资者进行投资就必须推迟消费,而对投资者推迟消费的耐心应给予报酬,推迟的时间越长,获得的报酬就应该越多。这种报酬的量应与推迟的时间成正比,因此,单位时间的这种报酬对投资的百分比称为货币时间价值。

　　值得注意的是,不是所有的货币资金都具有时间价值。如果将资金闲置不用,无论放置多久,都不会增值。货币的持有者将闲置货币以他自己认为最合适稳妥的方式利用起来,如:存入银行、购买国债、购买股票、投资某企业等,以获得利息、利润等投资收益。这部分社会闲置货币通过企业进入生产领域或流通领域,通过企业对资金的周转使用创造了财富,带来了价值的增值。所以货币时间价值的实质是资金在生产经营和流通领域里周转使用而产生的价值增加额。

货币时间价值是货币经历一定时间的投资和再投资后所增加的价值。这一时间价值是扣除风险报酬和通货膨胀贴水后的真实报酬率。银行存款利率、贷款利率、各种债券利率、股票的股利率等都是投资报酬率，但它们与时间价值都有区别，只有在没有风险和没有通货膨胀的情况下，上述报酬率才等于时间价值。

三、货币时间价值的表现形式

货币时间价值有两种表现形式：一种是相对数，即时间价值率，指扣除风险报酬和通货膨胀贴水后的平均资金利润率或平均报酬率；另一种是绝对数，即时间价值额，表现为货币资金在生产经营过程中带来的真实增值额，其大小等于一定数额的货币资金与时间价值率的乘积。

在实务中，人们常常使用相对数来表示货币的时间价值。由于货币的时间价值率通常以利率的形式表示，通常认为它与一般的市场利率相同，实际上两者是不同的。前面说过，货币的时间价值率不包括风险因素和通货膨胀率，而市场利率则包括这些。但是由于货币资金随着时间的增长过程与利息的增长过程在数学上相似，因此在换算时通常使用计算利息的各种方法。

公司理财中对货币时间价值的研究，主要是对货币资金筹集、投放、使用和收回从量上进行分析，以便了解不同时点上收到或付出的货币价值之间的数量关系，寻找适用于决策方案的数学模型，改善财务决策的质量。

第二节　货币时间价值的计算

由于资金的时间价值非常近似于利息和利息率，因此货币资金的时间价值通常采用终值和现值两种形式，即从当前角度看的现值（present value）和从未来角度看的终值（future value）。终值是指现在一定数额的货币按某一利率计算的一定时间后的价值。现值则是指未来某一时间的特定数额货币按某一利率折算到现在的价值。

一、基本概念

1.现金

现金概念有狭义和广义之分。狭义的现金是指公司的库存现金，包括人民币现金和外币现金;广义的现金是指公司的库存现金、银行存款和其他符合现金定义的票证,如银行汇票存款、银行本票存款等。我们所指的现金是指广义现金。现金是公司一种流动性最强的货币性资产,正因这一特点,现金容易被非法挪用和侵吞,因此极需对它们加强管理和控制。

2.现值

我们用 P 作为现值的符号,它表示资金发生在某一时间序列起点时的价值,是指将来一定量的资金现在的价值,是将来一定量的资金扣除了利息之后的余额。例如,公司以 100 万对一工程进行投资,在未来期间预计可获较丰厚的回报,这 100 万元就是现值。

3.终值

我们用 F 作为终值的符号,它表示资金发生在某一时间序列终点时的价值,指现在一定量资金在未来某一时点上的价值,即本利和,又称将来值。比如,某人购买 10 万元国债,每年利率 8％,3 年期,3 年后他所得到的 12.4 万元即为终值。

4.年金

我们用 A 作为年金的符号,它表示在某一时间序列内每次等额收付的金额。年金的特点是:每笔收付之间相隔时间相等,每笔金额相等。例如,某人每年 7 月初向保险公司支付保险费 800 元,一直持续 10 年。

现值与终值及年金的计算都涉及利息计算方式的选择,目前有两种利息计算方法:单利(simple interest)计算和复利(compound interest)计算。在单利方式下,本能生利,利息则不能生利。在复利方式下,本能生利,利息在下期则转为本金,与原来的本金一起计算利息,即我们通常所说的"利滚利"。

二、单利的计算

单利是计算利息的一种方法。所谓单利,是指每期都按初始本金计算利息,当期利息不计入下期,本金计算基础不变。按照这种方法,只有本金在贷款期限中获得利息,不管时间多长,所生利息均不加入本金重复计算利息。这里所说的"本金"是指贷给别人以收取利息的原本金额,亦称为母金,"利息"是指借款人付给贷款人超过本金部分的金额。

在单利计算中,经常使用以下符号 P——本金,又称为现值; i——利率,通常指每年利息与本金之比; I——利息; F——本金与利息之和,又称本利和或终值; t——时间,即计息期,通常以年为单位。

单利利息的计算公式为：

$$I = P \times i \times t \tag{4.1}$$

1. 单利终值的计算

单利终值是本金与未来利息之和。其一般的计算公式为：

$$F = P + P \times i \times t = P(1 + i \times t) \tag{4.2}$$

【例 4-1】企业年初购入 10 000 元国库券，年利率为 5％，5 年期，到期的利息和终值分别为多少？

利息 $I = P \times i \times t = 10\ 000 \times 5\% \times 5 = 2\ 500$（元）

终值 $F = P + P \times i \times t = P(1 + i \times t) = 10\ 000 \times (1 + 5\% \times 5) = 12\ 500$（元）

3. 单利现值的计算

单利现值，是将未来某一特定时期的资金按单利折算为现在的价值，单利现值的计算是单利终值的逆运算。其计算公式为：

$$P = \frac{F}{1 + i \times t} \tag{4.3}$$

【例 4-2】某公司期望在 5 年后得到 300 万元的一笔资金，在年利率为 5％的情况下，现在应存入银行多少资金？

应存入银行的资金为：

$$P = \frac{F}{1 + i \times t} = \frac{300}{1 + 5\% \times 5} = 240（万元）$$

三、复利的计算

在实际工作中，货币的增值额在一般情况下都作为追加资本继续留在公司使用，所以，货币时间价值的计算一般采用复利计算方法。复利的计算包括计算复利利息、复利终值和复利现值。

1. 复利终值与终值系数

复利终值是指一定量的本金按复利计算若干期后的本利和。计算公式如下：

$$F = P \times (1 + i)^t \tag{4.4}$$

式(4.4)中的 $(1 + i)^t$ 被称为复利终值系数或 1 元的复利终值，常用符号 $(F/P, i, t)$ 表示。例如，$(F/P, 6\%, 3)$ 表示利率为 6％，3 期复利终值的系数。在实际工作中，可编制复利终值系数表备用（见本书附表一）。该表的第一行是利率 i，第一列是计息期数 t，相应的 $(1 + i)^t$ 值在其纵横相交处。通过该表可查出 $(F/P, 6\%, 3) = 1.191$。在利率为 6％的情况下，现在的 1 元和 3 年后的 1.191 元在经济上是等效的,根据这个系数可以把现值换算成终值。利用该表,还可在已知 1 元复利终值和 t 时,查找相应的 i,或在已知 1 元复利终值和 i 时,查找相应的 t。

【例 4-3】假设某人将现有 100 元存入银行,存款年利率为 10%,一年后的终值(即本利和)如下:

$F_1 = P + P \times i = P \times (1+10\%) = 100 \times (1+10\%) = 110(元)$

若此人并不提走现金,将 110 元继续存在银行,则第二年本利和如下:

$F_2 = P \times (1+10\%)^2 = 100 \times (1+10\%)^2 = 121(元)$

同理,三年的期终金额如下:

$F_3 = P \times (1+10\%)^3 = 100 \times (1+10\%)^3 = 133.10(元)$

【例 4-4】现有资金 1 200 元,欲在九年后使其达到原来资金的 2 倍,选择投资机会时最低可接受的报酬率如下:

由题意知:$F_9 = 1\,200 \times 2 = 2\,400(元)$

$F_9 = P \times (1+i)^9 = 1\,200 \times (1+i)^9 = 2\,400(元)$

得:$(1+i)^9 = 2$

即:$(F/P, i, 9) = 2$

查"复利终值系数表",在 $t=9$ 的行中寻找 2,最接近的值如下:

$(F/P, 8\%, 9) = 1.999$

所以,$i = 8\%$,即投资机会的最低报酬率为 8%。

2.复利现值与现值系数

复利现值是指未来一定时间的特定资金量按照复利计算的现在价值,或者说是为取得将来一定数量的本利和在现在需要投入的本金量。可用倒求本金的方法计算。由终值求现值叫贴现,在贴现时所用的利息率叫贴现率。

复利现值的计算公式为:

$$P = \frac{F}{(1+i)^t} = F \times (1+i)^{-t} \tag{4.5}$$

式(4.5)中的 $\frac{1}{(1+i)^t}$ 或 $(1+i)^{-t}$ 为复利现值系数或称 1 元的复利现值,用符号 $(P/F, i, t)$ 来表示。例如,$(P/F, 10\%, 5)$ 表示利息率为 10% 时,计息期数为 5 期的 1 元的现值。在实际工作中,可编制复利现值系数表(见本书附表二),该表的使用方法与复利终值系数表的使用方法相同。

【例 4-5】某人拟 5 年后购买一套价值为 50 万元的住宅。在投资回报率为 6% 时,现在他应投入多少钱?

根据题意知：$F=50$，$i=6\%$，$t=5$，则计算得：

$$P=\frac{F}{(1+i)^t}=\frac{50}{(1+6\%)^5}=37.363(万元)$$

本例还可以利用复利现值系数表，查表知，$(P/F,6\%,5)=0.747\ 26$，计算得：

$$P=50\times0.747\ 26=37.363(万元)$$

【例 4-6】某项投资预计 5 年后可获利 100 万元，假设投资报酬率为 8%，则现在应投入多少钱？

$$P=\frac{100}{(1+8\%)^5}=100\times(P/F,8\%,5)=100\times0.681=68.1(万元)$$

3. 连续复利

复利的计息期不一定总是一年，有可能是季度、月或日。当利息在一年内要复利几次时，给出的年利率叫做名义利率。实际利率 k 和名义利率 i 之间的关系是：

$$1+k=(1+i/m)^m$$

$$k=\left(1+\frac{i}{m}\right)^m-1 \tag{4.6}$$

其中 m 表示每年计息次数。

当计息期数短于 1 年，而给出的利率又是年利率时，则应按期利率复利，期利率 r 和计息期数 n 可按下式换算：

$$r=\frac{i}{m}$$

$$n=m\times t$$

则复利现值公式(4.5)变为：

$$P=\frac{F}{(1+r)^n}=\frac{F}{(1+i/m)^{mt}} \tag{4.7}$$

式中，F 为终值；

      P 为本金或现值；

      r 为期利率；

      i 为年利率；

      m 为每年的计息期数；

      t 为年数；

      n 为换算后的计息期数。

【例 4-7】某人准备在第 5 年末获得 10 000 元收入，年利率 8%，每半年复利一次,他现在应存入多少钱?

由题意计算得:$r=\dfrac{i}{m}=\dfrac{8\%}{2}=4\%,n=m\times t=2\times 5=10$

$$P=\dfrac{F}{(1+r)^n}=\dfrac{F}{(1+i/m)^{mt}}=\dfrac{10\ 000}{(1+4\%)^{10}}=6\ 756(元)$$

可以计算实际利率为:

$$k=\left(1+\dfrac{i}{m}\right)^m-1=(1+4\%)^2-1=8.16\%$$

实际利率高于名义利率8%。而且,随着复利计算期限的不断缩短,计算复利的次数 m 不断增加,实际利率 k 也会不断增加。当 m 无限增多时,$(1+i/m)^{mt}$ 的极限值趋近于 e^{it},e 为自然对数的底,其值为 2.718 3。e^{it} 代表单位货币投资 1 年后按连续复利计息的增值。则复利终值计算公式为:

$$F=P\times \mathrm{e}^{it} \tag{4.8}$$

复利现值的计算公式为:

$$P=\dfrac{F}{\mathrm{e}^{it}} \tag{4.9}$$

【例 4-8】某公司将 1 000 元以连续计息方式投资两年,利率为 10%,其终值为多少?

$$F=P\times \mathrm{e}^{it}=1\ 000\times \mathrm{e}^{10\%\times 2}=1\ 221.4(元)$$

【例 4-9】某公司将要在 4 年后付给你 1 000 元,如果按 8% 的利率连续计息,这笔钱的现值为多少?

$$P=\dfrac{F}{\mathrm{e}^{it}}=\dfrac{1\ 000}{\mathrm{e}^{8\%\times 4}}=726.1(元)$$

四、年金的计算

年金是指一定时期内每期相等金额的收付款项。年金的特点是"三同",即"同额"、"同距"、"同向"。"同额"是指每期收付款项的金额相等;"同距"是指每两次收付款项的时间间隔相等;"同向"是指每次收付款项的方向相同。例如,分期付款赊购、分期偿还贷款、融资租赁、固定资产按照直线法计提的年折旧额、养老保险金、零存整取或整存零取储蓄等都采取年金的形式。按照收付的次数和支付的时间划分,年金有以下几类:普通年金(后付年金)、预付年金、递延年金和永续年金。

1. 普通年金

普通年金又称后付年金,是指各期期末收付的年金,即指从第一期期末开始,每期期末都有等额的收付款项的年金。在现实经济生活中这种年金最为常见,因此称为普通年金。

(1)普通年金终值的计算

后付年金终值类似于零存整取的本利和,它是一定时期内每期期末等额收付款项的复利终值之和。其计算公式为:

$$F = A(1+i)^0 + A(1+i)^1 + A(1+i)^2 + \cdots + A(1+i)^{n-1}$$
$$= A \cdot \left[(1+i)^0 + (1+i)^1 + (1+i)^2 + \cdots + (1+i)^{n-1} \right]$$
$$= A \cdot \sum_{t=0}^{n-1} (1+i)^t \tag{4.10}$$

式中,A 为年金数额;

  i 为利息率;

  n 为计息期数;

  F 为年金终值。

显然,公式(4.10)中等号右边是以$(1+i)$为公比的等比数列之和,所以就有:

$$\sum_{t=0}^{n-1} (1+i)^t = \frac{(1+i)^n - 1}{i}$$

公式(4.10)可变为:

$$F = A \cdot \sum_{t=0}^{n-1} (1+i)^t = A \cdot \frac{(1+i)^n - 1}{i} \tag{4.11}$$

上式中,$\frac{(1+i)^n - 1}{i}$ 称为年金终值系数或 1 元年金终值。常用符号 $(F/A, i, n)$ 来表示。为了简化计算,可以编制 1 元的年金终值表(见本书附表三)以供查阅。

【例 4-10】某企业拟在以后 5 年内于每年年末存入银行 30 000 元,银行的年复利率为 10%,要求计算 5 年后的本利和。

$$F = 30\,000 \times \sum_{t=1}^{5-1} (1+10)^t = 30\,000 \times \frac{(1+10)^5 - 1}{10\%} = 183\,153(元)$$

上例也可以直接利用年金终值表,查表得$(F/A, 10\%, 5)$,计算得:

$$F = A \cdot (F/A, i, n) = 30\,000 \times 6.105 = 183\,150(元)$$

(2)普通年金现值的计算

普通年金现值是一定时期内每期期末等额的系列收付款项的复利现值之

和。计算公式为：

$$P = \frac{A}{(1+i)^1} + \frac{A}{(1+i)^2} + \cdots + \frac{A}{(1+i)^{n-1}} + \frac{A}{(1+i)^n}$$

$$= A \cdot \sum_{t=1}^{n} \frac{1}{(1+i)^t} \tag{4.12}$$

同样可以计算得：$\sum_{t=1}^{n} \frac{1}{(1+i)^t} = \frac{1-(1+i)^{-n}}{i} = \frac{1}{i} \times \left[1 - \frac{1}{(1+i)^n}\right]$

公式(4.12)可改写为：

$$P = A \cdot \sum_{t=1}^{n} \frac{1}{(1+i)^t} = A \times \frac{1-(1+i)^{-n}}{i} = A \cdot \frac{1}{i} \cdot \left[1 - \frac{1}{(1+i)^n}\right] \tag{4.13}$$

上式中，$\frac{1-(1+i)^{-n}}{i}$ 称为年金现值系数或1元年金现值。常用符号$(P/A,i,n)$来表示。为了简化计算，可以编制1元的年金现值表(见本书附表四)以供查阅。

【例4-11】某人出国3年，请你代付房租，每年租金1 000元，设银行存款利率为10%，他应当现在给你在银行存入多少钱？

$P = 1\,000 \times (P/A,10\%,3) = 1\,000 \times 2.487 = 2\,487(元)$

【例4-12】某公司于今年年初向银行借款200万元购买成套设备，订立借款合同时，言明全部借款本息自今年年末起分5年偿清，每年年末等额支付一次，若银行借款利率为12%，试问该公司每年年末需还款多少？

由于 $P = A \times \frac{1-(1+i)^{-n}}{i} = A \cdot (P/A,i,n)$，则

$$A = \frac{P}{(P/A,i,n)} = \frac{200}{(P/A,12\%,5)} = \frac{200}{3.605} = 55.48(万元)$$

即公司每年年末需还款55.48万元，连续支付5年才能将原借款200万元的本息偿清。

本例中 $\frac{i}{1-(1+i)^{-n}}$ 是普通年金现值系数的倒数，它可以把现值折算为年金，因此称投资回收系数。

2.预付年金

又称先付年金，是指在每期期初等额支付的年金。它与后付年金的区别仅在于付款时间的不同。

(1)预付年金终值的计算

先付年金终值是最后一期期末时的本利和,是各期收付款项的复利终值之和。预付年金与普通年金的区别仅在于付款时间的不同,即一个是在每期期初支付,另一个是在每期期末支付(见图 4-1)。

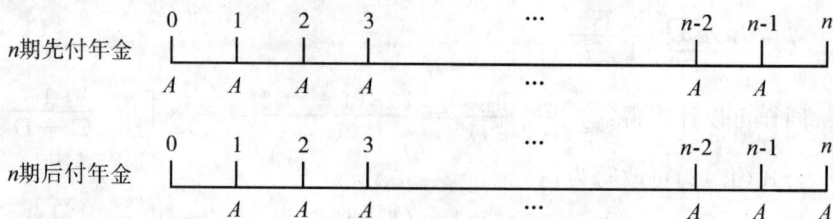

图 4-1

由于付款时间不同,n 期先付年金终值比 n 期后付年金终值多计算一期利息,因此,在 n 期后付年金终值的基础上乘以 $(1+i)$ 就是 n 期先付年金的终值。这样得到先付年金终值的计算公式:

$$F = A \cdot (F/A, i, n) \cdot (1+i) = A \cdot \frac{(1+n)^n - 1}{i} \cdot (1+i) \qquad (4.14)$$

此外,还可以根据 n 期先付年金与 $n+1$ 期后付年金的关系推导出另一公式。n 期先付年金与 $n+1$ 期后付年金的计息期数相同,但比 $n+1$ 期后付年金少付一次款。因此,只要将 $n+1$ 期后付年金的终值减去一期付款额 A,便可求出 n 期先付年金终值,计算公式为:

$$F = A \cdot (F/A, i, n+1) - A = A \cdot [(F/A, i, n+1) - 1] \qquad (4.15)$$

【例 4-13】某企业于每年年初支付房屋租金 1 000 元,年利率为 10%,计算 8 年后共支付房屋租金的本利和。

$$F = A \cdot (F/A, i, n) \cdot (1+i) = 1\,000 \times 11.435 \times (1 + 10\%) = 12\,579(元)$$

或 $F = A \cdot (F/A, i, n+1) - A = 1\,000 \times 13.579 - 1\,000 = 12\,579(元)$

(2)预付年金现值的计算

预付年金现值是每期期初收入或支出等款项的复利现值之和。预付年金现值的计算,可按其同样的 i, n 在普通年金现值系数表中找出普通年金现值系数,在此基础上乘以 $(1+i)$,可计算出预付年金现值的系数,再乘以预付年金 A,即计算公式为:

$$P = A \times \frac{1 - (1+i)^{-n}}{i} \times (1+i)$$

$$= A \cdot \frac{1}{i} \cdot \left[1 - \frac{1}{(1+i)^n}\right] \times (1+i)$$

$$=A \cdot (P/A, i, n) \cdot (1+i) \tag{4.16}$$

此外,预付年金现值还有一个计算公式,即先不考虑第一期期初的 A(去掉期初的 A),使期数变为 $(n-1)$ 期,计算 $(n-1)$ 期的普通年金现值,然后再加上期初的 A,其结果就是 n 期预付年金现值,计算公式为:

$$P=A \cdot (P/A, i, n-1)+A=A \cdot [(P/A, i, n-1)+1] \tag{4.17}$$

【例 4-14】6 年分期付款购物,每年年初付 200 元,设银行利率为 10%,该项分期付款相当于一次性支付多少现金?

$$P=A \cdot (P/A, i, n-1)+A=200 \cdot (P/A, 10\%, 5)+200=958.2(元)$$

【例 4-15】某投资者打算分期付款购买一栋办公楼,分期付款期为 10 年,每年年初支付 500 000 元,若银行的存款利率为 6%,则该投资者分期付款购买办公楼所支付的资金相当于现在一次性支付多少?

$$
\begin{aligned}
P &=500\,000 \times (P/A, 6\%, 10) \times (1+6\%) \\
&=500\,000 \times 7.360 \times 1.06 \\
&=3\,900\,800(元)
\end{aligned}
$$

3.递延年金

又称延期年金。是指在最初的若干期没有收付款项的情况下,后面若干期每期期末有等额的系列收付款项。它是后付年金的特殊形式,凡不是从第一期开始的后付年金都是延期年金。它是假设前 m 期没有付款,而从第 $m+1$ 期开始连续付款,付 n 期(如图 4-2 所示)。

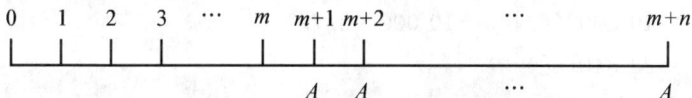

图 4-2

(1)递延年金终值的计算

递延年金终值与 n 期后付年金终值的计算方法相同,即从第 $m+1$ 期开始计算,计算 n 期。

$$F=A \cdot (F/A, i, n)$$

(2)递延年金现值的计算

递延年金的现值有两种计算方法:

第一种方法是把递延年金视为 n 期普通年金,先求出在第 $m+1$ 期期初(m 期末)的现值,然后再将其作为终值折算为第一期期初的现值。即在 $m+n$ 期内,前 m 期没有收付的款项,从第 $m+1$ 期期末至第 $m+n$ 期期末才发生 n 期等额的收付款项 A,对此,可将这 n 期等额的收付款项 A 按普通年金现值的计算方法将其折算到第 $m+1$ 期期初,这是一个普通年金现值的计算过程。再将它作为终值从第 $m+1$ 期期初(也是第 m 期期末)按复利现值折算到期初,即是要计算的递延年金。计算公式为:

$$P = A \cdot \sum_{t=1}^{n} \frac{1}{(1+i)^t} \cdot \frac{1}{(1+i)^m} = A \cdot (P/A,i,n)(P/F,i,m) \quad (4.18)$$

递延年金还可以用另外一种方法计算,即先求出 $m+n$ 期后付年金现值,减去没有付款的前 m 期后付年金现值,二者之差便是递延 m 期的 n 期后付年金现值。其计算公式为:

$$P = A \cdot (P/A,i,m+n) - A \cdot (P/A,i,m)$$
$$= A \cdot [(P/A,i,m+n) - (P/A,i,m)] \quad (4.19)$$

【例 4-16】某人在年初存入一笔资金,打算存满 5 年后,从第 6 年年末开始连续 5 年每年年末从银行中提取 10 000 元,若银行存款年利率为 10%,则此人需要现在存入多少才能实现计划?

$$P = A \cdot \sum_{t=1}^{n} \frac{1}{(1+i)^t} \cdot \frac{1}{(1+i)^m}$$
$$= A \cdot (P/A,i,n)(P/F,i,m)$$
$$= A \cdot (P/A,10\%,5)(P/F,10\%,5)$$
$$= 23\ 542.11(元)$$

或 $P = A \cdot (P/A,i,m+n) - A \cdot (P/A,i,m)$
$$= 10\ 000 \times 6.145 - 10\ 000 \times 3.791$$
$$= 23\ 540(元)$$

4. 永续年金

是指从第一期期末开始,无限期地在每期期末都有等额的收付款项。在现实的经济生活中,优先股的固定股利,某些期限长、利率高的长期债券的利息,均可视为永续年金。由于永续年金没有终点,因此不存在永续年金终值的计算问题,但永续年金现值的计算则用途十分广泛,例如进行股票、债券的估价等。

永续年金现值的计算公式,可根据普通年金现值的计算公式推导如下:

普通年金现值计算公式为:

$$P = A \times \frac{1-(1+i)^{-n}}{i} = A \cdot \frac{1}{i} \cdot \left[1 - \frac{1}{(1+i)^n}\right]$$

当 $n \to \infty$ 时,$(1+i)^{-n} \to 0$,则上式记为:

$$P = \frac{A}{i} \quad (4.20)$$

公式(4.20)即为永续年金现值的计算公式。

【例 4-17】某学校拟建立一项永久性的奖学金,每年计划颁发 20 000 元奖金。如果利率为 10%,该学校现在应存入多少钱?

$$P=\frac{A}{i}=\frac{20\ 000}{10\%}=200\ 000(元)$$

五、贴现率的计算

通过上述计算,我们可以发现影响现金流量时间价值的因素有四个:现值、终值、利率(贴现率)和计息期数,只要知道了其中任意三个因素就可求出第四个因素。在以上计算中,都假定利率(贴现率)、计息期数、现值(或终值)是已知的,求解终值(或现值)。但在某些情况下,也可以根据计息期数、终值或现值求解利率(贴现率)。

首先根据已知的条件计算复利终值或现值的换算系数;求出换算系数后,可从有关系数表中的 n 期各系数中找到最接近的系数。这个最接近的系数所属的 i,就是要求的利率或贴现率的近似值。

【例 4-18】某公司于第一年年初借款 160 000 元,每年年末还本付息额均为 40 000 元,连续 5 年还清。问借款利率是多少?

根据题意,已知 $n=5,P=160\ 000,A=40\ 000$,则

$(P/A,i,5)=P/A=160\ 000/40\ 000=4$。

在普通年金现值表中,5 年期的各系数中,与 4 最接近值为 3.992 7,该值对应的年利率大约为 8%。

如果要使利率或贴现率计算得相对准确,可采用插值法或利用 Excel 软件进行计算。

仍以例 4-18 来说明插值法的运用。

上例中,表中接近 4 的值分别为 $\beta_1=4.100\ 2,\beta_2=3.992\ 7$,相对应的临界利率为 $i_1=7\%,i_2=8\%$,则:$i=7\%+\frac{\beta_1-4}{\beta_1-\beta_2}\times(i_1-i_2)=7.93\%$。

实际上,不仅贴现率可以计算,期间也可以计算,原理和方法与贴现率的方法相似,这里不再赘述。

第五章　风险与收益

风险与收益是理财学中的一对基本概念。现代投资理论的核心思想是风险和收益之间存在一定的权衡关系。公司投资活动需要考虑的因素是多种多样的,但是从财务角度去考虑,最基本的因素是收益和风险。

作为公司理财人员必须理解风险与收益之间的关系。首先,管理者经营公司的目标是实现企业价值的最大化,因此他们必须了解企业价值是如何计算以及公司股票是如何定价的;其次,公司理财人员的重要职责之一就是在资本市场上筹集经营资本,只有了解金融市场如何定价资产,才能够选择成本最低的证券作为融资工具;最后,公司理财人员只有确定了投资者所期望的投资报酬率,才能确定资本预算决策时所需要的合适的贴现率。而所有这些要求都需要理财人员具备有关风险与收益的基本知识。本章除主要介绍收益的定义及表现形式、投资风险的定义和计量方法这些基本内容外,还将进一步讨论投资收益和风险与投资结构的关系问题,最后讨论不同的定价模型。

第一节　收　益

理财的目的在于实现预期公司市场价值的最大化。投资者进行任何形式的投资活动,其最终目的都是为了获利,而认识投资收益和投资收益的表现形式对于制定正确的投资决策是必不可少的,因此,在本节将对投资收益问题进行讨论。

一、投资收益与衡量

1. 收益与收益总额

所谓收益,从理论上讲,是指投资者投资于某种资产,在一定时期内所获得的总利得或损失。通常,投资者的预期收益主要来源于三部分:一是投资者所得的现金收益,如股票的现金红利和债券的利息支付等;二是资本损益,即从资产价格上升中得到的利得(资本利得)或价格下降产生的损失(资本损失);三是将在投资期间所得到的现金收益进行再投资时所获得的再投资收益。

【例 5-1】某投资者为某公司股票的拥有者,假设他在年初购买 100 股,每股 30 美元。那么,他的初始投资为:

初始投资=30×100=3 000(美元)

假如在过去的一年内公司支付每股股利 1.5 美元,那么该投资者获得了 150 美元的股利收入,即:

股利收入=1.5×100=150(美元)

假如年末的市场价格是每股 35 美元,因为股票价格上升而使其获得了资本利得:

资本利得=(35-30)×100=500(美元)

同股利一样,资本利得也是由于投资者持有公司股票而获得的一部分收益。当然,如果股票价格下跌,例如,每股市价降为 27 美元,那么他就有资本损失,即:

资本损失=(27-30)×100=-300(美元)

他的投资总收益是股利收入和资本利得或资本损失[①]的总和,即:

总收益=股利收入+资本利得(或资本损失)

就本例而言,投资总收益是:

总收益=150+500=650(美元)

值得注意的是,如果投资者在年末出售股票,他的现金收入应该是初始投资加上总收益,即:

现金总收入=初始投资+总收益=3 000+650=3 650(美元)

作为现金总收入,实际上它也等于出售股票的收入加上股利收入,即:

现金总收入=出售股票的收入+股利收入=35×100+150=3 650(美元)

如果投资者在年末不出售公司的股票,而是继续持有,那么他可将资本利得视为其所获收益的一部分。因为资本利得就像股利,是投资者所获收益的一部分,当然应该计入总收益。也就是说,投资者决定持有而不是出售股票,或者说不去实现资本利得或损失,这丝毫不会改变这一事实:如果他愿意,便可以获得相当于股票价值的现金收入。

---

① 从现在开始,资本损失指的就是负的资本利得,二者的使用不加区分。

2.收益率

总收益反映投资收益的绝对值,而实务中衡量投资收益用相对值比绝对值更加简明扼要,这一相对值就是收益率,又称报酬率。用百分比表示的收益称为收益率,它使得不同投资成本之间的收益更具有可比性,因此实际工作中收益率的应用更为普遍。

由于总收益分为两部分,报酬率也相应地由股利报酬率和资本利得报酬率两部分组成。假如用 P_0 表示初始投资时股票的价格,P_1 表示年末股票的价格,DIV 表示持有股票 1 年后所获得的股利,那么投资于股票的报酬率可以表示为:

收益率=股利报酬率+资本利得报酬率

$$= \frac{DIV}{P_0} + \frac{P_1 - P_0}{P_0}$$

$$= \frac{DIV + (P_1 - P_0)}{P_0}$$

$$= \frac{到期末所得到的股利+期初、期末的价格变化}{期初价格}$$

【例 5-2】计算例 5-1 投资者每投资 1 美元可以获得多少收益。

设:t 表示我们观察的年份,P_t 表示年初时股票的价格,DIV_{t+1} 表示持有股票一年后所得的股利。

例 5-1 中,年初每股价格是 30 美元,一年中所得的每股股利是 1.5 美元。因此:

$$股利收益率 = \frac{DIV}{P_0} = \frac{1.5}{30} = 5\%$$

设 P_{t+1} 表示年末的股票价格,则:

$$资本利得收益率 = \frac{P_{t+1} - P_t}{P_0} = \frac{5}{30} = 16.7\%$$

将股利收益率与资本利得收益率相加,便得到了一年中投资于该公司股票的总收益,用 R 来表示,则有:

$$R = \frac{DIV}{P_0} + \frac{P_{t+1} - P_t}{P_0} = 5\% + 16.7\% = 21.7\%$$

在投资过程中,因承担投资风险而获得的风险报酬率就称为投资收益率。除无风险投资项目(国库券投资)外,其他所有投资项目的预期报酬率都可能不同于实际获得的报酬率。风险和收益可采用在统计学中学过的方法来度量。

3.期望收益率(平均收益率)

对于有风险的投资项目来说,其收益可以看成是一个服从一定概率分布

的随机变量,可以用期望值来进行度量,称为期望收益率,它是随机变量的均值。单项投资风险收益率的计算公式为:

$$\overline{R} = \sum_{i=1}^{n} R_i P_i \tag{5.1}$$

其中,$\overline{R}$ 表示平均收益率(期望值),R_i 表示第 i 个可能结果的收益率,P_i 表示第 i 个可能结果出现的概率,n 表示可能结果的总数。

【例 5-3】某上市公司股票的预期收益率和可能出现的概率如下:

表 5-1　某公司股票的预期收益率与相应概率分布

收益率(%)	−15	−13	9	21	33
出现的概率	0.1	0.2	0.4	0.2	0.1

计算该公司股票的期望收益率。

解:已知该公司预期收益率的概率分布,运用公式(5.1),计算该公司股票的平均收益率,有:

$$\begin{aligned}
\overline{R} &= \sum_{i=1}^{5} R_i P_i \\
&= (-15\%) \times 0.1 + (-13\%) \times 0.2 + 9\% \times 0.4 + 21\% \times 0.2 + 33\% \times 0.1 \\
&= 9\%
\end{aligned}$$

这一方法不仅可以用于计算期望收益率,也可以用于计算期望收益。此时,公式(5.1)中,$\overline{R}$ 表示平均收益值(期望值),R_i 表示第 i 个可能结果的收益,P_i 表示第 i 个可能结果出现的概率,n 表示可能结果的总数。

【例 5-4】某公司有 A、B 两个项目,这两个项目的收益及与之对应的概率如下表所示,计算这两个项目的期望收益。

表 5-2　A、B 两项目的投资收益和概率分布

经济状况	发生的概率		投资收益	
	项目 A	项目 B	项目 A(美元)	项目 B(美元)
正常	0.6	0.4	200 000	50 000
繁荣	0.2	0.2	300 000	150 000
衰退	0.2	0.3	100 000	0

解:将该公司的预期收益率和概率分布代入公式(5.1)我们可以得到项目 A 和项目 B 的期望收益分别为:

$$\overline{R}_A = \sum_{i=1}^{n} R_i P_i$$

$$= 0.6 \times 200\,000 + 0.2 \times 300\,000 + 0.2 \times 100\,000$$

$$= 200\,000(美元)$$

$$\overline{R}_B = \sum_{i=1}^{n} R_i P_i$$

$$= 0.4 \times 500\,000 + 0.3 \times 150\,000 + 0.3 \times 0$$

$$= 65\,000(美元)$$

需要指出的是,期望收益率是某种资产所有可能的未来收益水平的取值中心,投资者主要通过这一数值的高低来评价资产未来收益的大小。但是,未来的实际收益率并不一定和预期收益率相等。也就是说,尽管一项资产的期望收益率已经算出来了,但是该项资产的未来收入流量仍然是不确定的。期望收益率的计算过程说明了投资风险的存在。

二、无风险收益

上一部分我们已经计算了股票的期望收益,如果将它与其他证券收益进行比较,结果将更加有意义。首先可以将它与波动程度较低的政府债券收益进行比较。

政府通过发行债券筹集资金,这些债券以多种形式出现。典型的政府债券是国库券。因为政府可以用税收收入支付它的债务,所以政府的债务实际上没有违约风险。因此,我们称政府债券的收益在短期内,如一年或更短的时间内,是"无风险收益"。

风险收益与无风险收益之差通常被称为"风险资产的超额收益"。之所以称为"超额收益",是因为它是源于股票的风险性而增加的收益,并被解释为"风险溢价"。

股票市场数据中最有意义的就是观测股票的长期超额收益和无风险收益。一个投资者在某一时期投资股票市场所得到的就是超出国库券投资收益的超额或附加收益。为什么存在这种回报呢?对这一问题的全面而完整的回答是现代理财学的核心,第三节的资本资产定价模型将重点讨论这一问题。无论如何,人们可以从观察各类不同投资收益的变动程度中找到一部分答案。从1926—1997年间美国大公司股票各年市场收益来看,投资于国库券的收益比投资于普通股的收益更加稳定。投资于普通股的收益经常出现负数,而投资于国库券的收益从未出现过负数。这就涉及收益变动程度的度量问题。

<h1 style="text-align:center">第二节　风险</h1>

公司理财活动,无论是筹资活动还是投资活动,都充满着不确定性或风险,这些风险有市场风险、利率风险、购买力风险和代理风险等。公司财务人员在理财活动中,为了规避风险,获取最大收益,必须对融资或投资的风险与收益有充分的认识,以便综合权衡利弊得失,最合理地筹资与投资,达到风险小、收益高的目标。

<h2 style="text-align:center">一、风险的概念</h2>

"风险"一词,在近代生活中使用越来越频繁,人们在不同意义上使用"风险"一词。《现代汉语词典》对"风险"进行了解释,认为风险是"可能发生危险",似乎风险是危险的一种,是"危险""可能发生"的部分。

一般说来,风险被认为是一定时期内事件可能发生的各种结果的变动程度,是事件本身的不确定性,具有客观性。在财务管理中,风险就是无法达到预期报酬的可能性,也即实际现金流量偏离预期现金流量的程度,偏离程度越大,风险越大。对于投资风险,我们可理解为投资收益各种结果的变动程度,即预期收益的变动程度。通常,投资者讨厌风险,在其投资过程中,力求规避风险。投资者之所以选择投资具有风险的项目,是为了获得额外的报酬——风险报酬。

例如,若某投资者购入 100 万元短期政府债券,预期报酬率为 6%,则该项投资可以说近似无风险。若将这 100 万元投资于在非洲开采白金的某矿业公司,则无法准确地预测其报酬,投资报酬率可能是任何一个数值。对于前者我们可以称之为无风险投资,对于后者,我们则很难确定其投资收益,这一投资就存在风险。

风险产生的原因主要有两个:一是决策者缺乏可靠的信息。因为决策者只能根据历史资料来确定未来事件变化的各种情况,是一种近似的估计,或多或少地带有主观性。二是决策者不能控制事物的未来发展过程。因为未来事物的发展过程直接受到未来客观经济环境的影响,越是长远的事物,决策者越难以控制。

二、风险的度量

期望收益率的计算过程说明了投资风险的存在,但没有说明这种风险有多大。从数学的角度分析,投资风险可以用未来可能收益水平的离散程度来表示。或者说,风险的大小,可以直接表示为未来可能收益水平围绕期望收益率变化的区间大小。一般地,这一变动的大小(即未来收益水平的离散程度)可以用标准差或方差来测定。

1.风险的绝对度量:标准差

对于风险可使用相对于均值的离散程度——方差——来度量,但为统一单位常用标准差替代,标准差用 σ 来表示,方差为标准差的平方 σ^2。σ 的计算公式如下:

$$\sigma = \sqrt{\sum_{i=1}^{n} (R_i - \overline{R})^2 P_i} \tag{5.2}$$

式中,σ 为标准差;

$\overline{R}$ 表示平均收益率(期望值);

R_i 表示第 i 个可能结果的收益率;

P_i 表示第 i 个可能结果出现的概率。

【例5-5】以例5-3和例5-4提供的数据为基础,计算标准差。

解:上一节例5-3已求出期望收益率为9%,将已知数据代入公式(5.2)。

表 5-3 方差运算表

R_i	P_i	$(R_i - \overline{R})^2$	$(R_i - \overline{R})^2 P_i$
-0.15	0.10	0.0576	0.00576
-0.13	0.20	0.0144	0.00288
0.09	0.40	0	0.00000
0.21	0.20	0.0144	0.00288
0.33	0.10	0.0576	0.00576
合计	1.00		0.01728

计算得:

$$\sigma = \sqrt{\sum_{i=1}^{n} (R_i - \overline{R})^2 P_i} = \sqrt{0.01728} = 0.1315 = 13.15\%$$

同理,可以计算例5-4中A、B两项目的收益的标准差分别为:

$$\sigma_A = \sqrt{\sum_{i=1}^{n} (R_i - \overline{R})^2 P_i} = 63\ 246(\text{元})$$

$$\sigma_B = \sqrt{\sum_{i=1}^{n} (R_i - \overline{R})^2 P_i} = 59\ 372(\text{元})$$

但是对于例 5-4 而言,我们不能直接用标准差的数据判断 A、B 项目的风险哪个更低,因为两者的期望收益值不相同。用标准差反映风险的高低,并用于对比时,前提条件是要求各个比较项目的期望值相同;当期望值不同时,则需要用变异系数来比较。

通常,许多投资的可能收益的分布近似服从正态分布。这样我们便可以根据计算所得的期望值和标准差来估计投资收益。服从正态分布是以在总体中抽取一个足够大的样本为前提的。

在统计学中,正态分布扮演着一个核心的角色,标准差是表示正态分布离散程度的一般方法。对于正态分布,收益率围绕其平均数上下某一范围内波动的概率取决于标准差。例如,收益率围绕其平均数上下一个标准差区域内波动的概率为 68.27%,两个标准差区域内波动的概率为 95.45%。

根据实际样本的观测值所得到的分布,其形状不可能完全与理论分布吻合。如果我们继续长时间地收集同一样本年收益率数据,样本频率分布将开始逐步地与理论分布相吻合。

2.风险的相对度量:变异系数

标准差是反映随机变量离散程度的一个指标,是一个绝对指标。在期望值相同的条件下,标准差越大风险越高;反之,则风险越低。但是当期望值不同时,标准差就无法准确地反映随机变量的离散程度。为了解决这一问题,我们需要计算反映离散程度的相对指标,即变异系数。变异系数是指某随机变量标准差与该随机变量期望值的比率。其计算公式为:

$$v = \frac{\sigma}{\overline{R}} \qquad\qquad (5.3)$$

其中,v 表示变异系数,其他符号含义同前。

【例 5-6】用本章以上三个例题的结果计算变异系数。

解:将例 5-3 和例 5-5 所得结果代入公式(5.3),可知该公司股票的变异系数:

$$v = \frac{\sigma}{\overline{R}} = \frac{0.131\ 5}{0.09} = 1.46$$

将例 5-4 和例 5-5 所得结果代入公式(5.3),可得项目 A 和项目 B 的变异系数分别为:

$$v_A = \frac{\sigma_A}{\overline{R}} = \frac{632\ 646}{200\ 000} = 0.316\ 2$$

$$v_B = \frac{\sigma_B}{\overline{R}} = \frac{59\ 372}{65\ 000} = 0.913\ 4$$

从上面的计算可知,尽管项目 A 的标准差大,但项目 B 的变异系数大,说明项目 B 的风险更高。

当然,除了上述的分析指标外,在分析风险时,我们还需要考虑一些其他因素,如分布是否是标准正态分布、概率分布的置信区间、该资产与其他资产的关系等。尤其应予注意的是,风险是时间的递增函数,随着时间的推移,正态分布图形越来越平坦,说明风险越来越大。

三、组合资产的风险与收益

以上研究的是单项投资项目的风险。事实上,很少有企业只选取一项资产进行投资,投资者往往将不同资产组合在一起进行投资,以降低总投资的风险程度。这种将不同资产进行投资组合的形式,称为组合资产投资或简称为投资组合(investment portfolio)。为避免投资风险,投资者通常采取组合投资的方式进行投资,即投资于多种股票、债券或其他金融资产。因此,我们有必要研究投资组合的收益和风险问题。

1.投资组合的收益

投资组合的收益是投资组合中单个资产或证券预期收益率的加权平均数,其计算公式为:

$$\overline{R}_p = \sum_{i=1}^{n} w_i \overline{R}_i = w_1 \overline{R}_1 + w_2 \overline{R}_2 + \cdots + w_n \overline{R}_n \tag{5.4}$$

式中,$\overline{R}_p$ 为投资组合的期望收益率;

$\overline{R}_i$ 为第 i 种资产的预期收益率;

w_i 为第 i 种资产投资比例;

n 为组合投资中资产的种数。

【例 5-7】某组合投资包含三种股票,每种股票的预期报酬率分别为 $\overline{R}_1 = 12\%$,$\overline{R}_2 = 15\%$,$\overline{R}_3 = 10\%$,三种股票投资的比例构成分别为 $w_1 = 35\%$,$w_2 = 40\%$,$w_3 = 25\%$,则组合投资的预期收益率为:

$$\begin{aligned}\overline{R}_p &= \sum_{i=1}^{n} w_i \overline{R}_i \\ &= 35\% \times 12\% + 40\% \times 15\% + 25\% \times 10\%\end{aligned}$$

$=12.7\%$

可见,投资组合预期收益率的高低取决于组合投资的比例构成和各项资产预期收益率的高低。

2.组合资产投资风险

(1)投资组合的方差与协方差

组合资产的收益是组合资产投资中个别投资的加权平均收益。然而,组合资产的风险却不是组合资产投资中个别投资标准差的加权平均数。具体来说,投资组合的方差是各种资产收益方差与各种资产收益的协方差的加权平均数。

就两项组合投资来说,其标准差的计算公式为:

$$\sigma(R_p) = \sqrt{\sum_{i=1}^{n}(\overline{R}_i - \overline{R}_p)^2 w_i}$$
$$= \sqrt{w_1^2 \sigma_1^2 + w_2^2 \sigma_2^2 + 2w_1 w_2 (R_1 - \overline{R}_p) \times (R_2 - \overline{R}_p)}$$
$$= \sqrt{w_1^2 \sigma_1^2 + w_2^2 \sigma_2^2 + 2w_1 w_2 \operatorname{cov}(R_1, R_2)} \tag{5.5}$$

式中,$\sigma(R_p)$ 为投资组合的标准差;

σ_1 为第一项资产预期收益率的标准差;

σ_2 为第二项资产预期收益率的标准差;

w_i 为第 i 种资产投资比例;

$\operatorname{cov}(R_1, R_2)$ 为两种资产预期收益率的协方差。

方差为:

$$\sigma^2(R_p) = w_1^2 \sigma_1^2 + w_2^2 \sigma_2^2 + 2w_1 w_2 \operatorname{cov}(R_1, R_2) \tag{5.6}$$

协方差的计算公式为:

$$\operatorname{cov}(R_1, R_2) = \sum_{i=1}^{n}(R_{1i} - \overline{R}_1)(R_{2i} - \overline{R}_2)P_i \tag{5.7}$$

式中,$(R_{1i} - \overline{R}_1)$ 表示资产 1 的收益率在经济状态 i 下对其期望值的离差;

$(R_{2i} - \overline{R}_2)$ 表示资产 2 的收益率在经济状态 i 下对其期望值的离差;

P_i 表示在经济状态 i 下发生的概率。

这里有几点需要加以说明:

第一,协方差用来度量两个随机变量间相同变动或相反变动的趋势,正协方差的两个变量同向变动,如果两种资产的可能收益呈同步变动趋势,即在任何一种可能情况下都同时上升或同时下降,则协方差为正;而负协方差的两个变量反向变动,如果两种资产的收益呈非同步变动势态,即在任何可能情况下一升一降或者一降一升,则协方差为负值。

第二,如果两种资产之间没有任何关系,则两者的协方差为零。特别地,如果两种资产都是无风险资产,则计算出来的每一种资产的离差都为零,因此最终计算出来的协方差也为零;另外,一种无风险资产和一种风险资产之间的协方差同样为零。

第三,如果两种资产风险较大且同向变动,则协方差较大且为正值;如果两种资产风险较大且反向变动,则协方差较大且为负值。

第四,尽管协方差的正负很好地反映了两种资产收益变动的趋势,但是协方差数值的大小却难以说明两种资产的相关程度。例如,A、B两种资产之间的协方差为0.0006,如果A、C两种资产之间的协方差为0.0020,那么两个协方差相比能说明什么问题呢?能否说明A、C两种资产收益之间的变动更相关呢?单纯根据协方差,我们不能得出这样的结论,这时需要引入另外一个重要的统计指标——相关系数,来比较不同组合投资收益之间的相关程度。

(2)相关系数 ρ

相关系数实际上是标准化了的协方差,可以使得不同资产之间相关程度在一个相同的基础上进行比较。相关系数的计算公式为:

$$\rho_{13} = \frac{\text{cov}(\overline{R}_1, \overline{R}_2)}{\sigma_1 \sigma_2} \tag{5.8}$$

相关系数的数值总是介于 -1 到 $+1$ 之间。相关系数大于零,表明两个变量(或两种资产)同方向变动,正相关;相关系数小于零,表明两个变量(或两种资产)反方向变动,负相关。特别地,$\rho = 1$ 时,两个变量(或两种资产)完全正相关;$\rho = -1$ 时,两个变量(或两种资产)完全负相关;$\rho = 0$ 时,两个变量(或两种资产)相互独立,此时,组合投资的风险小于两种资产单独投资风险的线性组合。

将相关系数引入到投资组合的方差中,得到:

$$\sigma^2(R_p) = w_1^2 \sigma_1^2 + w_2^2 \sigma_2^2 + 2 w_1 w_2 \rho_{12} \sigma_1 \sigma_2$$

$$\sigma(R_p) = \sqrt{w_1^2 \sigma_1^2 + w_2^2 \sigma_2^2 + 2 w_1 w_2 \rho_{12} \sigma_1 \sigma_2}$$

可知,当 $-1 < \rho < 0$ 时,两个变量(或两种资产)负相关,表明两变量(或两种资产)的收益率呈反方向变化,组合投资风险降低;当 $0 < \rho < 1$ 时,两个变量(或两种资产)正相关,表明两变量(或两种资产)的收益率呈同方向变化,组合投资风险小于单个资产投资风险的线性组合;$\rho = 0$ 时,组合投资的风险小于两种资产单独投资风险的线性组合。

可以认为,无论组合资产投资之间的比例如何,只要资产收益之间不存在完全正相关关系,组合投资的风险总是要小于单个资产风险的线性组合。即,只要资产收益之间不存在完全正相关关系,那么,组合投资就可以在不改变预期收益的条件下降低投资的风险。

【例5-8】某公司的投资项目是由 A 和 B 组成的 AB 投资组合,其所占的比例各为50%,2001—2005年各自的收益、平均收益、标准差及组合投资收益如表5-4。

表5-4　AB 组合投资收益表

年　　度	A 收益(%)	B 收益(%)	AB 组合投资收益(%)
2001	40	−10	15
2002	−10	40	15
2003	35	−5	15
2004	−5	35	15
2005	15	15	15
平均收益	15	15	15
标准差	22.6	22.6	0

从上表可以看出,如果只投资 A 或 B,那么,它们的风险都很高;但是如果将 A、B 进行组合投资,那么投资的风险就消失了,标准差为零。上述 AB 组合之所以是一个无风险的投资组合,是因为 A、B 两种投资收益的变动方向完全相反:当 A 投资收益上升时,B 投资收益就下降,反之亦然。当然这是我们假设的理想状况,现实中这种现象极少出现。

下面我们再看另一种极端的情况,即 A、B 两种投资有相同的收益变动方向,计算过程见下表:

表5-5　AB 组合投资收益表

年　　度	A 收益(%)	B 收益(%)	AB 组合投资收益(%)
2001	40	40	40
2002	−10	−10	−10
2003	35	35	35
2004	−5	−5	−5
2005	15	15	15
平均收益	15	15	15
标准差	22.6	22.6	22.6

由此可见,由 A 和 B 各占 50％所组成的投资组合 AB 的标准差,与个别投资 A 或 B 的标准差一样,都是 22.6％。这说明如果投资组合中的各种投资之间存在完全正相关的关系,那么公司无法通过组合投资消除投资组合的风险。

上述两个极端的例子表明:当各种投资之间存在完全负相关时,组合投资中的风险可以全部消除;当各种投资之间存在完全正相关时,组合投资中的风险无法消除。事实上,许多投资之间存在正相关,但不是完全正相关,平均而言,如果随机抽取两种投资它们的相关系数大约为 0.6,而且多数情况下为 0.5～0.7 之间。由此可以推断,组合投资虽然可以降低风险,但是无法完全消除风险。

【例 5-9】某公司投资于由 A 和 B 组成的 AB 投资组合,其所占的比例各为 50％,收益预测如下表 5-6:

表 5-6　A、B 两投资项目收益预测表

经济状况	A 收益（％）	B 收益（％）
萧条	−20	5
衰退	10	20
正常	30	−12
繁荣	50	9

由上表数据可计算 A、B 投资项目的期望收益和标准差如下:

$\overline{R}_A = 17.5; \sigma_A^2 = 0.066\ 875; \sigma_A = 0.258\ 6 = 25.86\%$

$\overline{R}_B = 5.5; \sigma_B^2 = 0.013\ 225; \sigma_B = 0.115\ 0 = 11.50\%$

根据以上数据,我们可以分三步计算相关系数。

第一步,计算离差的乘积。具体地说,对应于每一种经济状况,将两个项目可能收益与其期望收益之间的离差相乘。即:

$$(R_{At} - \overline{R}_A)(R_{Bt} - \overline{R}_B)$$

第二步,计算协方差。求出两个投资项目可能的收益与其期望收益之间离差的乘积之和,然后除以观测点个数(四种可能的经济状况),就得到了协方差,见表 5-7。

第三步,计算相关系数。相关系数等于两个投资收益的协方差除以两个投资收益的标准差的乘积,根据本例的数据有:

$$\rho_{AB} = \frac{\text{cov}(\overline{R}_A, \overline{R}_B)}{\sigma_A \sigma_B} = \frac{-0.004\ 875}{0.258\ 6 \times 0.115\ 0} = -0.163\ 9$$

相关系数为负,说明两变量负相关,能够通过组合投资降低风险。

在计算相关系数时,两个变量的先后并不重要。也就是说,A 和 B 的相关系数等于 B 和 A 的相关系数。

表 5-7　协方差计算表

经济状况	收益率 $\overline{R}_A$	收益率的离差 $R_{At}-\overline{R}_A$	收益率 $\overline{R}_B$	收益率的离差 $R_{Bt}-\overline{R}_B$	两个离差的乘积 $(R_{At}-\overline{R}_A)(R_{Bt}-\overline{R}_B)$
萧条	−0.20	−0.375	0.05	−0.005	0.001875
衰退	0.10	−0.075	0.20	0.145	−0.010875
正常	0.30	0.125	−0.12	−0.175	−0.021875
繁荣	0.50	0.325	0.09	0.035	0.011375
合计					−0.019500

注:$\sigma_{AB}=0.0195\div4=0.0195\times25\%=-0.004875$(因为假定各经济状况发生的概率相同,概率均为 25%)

然而,如果组合投资是由两种以上的个别投资组成的,其结果又将如何呢?一般而言,随着组合投资中个别投资的数目增加,组合投资的风险会降低,至于能降低到何种程度,就要看各种投资之间的相关系数,即相关系数越低,组合投资的风险就越小。个别投资的数目大大增加是否能完全消除组合投资风险?一般而言,不能完全消除组合投资风险,这就涉及可分散风险与不可分散风险问题。

3.可分散风险与不可分散风险

有些风险可以通过上述组合投资消除或分散,而有些风险则仍保持不变。因此,我们有必要根据风险的这种特征进行分类并分别予以分析。

(1)可分散风险

可分散风险是指那些个别投资可以通过组合投资的方式来消除的风险,又称为非系统风险或企业特有风险。在证券投资中,这种风险专指个别股票所独有并随时变动的风险,其主要特点有:①由于特殊因素所引起;②只影响某种股票的收益;③可以通过股票多样化来消除或分散。其来源和表现主要有经营风险和财务风险。这两方面的风险可能通过股票持有的多样化和正确的投资组合来降低、抵消和避免,因为持有多种股票,当有些股票价格下跌、股息减少时,而另一些股票的价格和股息可能上升,这样此落彼涨就可能使风险彼此冲销。

(2)不可分散风险

不可分散风险又称系统风险或市场风险。它是指由于某种因素对股票市场上所有股票的价格都造成影响,给所有投资者都会带来损失的可能性。例如,国家某项经济政策的变化,有关法律的制定,甚至政府成员的更换等,都会影响整个证券市场价格。这类风险的主要特点:①由于共同的因素所引起;②影响所有股票的收益;③不可能通过股票多样化来回避或消除。其来源和表现主要有购买力风险、市场风险和利率风险。不同的股票受系统风险的影响程度是不一样的,如当整个经济出现不景气时,消费者首先取消的是昂贵的耐用消费品购买计划,进而影响到厂家的生产和利润,使这些企业的股价也随之变动;而粮食、副食品等基本消费品生产加工经营企业,无论经济是否景气,它们的收益均显得较为稳定,股价变动也要小一些。

第三节　资本资产定价模型

资本资产定价模型(CAPM)产生于20世纪60年代。它是由1990年度诺贝尔奖获得者威廉·夏普发展的,从产生的那时起,它就对公司理财有着重要的启示作用。

所谓资本资产,是指股票、债券等有价证券,它代表对真实资产收益的求偿权利。资本资产定价理论试图解释资本资产投资的两个基本问题:

(1)在均衡条件下,资产组合的预期收益和风险间的关系是什么?

(2)在均衡条件下,证券的期望收益与风险间的关系是什么?

隐含在这两个基本问题中的另外两个问题是:

(1)衡量一种资产组合的风险的尺度是什么?

(2)衡量一种证券的风险的尺度是什么?

直观而言,资本资产定价模型可用于回答一个常见而不容忽视的问题,即为了补偿某一特定程度的风险,投资者应该获得多高的报酬率?资本资产定价模型简单直观地揭示了在均衡的市场条件下资产期望报酬率和风险之间的关系。

一、资本资产定价模型的假设

组合投资理论和资本资产定价模型都是以一定的基本假设为前提的。主要包括以下几个方面:

假设 1：投资者都是风险厌恶者，并追求财富效应最大化，他们依据期望收益和标准差选择投资组合。

也就是说，如果投资者必须在两种投资组合之间选择其中一种进行投资的话，他唯一需要知道的事情就是投资组合的期望收益和方差（标准差）。

假设 2：给定两个其他方面等同的资产组合，投资者将选择那个具有较小标准差的资产组合。

假设 3：所有投资者拥有相同的预期，对证券报酬率的概率分布、资产收益的均值、方差和协方差有着完全相同的主观估计。这意味着对所有投资者来说，线性有效组合相同。

假设 4：单一资产无限可分。资产无限可分性假定意味着投资者能按任意数量比例购买他所期望的资产，即投资者可以不受限制地按照无风险利率借贷资金。

假设 5：投资者可以以同样的无风险利率贷出或借入货币。不论投资者是希望借入还是贷出，利率都是一样的。而且对于每位投资者而言，它都是一样的。

假设 6：在资本市场中没有摩擦，也可以说资本市场完备有效，信息共享，不存在所得税和交易成本。

所谓摩擦，就是对整个市场上的资本和信息自由流动的阻碍。这样，假设 6 就是说，不存在与买卖证券资产有关的交易成本，不对红利、利息收入或资本利得征税，而且市场里的每一个人可以自由获取信息并在卖空上没有限制。

假设 7：所有组合资产收益都服从联合正态分布，这样，组合资产的收益和风险就可以通过均值和方差来确定。

这些假设归纳起来，就是投资者是有理性的，资本市场是完全竞争的市场。显然，这些假设有些与现实经济生活不符。但作出这些假设，便于理论分析简化。实际上，即使这些假设条件不完全满足，模型仍能被推导出来。况且，资本资产定价模型的实际运用可以不受这些假设的严格限制。

二、β 系数与投资组合的收益

在股票市场上，股票价格由于种种原因经常波动，令人难以捉摸，因而时常使投资者因价格涨落频繁而产生一种有损失利益的危机感。这反映了股票投资的风险——包括系统风险和非系统风险。所谓系统风险，我们已经介绍过，它是指与市场组合有关的，不能通过分散投资而避免的风险。证券的系统风险越大,投资者对从该证券获得的报酬率的期望值也越大。通常,系统风险对个别股票的影响程度,可由该股票价格变动的历史数据和市场价格的历史数据计算分析得出,β系数正是用来衡量这一系统风险的指数。

β系数反映了系统风险的大小,揭示了某种证券报酬率相对于市场投资组合报酬率变动的敏感度。β系数有多种计算方法,实际计算过程十分复杂(多数情况下,β系数不需要投资者自己计算,而是由一些投资服务机构定期计算并公布)。β系数可用直线回归方程求得:

$$Y = \alpha + \beta X + \varepsilon \tag{5.9}$$

式中,Y 表示证券收益率;X 表示市场平均收益率;α 表示 Y 轴的截距;β 表示回归直线的斜率;ε 表示随机因素产生的剩余收益。

根据 X 和 Y 的历史资料,就可以求出 α 和 β 的数值。

作为整体的证券市场的β系数为1。如果某证券的β系数是1,它的报酬率就等同于市场投资组合的报酬率,即当某种股票的风险与整个股票市场的风险相一致时,这种股票的β系数就等于1。如果某种股票的β系数大于1或者小于1,则说明该股票的风险程度高于或低于整个市场水平。从另一种角度说,如果计算出β的数值是1,这说明若市场收益率上涨1%,这种股票的收益率也提高1%,该股票的波动程度与市场一样。如果β=1.5,则是说,市场收益率上涨1%时,该股票的收益率将提高1.5%;反之,如果市场收益率下降1%,则该股票的收益率将降低1.5%,其波动幅度比市场整体高50%,如果β的数值是0.5,则表示市场涨或跌1%时,该股票的收益率只提高或降低1%的一半。由此可见,β系数的大小表示某只股票相对于市场的波动幅度,从而说明其风险的程度,β系数大的股票其风险大,β系数小的股票其风险小,如果β的数值超过1.5,可以看作高风险的股票。在国外,有些证券咨询服务公司把许多股票的β值都计算出来供投资者参考。一般认为,β值小于1的股票,叫防守型的股票;β值大于1的股票,叫进攻型的股票。一般来说,大部分股票的β系数在0.60~1.60之间;而根据定义,所有股票的β系数的平均值为1。

投资组合的β系数只是投资组合中个别证券的β系数的加权平均数。其计算公式如下:

$$\beta_t = \sum_{i=1}^{n} W_i \beta_i \tag{5.10}$$

式中,β_t 为组合投资的β系数,它表示个别组合投资报酬率相对于市场组合投资报酬率的变动程度;

W_i 为第 i 种股票的权数；

β_i 为第 i 种股票的 β 系数；

n 为投资组合中证券的数量。

我们可以将证券组合投资风险归纳如下：

1. 证券组合投资后的风险是由两部分组成，即可分散风险和不可分散风险。

2. 可分散风险可以通过证券组合来消减。可分散风险随着证券组合中股票数量的增加而逐渐减少。

3. 股票的不可分散风险由市场变动所产生，它对所有股票都有影响，不能通过证券组合而消除，应该通过 β 系数计量后，在投资报酬中得到补偿。换句话说，β 系数反映的不是某种股票的全部风险，而只是与市场有关的一部分风险。另一部分风险 $\alpha + \varepsilon$，只与企业本身的经营活动有关，而与市场无关，这部分风险可以通过多元化投资分散掉，β 系数反映的市场风险则不能相互相抵消。

三、资本资产定价模型

资本资产定价模型（capital asset pricing model，CAPM）阐述了充分多元化的组合投资中资产的风险与要求收益率之间的均衡关系，即在市场均衡的状态下，某项风险资产的预期报酬率与预期所承担的风险之间的关系。

美国金融学家威廉·夏普在 20 世纪 60 年代发展了 β 系数的概念，并率先将这一概念应用于风险分析，资本资产定价模型通常写成：

$$R_j = r_f + \beta_j(\overline{R}_m - r_f) \tag{5.11}$$

其中，R_j 表示第 j 项风险资产的要求收益率；

r_f 表示无风险资产收益率；

$\overline{R}_m$ 表示市场组合资产的要求收益率，代表市场的平均收益率；

β_j 表示第 j 项风险资产或资产组合不可分散风险的度量，即 β 系数。

这个公式表明某种证券的期望收益与该种证券的 β 系数线性相关。

【例 5-10】某公司股票的 β 系数为 1.5，此时，无风险利率为 4%，市场平均报酬率为 7%，则该公司股票的报酬率应该为：

$$R_j = r_f + \beta_j(\overline{R}_m - r_f) = 4\% + 1.5 \times (7\% - 4\%) = 8.5\%$$

从以上资料来看，只有当该公司股票的报酬率达到或超过 8.5% 时，投资者才会投资购买该公司的股票。

由于长期来看,市场的平均收益高于平均的无风险资产收益率,因此 $(\overline{R}_m - r_f)$ 应是个正数。所以,更确切地说,某种证券的期望收益与该种证券的 β 系数线性正相关。为了进一步说明这一模型,我们讨论以下几种特殊情况:

(1)假设 $\beta = 0$,就有 $R_j = r_f$。也就是说,某一种证券的期望收益正好等于无风险收益。显然,因为 β 系数为零的证券表明没有风险,所以它的期望收益应该等于无风险资产的收益率。

(2)假设 $\beta = 1$,就有 $R_j = \overline{R}_m$。也就是说,某一种证券的期望收益正好等于市场的平均收益率。显然,因为 β 系数为 1 的证券表明它的风险等于市场组合的风险,所以它的期望收益应该等于市场的平均收益率。值得注意的是,当 $\beta = 1$ 的时候,这条线通常被称为"证券市场线"(security market line,SML),如图 5-1 所示。

正如任何直线一样,证券市场线具有斜率和截距。无风险资产收益率 r_f 是截距。因为证券市场线的横轴是证券的 β 系数,所以 $(\overline{R}_m - r_f)$ 是斜率。由于证券市场的期望收益大于无风险资产收益率,证券市场线是一条斜率向上的直线。因为市场组合是多个风险资产的组合,所以,从理论上来说,其期望收益大于无风险资产的收益。

资本资产定价模型说明,在市场均衡条件下,所有的证券必须用式(5.11)定价,以使它们能落在证券市场线上。

四、证券市场线

资本资产定价模型(CAPM)的重要贡献是它提供了一种与组合投资理论相一致的有关于个别证券的风险度量手段。这种模型使我们能够估计单项资产的不可分散风险,并把它与良好的组合资产的不可分散风险相比较。CAPM 模型可以用来分析个别证券的风险和收益。在 CAPM 模型中,个别证券的风险和收益之间的关系可表示为证券市场线,而个别证券的风险是用该证券的 β 系数来表示。

证券市场线很清晰地反映了风险资产的预期报酬率与其所承担的系统风险 β 系数之间呈线性关系,充分体现了高风险高收益的原则。任一证券的要求收益率是由无风险证券收益率(r_f)和风险溢价(R_{risk})确定的,如图 5-1 所示:

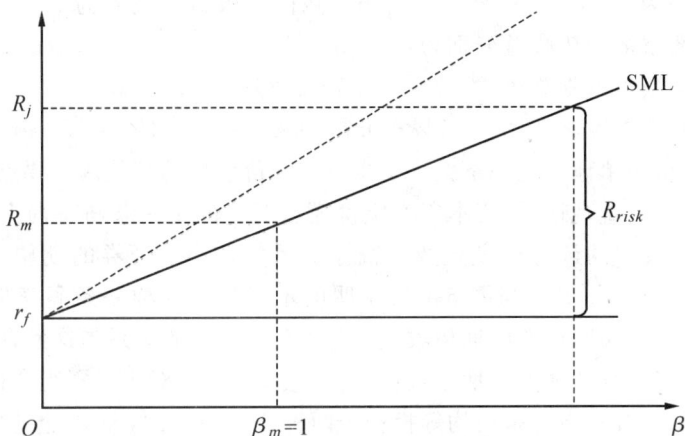

图 5-1　证券市场线(SML)

理解该图应当注意以下几点：

1.纵轴表示任意一证券的期望收益率,横轴表示系统性风险的度量;

2.对无风险证券,因为系统性风险为零,从而 r_f 表现为 SML 的纵轴的截距;

3.当横轴的 $\beta=1$ 时,该点是市场组合的 β 值,这时,在对应的纵轴上是市场证券组合的期望收益值。可以看出, $\beta<1$ 的证券将提供低于市场平均水平的期望收益率, $\beta>1$ 的证券将提供高于市场平均收益水平的期望收益率。

4.由图 5-1 可知,对系统性风险的补偿取决于证券市场线斜率,即证券市场线的倾斜度,因此证券市场线反映了证券市场总体的风险厌恶程度。厌恶风险的投资者对任何风险资产的风险补偿要求越高,则风险资产的要求收益率就越高,SML 的斜率就越大。

从 SML 可看出,要求收益率不仅取决于由 β 系数度量的系统风险,而且还受到无风险收益率和市场风险补偿的影响。当预期通货膨胀率增加时,投资者所要求的无风险收益率增加,这将导致图中的 SML 向上平移;若总体风险厌恶程度增加,投资者对风险的补偿要求增大,则图中 SML 的倾斜度会更陡,斜率就会增大。所以 SML 通常是不固定的(如图中的虚线所示)

资本资产定价模型,是财务学形成和发展中最重要的里程碑。它第一次使人们可以量化市场的风险程度,并且能够对风险进行具体定价。

【例 5-11】A 企业股票的 β 系数是 1.5,B 企业股票的 β 系数是 0.7,无风

险的收益率为 7%，市场的期望收益与无风险的收益率之差为 9.2%。因此，上述两种股票的期望收益分别为：

A 企业股票的期望收益＝7%＋1.5×9.2%＝20.80%

B 企业股票的期望收益＝7%＋0.7×9.2%＝13.44%

在这里，简单地讨论一下关于资本资产定价模型的其他两个要点：

(1)线性。直观地看，资本资产定价模型对应的是一条斜率向上的直线。因为 β 系数较大的证券的期望收益高于 β 系数较小的证券的期望收益。但是，无论如何，式(5.11)与图 5-1 所说明的不仅仅是这样一条斜率向上的直线，其关键是要说明证券的期望收益与其 β 系数之间的关系与这条直线一致。

(2)投资组合和证券。期望收益与 β 系数的关系，对于投资组合也是成立的。假设一个投资组合是由均等投资于两种证券构成的，即 A 企业股票和 B 企业股票。那么这个投资组合的期望收益是：

$$E(R_p)＝0.5×20.8\%＋0.5×13.44\%＝17.12\%$$

这个投资组合的 β 系数显然是：

$$\beta_p＝0.5×1.5＋0.5×0.7＝1.1$$

同理，根据资本资产定价模型，这个投资组合的期望收益也是 17.12%，即：

$$E(R_p)＝7\%＋1.1×9.2\%＝17.12\%$$

上述实例证明了资本资产定价模型不但对单个证券可以成立，而且对于投资组合也可以成立。

第四节　套利定价理论

在一个经济社会中，影响资产或资产组合收益的因素很多，除了市场资产组合的收益率外，还有国民生产总值增长率、人均收入、通货膨胀等。在这种情况下，资产或资产组合的预期收益率与风险之间的关系由套利定价理论给出。套利定价理论(APT)是由美国经济学家史蒂芬·罗斯在 1976 年提出的。该理论的基本思想就是在竞争性的金融市场上，套利行为将保证由风险和收益所决定的价格达到均衡。简而言之，套利定价模型和资本资产定价模型之间最大的区别就在于，资本资产定价模型是一个单因素的定价模型，而套利定价模型则是多因素的定价模型。

一、套利定价模型的基本内容（APT）

套利定价理论认为，风险资产的收益率不但受市场风险的影响，还与其他许多因素相关。任何证券的收益率都是 K 个因素的线性函数。因此套利定价理论不再追寻什么样的投资组合才为有效，而是首先假定每种股票的收益部分来自一般的宏观经济影响，即所谓的"因素"，部分源自"噪音"——公司独特的相关事件，套利定价理论还假设资产收益服从下面的简单关系：

收益 $= a + b_1 r_{因素1} + b_2 r_{因素2} + b_3 r_{因素3} + \cdots + \varepsilon_i$

1. 套利定价模型的基本假设

罗斯提出的 APT 模式，其隐含的假设条件是：

（1）影响证券收益率的因素不止一个，而是 K 个因素；

（2）资本市场是完全竞争的市场；

（3）实行多元化投资，可消除只影响单一证券的特定风险——非系统风险，因此，在多元化投资组合中，有下列特征：不含非系统风险、无须额外投资、有足够的证券可以构成一个有效组合使得 $\sum \varepsilon_i = 0$；

（4）在市场均衡时，投资组合的套利收益为 0；

（5）投资者属于风险厌恶类型。

2. 套利定价模型

$$\overline{R}_j = r_f + \beta_{j1}(\overline{R}_{j1} - r_f) + \beta_{j2}(\overline{R}_{j2} - r_f) + \cdots + \beta_{jk}(\overline{R}_{jk} - r_f) \qquad (5.12)$$

式中，$\overline{R}_j$ 为预期收益率；

r_f 为无风险收益率；

k 为影响资产报酬率的因素的数量；

$\beta_{j1}, \beta_{j2}, \cdots, \beta_{jk}$ 为资产 j 对因素为 $1,2,3,\cdots,k$ 的敏感系数；

$\overline{R}_{j1}, \overline{R}_{j2}, \cdots, \overline{R}_{jk}$ 为资产 j 在因素为 $1,2,3,\cdots,k$ 时各自的期望报酬率。

【例 5-12】设无风险利率为 6%，与证券 j 收益率有关的 β 系数为：$\beta_1 = 1.2, \beta_2 = 0.2, \beta_3 = 0.3$；市场投资组合的期望收益率为 12%，国民生产总值（GDP）预期增长率为 3%，消费品价格通货膨胀率（CPI）预期为 4%，则证券 j 的预期收益率为：

$$\overline{R}_j = r_f + \beta_{j1}(\overline{R}_{j1} - r_f) + \beta_{j2}(\overline{R}_{j2} - r_f) + \cdots + \beta_{jk}(\overline{R}_{jk} - r_f)$$
$$= 6\% + 1.2 \times (12\% - 6\%) + 0.2 \times (3\% - 6\%) + 0.3 \times (4\% - 6\%)$$
$$= 12\%$$

二、资本资产定价模型与套利定价理论的比较

套利定价模型的假设是，每个投资者都有在不增加风险的情况下增加组合收益的机会，利用这种机会的具体做法是使用套利组合。因此，资本资产定价模型和套利定价模型是从两个不同的角度反映预期收益率与风险之间的关系。

如果我们假设只有一个共同因素，如市场收益率，APT 的数学表达式可以改写为：

$$\overline{R}_j = r_f + \beta_{j1}(\overline{R}_{j1} - r_f)$$
$$= r_f + \beta_{j1}(\overline{R}_m - r_f) \tag{5.13}$$

对比式(5.13)与式(5.11)，我们可以发现两者基本相同。可见，APT 是比 CAPM 更一般化的资本资产定价模型，或者说资本资产定价模型是套利定价模型的特例，资本资产定价模型是单一因素的定价模型，而套利定价模型是多因素的定价模型。

与资本资产定价模型相似，套利定价理论强调资产的期望收益决定于系统风险，而不受其独特风险的影响。我们可以将套利定价中的因素看作代表性的特定股票投资组合，它们恰能表现这种共同影响。如果这些投资组合的期望风险溢价都与投资组合的市场 β 成正比，那么套利定价理论和资本资产定价模型就将得到完全相同的结果。但若不是这样，两者不会相同。

两种理论相比较而言，套利定价是有一些迷人特色的，例如资本资产定价模型中发挥核心作用的市场组合在套利定价理论中却无地位。因此市场组合的标准问题再也不会困扰我们。原则上即使只有一些样本风险资产的数据，我们也可以检验套利定价理论的正确性。因此，套利定价模型在提出之初受到了金融学界的广泛支持，因为这一理论框架克服了资本资产定价模型中很多固有的缺陷。但是随着研究的深入，该模型也暴露出了其内在的缺陷。总体而言，两种金融资产定价模型的差异主要在于：

第一，资本资产定价模型要求证券收益波动符合联合正态分布，套利定价模型则不需要对证券报酬率的分布做出假设。

第二，资本资产定价模型需要假设所有的投资者都是厌恶风险的，套利定价模型仅仅假设投资者均追求效用最大化。

第三，资本资产定价模型只是一个单期的模型，而套利定价模型则很容易推广到多期。

第四,资本资产定价模型能够明确地告诉我们影响资产报酬率的因素是什么,但是套利定价模型并不能明确地告诉我们系统风险因素究竟是什么(资本资产定价模型将全部宏观经济风险凝聚到市场组合的收益这个明确定义的单个因素),换言之,套利定价模型尚未解决影响资产收益率的因素及其个数问题。这使得套利定价模型在现实中很难应用。

由此可见,相对于资本资产定价模型而言,套利定价模型的优势和缺点都是非常明显的。尽管目前这两个模型在实务中都得到了广泛的应用,但是在经验支持方面没有任何一个模型得到了一致的认可。金融学者们仍然在找寻资产定价规律的道路上辛勤工作,资产定价问题的研究似乎是金融学永恒的主题。

第六章 金融证券估价

第一节 金融证券估价的一般模型

一、金融证券估价的基本步骤

债券和股票是最常见的金融证券,当公司需要资金时,可以通过出售债券和股票筹集所需要的资金。而出售债券和股票的价格应该是多少,有赖于我们对它们进行合理的估价。金融证券估价一般可以分为以下几个步骤:

1.评估某一种证券所能提供的现金流量。包括每一时期的现金流量及其风险值。由于债券和股票有所不同,因此,它们的现金流量也会有所差别。债券的现金流量包括两个方面:一是每一期所付出或者收到的利息,二是到期归还或收回的本金。而股票所能提供的现金流量则是股利。

2.确定每一期现金流量所要求的报酬率。这个报酬率可以是每一期都取相同的固定值,也可以根据不同的现金流量确定不同的报酬率。

3.将每一期的现金流量按照所要求的报酬率折算成现值,然后把各期贴现后的现值加总起来,就可以得到该金融证券的价值。

二、基本估价模型

上述金融证券估价的基本步骤,可以用下列数学模型予以表达。

$$P_0 = \frac{CF_1}{(1+k_1)^1} + \frac{CF_2}{(1+k_2)^2} + \cdots + \frac{CF_t}{(1+k_t)^t} + \cdots + \frac{CF_n}{(1+k_n)^n}$$

$$= \sum_{i=1}^{n} \frac{CF_t}{(1+k_t)^t} \tag{6.1}$$

其中：P_0 为某一种金融证券价值；

CF_t 为该金融证券 t 时点上的现金流量；

k_t 为每一期现金流量所要求的报酬率；

n 为预期产生现金流量的期数。

由于各种金融证券不同，如果某一种证券的现金流量呈现一定的规律性，而且各期所要求的报酬率固定，则可以将上述模型进一步的简单化。这一点将在后面结合具体证券估价时阐述。

三、一般估价模型应用时要注意的问题

一般估价模型应用比较广泛。各种不同的资产可能有着不同的现金流量表现形式，因此，应用此模型进行估价，应当根据不同资产的现金流量表现形式而有所变化。

1. 该模型可以应用于实物资产评估，如土地、设备、建筑物等，也可用于整个企业价值的评估。

2. 债券是一种按照规定条件承担特定付款责任的契约。它的现金流量表现为两个方面：利息和本金，因此，应用此模型时会根据其现金流量情况而有所变化。

3. 优先股是介于债券和普通股之间的一种权益性证券。其现金流量——股利——类似于债券利息，同时优先股又类似于普通股不需要归还本金。因此，应用此模型进行估价时可以进一步的简化。

4. 普通股代表了持有者对企业的所有权。它是在债券持有者和优先股股东的权益得到满足后，享有剩余权益要求权的证券。它的现金流量是股利。由于在现实中普通股股利难以估计，因此，应用该模型时一般会在许多不同假设条件下估计现金流量，再根据估计的现金流量情况，对上述一般模型作必要的改变。

第二节　债券估价

一、与债券估价相关的几个概念

债券是根据发行章程中所规定的条款按期支付利息到期归还本金的一种契约。在债券估价过程中,下列因素对债券估价有着直接的影响:

1.票面价值

票面价值也叫面值,它是债券到期时债券发行者必须偿还的本金数额。它不同于债券市价,市场上的债券市价是根据资金供求状况和利率变化情况不断在波动,而面值则是固定不变的。

2.到期日

债券一般都有明确的到期日期。到期日也就是到期归还本金的日期。债券发行时的期限长度叫原有期限。距到期日的时间长度叫剩余期限。实际上债券的原有期限可以无限长,但实际发行的债券一般都有规定具体到期日。

3.票面利率

即债券发行者在发行章程中规定的每期必须偿付的利息率。它是利息数额与票面价值之间的百分比。票面利率不同于实际利率,由于债券面值和利息额在发行债券时均已固定,因此票面利率也是固定的。而实际利率则是根据市场上资金供求关系不断在波动。

4.付息日

即债券实际支付利息的日期。各种不同的债券其付息日可以有不同的规定,如一年付息一次、每半年付息一次、到期还本付息等。

二、债券估价

债券的现金流量表现为:按期支付的利息和到期偿还的本金数额。其估价模型如下:

$$P_0 = \sum_{t=1}^{n} \frac{I_t}{(1+k)^t} + \frac{P_n}{(1+k)^n} \tag{6.2}$$

其中:P_0 为债券的价值;

　　　I_t 为第 t 期的利息;

k 为投资者所要求的报酬率；

P_n 为到期归还的本金数额。

1. 当票面利率等于市场实际利率时，债券市价与债券面值相等

【例 6-1】有一种债券，面值 1 000 元，票面利率 8%，每年付息一次，10 年期，当前市场实际利率（投资者要求的报酬率）也是 8%，现在债券市价应该是多少？

上述的例子，我们只需要把债券所能提供的现金流量，折算成现值，然后把贴现后的现值加总，就可以得到债券的市价。如前所述，债券的现金流量有两个：一是按期支付的利息，二是到期偿还的本金。由于债券利息每年等额支付，因此，每年的利息表现为年金形式。这样利息就可以按年金现值公式折算。计算如下：

时　间	支付额×贴现系数＝现值
1～10 年	年利息×年金现值系数

$$=年利息\times\frac{(1+k)^n-1}{k\cdot(1+k)^n}$$

$$=80\times\frac{(1+8\%)^{10}-1}{8\%\times(1+8\%)^{10}}$$

$$=80\times6.710\ 1$$

$$=536.80（元）$$

第 10 年　　本金×一元现值系数

$$=本金\times\frac{1}{(1+k)^n}$$

$$=1\ 000\times\frac{1}{(1+8\%)^{10}}$$

$$=1\ 000\times0.463\ 2$$

$$=463.20（元）$$

债券总市价　　1 000（元）

2. 当票面利率小于市场实际利率时，债券市价小于债券面值

【例 6-2】如上述例子，假设当前市场实际利率（投资者要求的报酬率）为 9%。则债券价格是：

时　间	支付额×贴现系数＝现值
1～10 年	年利息×年金现值系数

$$=80\times6.417\ 7$$

$$=513.42（元）$$

第 10 年　　本金×一元现值系数

$$=1\ 000\times0.422\ 4$$

$$=422.40（元）$$

债券总市价　　935.82（元）

3. 当票面利率大于市场实际利率时,债券市价大于债券面值

【例 6-3】如上述例子,假设当前市场实际利率(投资者要求的报酬率)为 7％。则债券价格是:

时　间	支付额×贴现系数＝现值
1～10 年	年利息×年金现值系数
	＝80×7.023 6
	＝561.89(元)
第 10 年	本金×一元现值系数
	＝1 000×0.508 35
	＝508.35(元)
债券总市价	1 070.24(元)

三、债券价格与经济环境:利率风险

从上述债券估价可知,债券的现值是由投资者所要求的报酬率决定的。由于债券发行契约所规定的现金流量(利息和本金)是固定的,因此,投资者所要求的报酬率下降,则债券的价格上升;反之,如果投资者要求的报酬率上升,则债券的价格下降。如图 6-1 所示:

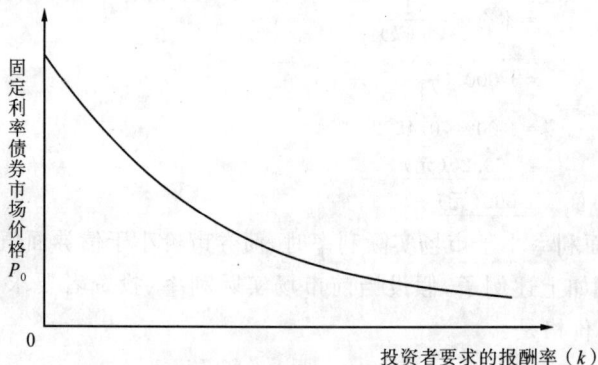

固定利率债券市场价格 P_0

0   投资者要求的报酬率(k)

图 6-1　债券市价与投资者要求报酬率的关系

投资者要求的报酬率的变化主要是由预期通货膨胀率所引起的,通货膨胀率的变动,必然引起投资者要求的报酬率的变化,从而引起债券价格的波动。所以持有债券是有风险的。也就是说,债券价格会随着经济环境的变化而产生风险,即使企业是健康的而且能够保证不违约支付所有的要求款项。这种风险也是客观存在的。这种风险通常叫做利率风险。

利率风险主要取决于债券的剩余期限。当其他条件相同时,剩余期限越长,利率风险越大。

为了便于理解这一点,我们假设同为票面利率 8%,面值 1 000 元的一年期债券和十年期的债券。我们假定投资者要求的报酬率为 4% 和 15% 这两种情形。在每年 4% 时,一年期债券价值为 1 038.83 元,而十年期债券价值为 1 327.03 元。在每年 15% 时,一年期债券价值为 937.16 元,而十年期债券价值为 643.19 元。可见,这些债券的投资者要求的报酬率由 4% 增加到 15% 时,导致一年期债券价值降低不到 10%。相比之下,同一变化率引起十年期债券价值下降 50% 以上。如表 6-1 所示:

表 6-1 债券价值对投资者要求报酬率变化的比较

单位:元

投资者要求的报酬率	一年剩余期限的利率 8%,面值 1 000 元债券的市价	十年剩余期限的利率 8%,面值 1 000 元债券的市价
4%	1 038.83	1 327.03
15%	937.16	643.19
价值差异	101.67	683.84
价值降低率(%)	−9.79	−51.53

从债券价值对投资者要求报酬率变化的函数图像(图 6-2)可以看出,十年期债券价值的曲线斜率比一年期债券陡得多,因此,剩余期限越长,债券价值变化越大,风险也越大。如图 6-2 所示:

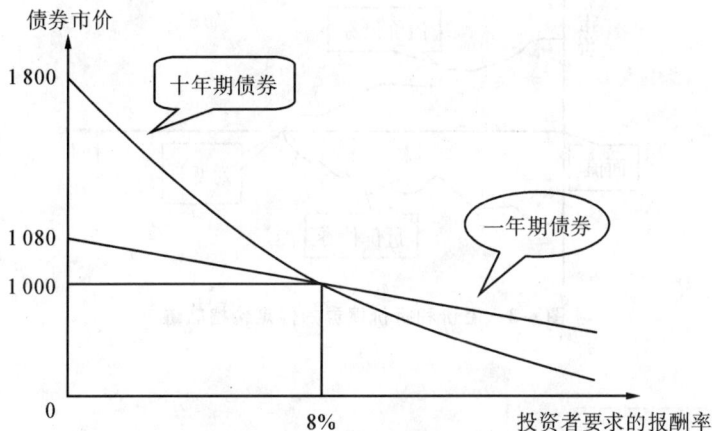

图 6-2 债券价值对投资者要求报酬率的敏感性分析

四、零息债券(纯贴现债券)估价

零息债券(纯贴现债券)是一种只支付终值的债券。该债券持有人在债券到期日前不能得到任何现金支付。其终值是债券期内所有利息和本金的复合支付。此类债券的估价方法同样适用前面所述的模型。其公式如下:

$$P_0 = \frac{P_n}{(1+k)^t} \tag{6.3}$$

【例 6-4】假设市场实际利率(投资者要求的报酬率)为 10%,债券面值 10 000元,不付息,期限 20 年。则该债券现值为:

$$P_0 = \frac{10\ 000}{(1+10\%)^{20}} = 1\ 486.44(元)$$

五、债券价格和到期日

尽管债券价格可以随着时间的变化而变化,但它还是要受到其到期值(终值)的影响。通常情况下,债券到期值就是到期日支付的面值。因此,随着到期日的临近,会逐渐接近于面值。这意味着尽管债券价格会由于利率的变化而出现波动,但除非出现违约和提前赎回,否则债券的价格最终还是以其面值为终点。如图 6-3 所示:

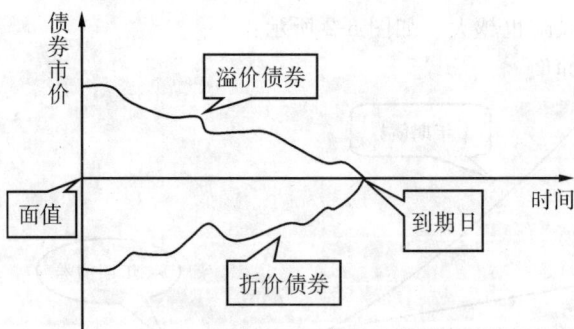

图 6-3　溢价和折价债券的假定价格轨迹①

---

① 以上参见[美]道格拉斯·R. 爱默瑞、约翰·D. 芬尼特著:《公司财务管理》,中国人民大学出版社,1999 年版。

第三节　股票估价

股票有两种基本类型:普通股和优先股。

普通股代表了公司的剩余权益。普通股股东可以获得公司支付的股利,但股利并不是公司的法定义务,法律上并没有规定公司必须发放股利以及发放多少股利。因此,普通股股利存在着很大的不确定性。这样,对于普通股所能提供的现金流量的估计就显得比较困难。

与普通股相比,优先股股东享有股利优先、剩余资产优先的权利。一般情况下,优先股类似于债券利率,设定有现金股利率。因此,它的现金流量估计相对于普通股而言更为确切得多。

一、优先股估价

优先股作为股票的一种,没有到期日。而且它又类似于债券,每隔一段相同的时间支付固定数额的股利。因此,优先股的现金流量呈现出永续年金的特性。这样应用上述一般估价模型对优先股进行估价就显得比较简单了。事实上,就是将上述一般估价模型缩写为年金现值公式即可。其计算公式如下:

$$P_0 = \frac{D_1}{(1+k_p)^1} + \frac{D_2}{(1+k_p)^2} + \cdots$$

$$= \sum_{t=1}^{\infty} \frac{D_t}{(1+k_p)^t} \tag{6.4}$$

由于时间 t 趋近于无穷大,上述公式就可以化简为:

$$P_0 = \frac{D_p}{k_p} \tag{6.5}$$

其中:P_0 为优先股价值;

　　　D_p 为优先股股利;

　　　k_p 为优先股股东所要求的报酬率

【例6-5】假设某优先股面值为100元,每股股利为5元,投资者要求的报酬率为10%。则优先股当前市价应该为:

$$P_0 = \frac{5}{10\%} = 50(元)$$

二、普通股估价

由于普通股没有期限,法律上也没有规定公司必须发放股利以及发放多少股利。因此,其现金流量——股利存在着许多不确定性。这样,普通股估价就不像优先股那么简单了。它通常是建立在一些预期股利的假设基础上。

1.固定股利估价模型

这一模型假设普通股股利是每年按照某一个固定数额在发放,而且一直持续到永远。如果普通股股利是按照这样一种形式发放,则它的现金流量就和优先股一样了。因此,它的估价模型也和优先股估价模型一样。公式如下:

$$P_0 = \frac{D_e}{k_s} \tag{6.6}$$

其中:P_0 为普通股价值;

D_e 为普通股股利;

k_s 为普通股股东所要求的报酬率。

【例 6-6】假设某公司处于零增长阶段,现在及今后的股利固定为每股 3 元。投资者要求的报酬率为 10%。该公司每股股票价值应该是多少?

$$P_0 = \frac{3}{10\%} = 30(元)$$

2.稳定增长股利价值模型

此模型是美国学者迈伦·J.戈登提出并加以推广的,因此,该模型通常也被称为戈登模型。该模型假设某公司股票的股利是按照某一固定增长率 g 不断在增长,并一直持续到永远;而且股东所要求的报酬率 k_s 大于固定增长率 g。在这种情况下,该公司的股票价值就可以按下列公式计算:

$$P_0 = \sum_{t=1}^{\infty} \frac{D_0(1+g)^t}{(1+k_s)^t} \tag{6.7}$$

将其简化为:

$$P_0 = \frac{D_1}{k_s - g}$$

其中:$D_1 = D_0(1+g)$

式中:D_0 为已经发放的股利;

D_1 为预期股利;

g 为固定增长率。

【例 6-7】假设某公司刚发放的股利是每股 3 元,今后将永远按 4% 的速度增长,投资者要求的报酬率为 10%。则该公司的股票每股价值为:

$$P_0 = \frac{3 \times (1 + 4\%)}{10\% - 4\%} = 52(元)$$

3. 非固定增长价值模型

许多公司特别是一些高新技术企业在最初几年扩张迅速,因而会有一个超常的增长率。但由于市场的激烈竞争,这种超常的增长状况一般只能维持几年。而后增长率下降到一个较低的水平,并保持稳定增长。对于此类公司股票价值我们可以运用下列公式计算:

$$P_0 = \sum_{t=1}^{n} \frac{D_0 \cdot (1 + g_h)^t}{(1 + k_s)^t} + \frac{D_{n+1}}{(1 + k_s)^n \cdot (k_s - g)} \tag{6.8}$$

其中:g_h 为高速增长时期的增长率,g 为转入稳定增长时期的增长率。

上述公式中的前半部分为高速增长时期的股利现值,后半部分为转入稳定增长时期的股利现值。

【例 6-8】某公司普通股每股股利 2 元。前五年增长 8%,从第六年开始转入稳定增长,其增长率为 4%。股东所要求的报酬率为 10%。该公司每股股票价值应该是多少?

$$P_0 = \sum_{t=1}^{5} \frac{2 \times (1 + 8\%)^t}{(1 + 10\%)^t} + \frac{2 \times (1 + 8\%)^5 \times (1 + 4\%)}{(1 + 10\%)^5 \cdot (10\% - 4\%)}$$

$$= \frac{2 \times (1 + 8\%)^1}{(1 + 10\%)^1} + \frac{2 \times (1 + 8\%)^2}{(1 + 10\%)^2} + \cdots + \frac{3.06}{(1 + 10\%)^5 \times 6\%}$$

$$= 41.14(元)$$

股票估价的其他特殊情形,如自由现金流量模型、多阶段的增长模型、增长率 g 的估计等,大家可以参照本书第十一章"公司估值"的内容,在此,我们不再赘述。

第七章　资本成本

第一节　资本成本概述

一项投资的资本成本取决于该项投资的风险。这是公司理财中是重要的启示之一,所以值得重复一遍:资本成本主要取决于资金运用,而不是资金来源。

一、资本成本的概念和性质

(一)资本成本的概念

所谓资本成本,是指企业筹集和使用资金所付出的牺牲或代价,它是企业筹集和使用资本时所发生的各种费用。这里,资本是指企业筹资和使用的长期资金,它包括权益资本和长期负债资金。资本成本是由筹资费用和使用费用两部分构成的。

筹资费用,又称为资本的取得成本,是指企业在筹资过程中为获得资金所发生的各种费用。如:因向银行借款而支付的手续费,因发行股票、债券等证券而支付的印刷费、公证费、发行手续费、代办费、律师费等费用。筹资费用的多少与筹资的次数有关,与所筹集的资本数量关系不大,一般属于一次性支付的项目,可以看作固定成本。

使用费用,又称用资成本或占用成本,是企业因占用资本而向资本提供者支付的费用。如:向股东支付的股利(包括优先股的股息和普通股的红利等)、向债权人支付的利息(包括向银行支付的利息、债券的债息等)等等。使用费用具有经常性、定期支付的特点,可视为可变成本。使用费用的多少与筹资金额的多少、使用期限的长短同方向变动。

（二）资本成本的性质

资本成本是一个重要的经济范畴,它是在商品经济条件下,由于资本所有权和资金使用权的分离而形成的一种财务概念。

1. 从资金成本的价值属性看,它属于投资收益的再分配,属于利润范畴。资本成本作为企业支付的费用,具有一般产品成本的基本属性,但又与一般产品成本有所不同。一般产品成本既是企业资金的耗费,又是补偿价值。资本成本也是企业的耗费,而且这种耗费最终也要从企业的收益中加以扣除来得到补偿,但是它是由于资金所有权与使用权的分离而产生的,属于资金使用者向其所有者或中介人支付的费用,构成资金使用者或中介人的一种投资收益,属于利润范畴。但是值得注意的是,尽管资本成本属于利润范畴,但在会计核算中,资本成本中有一部分计入产品成本,如利息;一部分则作为利润分配额而不直接表现为生产性耗费,如股利。

2. 从资本成本的计算与应用的价值看,它属于预测成本。资本成本不同于账面成本,资本成本率只是一个估计的预测值,而不是精确的计算值。

此外,资本成本是与资金的时间价值既有联系,又有区别的概念。可以说,资本成本的基础是资金的时间价值,但是两者在数量上的表现是不一致的。资本成本既包括资金的时间价值,又包括投资风险价值;资金的时间价值既可以作为确定资本成本的基础,又可广泛用于其他方面。

二、资本成本的种类

资本成本有个别资本成本、综合资本成本、边际资本成本等形式。

1. 个别资本成本

个别资本成本是企业各种长期资金的成本。企业的长期资金一般有长期借款、债券、优先股、普通股和留用利润等,前两者可统称为债务资金,后三者统称为权益资本。相应地,个别资本成本就可分为长期借款成本、债券成本、优先股成本、普通股成本和留用利润成本等。个别资本成本是企业选择筹资方式的重要标准。

2. 综合资本成本

综合资本成本是指企业全部长期资本的总成本,即整体资本的成本。它通常是以各种资本占全部资本的比重为权数,对个别资本成本进行加权平均而计算确定的,因此又称为加权平均资本成本。综合资本成本是企业进行资金结构决策的基本依据。

3.边际资本成本

边际资本成本是企业追加筹资的成本。企业在追加筹资和追加投资的决策中必须考虑边际资本成本的高低。个别资本成本和综合资本成本,是企业过去筹集的或目前使用的资金的成本。企业在生产经营过程中,为了扩大规模,增加投资,往往需要追加筹集资金,然而随着时间的推移或筹资条件的变化,个别资本成本和综合资本成本都会随之而变动,企业在未来追加筹资时,不光要考虑目前所使用的资金的成本,更要考虑新筹集资金的成本,即边际资本成本。边际资本成本是企业比较选择追加筹资方案的重要依据。

资本成本可以用绝对数资本成本总额和相对数资本成本率两种形式表示。由于相对数资本成本率具有可比性,因此一般情况下,资本成本多用相对数资本成本率来表示,其一般表示为:

$$K = \frac{D}{P-F} \text{或} K = \frac{D}{P(1-f)} \tag{7.1}$$

其中,K 为资本成本率;D 为用资费用;P 为筹资额;F 为筹资费用;f 为筹资费用率,它是筹资费用与筹资额的比率。

三、资本成本的作用

资本成本是企业财务决策的主要依据,是评价企业投资可行性的重要经济标准,也是企业经营业绩评价的主要标准。具体而言,资本成本作用主要体现在:

1.资本成本是企业在筹资决策中,比较筹资方式、选择筹资方案的重要依据。具体表现在:

(1)个别资本成本是比较各种筹资方式的重要标准。企业筹资的方式有多种,不同筹资方式下的资本成本各不相同,在其他条件相同的情况下,企业应该选择资本成本低的筹资方式。因此,资本成本的高低就作为企业比较各种筹资方式优劣的一个尺度。当然,资本成本不是选择筹资方式的唯一依据。

(2)综合资本成本是企业进行资本结构决策的基本依据。企业的全部长期资金通常是通过多种筹资方式组合构成的,这种长期筹资组合往往有多个方案可供选择,此时,就需要比较各种方案综合资本成本的高低,并以此作为资金结构决策的重要依据。

（3）边际资本成本是比较追加筹资方案的的重要依据。企业为了扩大规模，增加投资，往往需要追加筹集资金。在这种情况下，边际资本成本是企业选择追加筹资方案的重要依据。

2.资本成本在投资决策中，是评价投资项目可行性的主要经济标准。

资本成本在投资决策中的作用非常明显，只有当投资项目的收益率高于资本成本率时，才有利可图，所筹集的资金的使用才是经济合理的。因此，在西方，资本成本的定义为："一个投资项目必须挣得的最低收益率，以证明分配给这个项目的资金是合理的。"资本成本作为投资所要求的最低报酬率，成为评价投资项目可行性的重要经济标准。

在预测分析中，资本成本还可以作为贴现率，用以计算各种投资方案的现金流量现值、净现值和现值指数，以比较不同方案的优劣。

3.资本成本是评价企业经营成果的最低尺度。

资本成本作为投资报酬是企业投资所要求的最低报酬率。它是企业任何一项投资所必须实现的最低报酬率，以补偿企业使用资金而需要支付的资本成本。因此，在企业的实际生产经营过程中，资本成本率的高低就成为衡量企业投资报酬率的最低标准。凡是实际投资报酬率低于资本成本率的，则认为经营不利，企业经理人必须考虑改善其经营管理。

第二节　个别资本成本的计算

资本成本有个别资本成本、综合资本成本、边际资本成本等形式。个别资本成本可分为长期借款成本、债券成本、优先股成本、普通股成本和留用利润成本等。本节就详细介绍个别资本成本的计算方法。

一、长期借款成本

长期借款成本计算的基础是用资费用。

1.在不考虑筹资费用的情况下，长期借款的成本就是借款的利息率扣除抵免的所得税，其计算公式为：

$$K = R \times (1 - T) \tag{7.2}$$

式中，K 为长期借款成本，R 为长期借款利息率，T 为所得税税率。

【例 7-1】某企业从银行取得的长期借款 100 万元的年利息率为 10％，企业所得税率为 30％，则此长期借款成本为：

$$K=10\%\times(1-30\%)=7\%$$

2. 如果考虑筹资费用，则长期借款成本的计算公式为：

$$K=\frac{I\times(1-T)}{L(1-F)}=\frac{R(1-T)}{1-F} \tag{7.3}$$

式中，K 为长期借款成本；I 为长期借款的年利息；L 为长期借款筹资额，即借款本金；T 为所得税税率；F 为长期借款筹资费用率；R 为长期借款利息率。

【例 7-2】某企业取得的长期借款 200 万元，年利息率为 10％，期限 3 年，每年付息一次，到期一次还本。筹集这笔借款的费用为 0.3％，企业所得税率为 33％，则此长期借款成本为：

$$K=\frac{I\times(1-T)}{L(1-F)}=\frac{200\times10\%\times(1-33\%)}{200\times(1-0.3\%)}=6.72\%$$

或 $$K=\frac{R(1-T)}{1-F}=\frac{10\%\times(1-33\%)}{(1-0.3\%)}=6.72\%$$

3. 如果银行长期借款要求附加补偿性余额，则长期借款的筹资额应扣除补偿性余额，借款的实际利率会增加，长期借款资本成本率将会提高。此时长期借款资本成本率应使用借款的实际利率代替银行借款利率。其中借款的实际利率 R_r 的计算公式为：

$$R_r=\frac{R-c\times r}{1-c} \tag{7.4}$$

式中，R_r 为长期借款利息率，c 为补偿性存款比率，r 为银行存款利息率。

【例 7-3】某企业取得的长期借款 200 万元，年利息率为 10％，补偿性存款比率为 20％，存款年利率为 5％，企业所得税率为 30％，在不考虑筹资费用的情况下，则：

$$长期借款实际利息率=\frac{10\%-20\%\times5\%}{1-20\%}=11.25\%$$

$$长期借款资本成本=11.25\%\times(1-30\%)=7.875\%$$

4. 考虑货币的时间价值，长期借款资本成本的计算。在实务中，更精确的计算要考虑货币的时间价值。考虑货币时间价值的长期借款成本的计算步骤为：

首先根据公式(7.5)求解税前长期借款成本 K。

$$L(1-F)=\sum_{t=1}^{n}\frac{I_t}{(1+K)^t}+\frac{P}{(1+K)^n} \tag{7.5}$$

然后根据公式(7.6)计算税后长期借款成本。

$$K_1 = K(1-T) \tag{7.6}$$

式中,K 为税前长期借款成本;I 为长期借款的年利息;L 为长期借款筹资额,即借款本金;T 为所得税税率;F 为长期借款筹资费用率;K_1 为税后长期借款成本;P 为第 n 年应偿还的本金。

这里,是把长期借款的成本定义为能够使将借款的利息及本金折算成的现值恰好等于借款实际筹集的资金额的贴现率。这个贴现率尚未考虑支付利息对所得税的影响,税后的借款成本还需要利用所得税率进行换算。第一个公式反映的是借款实际的现金流入(等式左边)等于借款未来的各年利息与到期本金的现金流出的现值之和(等式右边)。第二个公式反映的是考虑利息抵税作用的借款资本成本与未考虑利息抵税作用的借款资本成本之间的关系。

这里要说明的是,长期借款成本 K 是通过第一个公式来确定的,它很难直接计算得出,一般需要用"试误法"和"内插法"计算得到,这一方法举例说明如下。

【例 7-4】用例 7-2 数据计算考虑货币时间价值的借款资本成本。

计算税前资本成本:

$$L(1-F) = \sum_{t=1}^{n} \frac{I_t}{(1+K)^t} + \frac{P}{(1+K)^n} \tag{7.7}$$

$$200 \times (1-0.3\%) = \sum_{t=1}^{3} \frac{200 \times 10\%}{(1+K)^3} + \frac{200}{(1+K)^3}$$
$$= 200 \times 10\% \times (P/A, K, 3) + 200 \times (P/F, K, 3)$$

要求得 K,就要用试误法。如本例,先取 $K=10\%$,分别在年金现值系数表和复利现值系数表查得:3 年期的年金现值系数为 2.486 9,3 年期的复利现值系数为 0.751 3,代入上式中,上式右边为:

$$200 \times 10\% \times (P/A, K, 3) + 200 \times (P/F, K, 3)$$
$$= 200 \times 10\% \times 2.486\ 9 + 200 \times 0.751\ 3$$
$$= 199.998(万元)$$

上式左边为:$200 \times (1-0.3\%) = 194(万元)$

右边大于左边,说明 K 的取值偏小,应提高贴现率。令 $K=11\%$,查表得:3 年期的年金现值系数为 2.443 7,3 年期的复利现值系数为 0.731 2,重新代入上式有:

$$200 \times 10\% \times (P/A, K, 3) + 200 \times (P/F, K, 3)$$
$$= 200 \times 10\% \times 2.443\ 7 + 200 \times 0.731\ 2$$
$$= 195.114(万元)$$

再令 $K=12\%$ 计算得：

$$200\times10\%\times(P/A,K,3)+200\times(P/F,K,3)$$
$$=200\times10\%\times2.4018+200\times0.7118$$
$$=190.369(万元)$$

右边小于左边，说明 K 值偏大。可以确定 K 介于 11% 和 12% 之间，运用内插法计算 K 值，计算公式为：

$$11\%+\frac{195.114-194}{(195.114-194)-(190.369-194)}\times(12\%-11\%)$$
$$=11.2348\%$$
$$\approx11.23\%$$

然后计算税后长期借款成本：

$$K_1=K(1-T)=11.23\%\times(1-33\%)=7.52\%$$

二、长期债券资本成本

债券与长期借款相比，有以下两点区别：一是债券的筹资费用较大，是不能忽略的，而且筹资费用越多，债券成本率越高；二是债券的发行有平价发行、溢价发行和折价发行三种方式，除平价发行外，溢价发行和折价发行的价格都与面值不同，筹资额应按照发行的价格来计算。债券资本成本的计算公式为：

$$K_B=\frac{I_B(1-T)}{B(1-f_B)} \tag{7.8}$$

式中，K_B 为债券资本成本；I_B 为债券的年利息；T 为企业所得税率；B 为按发行价格确定的债券筹资额；f_B 为债券筹资费用率。

【例 7-5】A 企业在证券市场发行债券，发行总面额 500 万元，折价发行，发行价格为 450 万元，票面利率 10%，每年付息一次，发行费用占发行价格的 5%，公司所得税为 33%，则该债券的资本成本为：

$$K_B=\frac{I_B(1-T)}{B(1-f_B)}=\frac{500\times10\%\times(1-33\%)}{450\times(1-5\%)}=7.84\%$$

如果上例平价发行，则债券的资本成本为：

$$K_B=\frac{I_B(1-T)}{B(1-f_B)}=\frac{500\times10\%\times(1-33\%)}{500\times(1-5\%)}=7.05\%$$

如果按溢价发行，发行价格为 550 万元，则债券资本成本为：

$$K_B=\frac{I_B(1-T)}{B(1-f_B)}=\frac{500\times10\%\times(1-33\%)}{550\times(1-5\%)}=6.41\%$$

在实际中,由于债券利率水平通常高于长期借款的利率,同时债券的发行费用较多,因此债券资本成本率一般高于长期借款资本成本率。

如果考虑货币时间价值,公司债券的税前资本成本就是债券持有人的投资必要报酬率,在此基础上乘以$(1-T)$即为债券的税后资本成本率。

首先,计算债券的税前资本成本,可根据下面公式求得:

$$P_0 = \sum_{t=1}^{n} \frac{I_B}{(1+R_B)^t} + \frac{P_N}{(1+R_B)^n} \tag{7.9}$$

式中,$P_0 = B(1-f)$(B为债券的发行价格,f为筹资费用率)为债券的筹资净额,即债券的发行总额扣除发行费用;I_B为债券年利息;P_N为债券面额或到期值;R_B为债券的税前资本成本,即债券投资的必要报酬率;t为债券期限。

这里,除R_B之外,其他(P_0,I_B,P_N,R_B,t)均为已知条件,R_B就是要确定的债券的税前资本成本,它可以利用年金现值和复利现值的计算公式推算出来。然后根据公式求出税后的债券资本成本,税后债券资本成本的计算公式为:

$$K_B = R_B(1-T) \tag{7.10}$$

由于这一方法比较复杂,实际中,往往用近似值公式来计算债券税前资本成本,近似值公式可以表示为:

$$R_B = \frac{I_B + \dfrac{P_N - P_0}{N}}{\dfrac{P_N + P_0}{2}} \tag{7.11}$$

然后根据公式(7.10)求得税后债券资本成本。

式(7.11)中各个符号的含义与式(7.9)相同。

【例7-6】某企业发行面值为1 000元,票面利率为12%,偿还期为30年的长期债券,债券按面值发行,筹资费率为2%,所得税税率为33%。要求计算债券的资本成本率。

先计算税前债券资本成本:

$$P_0 = \sum_{t=1}^{n} \frac{I_B}{(1+R_B)^t} + \frac{P_N}{(1+R_B)^n}$$

$$1\,000 \times (1-2\%) = \sum_{t=1}^{30} \frac{1\,000 \times 12\%}{(1+R_B)^t} + \frac{1\,000}{(1+R_B)^{30}}$$

$$= 1\,000 \times 12\% \times (P/A, R_B, 30) + 1\,000 \times (P/F, R_B, 30)$$

用试误法,令$R_B = 10\%$,查表得:30年期的年金现值系数为9.426 9,30

年期的复利现值系数为 0.057 3,代入上式有:

等式右边为:1 000×12%×9.426 9+1 000×0.057 3＝1 188.528(元)

等式左边为:1 000×(1－2%)＝980(元)

等式右边大于左边,说明 R_B 偏小,应该提高 R_B。令 $R_B=12\%$,查表得:30 年期的年金现值系数为 8.055 2,30 年期的复利现值系数为 0.033 4,代入上式有:

等式右边为:1 000×12%×8.055 2+1 000×0.033 4＝1 000.024(元)

R_B 偏小,应该提高 R_B,令 $R_B=14\%$。查表得:30 年期的年金现值系数为 7.002 7,30 年期的复利现值系数为 0.016 9,代入上式有:

等式右边为:1 000×12%×7.002 7+1 000×0.016 9＝857.224(元)

等式右边小于左边,说明 R_B 偏大,因此可以确定 R_B 介于 12% 到 14% 之间。用内插法计算得:

$$12\%+\frac{1\ 000.024-980}{(1\ 000.024-980)-(857.224-980)}\times(14\%-12\%)$$

$$=12.280\ 4\%$$

$$\approx12.28\%$$

计算税后债券成本:

$$K_B=R_B\times(1-T)=12.28\%\times(1-33\%)=8.227\ 6\%$$

如果用近似值公式来计算可以得到:

$$R_B=\frac{I_B+\dfrac{P_N-P_0}{N}}{\dfrac{P_N+P_0}{2}}=\frac{1\ 000\times12\%+\dfrac{1\ 000-1\ 000\times(1-2\%)}{30}}{\dfrac{1\ 000+1\ 000\times(1-2\%)}{2}}=12.19\%$$

$$K_B=R_B\times(1-T)=12.19\%\times(1-33\%)=8.167\%$$

在实际计算中,还可以使用公式直接计算税后的债券资本成本,它与前面税前资本成本的计算差别在于,对扣除所得税之后的利息进行贴现,即:

$$P_0=\sum_{t=1}^{n}\frac{I_B(1-T)}{(1+K_B)^t}+\frac{P_N}{(1+K_B)^n} \tag{7.12}$$

综合长期借款和债券资本成本在考虑货币时间价值时的计算,我们可以看出两者出发点是一致的,即找到使每期的利息(未考虑利息支付对所得税的影响)及到期支付的本金贴现值与筹资额恰好相等的贴现率。这一贴现率就是相应的税前资本成本,在此基础上,扣除所得税就得到税后的资本成本。此外,实际计算中,可以找到一个贴现率直接作为资本成本,这个贴现率就是在进行利息贴现时,将利息扣除所得税之后的净额贴现,使得这个现值与到期支付的本金贴现值之和等于筹资额的贴现率,就是要计算的资本成本。就债券而言,这一公式表现为式(7.12);长期借款资本成本可变为:

$$L(1-F) = \sum_{t=1}^{n} \frac{I_t(1-T)}{(1+K)^t} + \frac{P}{(1+K)^n} \tag{7.13}$$

三、优先股成本

一般说来,公司发行优先股进行筹资所支付的发行费用和优先股的股利是固定的,这一点与债券资本成本相同;不同的是,优先股属于公司的权益资本,其股利从公司的税后利润中分配,不属于减税支出,因此也无须进行纳税调整。

此外,由于优先股股利在税后支付,债券利息在税前支付,当公司破产清算时,优先股持有人的求偿权要在债券持有人之后,风险大于债券,因此优先股资本成本明显高于债券资本成本。

优先股的资本成本计算公式如下:

$$K_p = \frac{D_p}{P_p(1-f_p)} \text{ 或 } K_p = \frac{D_p}{P_p - F_p} \tag{7.14}$$

式中,K_p 为优先股资本成本;D_p 为优先股年股利;F_p 为优先股筹资费用;P_p 为按发行价格计算的优先股筹资额;f_p 为优先股筹资费用率。

【例7-7】公司发行优先股 50 000 股,每股面值 100 元,规定年股利率为 15%,筹资费用 50 万元,则该公司优先股资本成本为:

$$K_p = \frac{D_p}{P_p - F_p} = \frac{50\ 000 \times 100 \times 15\%}{100 \times 50\ 000 - 500\ 000} = 16.67\%$$

四、普通股成本

普通股的股利是不固定的,它一般受公司盈利和分配政策的影响,这就使得普通股成本的计算较为困难。在西方,计算普通股成本使用的方法有:资本资产定价法、债券收益率加股票风险贴水法、已实现投资收益法、股利增长法等。其中最常用的是股利增长法。这里就介绍这一方法。

股利增长法的假设是普通股的股利是逐年增长,每年的增长率为 g。设第一年股利为 D_c,则第二年的股利为 $D_c(1+g)$,第三年的股利为 $D_c(1+g)^2$,第 n 年的股利为 $D_c(1+g)^{n-1}$。从而推导出普通股资本成本的计算公式为：

$$K_c = \frac{D_c}{P_c(1-f_c)} + g \text{ 或 } K_c = \frac{D_c}{P_c - F_c} + g \tag{7.15}$$

式中，K_c 为普通股资本成本；F_c 为普通股筹资费用；P_c 为普通股筹资额；f_c 为普通股筹资费用率。

【例 7-8】公司发行普通股总价 500 万元，第一年股利率为 12%，以后每年增长 5%，筹资费用率 5%，则该公司普通股资本成本为：

$$K_c = \frac{D_c}{P_c(1-f_c)} + g = \frac{500 \times 12\%}{600 \times (1-5\%)} + 5\% = 15.53\%$$

五、留存收益资本成本

公司获得的净利在向股东支付股利之后，通常要留存一部分用以追加投资。因此，公司的留存收益是由公司税后净利形成的，它属于普通股股东的权益。从表面上看，这些留存收益是不需要花费成本的，但实际上，因为它属于股东权益，本可以作为股利分配给股东，再由股东将其用于投资获利，现在股东放弃股利分配要求，就是要获得与普通股相同的报酬。因此留存收益也有成本，不过它涉及的是机会成本。

留存收益资本成本的确定方法与普通股基本相同，所不同的是留存收益不发生筹资费用。其计算公式为：

$$K_t = \frac{D_c}{P_c} + g \tag{7.16}$$

式中，K_t 为留存收益资本成本；其他符号与前面相同。

在公司全部资本中，普通股与留存收益的风险最大，要求报酬率最高，因此其资本成本也最高。

第三节　综合资本成本和边际资本成本的计算

一、综合资本成本

由于受多种因素的影响和制约，公司一般不可能只使用某种单一的筹资方式，往往需要通过多种方式筹集所需资金，而各种筹资方式的资本成本又各不相同。为了进行资本结构的决策,公司要全面计算公司全部长期资金的总成本,即公司全部债务(主要指长期债务,短期债务一般被忽略)和权益资本的成本之和,这就是综合资本成本。

综合资本成本是指公司以各类资本占公司总资本的比率为权数,对各种不同资本来源的资本成本加权平均计算所得的平均成本,因此又称为加权平均资本成本,即 WACC。若公司有 N 种资金来源,每一种资金来源的资本成本为 k_i,占总资本的比率为 $W_i(i=1,2,\cdots,N)$ 则加权平均资本成本计算公式如下:

$$WACC = W_1k_1 + W_2k_2 + \cdots + W_Nk_N = \sum_{i=1}^{N} W_ik_i \qquad (7.17)$$

其中,$W_1 + W_2 + \cdots + W_N = 1$

【例7-9】公司长期资金按账面价值计算的总金额为 500 万元,其中长期借款 50 万元,长期债券 200 万元,普通股 195 万元,留存收益 55 万元,其个别资本成本分别为 5.68%、9.21%、16.25%、15.13%。则该公司的综合资本成本为:

$$WACC = \sum_{i=1}^{N} W_ik_i$$
$$= \frac{50}{500} \times 5.68\% + \frac{200}{500} \times 9.21\% + \frac{195}{500} \times 16.25\% + \frac{55}{500} \times 15.13\%$$
$$= 12.25\%$$

需要说明的是,在上例中计算的个别资金占总资金的比重,是按账面价格确定的,资料相对容易取得。实际上,权数 W_i 可以选择以账面价值、市场价值和目标价值计算,分别称为账面价值权数、市场价值权数和目标价值权数。市场价值权数是指债券、股票以市场价格来确定的权数;目标价值权数以债券、股票以未来预计的目标市场价值来确定的权数。

一般认为以市场价值计算较为合理。这是因为市场价值更接近于证券出售所能得到的金额,而且公司理财的目标是股东财富最大化,也即股票价格最大化,而账面价值有时会严重脱离市场价值,会导致错误地估计综合资本成本,目标价值只能反映期望的资本结构而不能反映现在和过去的资本结构,公司又很难客观地确定证券的目标价格。由于证券市场价格常常处于变动之中,可以选用平均价格取得市场价值资料。

总之,WACC 作为一个公司各种资本成本的加权平均值,它对于公司的财务管理有着重要的启示:

1. WACC 是公司整体的平均成本,反映公司通过不同方式取得的资金的平均成本的水准,不但可以作为设定投资计划的必要报酬率的参考,也是与资金供应者议价的指标。

2. WACC 作为公司整体平均成本,是公司进行资本结构选择的的指标之一。在公司的财务决策中使 WACC 达到最小的资本结构为最佳的资本结构,或称为目标资本结构。

二、边际资本成本

边际资本成本是指资金每增加一单位而增加的成本,它也可看作是在多次筹措资本时,每次筹措最后一笔资本的成本。边际资本成本也是按加权平均法计算的,是指公司新增资本的加权平均资本成本。公司在追加筹资和追加投资的决策中必须考虑边际资本成本的高低以及相应的变动。

由加权平均资本成本的计算公式可以看出,加权平均资本成本有两个决定因素:一是资本结构,二是个别资本成本。公司在追加筹资时经常会出现以下两种情况:一是改变现行的资本结构;二是不改变现行的资本结构,即认为现行的资本结构为最佳资本结构,并按照目前的资本结构追加筹资。但是,随着追加筹资规模的扩大,个别资本成本会随之改变,一般来说,个别资本成本随着筹资规模的扩大而上升,这样在多种筹资组合的情况下,边际资本成本需要按加权平均法来计算,其权数应为市场价值权数,而不宜采用账面价值权数。因此,在计算边际资本成本时应考虑个别资本成本的变动和资本结构的变动这两个因素的影响。根据这两个因素的变化情况,可以分为四种情况:

1. 资本结构和个别资本成本都不变。新增的资本成本也没有变化。

2. 资本结构发生变化,个别资本成本不变。此时新增资本成本将发生改变。

3. 资本结构不变,个别资本成本改变。

在这种情况下,计算综合资本成本可通过以下几个步骤实现:

(1)确定追加筹资的目标资本结构。公司追加资本时是否保持原有的资本结构,主要取决于它是否符合公司筹资的要求。如果公司当前资本结构是最佳资本结构,公司在追加筹资时其目标资本结构应与原有资本结构保持一致,即追加筹资仍按原有的资本结构进行。

(2)确定各种筹资方式下的个别资本成本的分界点。分界点是指单项资本成本变化前的最高筹资限额。在某一确定的资本成本下,公司不可能筹集到无限的资本,所以有必要找出各种筹资方式下单项资本成本变化的分界点。

（3）根据单项资本成本确定筹资总额的分界点，并确定相应的筹资范围。

$$筹资总额的分界点 = \frac{可用某一特定成本筹集到的某筹资方式追加资本的限额}{该项资本在目标资本结构中的比重}$$

由于公司筹资方式的多样性和个别资本成本随筹资数额的变动性，使得每种筹资方式都可以根据不同的资本成本确定相应的筹资总额的分界点。公司根据不同筹资方式下筹资总额分界点的组合，可以确定若干组公司的筹资总额分界点，从而确定公司总筹资规模的不同范围。

（4）计算不同筹资范围的边际成本。在不同的筹资范围内，边际成本是不同的，并且呈现出边际成本随筹资总额增长而增加的特点。

4.资本结构和个别资本成本都发生改变。公司在追加筹资时发现原有的资本结构并非最优，于是公司会改变资本结构，同时单项资本成本也会发生变化。这时的边际资本成本应按新的资本结构和新的个别资本成本来计算。

下面分别举例说明。

【例7-10】

表7-1　某公司×5年资本结构与资本成本

筹资方式	资本结构（%）	资本成本（%）
长期借款	20	7
长期债券	25	8
普通股	30	12
留存收益	25	10

该公司当前的综合资本成本如下：

$$WACC = \sum_{i=1}^{N} W_i k_i$$
$$= 20\% \times 7\% + 25\% \times 8\% + 30\% \times 12\% + 25\% \times 10\%$$
$$= 9.5\%$$

（1）资本结构和个别资本成本都不变，则新增的资本成本也没有变化。

如按上例，如果公司追加筹资1 000万元，其筹资方式为：长期借款200万元，长期债券250万元，普通股300万元，公司的留存收益250万元。公司保持原有的资本结构。则追加筹资的边际资本成本如下：

$$K = \sum_{i=1}^{N} W_i k_i$$

$$= \frac{200}{1\ 000} \times 7\% + \frac{250}{1\ 000} \times 8\% + \frac{300}{1\ 000} \times 12\% + \frac{250}{1\ 000} \times 10\%$$

$$= 9.5\%$$

(2)资本结构发生变化,个别资本成本不变。

如果公司在追加投资时,资本结构发生变化,此时,即使个别资本成本没有改变,但是新增资本成本将发生改变。

仍按上述资料,公司追加 1 000 万元的资金,但资本结构发生了变化。追加长期借款 200 万元,长期债券 200 万元,普通股 400 万元,留存收益 200 万元。追加筹资的边际资本成本为:

$$K = \sum_{i=1}^{N} W_i k_i$$

$$= \frac{200}{1\ 000} \times 7\% + \frac{200}{1\ 000} \times 8\% + \frac{400}{1\ 000} \times 12\% + \frac{200}{1\ 000} \times 10\%$$

$$= 9.8\%$$

(3)资本结构不变,个别资本成本改变。

公司追加资本时是否保持原有的资本结构,主要取决于它是否符合公司筹资的要求。如果公司当前资本结构是最佳资本结构,公司在追加筹资时其目标资本结构应与原有资本结构保持一致,即追加筹资仍按原有的资本结构进行。当公司追加资本的资本结构保持不变时,追加资本成本可按以下步骤计算:

第一,确定各种筹资方式下的单项资本成本的分界点。

仍以上例数据为例,但为简单起见,不考虑其留存收益。

【例 7-11】

表 7-2　某公司 2005 年资本结构与资本成本

筹资方式	资本结构(%)	资本成本(%)
长期借款	20	7
长期债券	25	8
普通股	55	12

公司在追加筹资时,以原有的资本结构为目标资本结构,但是通过对资金市场和金融环境的研究与分析后发现,其融资的资本成本发生改变,从而得到各种筹资方式下的个别资本成本的分界点,见表 7-3。

表 7-3 某公司各种筹资方式下筹资额分界点与资本成本预测表

筹资方式	单项资本筹资数额	预测的资本成本（%）
长期借款	10 万元以下	5
	10～40 万元	6
	40 万元以上	8
长期债券	40 万元以下	6
	40～100 万元	8
	100 万元以上	10
普通股	55 万元以下	12
	55～165 万元	14
	165 万元以上	16

第二,根据单项资本成本确定筹资总额的分界点,并确定相应的筹资范围。

根据表 7-2 和表 7-3 可以计算得,如果长期借款额为 10 万元,则筹资总额为 10 万元/20%,即为 50 万元;如果长期借款为 40 万元,则筹资总额为 200 万元。同理,如果长期债券融资额为 40 万元,则筹资总额为 160(40/25%)万元;如果长期债券融资额为 100 万元,则筹资总额为 400(100/25%)万元。依此类推,从而得到与表 7-3 相对应的单项资本成本而确定筹资总额的分界点,并确定相应的筹资范围,见表 7-4。

表 7-4

筹资方式	各单项资本筹资额	总筹资数额分界点	预测的资本成本（%）
长期借款	10 万元以下	50 万元以下	5
	10～40 万元	50～200 万元	6
	40 万元以上	200 万元以上	8
长期债券	40 万元以下	160 万元以下	6
	40～100 万元	160～400 万元	8
	100 万元以上	400 万元以上	10
普通股	55 万元以下	100 万元以下	12
	55～165 万元	100～300 万元	14
	165 万元以上	300 万元以下	16

由表 7-4 可以看出,公司追加的筹资额范围可有如下选择:50 万元以下、50～100 万元、100～160 万元、160～200 万元、200～300 万元、300～400 万元、400 万元以上。

第三,计算不同筹资范围的边际成本。

当筹资总额为 50 万元以下时,各单项资本成本分别为 5%、6%、12%;当筹资总额为 50～100 万元时,各单项资本成本分别为 6%、6%、12%…依此类推,据此计算不同筹资范围的边际成本。见表 7-5。

表 7-5　某公司筹资总规模与其边际资本成本

筹资总规模	筹资方式与资本结构(%)	各单项资本成本(%)	边际资本成本
50 万元以下	长期借款 20	5	$20\% \times 5\% + 25\% \times 6\% + 55\% \times 12\% = 9.1\%$
	长期债券 25	6	
	普通股 55	12	
50～100 万元	长期借款 20	6	$20\% \times 6\% + 25\% \times 6\% + 55\% \times 12\% = 9.3\%$
	长期债券 25	6	
	普通股 55	12	
100～160 万元	长期借款 20	6	$20\% \times 6\% + 25\% \times 6\% + 55\% \times 14\% = 10.4\%$
	长期债券 25	6	
	普通股 55	14	
160～200 万元	长期借款 20	6	$20\% \times 6\% + 25\% \times 8\% + 55\% \times 14\% = 10.9\%$
	长期债券 25	8	
	普通股 55	14	
200～300 万元	长期借款 20	8	$20\% \times 8\% + 25\% \times 8\% + 55\% \times 14\% = 11.3\%$
	长期债券 25	8	
	普通股 55	14	
300～400 万元	长期借款 20	8	$20\% \times 8\% + 25\% \times 8\% + 55\% \times 16\% = 12.4\%$
	长期债券 25	8	
	普通股 55	16	
400 万元以上	长期借款 20	8	$20\% \times 8\% + 25\% \times 10\% + 55\% \times 16\% = 12.9\%$
	长期债券 25	10	
	普通股 55	16	

(4)资本结构和个别资本成本都发生改变。公司在追加筹资时发现原有的资本结构并非最优,于是公司会改变资本结构,同时单项资本成本也会发生

变化。这时的边际资本成本应按新的资本结构和新的个别资本成本来计算。

【例 7-12】如果某公司在追加筹资时,其资本结构和个别资本成本与例 7-8 中的数据相比发生了改变,变动后的数据见表 7-6。

表 7-6　某公司追加筹资时,变动后的资本结构与资本成本

筹资方式	资本结构(%)	资本成本(%)
长期借款	25	8
长期债券	25	6
普通股	30	14
留存收益	20	10

则新增筹资的边际资本成本

$$K = \sum_{i=1}^{N} W_i k_i$$
$$= 25\% \times 8\% + 25\% \times 6\% + 30\% \times 14\% + 20\% \times 10\%$$
$$= 9.7\%$$

由于边际资本成本是公司综合资本成本的一种特殊形式,因此对边际资本成本的管理与控制可以参照综合资本成本管理与控制的方法,但需要注意的是,计算边际资本成本时的资本比重是新增资本各项目占新增资本的比重,对边际资本成本的控制是在新增的财务杠杆利益和财务杠杆风险之间进行权衡。

第八章　财务杠杆和资本结构

第一节　杠杆作用

杠杆作用是借助于物理学的概念,它表示人们可以通过一个支点,借助于杠杆,用较小的力量推动或举起较重的物体。理财学上的杠杠作用是指由于固定生产成本的存在以及负债融资利息成本的固定,使得销售量的变动会引起每股收益有较大幅度的变动。杠杆作用包括经营杠杆、财务杠杆和综合杠杆作用。

一、经营杠杆

(一)经营风险

经营风险是指由于经营状况和经营环境的变化而导致企业利润变化的风险。影响企业经营风险的因素很多,主要有:一是产品需求的变化。市场对企业产品的需求越稳定,经营风险越小;反之,经营风险越大。二是销售价格。产品销售价格变动越小,经营风险越小;反之,经营风险越大。三是产品成本。产品成本不稳定会导致利润不稳定,因此,产品成本变化越大,经营风险也就越大;反之,经营风险就越小。四是固定成本的比重。固定成本比重越大,单位产品所负担的固定成本额就越多,如果产量变化,单位产品所负担的固定成本也跟着变化,从而导致利润有较大幅度的变化,企业的经营风险也就越大;反之,经营风险就越小。

（二）经营杠杆

企业的生产成本按其与业务量的关系，可分为变动成本和固定成本。变动成本是指成本总额随业务量的变动而变动的成本，固定成本则是成本总额不随业务量变动而相对固定的成本。

企业经营的目标一般是希望销售收入能够超过变动成本和固定成本之和。但由于固定成本的存在，销售量的变动可能导致息税前利润的变动幅度超过销售量的变动幅度。这就是所谓的经营杠杆作用。经营杠杆是衡量息税前利润对销售量变动的反应程度，即销售量每变动 1%，引起息税前利润变动的百分比。它可用下列公式表示：

$$经营杠杆率（DOL） = \frac{息税前利润变动率}{销售量变动率}$$

$$= \frac{\dfrac{\Delta EBIT}{EBIT}}{\dfrac{\Delta Q}{Q}}$$

$$= \frac{\Delta[P \times Q - (V \times Q + F)]/[P \times Q - (V \times Q + F)]}{\Delta Q/Q} \quad (8.1)$$

其中：$\Delta EBIT$ 为息税前利润变动额；

$\qquad EBIT$ 为变动前息税前利润；

$\qquad \Delta Q$ 为销售量变动额；

$\qquad Q$ 为变动前销售量；

$\qquad P$ 为单位售价；

$\qquad V$ 为单位变动成本；

$\qquad F$ 为固定成本。

如果企业的本量利保持线性关系，变动成本在销售收入中所占的比重不变，固定成本也不变。这样经营杠杆率便可通过销售额和成本的关系来表示：

$$DOL = \frac{Q(P-V)}{Q(P-V)-F}$$

$$= \frac{S-VC}{S-VC-F}$$

$$= \frac{贡献毛益}{销售收入-变动成本-固定成本} \quad (8.2)$$

其中:S 为销售收入;

VC 为变动成本。

此公式除了用于计算单一产品的经营杠杆率外,还可用于计算多种产品的经营杠杆率。表明贡献毛益与息税前利润之间的关系。

【例 8-1】A、B 两家公司有关资料如表 8-1 所示。

表 8-1 单位:元

项 目	A公司		B公司	
	20×6 年	20×7 年	20×6 年	20×7 年
销售量(件)	90 000	180 000	90 000	180 000
销售收入	225 000	450 000	225 000	450 000
固定成本	24 000	24 000	60 000	60 000
单位变动成本	1.80	1.80	1.20	1.20
变动成本总额	162 000	324 000	108 000	216 000
息税前利润(EBIT)	39 000	102 000	57 000	174 000

A公司:

$$息税前利润变动率 = \frac{102\ 000 - 39\ 000}{39\ 000} = 161.54\%$$

$$销售量变动率 = \frac{180\ 000 - 90\ 000}{90\ 000} = 100\%$$

$$经营杠杆率 = \frac{161.54\%}{100\%} = 1.62$$

B公司:

$$息税前利润变动率 = \frac{174\ 000 - 57\ 000}{57\ 000} = 205.26\%$$

$$销售量变动率 = \frac{180\ 000 - 90\ 000}{90\ 000} = 100\%$$

$$经营杠杆率 = \frac{205.26\%}{100\%} = 2.05$$

A公司经营杠杆率 1.62 表明息税前利润的增长或下降是其销售量增长或下降的 1.62 倍。B公司经营杠杆率 2.05 表明息税前利润的增长或下降是其销售量增长或下降的 2.05 倍。

上述也可以利用贡献毛益与息税前利润之间的关系计算。

【例 8-2】如上例 A 公司单位售价(P)为 2.50 元,单位变动成本为 1.80 元,固定成本为 24 000 元。

当销售量(Q)为 90 000 件时:

$$经营杠杆率 = \frac{90\,000 \times (2.50-1.80)}{90\,000 \times (2.50-1.80)-24\,000} = \frac{63\,000}{39\,000} = 1.62$$

B 公司单位售价(P)为 2.50 元,单位变动成本为 1.20 元,固定成本为 60 000 元。

当销售量(Q)为 90 000 件时:

$$经营杠杆率 = \frac{90\,000 \times (2.50-1.20)}{90\,000 \times (2.50-1.20)-60\,000} = \frac{117\,000}{57\,000} = 2.05$$

计算结果与第一种方法相同。但第二种计算方法更清晰地表明不同销售水平上的经营杠杆率的不同,见例 8-3。

【例 8-3】A 公司当销售量(Q)为 180 000 时:

$$经营杠杆率 = \frac{180\,000 \times (2.50-1.80)}{180\,000 \times (2.50-1.80)-24\,000} = \frac{126\,000}{102\,000} = 1.24$$

B 公司当销售量(Q)为 180 000 时:

$$经营杠杆率 = \frac{180\,000 \times (2.50-1.20)}{180\,000 \times (2.50-1.20)-60\,000} = \frac{234\,000}{174\,000} = 1.35$$

可见,在固定成本不变的情况下,销售额越大,经营杠杆率越小,经营风险也越小。反之,销售额越小,经营杠杆率越大,经营风险越大。

总之,经营杠杆率越大,表明企业的经营风险越大。在企业筹资时,经营杠杆率越大,表明企业息税前利润变动幅度越大,企业无法按时支付本息的可能性也越大,筹资风险越大。

二、财务杠杆

财务杠杆研究的是长期负债的运用对每股收益的影响。具体地说,由于债务利息固定不变,息税前利润的增加会引起每单位息税前利润所负担的债务利息下降,从而使得每股收益有较大幅度的增加;反之,息税前利润的减少会引起每单位息税前利润所负担的债务利息增加,从而使得每股收益有较大幅度的下降。正是由于债务利息固定不变的特点,引起每股收益的变动幅度超过息税前利润的变动幅度。这就是所谓的财务杠杆。

为了进一步了解财务杠杆作用,我们下面通过具体例子加以说明。

【例 8-4】假定 A、B 两家公司经营业务和条件基本相同。其资本总额都是

1 000万元。不同的是,A 公司除了普通股 600 万股之外(每股面值 1 元),另有利率为 10％的公司债券 400 万元;而 B 公司没有负债,其资本全部为权益资本——普通股,共计 1 000 万股(每股面值 1 元)。两家公司息税前利润均为 200 万元,公司所得税率均为 30％。两家公司的每股收益如表 8-2 所示。

表 8-2　　　　　　　　　　　　　　　　单位:万元

	A 公司(有负债公司)	B 公司(无负债公司)
息税前利润	200	200
利息	40	0
税前利润	160	200
所得税	48	60
税后利润	112	140
每股收益(元/股)	0.187	0.14

由上述计算可知,两公司息税前利润相同,都是 200 万元。但由于 A 公司有 400 万元负债,在支付 10％利息和 30％所得税后,其每股收益达到0.187元。而 B 公司没有负债,也就是说,没有运用债务资本,其每股收益仅有 0.14元,大大低于 A 公司。这些都是财务杠杆起作用的结果。

【例 8-5】承例 8-4,假设 A、B 两家公司其他条件都不变,只是息税前利润由 200 万元上升到 240 万元,上升幅度达到 20％。这样,A、B 两家公司的每股收益又会作如何变化呢?且看表 8-3。

表 8-3　　　　　　　　　　　　　　　　单位:万元

	A 公司(有负债公司)	B 公司(无负债公司)
息税前利润	240	240
利息	40	0
税前利润	200	240
所得税	60	72
税后利润	140	168
每股收益(元/股)	0.233	0.168

A、B 两家公司息税前利润都增长了 20％,但就其每股收益而言,A、B 两家公司的结果却大不相同。

A 公司每股收益由原来的 0.187 元上升到 0.233 元,其上升幅度为 25％即:

$$\frac{0.233-0.187}{0.187}=25\%$$

其每股收益的增长幅度大大超过息税前利润的增长幅度。

B 公司每股收益由原来的 0.14 元上升到 0.168 元,其上升幅度为 20%,即:

$$\frac{0.168-0.14}{0.14}=20\%$$

其每股收益的上升幅度与息税前利润的上升幅度相同。

原因就在于,A 公司运用了负债,产生财务杠杆作用,而 B 公司没有负债,因此不会产生财务杠杆作用。

当然财务杠杆作用也可能对每股收益产生不利的影响。即财务杠杆的运用导致每股收益低于未运用财务杠杆的企业。这时通常称为负财务杠杆。

【例 8-6】假设上述 A、B 两家公司都处在经济萧条时期,其息税前利润由原来的 200 万元下降到 80 万元,降幅达到 60%。这样 A、B 两家公司的每股收益又会作如何变化呢? 见如下表 8-4。

表 8-4　　　　　　　　　　　　　　　　　　单位:万元

	A 公司(有负债公司)	B 公司(无负债公司)
息税前利润	80	80
利息	40	0
税前利润	40	80
所得税	12	24
税后利润	28	56
每股收益(元/股)	0.047	0.056

由上述计算可知,A 公司息税前利润下降了 60%,而其每股收益则下降 75%,即:

$$\frac{0.187-0.047}{0.187}=75\%$$

而 B 公司息税前利润下降了 60%,其每股收益也下降 60%,即:

$$\frac{0.14-0.056}{0.14}=60\%$$

总之,负债经营必然产生财务杠杆作用,而财务杠杆有正也有负,企业负债的重要性由此可见一斑。

财务杠杆作用的大小,可用财务杠杆率来表示。它是每股收益变动率与息税前利润变动率之比。表明每股收益的变动对息税前利润变动的反应程度。可用下列公式计算:

$$财务杠杆率(DFL)=\frac{每股收益变动率}{息税前利润变动率}$$

$$=\frac{\dfrac{\Delta EPS}{EPS}}{\dfrac{\Delta EBIT}{EBIT}} \tag{8.3}$$

式中：ΔEPS 为普通股每股收益变动额；

  EPS 为变动前普通股每股收益；

  $\Delta EBIT$ 为息税前利润变动额；

  $EBIT$ 为变动前息税前利润。

【例 8-7】我们根据前面例 8-4 和例 8-5 的资料计算 A 公司的财务杠杆率如下：

$$财务杠杆率(DFL)=\frac{\dfrac{0.233-0.187}{0.187}}{\dfrac{240-200}{200}}=\frac{25\%}{20\%}=1.25$$

它说明 A 公司息税前利润从 200 万元开始，每上升或下降 1%，每股收益将会上升或下降 1.25%。如果 A 公司息税前利润上升 20%，则每股收益将上升 20%×1.25＝25%。

【例 8-8】再如例 8-6 的资料，A 公司息税前利润下降 60%，则其每股收益将下降 60%×1.25＝75%。计算结果与上同。

在实务中，上述公式可以简化为：

$$财务杠杆率(DFL)=\frac{息税前利润}{息税前利润-利息}$$

$$=\frac{EBIT}{EBIT-I} \tag{8.4}$$

【例 8-9】如前例 8-4 的资料计算如下：

$$财务杠杆率(DFL)=\frac{200}{200-40}=1.25$$

如果一家公司既有长期负债，又有优先股，其财务杠杆率可按下列公式计算：

$$财务杠杆率=\frac{息税前利润}{息税前利润-利息-优先股股利税前额} \tag{8.5}$$

用符号表示：

$$DFL=\frac{EBIT}{EBIT-I-\dfrac{D_p}{1-T}} \tag{8.6}$$

其中：D_p 为优先股股利；

　　　T 为公司所得税率。

财务杠杆反映了企业的财务风险。因为当公司利用较高的负债比率时，公司必须用较多的息税前利润来支付利息费用。因此，公司负债越多，财务杠杆率越高，其财务风险也就越大。

三、综合杠杆

我们知道，经营杠杆是衡量销售量变动对息税前利润的影响，而财务杠杆是衡量息税前利润变动对每股收益的影响。前者称为第一阶段的杠杆作用，后者称为第二阶段的杠杆作用。我们将两者联结起来就是所谓的综合杠杆。也就是说，综合杠杆反映的是销售量变动对每股收益的影响。体现了每股收益对销售量变动的反应程度。如下图 8-1 所示。

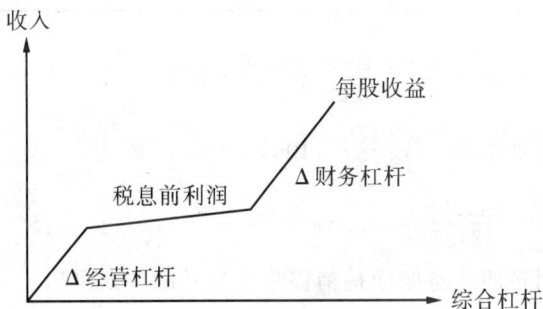

图 8-1　综合杠杆

综合杠杆反映了上述两个杠杆综合作用的结果。可用下列公式计算：

公式一：

综合杠杆率（DOFL）＝经营杠杆率（DOL）×财务杠杆率（DFL）

$$=\frac{息税前利润变动率}{销售量变动率}\times\frac{每股收益变动率}{息税前利润变动率}$$

$$=\frac{每股收益变动率}{销售量变动率} \qquad (8.7)$$

【例 8-10】某公司 20×6 年和 20×7 年有关资料如下表 8-5。

表 8-5		单位:万元
	20×6 年	20×7 年
销售收入	180	240
固定成本	72	72
变动成本	60	80
息税前利润	48	88
利息	14.40	14.40
税前利润	33.60	73.60
所得税	10.08	22.08
净利润	23.52	51.52
普通股股数(股)	1 000 000	1 000 000
每股收益(元)	0.235 2	0.515 2

$$每股收益变动率 = \frac{0.515\ 2 - 0.235\ 2}{0.235\ 2} \times 100\% = 119.05\%$$

$$销售收入变动率 = \frac{240 - 180}{180} \times 100\% = 33.33\%$$

$$综合杠杆率 = \frac{119.05\%}{33.33\%} = 3.57$$

表明该公司每股收益变动是销售收入变动的 3.57 倍。

公式二:

$$综合杠杆率 = \frac{贡献毛益}{贡献毛益 - 固定成本 - 利息} \qquad (8.8)$$

如上例计算如下:

$$综合杠杆率 = \frac{180 - 60}{(180 - 60) - 72 - 14.40} = \frac{120}{33.60} = 3.57$$

与公式一计算结果相同。

综合杠杆率反映了企业的总风险。因为企业的风险主要由经营风险和财务风险所构成,所以经营杠杆率和财务杠杆率越高,综合杠杆率也就越高,企业总风险也就越大。

第二节　早期资本结构理论

资本结构是指企业的债务资本占企业总资本的比率。资本结构是否影响公司的价值和资本成本一直被认为是"资本结构之谜"。因为我们对于这个问题的理解过程就像解谜过程一样。尽管思路在一步一步向前扩展，但至今并未形成较为完整和普遍认同的结论。

大卫·杜兰特在 1952 年的研究成果是早期资本结构理论研究的重要成果之一。他的研究报告划分了三种有关资本结构的理论：净收益理论、净经营收益理论、折中理论，这些是早期资本结构理论的代表。

为了便于理解这些理论，我们先做一些假设：

第一，公司处于零增长阶段，其未来的经营利润长期保持不变；

第二，公司每年所获得的利润都以股利方式发放给股东；

第三，国家不征收所得税，因此，大家都生活在无税的世界里面。

在此基础上，我们定义如下三个资本成本：

1. 债务资本成本

$$K_d = \frac{I}{D} = \frac{\text{全年利息费用}}{\text{长期负债的总市价}} \qquad (8.9)$$

2. 普通股资本成本

$$K_s = \frac{E}{S} = \frac{\text{股东可能得到的收益}}{\text{普通股总市价}} \qquad (8.10)$$

3. 加权平均资本成本

$$K_a = \frac{EBIT}{V} = \frac{\text{息税前利润}}{\text{公司总价值}} \qquad (8.11)$$

在以上假设和定义基础上，我们将分析资本结构（债务与权益资本比率，D/S）的变化对 K_d、K_s、K_a 和公司总价值的影响。

一、净收益理论（NI）

净收益理论是早期资本结构理论中的一种极端理论。它在前述假设基础上又有两个假设：

（1）普通股资本成本固定不变，并以此估计企业的净收入；

（2）不管公司负多少债，债券利率固定不变。

按照这一观点,由于企业盈利不变,随着负债的增加,即 D/S 的比率提高,将使企业加权平均资本成本 K_a 降低,公司价值必将提高。也就是说,负债越多,加权平均资本成本越低,企业价值越大,当负债达到 100% 时,企业价值最大化。

为了便于理解这一理论,我们通过下面例子来说明。

【例 8-11】假设某公司发行一种永续性的债券,总额 3 000 万元,利率 5%,普通股 850 万股。再假设公司今后不再发展,其现在和今后的息税前利润均为 1 100 万元。普通股资本成本 10%。

根据上述资料,估计公司总值如下表 8-6 所示。

表 8-6　　　　　　　　　　　　　　　　　　单位:万元

息税前利润($EBIT$)	1 100
利息费用(I)	150
股东可能得到的收益(E)	950
普通股资本成本(K_s)(%)	10
普通股市价(S)=(E/K_s)	9 500
债券市价(D)	3 000
公司总价值($V=D+S$)	12 500

由上述计算可知,当公司负债为 3 000 万元时,公司总价值为 12 500 万元,其中普通股价值 9 500 万元。此时,公司加权平均资本成本为:

$$K_a = \frac{EBIT}{V} = \frac{1\,100}{12\,500} \times 100\% = 8.80\%$$

在此基础上我们改变一下该公司的资本结构,以此测算资本结构对公司总值和加权平均资本成本的影响。

假设公司的债券发行额由 3 000 万元增加到 6 000 万元,债券利率不变,并以所增加的 3 000 万元用以回购普通股。这样,只是改变了资本结构,即负债与权益比率(D/S),并没有增加公司的资本。资本结构改变之后,公司的总值和加权平均资本成本又会做怎样的变化呢? 且看表 8-7 所示。

表 8-7　　　　　　　　　　　　　　　　　　单位:万元

息税前利润($EBIT$)	1 100
利息费用(I)	300
股东可能得到的收益(E)	800
普通股资本成本(K_s)(%)	10
普通股市价(S)=(E/K_s)	8 000
债券市价(D)	6 000
公司总价值($V=D+S$)	14 000

其加权平均资本成本为：

$$K_a = \frac{EBIT}{V} = \frac{1\ 100}{14\ 000} \times 100\% = 7.86\%$$

从上述例子可以看出，改变了资本结构以后，公司的总价值由原来的 12 500 万元增加到 14 000 万元，其加权平均资本成本也由原来的 8.80% 下降到 7.86%。由此可见，随着企业负债比率的提高，企业能够增加其总价值，并使加权平均资本成本降低。股东财富也会随之增加，从而实现股东财富最大化。

【例 8-12】承上例，当公司负债为 3 000 万元的时候，流通在外的普通股 850 万股，此时，公司每股市价为 11.18 元。即：

$$\frac{9\ 500}{850} = 11.18(元/股)$$

以后公司再发行债券 3 000 万元，使得负债总额达到 6 000 万元，同时用所增加的 3 000 万元按当前每股 11.18 元市价回购普通股 268 万股，以此改变资本结构。这样普通股每股市价变为：

$$\frac{8\ 000}{850 - 268} = 13.75(元/股)$$

普通股市价也由原来的每股 11.18 元，上升到每股 13.75 元，实现了股东财富最大化的目标。

净收益理论可用下列图式表示，见图 8-2。

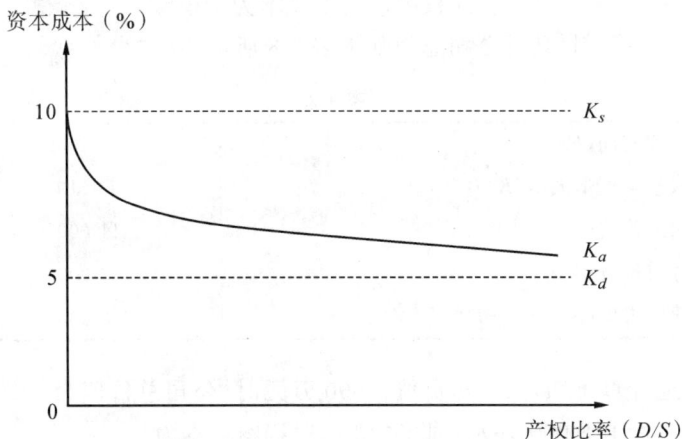

图 8-2　净收益理论

图 8-2 的横坐标是产权比率（D/S），纵坐标是资本成本，即：K_s、K_d 和 K_a。从图中可以看出，当负债比率提高时，K_s、K_d 依然保持不变，随着成本较

低的债务资本在资本结构中的比重不断提高,加权平均资本成本 K_a 不断降低,并逐渐接近于债务成本 K_d。当负债达到 100% 时,加权平均资本成本 K_a 正好等于成本最低的债务成本 K_d,这时,加权平均资本成本 K_a 最低,公司价值最大化。

二、净经营收益理论(NOI)

净经营收益理论是早期资本结构理论中的另一种极端理论。它在前述假设基础上又增加两个假设:

(1)在任何资本结构下,企业加权平均资本成本(K_a)固定不变;

(2)不管公司负多少债,债券利率(K_d)固定不变。

在这些假设条件下,由于企业盈利不变,随着负债的增加,即 D/S 的比率提高,并不会影响企业加权平均资本成本 K_a,从而不会影响公司价值。因此,也就不存在所谓最佳资本结构了,任何资本结构都是一样的。这就是早期的资本结构无关论。

为了便于理解这一理论,我们同样用具体例子加以说明。

【例 8-13】假设某公司发行一种永续性的债券,总额 3 000 万元,利率 5%,普通股 850 万股。再假设公司今后不再发展,其现在和今后的息税前利润($EBIT$)均为 1 100 万元。加权平均资本成本为 10%。

根据上述资料,估计公司总值如下表 8-8 所示。

表 8-8	单位:万元
息税前利润($EBIT$)	1 100
加权平均资本成本(K_a)(%)	10
公司总价值(V)	11 000
债券市价(D)	3 000
普通股市价(S)=($V-D$)	8 000

由上述计算可知,当公司负债 3 000 万元时,公司总价值为 11 000 万元,其中普通股价值 8 000 万元。此时,普通股资本成本为:

$$K_s = \frac{E}{S} = \frac{1\ 100 - 150}{8\ 000} = 11.88\%$$

在此基础上我们改变一下该公司的资本结构,以此测算资本结构对公司总值和普通股资本成本的影响。

【例 8-14】假设公司的债券发行额由 3 000 万元增加到 6 000 万元,债券利率不变,并以所增加的 3 000 万元用以回购普通股。这样,同样只是改变了资本结构,即负债与权益比率(D/S),并没有增加公司的资本。资本结构改变之后,公司的总值和普通股资本成本又会做怎样的变化呢?且看表 8-9 所示。

表 8-9	单位:万元
息税前利润($EBIT$)	1 100
加权平均资本成本(K_a)(%)	<u>10</u>
公司总价值(V)	11 000
债券市价(D)	<u>6 000</u>
普通股市价(S)=($V-D$)	5 000

此时普通股资本成本为:

$$K_s = \frac{E}{S} = \frac{1\,100 - 300}{5\,000} = 16\%$$

从上述例子可以看出,改变了资本结构以后,公司的总价值并没有因此而增加,还是原来的 11 000 万元,而其普通股资本成本则由原来的 11.88% 上升到 16%。也就是说,随着负债的增加,债务成本较低的好处正好被不断上升的普通股资本成本所抵消,因此,加权平均资本成本是稳定不变的。在这种情况下,企业不能够增加其总价值,也不会增加股东财富。资本结构与公司的总价值无关。

【例 8-15】承上例,当公司负债 3 000 万元时,流通在外的普通股为 850 万股,此时,公司每股市价为 9.41 元。即:

$$\frac{8\,000}{850} = 9.41(元/股)$$

以后公司再发行债券 3 000 万元,使得负债总额达到 6 000 万元,同时用所增加的 3 000 万元按当前每股 9.41 元市价回购普通股 319 万股,以此改变资本结构。这样普通股每股市价还是 9.41 元。即:

$$\frac{5\,000}{850 - 319} = 9.41(元/股)$$

普通股市价并没有因为资本结构的变化而变化。

净经营收益理论可用下列图式表示。见图 8-3。

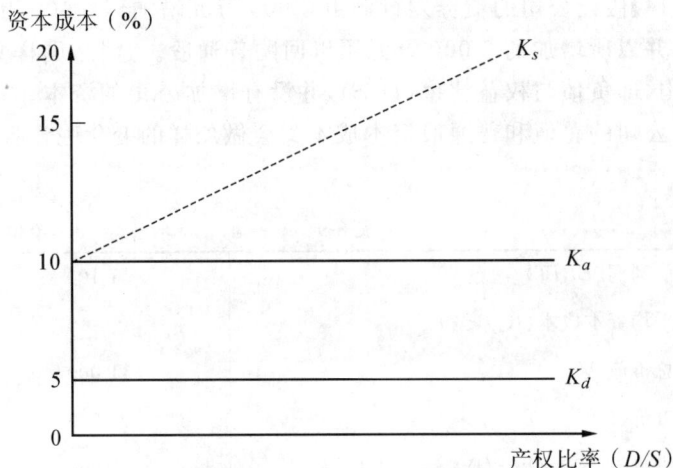

图 8-3　净经营收益理论

从图 8-3 可以看出,随着企业不断提高负债比率,企业风险将会越来越大,普通股股东所要求的报酬率(普通股资本成本 K_s)也会越来越高。这样,在债务成本 K_d 固定不变的情况下,加权平均资本成本 K_a 趋于稳定。

三、折中理论

上述两个理论代表了早期资本结构理论的两种极端看法。一种观点认为,增加负债可以增加公司的价值,负债越多公司价值越大,当负债达到 100% 时,公司价值最大化。另一种观点认为,负债的增加不会影响公司加权平均资本成本,从而也就不会影响公司的价值,因此不存在最佳资本结构。折中的理论正好介于净收益理论和净经营收益理论之间。

这一理论认为:公司可以利用负债来降低加权平均资本成本,并增加公司的价值。但负债增加有个"度",在这个"度"之前,随着负债的增加,公司的价值会提高,但超过了这个"度",K_d、K_s、K_a 都会提高,从而降低了公司的价值。这个"度"就是企业最佳资本结构。

为了便于理解这一理论,我们同样用具体例子加以说明。

【例 8-16】假设某公司发行一种永续性的债券,总额 3 000 万元,利率 5%,普通股为 850 万股。再假设公司今后不再发展,其现在和今后的息税前利润($EBIT$)均为 1 100 万元。普通股资本成本 11%。

根据上述资料,估计公司总值如下表8-10所示。

表8-10	单位:万元
息税前利润(EBIT)	1 100
利息费用(I)	150
股东可能得到的收益(E)	950
普通股资本成本(K_s)(%)	11
普通股市价(S)=(E/K_s)	8 636
债券市价(D)	3 000
公司总价值(V=D+S)	11 636

此时,公司加权平均资本成本为:

$$K_a = \frac{EBIT}{V} = \frac{1\ 100}{11\ 636} \times 100\% = 9.45\%$$

我们同样以上述的办法,来改变公司的资本结构。

【例8-17】假设该公司债券发行额从3 000万元增加到6 000万元,并用所增加的3 000万元回购普通股。再假设该公司全部债券的平均利率上升至6%,普通股资本成本为14%。这样公司总值估计如下表8-11所示。

表8-11	单位:万元
息税前利润(EBIT)	1 100
利息费用(I)	360
股东可能得到的收益(E)	740
普通股资本成本(K_s)(%)	14
普通股市价(S)=(E/K_s)	5 286
债券市价(D)	6 000
公司总价值(V=D+S)	11 286

此时,公司加权平均资本成本为:

$$K_a = \frac{EBIT}{V} = \frac{1\ 100}{11\ 286} \times 100\% = 9.75\%$$

与债券发行额为3 000万元时比较,此时公司的价值下降了,由原来的11 636万元,下降到11 286万元。加权平均资本成本上升了,由原来的9.45%上升到9.75%。之所以这样,只要是由于K_d和K_s上升所致。

从这两次观察可知,该公司最佳资本结构应该在 1.14 之前。即:

$$\frac{D}{S} = \frac{6\,000}{5\,286} = 1.4$$

折中理论可用图 8-4 表示。

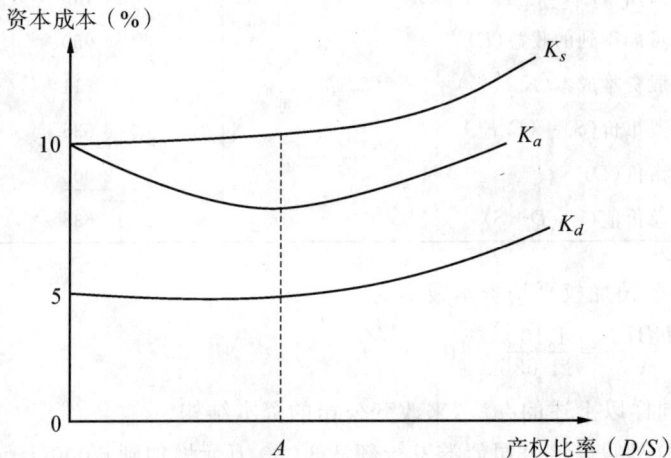

图 8-4 折中理论

从图 8-4 可以看出:K_s 随着负债的增加而上升,K_d 则要等到负债增加到一定程度以后才上升,这样加权平均资本成本 K_a 则在开始时随着负债的增加而下降,因为 K_s 的提高未能完全抵消企业利用成本较低的负债所得到的好处,结果使 K_a 随着负债的增加而下降。但是当负债越过某个点后,K_s 上升所起的作用超过了成本较低的负债所能得到的好处,K_a 就开始上升了。当 K_d 也开始上升时,上升的趋势也就更为明显了。这样企业最佳的资本结构就是在 K_a 处于最低点时,在图 8-4 中就是 A 点。

第三节 总价值理论

美国学者莫迪格莱尼(Modigliani)和米勒(Miller),于 1958 年共同发表的论文《资本成本、公司融资和投资理论》,提出了资本结构无关论。该理论以一系列假设为前提,推导出通过套利机制的作用,公司不可能因资本结构的不同,而改变其总价值和加权平均资本成本。任何资本结构都不会影响公司的总价值。以后莫迪格莱尼和米勒在此基础上,放宽了一些假设,引入公司所得税和个人所得税,形成了"MM 公司税模型"和"米勒模型",使他们的资本结构理论更接近于现实世界。这一系列理论共同构成总价值理论。总价值理论在资本结构研究领域具有重大开拓性进展和突出贡献,莫迪格莱尼和米勒因此于 1990 年获得诺贝尔经济学奖。

一、MM 资本结构无关论

(一)基本假设

MM 在 1958 年发表的资本结构理论是建立在一系列严格的假设基础之上的,主要有:

(1)无交易成本,即投资者在市场上买卖股票和举债不必支付交易成本。

(2)投资者个人举债时的利率与公司负债利率相同,而且是无风险的。因此,负债利率为无风险利率。

(3)无公司所得税和个人所得税。

(4)无破产成本和代理成本。

(5)公司的经营风险相同,风险等级也相同。

(6)投资者对于每家公司的未来收益和风险有着相同的预期。

(7)所有的现金流量都是永续年金,即公司和个人的负债无期限,公司所有盈余都以股利的方式发放给股东,且其盈余增长率等于零。

在上述假设基础上,MM 论证了两个命题。

(二)命题

命题一:没有负债的公司的价值(V_u)等于有负债的公司的价值(V_l)。二者都等于预期息税前利润除以适应其风险等级的报酬率。用公式表示:

$$V_u = V_l = \frac{EBIT}{K_{su}} = \frac{EBIT}{K_a} \tag{8.12}$$

式中:V_u 为无负债公司价值;

　　　V_l 为有负债公司价值;

　　　$EBIT$ 为预期息税前利润,每年固定不变,且持续到永远;

　　　K_{su} 为无负债公司普通股资本成本;

　　　K_a 为有负债公司加权平均资本成本。

命题一意味着:

(1)公司的价值不受资本结构的影响,即独立于债率之外;

(2)有负债公司的加权平均资本成本等于同一风险等级的任一无负债公司的股本成本。即:$K_a = K_{su}$;

(3)K_a 或 K_{su} 的高低视经营风险而定。

莫迪格莱尼和米勒认为企业资本结构的变化不能改变企业证券持有者的总风险。因此,不管企业的筹资来源比例组合如何,它的总价值必然相同。两个或者更多风险等级相同而资本结构不同的企业,它们的总价值也必须相同,否则,套利者将会介入以迫使它们的总价值相同。这个论据实质上就是认为:套利者能以个人的负债来代替公司的负债。

【例 8-18】假设 A、B 两个风险等级相同的公司,它们除了资本结构不同之外,其他方面都相同。A 公司没有负债,B 公司则发行利率为 5% 的公司债券 3 000 万元,普通股资本成本都等于 10%,息税前利润均为 1 100 万元。

这样,上述两家公司的市场价值如表 8-12 所示:

表 8-12 单位:万元

	A公司	B公司
息税前利润($EBIT$)	1 100	1 100
利息费用(I)	0	150
股东可能得到的收益(E)	1 100	950
普通股资本成本(K_s)(%)	10	10
普通股市价(S)=(E/K_s)	11 000	9 500
债券市价(D)	0	3 000
公司总价值($V=D+S$)	11 000	12 500

此时,在套利发生之前,有负债公司(B)的总值大于没有负债公司(A)的总值。如果你是个明智的投资者就可以从中进行套利。

假设某个明智的投资者拥有 B 公司 1% 的普通股,价值 95 万元(按市价计算)。在这种情况下,他可以进行一系列套利活动:

第一,出售 B 公司股票,取得现金收入 95 万元;

第二,再按 5% 利率借入相当于 B 公司负债 1% 的款项,得到现金收入 30 万元;

第三,买入 A 公司 1% 的普通股,共支出现金 110 万元。

经过上述操作后,由于他的现金收入为 125 万元,现金支出为 110 万元,剩余现金 15 万元,此时可以投资于利率为 5% 的无风险债券上。每年可以得到利息 0.75 万元。这样,他的新旧投资比较如下表 8-13。

表 8-13

旧的投资	新的投资
投资于 B 公司股票每年所能得到的收益： 95 万元×10％＝9.50 万元	投资于 A 公司股票每年所能得到的收入： 　110 万元×10％＝11 万元 减：利息支出 　30 万元×5％＝1.50 万元 合计　　　　　　　9.50 万元 加：额外利息收入 　15 万元×5％＝0.75 万元 套利后的净收益：10.25 万元

显然，套利前投资于 B 公司他只能获得 9.50 万元的收益，经过套利后投资于 A 公司则可获得 10.25 万元的收益。而且他是用个人的负债 30 万元取代了原先投资于 B 公司的负债，因此，他所承担的投资组合风险并没有改变。也就是说，他可以在不增加风险的情况下，提高了收益。

其他投资者看到这种情形也会立即跟进，纷纷抛售 B 公司的股票，而转手买进 A 公司的股票。这样必然导致 B 公司的股票持续下跌，而 A 公司的股票持续上涨，直到 A、B 两家公司价值相等，套利活动才会结束。

世界上所有的人都是同等聪明的，大家都有着相同的预期，当大家纷纷采取套利行动时，这种套利行动在瞬间就完成。因此，有负债公司的价值也在瞬间和没有负债公司的价值相等。上述命题一也就成立了。

命题二：有负债公司的权益成本等于没有负债公司的权益成本加上一笔风险报酬，而风险报酬的多少视负债程度而定。即：

$$K_{sl} = K_{su} + 风险报酬$$
$$= K_{su} + (K_{su} - K_d) \cdot (D/S_l) \tag{8.13}$$

命题二意味着：有负债公司的权益成本会随着负债的增加而上升，成本较低的负债所能带来的好处，正好被不断上升的权益成本所抵消。因此，有负债公司的加权平均资本成本会等于无负债公司的权益成本，公司的价值不会随着负债的增加而增加。

命题二的推导过程如下：

我们知道，普通股的价值 S 可用下列公式计算：

$$S = \frac{(EBIT - K_d \cdot D)(1-T)}{K_s} \tag{8.14}$$

在没有所得税（$T=0$）的情况下，有负债公司的普通股资本成本（权益成本）等于：

$$K_{sl} = \frac{EBIT - K_d \cdot D}{S_l} \tag{8.15}$$

同时由命题一得知:

$$V_u = V_l = \frac{EBIT}{K_{su}}, \text{且} V_l = S_l + D$$

因此,$V_l = S_l + D = \frac{EBIT}{K_{su}}$

这就意味着,$EBIT = K_{su} \cdot (S_l + D)$ (8.16)

将(8.16)式代入(8.15)式得:

$$K_{sl} = \frac{EBIT - K_d \cdot D}{S_l} = \frac{K_{su}(S_l + D) - K_d \cdot D}{S_l}$$

$$= \frac{K_{su} \cdot S_l}{S_l} + \frac{K_{su} \cdot D}{S_l} - K_d\left(\frac{D}{S_l}\right)$$

$$= K_{su} + K_{su}\left(\frac{D}{S_l}\right) - K_d\left(\frac{D}{S_l}\right)$$

$$= K_{su} + (K_{su} - K_d)\left(\frac{D}{S_l}\right)$$

由此得出命题二的结果。

有负债公司加权平均资本成本则等于:

$$K_a = K_d\left(\frac{D}{V_l}\right) + K_{sl}\left(\frac{S_l}{V_l}\right) \tag{8.17}$$

将上述命题二代入(8.17)式并化简得:

$$K_a = K_d\left(\frac{D}{V_l}\right) + \left[K_{su} + (K_{su} - K_d)\frac{D}{S_l}\right]\frac{S_l}{V_l}$$

$$= K_d\left(\frac{D}{V_l}\right) + K_{su}\left(\frac{S_l}{V_l}\right) + K_{su}\left(\frac{D}{V_l}\right) - K_d\left(\frac{D}{V_l}\right)$$

$$= K_{su}\left(\frac{S_l}{V_l}\right) + K_{su}\left(\frac{D}{V_l}\right)$$

$$= K_{su}\left(\frac{S_l + D}{V_l}\right)$$

$$= K_{su}$$

因此,在无税的条件下,公司的资本结构不影响公司的价值和加权平均资本成本,这就是 MM 资本结构无关论。

二、MM 公司税模型

MM 的上述分析是建立在无税的假设基础之上的,事实上,每个企业都必须缴纳所得税。为此,MM 于 1963 年又发表了一篇题为"所得税与资本成本:一种修正"一文。在这篇文章中,他们发现,由于所得税的存在,债务利息可做费用处理,从而可以起到减税的作用。所以,随着负债的增加,可使公司降低资本成本,增加价值。当负债达到 100% 时,公司价值最大化。

(一)MM 公司税模型提出的两个命题

命题一:在有公司所得税的情况下,有负债公司的价值等于风险等级相同的无负债公司的价值,加上负债的节税利益。即:

$$V_l = V_u + T_c \cdot D \tag{8.18}$$

其中:$V_u = S_u =$ 无负债公司的价值 $= \dfrac{EBIT(1 - T_c)}{K_{su}}$。

T_c 为公司所得税率。

$T_c \cdot D$ 为负债的节税利益=税盾的现值。

税盾=公司所得税率×利息支出$= T_c \times (K_d \cdot D)$

而税盾的现值$= \dfrac{T_c \times (K_d \cdot D)}{K_d} = T_c \cdot D$

命题一意味着,在有公司所得税的情况下,有负债公司的价值要比没有负债公司的价值高出"$T_c \cdot D$",公司的节税利益随着负债的增加而增加。也就是说,负债越多,公司价值越大,当负债达到 100% 时,公司价值最大化。

命题二:有负债公司的权益成本等于风险等级相同的无负债公司权益成本加上一笔风险报酬,而风险报酬的多少视负债程度和公司所得税率而定。

$$K_{sl} = K_{su} + (K_{su} - K_d)(1 - T_c)(D/S_l) \tag{8.19}$$

在没有公司所得税的 MM 命题二中,有负债公司的权益成本和负债之间呈现了正相关关系。也就是说,负债越多,有负债公司的权益成本越高,这是由于普通股的风险会随着负债的增加而提高所致。但在有公司税的情况下,由于 $(1 - T_c)$ 总是小于 1,尽管权益成本会随着负债的增加而上升,但其上升的幅度低于无税时的上升幅度。正是由于这一特性,负债越多,加权平均资本成本越低,公司价值越大。

(二)MM 公司税模型例解

【例 8-19】假设 A 公司有关财务资料如下:

(1)公司目前无负债,其全部资本都是由普通股所构成,普通股资本成本为 15%;

（2）公司处于零增长,其现在及未来各年的息税前利润固定等于 650 万元,且公司的所有盈利都以股利形式发放给股东;

（3）如果公司开始负债,不论负债程度多高,其利率固定等于 10%。且负债全部用于回购普通股,因而其资本总额不变;

（4）公司所得税率为 30%;

（5）公司开始负债时,其负债总额为 2 500 万元。

根据上述资料,我们评估该公司负债前后的价值和加权平均资本成本。

（1）公司无负债时,其价值为:

$$V_u = S_u = \frac{EBIT(1-T_c)}{K_{su}} = \frac{650 \times (1-30\%)}{15\%} = 3\ 033.33(万元)$$

（2）当公司负债 2 500 万元时,其价值为:

$$V_l = V_u + T_c \cdot D = 3\ 033.33 + 30\% \times 2\ 500 = 3\ 783.33(万元)$$

（3）其普通股价值为:

$$S_l = V_l - D$$
$$= 3\ 783.33 - 2\ 500$$
$$= 1\ 283.33(万元)$$

（4）其普通股资本成本为:

$$K_{sl} = K_{su} + (K_{su} - K_d)(1-T_c)(D/S_l)$$
$$= 15\% + (15\% - 10\%) \times (1-30\%) \times (2\ 500/1\ 283.33)$$
$$= 21.82\%$$

（5）其加权平均资本成本为:

$$K_a = K_d\left(\frac{D}{V_l}\right)(1-T_c) + K_{sl}\left(\frac{S_l}{V_l}\right)$$
$$= 10\% \times \left(\frac{2\ 500}{3\ 783.33}\right) \times (1-30\%) + 21.82\% \times \left(\frac{1\ 283.33}{3\ 783.33}\right)$$
$$= 12.03\%$$

或

$$K_a = \frac{EBIT(1-T_c)}{V_l}$$
$$= \frac{650 \times (1-30\%)}{3\ 783.33}$$
$$= 12.03\%$$

可见,在 A 公司没有负债时,公司的价值为 3 033.33 万元,其资本成本为 15%。而当其负债达到 2 500 万元时,公司的价值为 3 783.33 万元,加权平均资本成本降为 12.03%。其价值大大提高,而资本成本大大降低。因此,负债越多,公司价值越大。当负债达到 100% 时,公司价值最大化。

三、米勒模型

如前所述,MM 资本结构理论经过修正后,已经考虑了公司所得税的影响。当债务利息作为费用处理而减少所得税缴纳时,公司的价值随着负债比率的上升而增加。这就暗示着公司应该完全用负债来融资,但这个结论与现实世界的情况不符。为此,米勒在 1977 年发表了一篇题为"负债与所得税"的论文。在文章中探讨了公司所得税和个人所得税同时存在时,对公司价值的影响。这一模型通常称为"米勒模型"。

米勒认为,在前述假设条件不变的情况下,如果引入个人所得税,则无负债公司的价值将是:

$$V_u = \frac{EBIT(1-T_c)(1-T_s)}{K_{su}} \tag{8.20}$$

其中:T_s 代表适用于股票收入(股利和资本利得)的个人所得税。因此,当股利和资本利得税率不同的时候,T_s 代表两种税率的加权平均数。

从上述公式中我们可以看出,由于个人所得税抵减了投资者所得,在其他因素不变的情况下,个人所得税会使得无负债公司的价值减少。

如果进行负债融资,则公司每年所产生的现金流量(CFL)可分解为如下两个部分:

$$
\begin{aligned}
CFL &= 属于股东的现金流量 + 属于债权人的现金流量 \\
&= (EBIT-I)(1-T_c)(1-T_s) + I(1-T_d) \\
&= EBIT(1-T_c)(1-T_s) - I(1-T_c)(1-T_s) + I(1-T_d) \tag{8.21}
\end{aligned}
$$

其中:I 为公司每年所支付的利息费用;

T_d 为适用于利息收入的个人所得税率。

由于上述现金流量都具有永续年金的性质,因此,将其除以适当的贴现率,就可以计算出有负债公司的价值。

计算公式如下:

$$
\begin{aligned}
V_l &= \frac{EBIT(1-T_c)(1-T_s)}{K_{su}} - \frac{I(1-T_c)(1-T_s)}{K_d} + \frac{I(1-T_d)}{K_d} \\
&= V_u + \left[1 - \frac{(1-T_c)(1-T_s)}{1-T_d}\right]\left[\frac{I(1-T_d)}{K_d}\right] \\
&= V_u + \left[1 - \frac{(1-T_c)(1-T_s)}{1-T_d}\right]D \tag{8.22}
\end{aligned}
$$

从式中可以看出,有负债公司的价值等于没有负债公司的价值,加上负债的节税利益。而节税利益的大小视三个税率而定,即:公司所得税率(T_c)、适用于股票收入的个人所得税率(T_s)和适用于利息收入的个人所得税率(T_d)。这三种税率的相互变化影响节税利益,从而影响公司的价值。

有关税率影响公司价值的情形主要有下列几种:

1. 如果没有公司所得税和个人所得税,即:$T_c = T_s = T_d = 0$ 时,则:

$$\begin{aligned} V_l &= V_u + \left[1 - \frac{(1-T_c)(1-T_s)}{1-T_d}\right]D \\ &= V_u + (1-1)D \\ &= V_u \end{aligned}$$

$$(8.23)$$

即有负债公司的价值和无负债公司的价值相等,这正好是最初的 MM 无税模型。

2. 如果没有个人所得税,而只有公司所得税,即:$T_s = T_d = 0$ 时,则:

$$\begin{aligned} V_l &= V_u + \left[1 - \frac{(1-T_c)(1-T_s)}{1-T_d}\right]D \\ &= V_u + [1 - (1-T_c)]D \\ &= V_u + T_c \cdot D \end{aligned}$$

$$(8.24)$$

这意味着,有负债公司的价值等于没有负债公司的价值加上负债的节税利益。这正好是 MM 公司税模型。

3. 如果股票收入的个人所得税率等于利息收入的个人所得税率,即:

$T_s = T_d$,则:$V_l = V_u + T_c \cdot D$,这说明这两种所得税对有负债公司价值的影响相互抵消,因此,将个人所得税导入 MM 公司税模型,并不影响先前的结论。

4. 如果 $(1-T_c)(1-T_s) = (1-T_d)$,我们可以得到:$V_l = V_u$。这表明负债的节税利益正好被个人所得税所抵消,在这种情况下,资本结构对公司的价值和资本成本没有影响。

5. 如果 $T_s < T_d$,而 $(1-T_c)(1-T_s) < (1-T_d)$。我们可以得到:$V_u < V_l < V_u + T_c \cdot D$,表明举债能提高公司的价值,但所增加的价值小于 MM 公司税模型。

6. 如果 $(1-T_c)(1-T_s) > (1-T_d)$,则我们可以得到:$V_l < V_u$,这表明由于负债增加而增加的个人所得税超过了负债的节税利益,在这种情况下,举债便会损害公司的价值。

总之,米勒模型显示了在一般税率情况下,因个人所得税的存在会使节税利益降低,但举债仍然有其价值,因此负债越多越好。

第四节　权衡模型

总价值理论揭示：负债可以为公司提供更多的节税利益，因此负债越多越好。然而，负债也同样会给公司带来负面影响，它会给公司带来更多的经营压力，因为公司负债后就承担着利息和本金的支付责任。如果公司负债过多导致无力支付利息和本金，也就是出现财务危机，最终可能导致公司的破产。因此，在评估公司价值时，不容忽视财务危机成本（破产成本）的存在。而且负债融资还可能导致股东和债权人之间的利益冲突，因而也会出现代理成本。MM资本结构理论中假设不存在交易成本，但事实上上述这两种交易成本是客观存在的，而且是不容忽视的。权衡模型就是考虑了上述交易成本后，对MM理论进行的修正。

一、财务危机成本（破产成本）

许多企业都受到过财务危机的困扰，其中一些企业因此而破产。当企业出现财务危机时，就可能出现如下情形：

1. 企业所有者和债权人之间的纠纷常常会延误企业资产的清算，从而导致机器生锈、建筑物年久失修、存货过时等损失。因为产权纠纷往往要若干年后才会有结果。

2. 律师费、法庭收费等诉讼费用和企业相关的行政费用开支，往往会花掉企业大量资金。

上述两项费用通常称为财务危机的直接成本。

3. 如果企业出现财务危机，甚至破产，这又意味着企业的经理和雇员将失去工作，这样他们将会采取一些短期行为来解燃眉之急，如推迟机器大修、拍卖有价值的资产、降低产品质量以便降低成本等。这些短期行为会损害公司的长期价值。

4. 当企业出现财务危机时，公司的客户和供应商害怕危及自己的利益往往采取"逃避的行为"，这无疑给企业的经营"雪上加霜"；而且，当企业出现财务危机时，正是企业最需要资金的时候，但此时投资者避之唯恐不及，企业借不到资金；最后，企业骨干人员和技术人员纷纷"跳槽"，无疑将企业进一步推向了毁灭的深渊。

后两种情况通常称为财务危机的间接成本。

在有负债的企业中,财务危机成本是由股东承担的,但可能危及债权人的利益。因此,债权人在提供贷款时,往往要考虑破产的风险,并通过提高贷款利率的办法来抵偿这种风险。这样必然会减少股东的股利,从而减少公司的价值。

如果考虑了负债导致财务危机成本的出现,那么,公司价值模型可以写成:

$$V_l = V_u + T_c \cdot D - 财务危机成本的现值 \qquad (8.25)$$

二、代理成本

(一)权益资本代理成本

我们在第一章已经讲过,在现代公司里,股东和管理者之间会产生代理成本,这种代理成本我们通常称之为"权益资本代理成本"。简单来说,权益资本代理成本主要包括:

1.管理者不会像股东那样努力工作。管理者总是希望能有较少的工作时间、工作时间里较多的空闲或者有效的工作时间内减少工作强度等等。

2.管理者会在工作中寻找额外补贴。例如有更大的办公用房、享有公车等等。

3.过度投资。甚至投资在净现值为负的项目上以增大公司的规模,因为他们的薪酬会随着公司规模的扩大而增加。

4.股东为了防止管理者损害股东利益而花费的激励成本和监督成本等。

(二)债务资本代理成本

公司有了负债后,又会在股东和债权人之间产生代理成本,这种代理成本我们通常称之为"债务资本代理成本"。主要包括:

1.股东会选择高风险的投资方案,如果投资失败,将有一部分损失由债权人承担;

2.减少或者不做足额投资,虽然投资项目是正的净现值,但在债权人得到大部分利益时,股东可能拒绝该项投资;

3.股东会尽量剥夺财产,如发放超额股利等。

正是由于存在股东利用各种方式损害债权人利益的可能性,因此,债权人在提供贷款时,往往会设置若干保护性条款。这些保护性条款会在一定程度上约束企业的经营,使得公司效率降低。而且为了保证这些条款得以实施,还必须对公司进行监督。监督的费用也是以较高的负债成本加到股东的身上。经营效率降低和监督的成本即"债务资本代理成本"的存在，会提高负债的成本从而降低负债的利益。

总之，代理成本可由多种情况产生，但其最基本的情况可由图 8-5 表示。

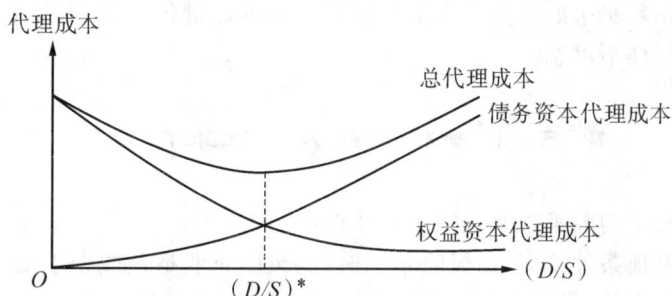

图 8-5　代理成本

图 8-5 显示，当公司没有负债时，总代理成本也就等于权益资本代理成本，随着负债的增加，权益资本代理成本会逐渐下降，债务资本代理成本逐渐上升。刚开始负债时，总代理成本呈下降的趋势，当负债达到一定水平后，由于负债资本代理成本上升幅度较快，导致总代理成本又出现上升趋势。因此，在这种情况下，企业最佳资本结构应该是总代理成本最低时的负债比率。即图 8-5 中的 $(D/S)^*$。

如果考虑代理成本，那么公司的价值模型可以表述为：

$$V_l' = V_u + T_c \cdot D - 财务危机成本现值 - 代理成本现值 \qquad (8.26)$$

权衡模型可用图 8-6 表示：

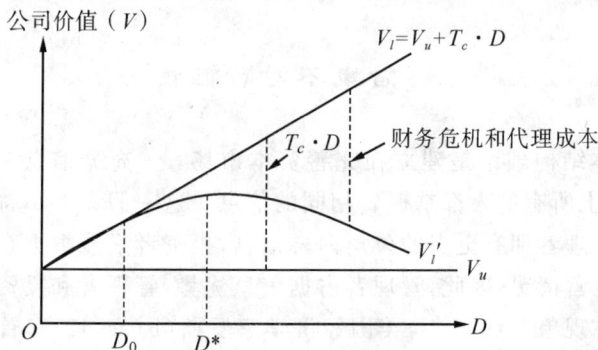

图 8-6　最佳资本结构

从图 8-6 可以看出,通过运用负债,最初使得公司价值由 V_u 增加至 V_l,所增加的价值为 $T_c \cdot D$。当负债达到 D_0 时,便是第一个转折点,此时财务危机成本和代理成本的副作用开始显现,使得公司的价值下降。即由 V_l 变成 V_l'。当负债达 D^* 时,公司价值 V_l' 最大化,此时就是最佳资本结构。

尽管在现实中财务危机成本和代理成本难以量化测算,但我们在研究资本结构时同样不可忽视。

三、权衡模型的几个政策含义

权衡模型的政策含义包括以下几点:

1. 当其他条件相同,而风险不同时,高风险企业举债应少于低风险企业。因为风险越大,发生财务危机的可能性也越大,从而预期的财务危机成本也越高。

2. 公司拥有大量不动产、生产设备等有形资产,其财务危机成本会较低,所以他们的负债能力会较高。

3. 当其他条件一样,高税率的企业可以比低税率的企业拥有更多的负债,因为税率高节税利益也更大。

根据权衡模型,每个企业都应建立自己的目标财务结构,以使企业价值最大化,并且它们都应该服从上述三个特点。

第五节　资本结构理论的信息经济学观点

一、信息不对称假说

MM 资本结构理论是建立在完善资本市场——充分信息——假设条件下的,即世界上所有的人都掌握着相同的信息。这一假设并不符合市场实际情况。公司管理者拥有更多的公司内幕信息,投资者只能根据企业发送的信息判断企业经营情况,因此,管理者占据信息优势,管理者和投资者双方存在着信息不对称现象。1977 年,美国经济学家罗斯(Ross,1977)首次系统地将信息不对称理论引入企业资本结构的分析中。

信息不对称假说试图通过信息不对称理论中的"信号"、"动机"、"激励"等概念,改变过去资本结构理论中只注重税收、财务危机成本、代理成本等对企业最优资本结构的影响的思维模式,转而研究信息不对称状态下企业内部的资本结构,从而使资本结构理论由利益的权衡转向企业内部资本结构的设计及企业制度的设计,为研究资本结构提供了一个新的思路。

罗斯假定管理者对企业未来发展拥有内部信息,而投资者没有,因此投资者只能通过管理者提供的信息间接地评价企业价值。由于管理者与投资者所能掌握的信息不对称,因此如果企业面临良好的投资机会而通过增发新股筹集资金时,往往会被外部投资者认为:若企业盈利丰厚,则不会将未来巨额利润从老股东手中通过发行股票实现向新股东的转移。因而通过增发新股筹集资金是公司财务状况不好的表现。但发行债务筹资则能够消除这种信息不对称。企业负债比率的变化就是一种向市场传递内部信息的渠道。负债比率的上升是一种积极信号,它表明管理者对企业的未来收益有较高的预期,并会为此而努力工作。这一积极的信号传递了管理者对企业充满了自信,也将使潜在投资者对企业信心倍增。外部投资者往往把较高的负债比率视为高质量的一个信号,即企业价值与负债比率正相关。相反地,对于发展前景不好的企业,由于没有足够的未来现金流量偿还高额负债,很难利用负债比率传递与经营前景好的企业相同的信息,否则只会造成企业资不抵债。因此,这些企业在需要外部融资时,也只好采用发行新股方式了。

二、融资优序信号假说

20世纪60年代初期,哈佛大学的戈登·唐纳森(Gordon Donaldson)教授通过一项调查得出:企业需要融资时,大部分会首先选择内部资金,如果需要外部融资,一般顺序为债券、可转换证券、普通股。唐纳森教授将以上的发现称为融资的选择顺序。斯特沃特·梅耶斯(Stewart Myers)教授根据这一发现,提出了融资顺序的信息不对称理论。在他看来,投资者之所以对企业的资本结构感兴趣,是因为当企业公布其所选定的资本结构时,股票的价格就会产生变化,这种变化可以解释为"信息效应",它与如何达到这个资本结构本身是没有关系的。

在信息不对称状态下,管理者是企业内幕信息的掌握者,比市场或企业外部投资者更了解企业的收益和投资的真实情况。外部投资者只能根据管理者所传递的信号来重新评价他们的投资决策。假设企业需要融资,首先考虑采用发行证券的方法,由于管理者比潜在的投资者更为清楚投资项目的真实价值,如果项目的净现值为正数,该投资项目则能够增加股东的财富,由于管理者代表的是旧的股东的利益,此时,管理者就不愿意采取发行证券的方式来将这一对于新的投资者是利好的消息予以披露,以避免投资收益向新的投资者转移。投资者在知道管理者的这一行为模式后,会将企业发行股票看作是当企业不能够有效增加旧股东利益时而被迫融资的坏消息,投资者会根据项目价值重新进行估价,从而导致投资者降低对新股的估价,使企业的融资成本可能会超过净现值,企业市场价值下降。因此,当管理当局拥有对企业有利的内部消息时,最好是发行债券。梅耶斯由此确定了信息不对称理论的两个中心思想:偏好内部融资;如果需要外部融资,则偏好债务融资。事实上优序理论主要是基于以下两种解释基础之上:

1. 因为要支付大量费用给资金提供者,外部融资是昂贵的。

2. 当公司管理者对公司的了解比股东多时(信息不对称),股东难于准确地估价外部权益。这个事实会导致股东不愿意接受新股的发行。

优序理论至少有以下两个关联含义:

1. 公司在经营状况比较好的时候储藏现金,以应对在经营不景气时的外部融资需求。也可以在经营状况比较好的时期使用较少的债务,以便在经营不景气时(或出现重大机会时)能借到所需的资金。这种现金聚集和低负债水平实质上是在保留高融资能力。

2. 优序理论并未暗示明确的目标资本结构。相反地,资本结构应随着资本支出和留存收益的变化而变化。

第六节 资本结构决策

通过上述资本结构理论的学习,我们知道,判断一家公司资本结构是否合理是复杂和困难的,甚至可以认为,资本结构的优化在不同国家、不同行业、不同时期都有可能各不相同。下面我们所要介绍的是有关资本结构优化的一些方法。

一、融资决策——每股收益无差别点法

我们在杠杆作用一节中已经提到,每股收益的高低不仅受到销售额的影响,而且也受到资本结构的影响。因此,判断资本结构是否合理,我们就可以

通过分析每股收益的变化来衡量。也就是说,能够促进每股收益提高的资本结构是合理的;反之,就不合理。

每股收益无差别点法就是利用每股收益无差别点来判断在什么样的销售额下适合采取何种资本结构。

每股收益无差别点是指每股收益不受融资方式影响的销售额。它可以通过计算得出。

我们知道。每股收益(EPS)可用下面公式计算:

$$EPS = \frac{(S-VC-F-I)(1-T_c)}{N} = \frac{(EBIT-I)(1-T_c)}{N} \qquad (8.27)$$

式中:S 为销售额;

　　　VC 为变动成本;

　　　F 为固定成本;

　　　I 为债务利息;

　　　T_C 为公司所得税率;

　　　N 为流通在外普通股加权平均股数;

　　　$EBIT$ 为息税前利润。

在每股收益无差别点上,无论是采用负债融资,还是股票融资,每股收益都是相等的。即:

$$EPS_1 = EPS_2 \qquad (8.28)$$

其中:EPS_1 为负债融资的每股收益;

　　　EPS_2 为股票融资的每股收益。

(8.28)式可以分解为:

$$\frac{(S_1-VC_1-F_1-I_1)(1-T_c)}{N_1} = \frac{(S_2-VC_2-F_2-I_2)(1-T_c)}{N_2} \qquad (8.29)$$

每股收益无差别点,就是 $S=S_1=S_2$。我们通过上式可以解出每股收益无差别点销售额(S)。

【例 8-20】A 公司原有资本 400 万元,其中负债 100 万元,利率 10%,每年负担利息 10 万元,普通股资本 300 万元(发行 300 万股,每股面值 1 元)。由于业务发展的需要,须追加筹资 200 万元。有两种筹资方式可供选择:一是增发新股 200 万股,每股面值 1 元;二是筹借长期借款 200 万元,利率 10%,年利息 20 万元。公司变动成本率 60%,固定成本为 90 万元,所得税率 30%。

根据上述资料计算该公司每股收益无差别点的销售额如下:

$$\frac{(S-0.6S-90-10)\times(1-30\%)}{300+200} = \frac{(S-0.6S-90-10-20)\times(1-30\%)}{300}$$

解得:S=378.38(万元)

无差别点上的每股收益为:

$$\frac{(378.38-378.38\times0.6-90-10)\times(1-30\%)}{500}=0.072(元/股)$$

也就是说,当销售额等于 378.38 万元(每股收益无差别点)时,股票融资和负债融资对每股收益没有影响;当销售额高于 378.38 万元时,运用负债融资可以获得较高的每股收益;当销售额低于 378.38 万元时,运用股票融资可获得较高的每股收益。

它可用图 8-7 表示。

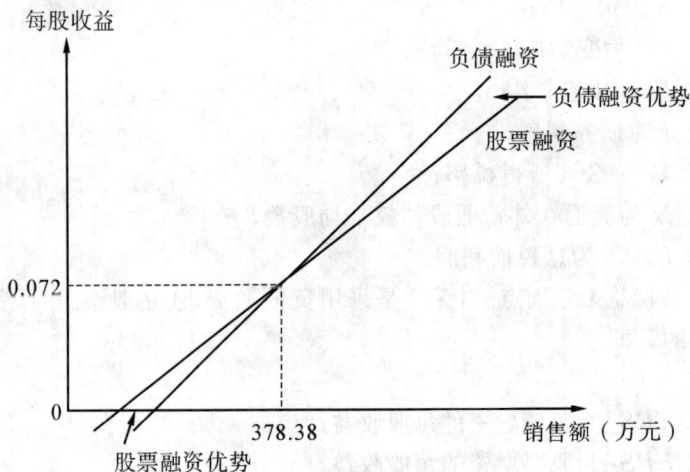

图 8-7 每股收益无差别点分析

每股收益无差别点的最大缺点是没有考虑风险的问题。

二、最佳资本结构决策

如前所述,公司理财目标是股东财富最大化。因此,最佳资本结构也应该是股东财富最大化(企业价值最大化)或加权平均资本成本最低时的资本结构。

为了便于说明这一问题,我们先来回顾一下过去所学过的一些知识。

公司的市场价值(V)等于股票价值(S)加上负债的价值(D),即:

$$V=S+D$$

我们也知道,普通股的价值可用下列公式计算:

$$S = \frac{(EBIT - K_d \cdot D)(1 - T_c)}{K_s}$$

普通股资本成本(K_s)可用资本资产定价模型计算,即:

$$K_s = R_s = R_f + \beta(R_m - R_f)$$

式中:R_f 为无风险利率;

　　　β 为某一家公司股票的贝塔系数;

　　　R_m 为市场上所有股票平均报酬率。

加权平均资本成本可用下列公式计算:

$$K_a = K_d\left(\frac{D}{V}\right)(1 - T_c) + K_s\left(\frac{S}{V}\right)$$

其中:K_d 为税前负债资本成本。

回顾了上述知识后,我们通过一个具体案例来说明最佳资本结构决策。

【例 8-21】假设某公司目前没有负债,其资本全部为普通股,计 1 000 万股,每股面值 1 元,公司不再增长,其每年息税前利润固定为 400 万元。该公司认为,目前资本结构不合理,他们打算以举债回购普通股方式来调整资本结构。假设无风险利率 R_f 为 6%,市场平均报酬率 R_m 为 10%,公司所得税率为 40%。经过咨询调查,公司的资本成本资料如下表 8-14。

表 8-14　不同负债水平的资本成本

负债价值 D (万元)	税前债务资本成本(%) K_d	公司股票 β 值	普通股资本成本(%) K_s
0	——	1.50	12.00
200	8.00	1.55	12.20
400	8.30	1.65	12.60
600	9.00	1.80	13.20
800	10.00	2.00	14.00
1 000	12.00	2.30	15.20
1 200	15.00	2.70	16.80
1 400	18.00	3.25	19.00

表 8-14 中普通股资本成本 $K_s = R_s = R_f + \beta(R_m - R_f)$,如负债 600 万元时,计算得:$K_s = 6\% + 1.80 \times (10\% - 6\%) = 13.20\%$。

运用上述其他公式,我们可以计算出不同负债水平下公司价值、股票价值和加权平均资本成本,如表 8-15 所示。

表 8-15　公司价值和加权平均资本成本

负债价值 D（万元）	税前债务资本成本（%）	普通股资本成本（%）	普通股总价值 S(万元)	公司价值 V（万元）	加权平均资本成本（%）
(1)	(2)	(3)	(4)	(5)=(1)+(4)	(6)
0	——	12.00	2 000.00	2 000.00	12.00
200	8.00	12.20	1 888.50	2 088.50	11.50
400	8.30	12.60	1 746.70	2 146.70	11.20
600	9.00	13.20	1 572.70	2 172.70	11.00
800	10.00	14.00	1 371.40	2 171.40	11.10
1 000	12.00	15.20	1 105.30	2 105.30	11.40
1 200	15.00	16.80	785.80	1 985.70	12.10
1 400	18.00	19.00	315.80	1 715.80	12.30

在表 8-15 中，前三列数字来自表 8-14。普通股价值 S 根据前面公式计算。如当负债达到 600 万元时，公司股票价值为：

$$S=\frac{(400-9\%\times600)\times(1-40\%)}{13.20\%}=1\ 572.70(万元)$$

从表 8-15 可以看出，当公司没有负债时，公司总值就是普通股价值，当公司开始负债时，公司总价值开始上升，加权平均资本成本开始下降。在负债达到 600 万元时，公司总价值最高，加权平均资本成本最低。负债超过 600 万元后，公司价值又开始下降，加权平均资本成本又开始上升。可见，负债 600 万元是该公司最佳资本结构。

第九章　资本预算

公司的资本预算,也可以称为资本支出决策计划,主要是公司固定资产投资的计划。本章将对资本预算的影响、资本预算的程序、概况等进行介绍,并详细介绍资本预算中投资方案及其现金流量的计算、投资方案评估的各种方法及其应用以及相关的风险分析。

第一节　资本预算的概述

一、资本预算的定义

资本预算,也可称为资本支出决策计划,是公司的长期投资决策。它是指对公司长期投资项目的资金流进行全面的预测、分析和评价的财务工作。也就是对长期投资项目进行分析决策的过程,它是企业财务管理人员所面临的重要决策过程之一。

资本预算可能是财务管理中最重要的决策,因为公司的生产、行销等所有部门几乎都直接受到资本预算决策的影响,它的正确与否将直接影响公司的财务状况和经营成果,乃至影响公司的生存和发展,而且资本预算决策对公司的获利能力、资金结构、偿债能力以及长远发展和日常财务管理也都有着直接影响。因此,长期投资决策决不能在缺乏严密的论证和可行性分析的情况下轻率地做出,必须按照一定的程序,认真细致地做好资本预算的编制,运用科学的方法进行分析评价,以保证决策的科学有效。

二、资本预算的步骤（程序）

资本预算的步骤一般有四个：即：提出资本投资方案；进行投资项目评价；投资项目的决策，进行资本预算及选择可行方案；投资项目的执行与事后评价，并在项目结束时对其经营成果进行期后审计。

1. 提出投资方案

投资方案可以从公司内部也可以从公司外部产生，可以由公司的各级管理者提出来。一般说来，公司高级主管，如总经理提出来的大多是战略性的投资，基层或中层管理者提出来的战术性的投资。

公司可以在调查研究和收集相关资料的基础上，对与项目相关的情况作出合理的预测，如未来产品和要素市场的市场状况和价格水平，以及未来市场各种状况的概率。在预测分析的基础上，制定出各种可供选择的备选方案，以增加企业的选择空间。这些预测也可以为后来的资本预算打下基础。

2. 进行投资项目评价

投资项目的评价主要涉及以下几项工作：一是将提出的投资项目进行分类，为分析评价做好准备；二是计算有关项目的预计收入和成本，预测投资项目的现金流量；三是运用各种投资评价指标，把各项投资按可行性的顺序进行排队；四是写出评价报告，请上级批准。

资本预算中最重要也是最困难的问题，就是评估投资方案相关的现金流量，即评估投资方案的资本支出以及该方案每年所产生的净现金流量。在分析确认相关现金流量过程中必须遵循下面两条基本原则：第一，对资本预算项目的成本和效益进行计量时，必须使用现金流量而不是会计收益；第二，现金流量必须是在增量现金流量的基础上评估。增量现金流量是指项目被接受时公司整个现金流量与项目被拒绝时公司整个现金流量之间的差额。

3. 投资项目的决策

投资项目评价后，公司领导者要做最后决策，即通过对备选方案的分析、比较和评价，选择最优的方案。投资额较小的项目，有时中层经理就有决策权；投资额较大的投资项目，一般由总经理决策；投资额特别大的投资项目，要由董事会甚至股东大会投票表决。不管由谁最后决策，一般都可分成以下三种：(1)接受这个项目，可以进行投资；(2)拒绝这个项目，不能进行投资；(3)发还给项目的提出部门，重新调查后，再做处理。

　　在这一阶段,决策者要运用科学的决策方法检验各种备选方案的可行性,从中选出最有利于企业的方案。这是投资决策过程的核心环节,一旦决策失误,可能严重影响企业的长期发展能力甚至导致企业破产。这一决策过程也是本章的主要内容。

　　4.投资项目的执行与事后评价

　　选择了最优方案以后,就要保证最优方案按照预算的要求组织实施。在实施过程中要将责任落实到各责任单位和个人,并进行严格的事中监督和检查,以确保方案的投资额和各项收支按照预算的要求顺利进行。对发生费用超支或其他意外情况应及时调查,找出原因,评估影响,迅速予以解决。

　　在项目结束以后,企业还要对项目的运行状况和效果进行事后的分析评价,与预算的预期进行比较,从而总结经验,指导以后的资本预算工作。

三、资本预算的项目和类别

　　资本预算有不同的项目分类,而且不同的项目有不同的预算方法。

　　1.根据项目之间的相互关系,可分为独立项目和相关项目

　　独立项目是指采纳或放弃某一项目并不显著地影响另一项目,如购置一个厂房、引进一套生产线、增加存货等,均属独立性投资。如果采纳或放弃某一项目,会显著影响另外一个项目,那么这样的项目就属于相关项目。相关项目又可分为互相补充型投资项目和互相替代型投资项目。凡是可同时进行、相互配套、缺一不可的投资项目,如港口和码头、油田和输油管道等均属于互相补充的投资。凡是在互相排斥的各项投资中仅选择某一项目的投资,如地址的选择,生产线、生产工艺的选择等均属于互相替代型投资项目,又称为互斥型项目。

　　对于独立项目的评价,可以根据单一项目的可行与否来决策,只要对公司有利,符合评价原则,均可采纳。而相关项目的决策则要把两个或多个项目联系起来,进行综合分析,比较各个项目经济效果的优劣,才能正确进行决策。

　　2.根据投资效果划分,可分为扩大收入型投资项目和降低成本型投资项目

　　扩大收入型投资项目是指通过扩大公司生产经营规模,如扩大产品生产规模、开发新产品等方式提高公司价值。降低成本型投资项目一般不增加收入,通过降低成本支出,如对设备进行更新或大修理等方式来增加公司的价值。

　　对于扩大收入型投资项目的评价一般需要将收入与支出进行对比,以判断是否会增加企业的价值。而对于降低成本型投资项目的评价,则只需比较

相关成本孰低,即可做出决策。

3.根据项目的风险程度划分,可分为确定性投资项目和风险性投资项目

确定性投资项目是指在可以比较准确预测未来的相关因素时所进行的投资。这样的项目现金流量稳定,投资收益可以准确确定,决策过程相对比较简单,如在市场、币值、利率稳定的条件下,企业增加的固定资产投资;风险性投资是指在不能准确预计未来的相关因素时所进行的投资。这样的项目现金流不稳定,未来的投资收益处于不确定状态,企业只能根据现有的信息估计其各种结果的概率。对此类项目,除了评价项目的期望收益以外,还要对其进行详细的风险分析和评价。

第二节 资本预算中的现金流量

现金流量是指在一定时期内,投资项目实际收到或付出的现金数。进入资本预算程序的投资支出,其目的是获得能够增加未来现金流量的长期资产,以便提高公司价值的长期增长潜力。因此,在资本预算中,要评估投资项目的现金流量。它是投资决策中最重要,但也是最难之处。

一、评估现金流的原则

由于投资项目往往要经历较长的时期,进行投资项目现金流评估时,通常采用贴现现金流量法,将不同时点的现金流量调整到同一时点上进行比较分析。在估算现金流时通常应坚持以下三个原则。

1.实际现金流量原则

实际现金流量原则是指计量投资项目的成本和收益时,使用现金流量而不是会计收益。因为在会计收益的计算中包含了一些非现金因素,如折旧费在会计上作为一种费用抵减了当期的收益,但这种费用并没有发生实际的现金支出,只是账面记录而已,因此在现金流量分析中,折旧应加回到收益中。如果将折旧作为现金支出,就会出现固定资产投资支出的重复计算,首先是在期初购买固定资产时,其次是在每期计提折旧时。除折旧外,其他费用如无形资产摊销等也属于这种情况。

实际现金流量原则的另一个含义是项目未来的现金流量必须用预计的未来价格和成本来计算,而不是用现在的价格和成本计算。

2.增量现金流原则

预测现金流量要建立在增量或边际的概念基础上,只有增量现金流量才是与项目相关的现金流量。在判断增量现金流量时,决策者会面临以下四个问题:

(1)区分相关成本与非相关成本

相关成本是指与特定决策有关的、在评价时必须加以考虑的成本,例如差额成本、重置成本、机会成本等都属于相关成本。与此相反,与特定决策无关的、在分析时不必加以考虑的成本是非相关成本,例如沉没成本、历史成本、账面成本等往往是非相关成本。

沉没成本是指过去已经发生,无法由现在或将来的任何决策所能改变的成本。一般来说,大多数沉没成本是与研究开发及投资决策前进行市场调查有关的成本。在投资决策中,沉没成本是与决策无关的成本。

例如,某投资项目前期工程投资50万元,要使工程全部完工,需追加50万元。如果工程完工后的收益现值为60万元,则应追加投资,完成这一项目。因为公司面临的不是投资100万元收回60万元的问题,而是投资50万元收回60万元。此时,工程前期发生的50万元投资是属于决策无关的沉没成本。如果决策者将沉没成本纳入投资成本总额中,则会使一个有利的项目变得无利可图,从而造成决策失误。

又如制造费用,在投资决策时,对于制造费用应做进一步的分析。只有那些确因本投资项目的发生而引起的制造费用,才能计入投资的现金流量。而与公司投资是否进行无关的制造费用,则不应计入投资的现金流量中。

(2)不可忽视机会成本

机会成本是指在投资决策中,从多种方案中选取最优方案而放弃次优方案所丧失的收益。机会成本不是我们通常意义上的“成本”,它不是一种支出或费用,而是失去的收益。这种收益不是实际发生的,而是潜在的。虽然机会成本并未发生现金实体的交割或转让行为,但作为一种潜在的成本,必须加以认真对待,以便为既定资源寻求最佳使用途径。

(3)必须考虑附加效应

在估计项目现金流量时,要以投资对公司所有经营活动产生的整体效果为基础进行分析,而不是孤立地考察某一项目。假设某公司一个部门打算引进一种会直接与另一个部门生产的产品相竞争的新产品。对第一个部门来说,这个产品是值得生产的,但是如果考虑到它将给第二个部门产品带来不利的因素,这个项目就没有什么吸引力了。

(4)净营运资本的影响

净营运资本是指流动资产与流动负债的差额。一般而言,若公司接受了新项目,随之而来的就是对流动资本需求的增加。公司必须筹集新的资本以满足这种需求,同时,由于流动负债会在一定程度上自动增加,这会降低公司对流动资本的部分需求。因此,我们需要考虑的是增加的流动资产与流动负债之间的差额,即净营运资本增量。净营运资本增量一般假设在投资项目结束时全部回收流入公司内部。

3.税后原则

即评价投资的现金流量应是税后的现金流量。

二、评估现金流量的方法

公司做资本预算时,投资项目的现金流量实际上是在项目寿命期内投资该项目与不投资该项目时公司现金流量的差。因此,投资项目的现金流量是增量现金流量,等于公司投资某项目的现金流量减去不投资此项目的现金流量。

投资项目的现金流量一般分为初始现金流量、经营现金流量和终结现金流量。

1.初始现金流量

也即投资支出,是投资开始时(主要指项目建设过程中)发生的现金流量,主要包括:

(1)固定资产投资支出:包括设备购置费、运输费、安装费等。

(2)垫支的营运资本:指项目投产前后分次或一次投放于流动资产上的资本增加额。其计算公式为:

当年营运资本增加额＝本年流动资本需用额－上年流动资本　　　(9.1)

其中,本年流动资本需用额＝该年流动资产需用额－该年流动负债需用额

(3)其他费用:即不属于以上各项的投资费用,如投资项目的筹建费、职工培训费等。

(4)原有的固定资产的变价费用:即固定资产重置、旧设备出售时的净现金流量。

(5)所得税效应:即固定资产重置所产生的税收损益。

2.经营现金流量

经营现金流量是指项目投入使用后,在寿命期内由于生产经营给公司带来的现金流入和现金流出增量。

经营现金流量是指项目建成后,生产经营过程中发生的现金流量,这种现

金流量一般是按年计算的。经营现金流量主要包括:(1)增量税后现金流入量,是指投资项目投产后增加的税后现金收入(或成本费用节约额);(2)增量税后现金流出量,是指与投资项目有关的以现金支付的各种税后成本费用(不包括固定资产折旧费以及无形资产摊销费等,也称经营成本)以及各种税金支出。

经营现金流量的确认可根据利润表的有关资料得出,其基本计算公式为[①]:

$$净现金流量＝收现的销售收入－经营成本费用－所得税 \qquad (9.2)$$

(9.2)式中的所得税在某种程度上依赖于折旧的增量变动,为反映折旧变化对现金流量的影响,(9.2)式可变为:

$$\frac{净现金}{流\ \ 量}=\left(\frac{销售}{收入}-\frac{经营}{成本}\right)\times\left(1-\frac{所得}{税率}\right)+折旧\times\frac{所得}{税率} \qquad (9.3)$$

其中"经营成本"一般是指总成本减去固定资产折旧费、无形资产摊销费等不支付现金的费用后的余额。"折旧×所得税率"称作税负节余,是由于折旧计入成本,冲减利润而少缴的所得税额,这部分少缴的所得税形成了投资项目的现金流入量。

如果项目的资本全部来自股权资本,则经营期净现金流量可按下式计算:

$$净现金流量＝税后利润＋折旧 \qquad (9.4)$$

如果投资项目在经营期内追加流动资产和固定资产投资,其增量投资额应从当年增量现金流中扣除,则计算公式可变为:

$$\frac{净现金}{流\ \ 量}=\frac{收现}{收入}-\frac{经营}{成本}-所得税-\frac{追加的流动}{资产投资}-\frac{追加的固定}{资产投资} \qquad (9.5)$$

【**例 9-1**】假设某项目投资后,第一年的会计利润和现金流量如表 9-1 所示,计算当年的经营净现金流量。

表 9-1　某投资项目的会计利润和现金流量

单位:元

项　　目	会计利润	现金流量
销售收入	100 000	100 000
经营成本	(50 000)	(50 000)
折旧费	(20 000)	0
税前利润或现金流量	30 000	50 000
所得税(34%)	(10 200)	(10 200)
税后利润或净现金流量	19 800	39 800

---

①　为方便计算,假设没有无形资产。

计算得：

经营净现金流量＝（销售收入－经营成本）×（1－所得税率）＋折旧×
所得税率
　　　　　　　＝（100 000－50 000）×（1－34％）＋20 000×34％
　　　　　　　＝39 800（元）

或经营净现金流量＝税后利润＋折旧＝19 800＋20 000＝39 800（元）

3. 终结现金流量

又称期末现金流量。期末净现金流量是指项目结束时能够收回的现金流量，它主要包括经营现金流量和非经营现金流量，其中经营现金流量与经营期现金流量计算方式一样，非经营现金流量主要包括以下几部分：

（1）固定资产清算变现的税后收入。固定资产出售时税负损益的确定方法与初始投资时出售旧设备发生的税负损益相同，如果预计固定资产报废时残值收入大于税法规定的数额，就应上缴所得税，形成一项现金流出量；反之则可抵减所得税，形成现金流入量。

（2）回收投入项目的净营运资本。这部分资本不受税收因素的影响。税法把它视为资本的内部转移，就如同把存货和应收账款换成现金一样，因此，收回的营运资本仅仅是现金流量的增加。

（3）停止使用的土地出售收入。

三、现金流量评估中应注意的问题

1. 折旧和税收对现金流量的影响

折旧是将固定资产的原始价值在规定的年限内转化为费用，计入成本。折旧并不是公司实际的资金支出，不能作为现金流出从流入的销售额中减去。在不考虑所得税的情况下，折旧额变化对现金流量没有影响。因为不论公司采取什么样的折旧方式，所改变的只是会计利润的大小，不会改变实际现金流量的发生模式。

但是，在应税收入中，这部分折旧是免税的，应该从应税收入中加以扣除。因此，项目折旧费的大小和所得税税率的高低直接影响项目净经营现金流量的大小。

2. 利息费用对现金流量的影响

在投资项目评估中，利息费用对投资项目的影响主要有两种分析模式：一种是将这些影响因素视作费用支出，从现金流量中扣除；一种是将筹资影响归于现金流量的资本成本(贴现率)中,这里的贴现率一般是指为项目提供资本的投资者要求的收益率,如果不考虑所得税和筹资费用,项目投资者要求的收益率就是项目的资本成本。如果从项目的现金流量中扣除利息费用,然后再按此贴现率进行贴现,就等于双重计算筹资费用。

3.通货膨胀对现金流量的影响

在投资项目评估中,通货膨胀可能会同时影响项目的现金流量和投资的必要收益率(贴现率),从而使项目的净现值有可能保持不变。

估计通货膨胀对项目的影响应遵循一致性的原则,即如果预测的现金流量序列包括了通货膨胀的影响,则贴现率也应包括这一因素的影响;反之亦然。但是,在计算通货膨胀变化对各种现金流量的影响时,应注意不同现金流量受通货膨胀的影响程度是各不相同的,不能简单地用一个统一的通货膨胀率来修正所有的现金流量。

通常说来,折旧额并不随通货膨胀的变化而变化,导致纳税额增长速度高于通货膨胀增长速度,从而降低了投资项目的实际收益率,影响投资决策的正确性。

第三节 资本预算的评价方法

资本预算的评价方法,就是资本预算中的决策方法。根据是否考虑资金的时间价值,资本预算的评价方法分为贴现的分析评价方法和非贴现的分析评价方法。常用的贴现法有净现值法、现值指数法、内部报酬率法等;非贴现法有投资回收期、会计收益率等方法。

一、净现值法

净现值是反映投资项目在建设和生产服务年限内获利能力的指标。

一个项目的净现值是指在整个建设和生产服务年限内各年净现金流量按一定的贴现率计算的现值之和。其计算公式为:

$$NPV = \sum_{t=1}^{n} \frac{NCF_t}{(1+K)^t} - I$$

$$= \left[\frac{NCF_1}{1+K} + \frac{NCF_2}{(1+K)^2} + \cdots + \frac{NCF_t}{(1+K)^t} \right] - I \qquad (9.6)$$

式中,NPV 为净现值;

　　NCF_t 为第 t 期的现金流量(t 为项目预期的经济寿命期);

　　K 为适当的贴现率(可以是公司的资本成本,也可以是公司所要求的最低收益率);

　　I 为该投资项目的投资成本。

净现值法是将未来的现金流量以适当的资金成本贴现成现值,再减去投资成本,体现了项目的投资效益,并通过净现值大小的比较来决定方案的取舍。一般地,当投资项目的净现值大于零时,接受该项目;净现值小于零,则放弃该项目;如果两个或两个以上互斥项目的净现值都大于零,则选择净现值最高的项目。

【例 9-2】某公司一投资项目的现金流量资料如表 9-2 所示。

表 9-2　某公司一投资项目现金流量表

单位:万元

	0	1	2	3	4	5
初始现金流	−6 180					
经营现金流		3 165.61	3 165.61	3 165.61	3 165.61	3 165.61
终结现金流						2 405.7
总现金净流量	−6 180	3 165.61	3 165.61	3 165.61	3 165.61	5 571.31

要求:分析该项目是否可行。

假定项目的投资贴现率为 8%,则该项目的净现值为:

$$NPV = \left[\frac{3\ 165.61}{1+8\%} + \frac{3\ 165.61}{(1+8\%)^2} + \frac{3\ 165.61}{(1+8\%)^3} + \frac{3\ 165.61}{(1+8\%)^4} + \frac{5\ 571.31}{(1+8\%)^5} \right] - 6\ 180$$

$$= 8\ 096.334(万元)$$

因为 $NPV = 8\ 096.334 > 0$,因此该项目可行。

二、现值指数法

现值指数又称为获利指数,是指投资项目未来现金流入量现值与现金流出量现值(指初始投资的现值)的比率,又称为现值比率。它是以相对数的形式来反映投资项目的效率。其计算公式为:

$$PI = \sum_{t=0}^{n} \frac{CIF_t}{(1+K)^t} \div \sum_{t=0}^{n} \frac{COF_t}{(1+K)^t} \qquad (9.7)$$

式中, PI 为现值指数;

CIF_t 为第 t 期的现金流入量;

COF_t 为第 t 期的现金流出量。

如果项目投资过程中没有追加投资,则现值指数的计算公式为:

$$PI = \frac{\sum_{t=1}^{n} \frac{NCF_t}{(1+K)^t}}{I} \qquad (9.8)$$

当投资项目的获利指数大于 1 时,选取该项目;当获利指数小于 1 时,放弃该项目;当有两个或两个以上互斥项目供选择时,选取获利指数最大的项目。

【例 9-3】以例 9-2 数据为例,计算该项目的现值指数。

$$PI = \frac{\sum_{t=1}^{n} \frac{NCF_t}{(1+K)^t}}{I}$$

$$= \frac{\left[\frac{3\,165.61}{1+8\%} + \frac{3\,165.61}{(1+8\%)^2} + \frac{3\,165.61}{(1+8\%)^3} + \frac{3\,165.61}{(1+8\%)^4} + \frac{5\,571.31}{(1+8\%)^5}\right]}{6\,180}$$

$$= 2.31$$

$PI = 2.31 > 1$,故此项目可行。

三、内部报酬率法

内部报酬率又可称为内部收益率或内含报酬率,它是通过计算使预期未来现金流量的现值等于其原投资成本时的贴现率,即净现值为零时的贴现率,并对不同项目的贴现率大小进行比较来决定项目的取舍。内部报酬率法也属于现金流量贴现法。通过求解下述方程可得到内部报酬率。

$$\sum_{t=1}^{n} \frac{NCF_t}{(1+IRR)^t} - I = \left[\frac{NCF_1}{1+IRR} + \frac{NCF_2}{(1+IRR)^2} + \cdots + \frac{NCF_t}{(1+IRR)^t}\right] - I$$
$$= 0 \qquad (9.9)$$

式中, IRR 为内部报酬率。

如果项目的内部报酬率高于公司的资本成本,则选择该项目;如果内部报酬率低于公司的资本成本,则放弃该项目;当有两个或两个以上互斥项目供选择时,选取内部报酬率最高的项目。

公式(9.9)只不过是以净现值公式求出使净现值等于零的特定贴现率,因此,净现值法和内部报酬率法使用的是同一个基本公式。只不过净现值法的贴现率 K 为已知,尔后求出其净现值;内部报酬率法则是将净现值定为零,尔后求出使净现值等于零的 IRR 值。

确定内含报酬率,视每年现金流量是否相同,可以采取不同的办法。

(1)若未来每年的现金流量相同,则公式(9.9)就记为:

$$\sum_{t=1}^{n} \frac{NCF_t}{(1+IRR)^t} - I = \left[\frac{NCF}{1+IRR} + \frac{NCF}{(1+IRR)^2} + \cdots + \frac{NCF}{(1+IRR)^t} \right] - I$$

(9.10)

即:$NCF \times (PVIFA, i, n) = I$ (9.11)

查年金现值表就可得到内部报酬率。

【例 9-4】假定某投资方案的成本为 10 000 万元,预期每年的现金流量为 1 627.45万元,持续 10 年。该方案的成本 10 000 万元也就是 10 年期、每期 1 627.45万元年金的现值,因此,利用上述公式,得:

$$NCF \times (PVIFA, i, n) = I$$

$$(PVIFA, i, n) - \frac{I}{NCF} = \frac{100\ 000}{1\ 627.45} - 6.144\ 6$$

查年金现值表得 IRR 为 10%。

(2)如果每年的现金净流量不同,则需要采用试误的方法寻找内部报酬率。这一方法是首先任意选择一个贴现率(例如 10%,大部分公司的资金成本都在 10%~20%之间,一般以 10%为起点),计算投资项目现金流量的现值,并把它与投资成本进行比较。如果现金流量的现值大于投资成本,则必须降低现值,也就是提高贴现率,并重新计算现值;相反,如果现金流量的现值小于投资成本,则必须降低贴现率。这个过程持续到现金流量的现值大致等于投资成本为止,而使之相等的贴现率即为内部报酬率(IRR)。

IRR 假定各个方案的所有中间投入可按各自的内含报酬率进行再投资而并增值(理论界通常认为这与实际不符)。由于 IRR 的计算与计算基期无关,因此可将所有现金流量折算至最后一年末。这样 IRR 也可理解为使一个投资方案的初始投资额的终值与各年的净现金流量终值之和相等的收益率。这样,方案的净现金流量都是按其 IRR 进行再投资,因此隐含假定不同方案有着不同的再投资收益,从而削弱了 IRR 的可比性。但是,这并不影响 IRR 的客观性,只要预计的现金流量能够实现,那么,无论实际再投资收益率为多少,都不会改变其内含报酬率。

四、外部收益率法

外部收益率(ERR)是为弥补内含报酬率的再投资假设的不足而提出来的,它是使一个投资项目投资额的终值与各年的净现金流量按预定收益率计算的终值之和相等时的收益率。

计算公式为:

$$I(1+ERR)^n = \sum_{t=1}^{n} NCF_t (1+r)^{t-1} \tag{9.12}$$

外部收益率法的评价规则与内部报酬率法相似:对单一项目的可行与否进行决策时,若 ERR 大于资本成本,则方案可行,否则不可行。有多个互斥项目可供选择时,取 ERR 最大的方案。

ERR 是预定收益率的函数。它以预定收益率作为再投资报酬率,受 r 准确性的影响,其取值具有一定的主观性,并且人为预计未来现金收益的报酬率具有很大的不确定性,很难为人所信服,这也是 ERR 难以普及的重要原因。

五、贴现的评价方法的比较

1.净现值法与内部报酬率法

尽管净现值法和内部报酬率法使用的是同一个基本公式,但是两者分别从不同的角度来评估投资计划,甚至可能会产生相互冲突的结果。净现值法着眼于一项计划可使公司的价值增加多少,其假设预期的现金流量能够实现;内部报酬率法则给出一切正如预期时,投资计划所能产生的报酬率。这样,两种方法存在一些基本差异。

首先,两者的基本着眼点不同。净现值法着眼于一项计划能使公司的价值增加多少,内部报酬率法则着眼于一项计划的报酬率。如果公司价值最大化与报酬率最大化有所冲突,则应该设法使前者得以实现。例如,100 万元的投资赚到 30%(IRR＝30%,NPV＝30 万元)远比 10 万元的投资赚到 200%(IRR＝200%,NPV＝20 万元)更好,这就可以说明净现值法与内部报酬率法的基本差异。

其次,就独立的投资项目而言,净现值法和内部报酬率法会得出相同的结论。净现值曲线描绘的是项目净现值与贴现率之间的关系。如果投资项目的现金流量在投资有效期内只改变一次符号,则净现值是贴现率的单调减函数,

即随着 K 的增大,NPV 单调减小。如图 9-1 所示。

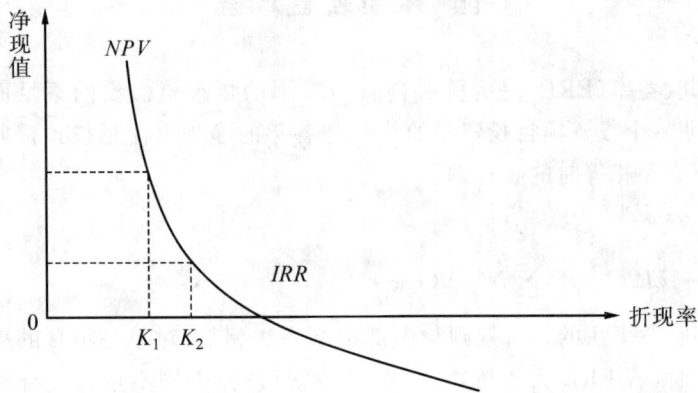

图 9-1

NPV 曲线与横轴的交点就是 IRR。当贴现率小于 IRR 时,净现值大于零;当贴现率大于 IRR 时,净现值小于零;当贴现率等于 IRR 时,净现值等于零。由此可知,当净现值标准得到满足时,内部报酬率标准也会得到满足,因此,对单一项目可行与否的决策或独立项目的选择,二者的结论总是一致的。

最后,对于互斥项目,两种评价方法得到的排序可能相互矛盾。在互斥项目的比较分析中,采用净现值或内部收益率指标进行项目排序,有时会得出相反的结论,即出现排序矛盾。产生这种现象的基本条件有两个:一是项目的投资规模不同;二是项目现金流量模式不同。

【例 9-5】某公司两个待定项目的现金流量表如表 9-3 所示,试比较净现值法与内部报酬率法的不同。

表 9-3　两个投资规模不同的项目现金流量表

单位:万元

	0	1	2	3
A 项目	−10 000	1 000	1 000	1 000
B 项目	−20 000	2 000	2 000	2 400

我们画出这两个项目的净现值曲线,如图 9-2 所示,项目 A 的内部报酬率为 16.04%,项目 B 的内部报酬率为 12.94%,当内部报酬率为 12.07% 时,两个项目的净现值相等。当贴现率小于 12.07% 时,项目 B 的净现值大于项目 A 的净现值,按照净现值法则,应选择项目 B,而根据内部报酬率法则应该选

择项目 A。当贴现率大于 12.07% 时,项目 A 的净现值大于项目 B 的净现值,应选择项目 A。因此,当贴现率小于 12.07% 时,两种方法得出不同的结论,造成净现值法与内部报酬率法所得出的结论相矛盾的根本原因在于,两种方法的再投资假设不同。净现值法下的再投资报酬率是资本成本,而内含报酬率法下的再投资报酬率为项目的内含报酬率,即假定项目产生的现金流量能以该项目的内含报酬率进行再投资。通常认为,在资金充足的市场上,资本成本应是投资者要求的均衡收益率,以资本成本作为再投资假定更加合理。所以,当净现值法和内含报酬率法产生矛盾时,人们更愿意采用净现值法作为评价指标。

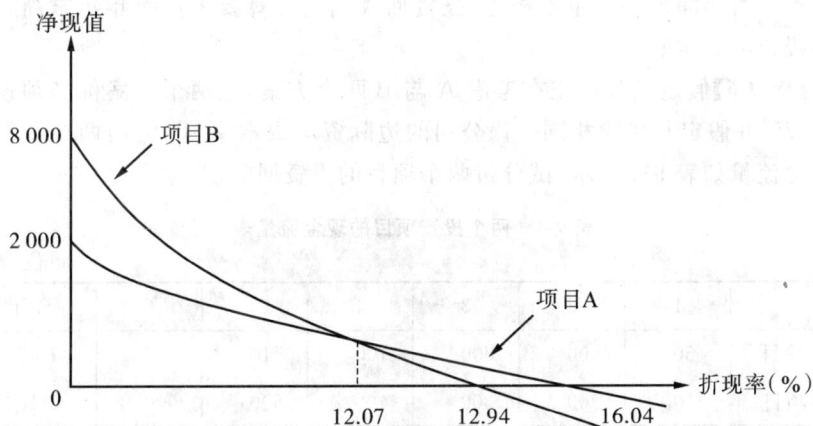

图 9-2

2. 净现值法与现值指数法

净现值法与现值指数法,可以说是从不同方面反映项目的获利能力。净现值法侧重反映项目的效益额,而获利指数侧重反映项目的效率高低。因此,对于独立项目的评价,净现值与现值指数法所得出的结论常常是一致的;对于互斥方案的选择决策,二者可能得到不同的结论。这是因为净现值是一个绝对值指标,而获利指数是一个相对指标。两者之间的关系可以用以下公式表示:

$$NPV = I \times (PI - 1)$$

可见净现值的大小取决于投资规模 I 和获利指数 PI。而且对于规模相同的两个互斥项目,两种方法得到的结论是相同的;对于规模不同的两个项目,如果获利指数相同,规模较大的项目会带来更高的净现值。更高的净现值符合企业价值最大化的目标,因此,在这种情况下,应选择净现值最大的方案。

六、非贴现的评价方法

1.投资回收期

投资回收期指收回全部初始投资所需要的时间,也就是通过项目的净现金流量来回收初始投资所需要的时间,一般以年为单位。投资回收期的计算,因每年的经营净现金流量是否相等而有所不同。

如果每年的经营净现金流量相等,其计算公式为:

投资回收期＝初始投资额/年净现金流量   (9.13)

如果每年净现金流量不相等,投资回收期的计算要根据每年年末尚未回收的投资额确定。

【例 9-6】假定某公司正在考虑 A 与 B 两个方案,这两个方案都必须投资1 000万,并假定其风险相同。该公司的边际资本成本率为10％,两个方案的净现金流量如表 9-4 所示,试分析两个项目的投资回收期。

表 9-4　两个投资项目的现金流量表

单位:万元

	1	2	3	4	5	6	合计
A 项目	500	400	300	100	10	10	1 320
B 项目	100	200	300	400	500	600	2 100

分析:A 项目到第 2 年末时还未回收投资额,但到第 3 年末已经回收,因此认为回收期是在第 2 年和第 3 年之间,具体确定回收时间就要看第 2 年末已回收的投资额与原始投资额的差,本例中为 1 000－(500＋400)＝100(万元),占第 3 年现金流量 300 万元的 1/3(100/300),因此投资回收期为 $2+\dfrac{100}{300}=2\dfrac{1}{3}$。

同理,B 项目是第 4 年末刚好回收了 1 000 万元,因此其投资回收期为 4 年。

回收期的决策过程很简单,选择一个公司可以接受的回收期,如 3 年,则所有回收期小于或等于 3 年的项目都可行,大于 3 年的项目则不可行。例 9-6中,如果以 3 年为公司所能接受的投资回收期,则 A 项目优于 B 项目。

回收期法的优点是易于理解,计算简单,但同时有明显的不足之处。首先是回收期法不能体现回收期内现金流量的分布状况,忽略了超过回收期的那些现金流量。正如例 9-6 所示,项目 A 的现金流量的分布是先大后小,以回收期 3 年为取决点,则采纳 A 方案而否决 B 方案。但是,A 方案虽然回收较快,但净现金流量在逐年减少;而 B 方案虽然回收较慢,但净现金流量逐年增长,第 5 年和第 6 年分别有 500 万元和 600 万元的净现金流入。可以看出 A 项目是短期投资计划,B 项目是长期投资,回收期法对长期性的投资计划不利。其次,回收期法忽略了货币的时间价值和投资的风险价值,假设在计算期内任何时点上的现金流量的价值都与它的现时价值相等,如例 9-6 中认为在第 3 年所收到的 1 元与第 1 年所收到的 1 元价值相同,这显然是不科学的。为了解决这一问题,人们曾提出贴现回收期的方法,将每年的净现金流量进行贴现,这一方法虽然考虑了时间价值的因素,但仍没有反映回收期后的现金流量情况,判断标准依然主观,并且计算方法也变得较复杂。因此,实践中并不常用。

  2. 平均报酬率法

  平均报酬率,又称会计收益率,指投资项目在寿命周期内平均的年投资报酬率,又称平均投资报酬率。平均报酬率有多种计算方法,常见的计算公式为:

$$平均报酬率 = \frac{年平均现金流量}{初始投资额} \times 100\% \tag{9.14}$$

  以例 9-6 的数据为例,A 项目的平均报酬率为 $\frac{1\,320/6}{1\,000} \times 100\% = 22\%$,B 项目的平均报酬率为 $\frac{2\,100/6}{1\,000} \times 100\% = 35\%$。

  平均报酬率法的优点是简明、易算、易懂;其主要缺点是没有考虑货币的时间价值,第一年的现金流量与最后一年的现金流量被看作具有相同的价值,所以,有时也会做出错误的决策。

第四节　资本预算中的风险分析

  在市场经济条件下,一切经济因素,包括宏观的、微观的,都在不断地发生变化,风险无处不在,任何项目在运行过程中也都会有风险,都难免与预期的现金流量发生偏差。完整的资本预算必须包含这些风险因素。充分考虑项目的风险价值,可以帮助项目决策者从多种角度分析投资项目的可行性。我们的目标不仅是避免风险,更重要的是通过风险分析、风险评价、风险管理获得风险收益。因此,如何合理地分析风险、把握风险是资本预算中的主要内容之一,也是公司财务管理的重要内容之一。

一、项目风险的概述

就项目而言,它在将来可能遇到的风险来源于多个方面,如国家经济状况发生变化、通过膨胀的影响、高新技术的发展、新产品的研究、汇率的变动以及国家政治的稳定性、内外债等因素的变动等都会增加项目投资的不确定性,从而影响项目的风险。

一个典型的投资项目包含以下几种风险,它们是项目特有风险、竞争性风险、行业特有风险、国际风险、市场风险等。不同投资项目往往具有不同的风险,它们对公司价值和公司风险的影响程度也各不相同。

1. 项目风险

项目风险是指某一投资项目本身特有的风险,即不考虑与公司其他项目的组合风险效应,单纯反映特定项目未来收益(净现值或内部收益率)的可能结果相对于预期值的离散程度。通常采用概率的方法,用项目标准差进行衡量。在研究投资项目风险时,还应考虑它与公司风险和市场风险的关系。

2. 公司风险

公司风险(或称总风险),是指不考虑投资组合因素,纯粹站在公司的立场上来衡量的投资风险。单一投资者关心公司长期投资项目所遭遇的风险是否会影响公司的收益。因为项目的失败,大则使公司破产,小则使公司收益减少,所以一个项目的公司风险可用该项目所造成的公司总收入的变动来衡量。这种风险直接影响公司的财力及负债能力,因此又称为总风险。公司风险通常采用公司资产收益率标准差进行衡量。

如果将公司资产看作多个投资项目的组合,那么,可参照投资组合风险分析方法衡量公司资产总风险,或者说,公司总风险由三个要素构成:每种资产(或项目)所占的比重、每种资产的风险以及公司资产之间的相关系数或协方差。某一项目可能具有高度的不确定性,但如果该项目在整个公司资产中所占的比重相对比较小,而且该项目收益与公司其他资产的收益并不密切相关,那么,该投资项目的风险就可以在与公司其他资产的组合中被分散掉,公司规模越大,这种风险分散效应就越大。

3. 市场风险

市场风险,是站在拥有高度多元化投资组合的公司股票持有者的角度来衡量投资项目风险的;或者说,在投资项目风险中,无法由多元化投资加以消除的那部分,就是该项目的市场风险,通常用投资项目的贝塔系数(β)来衡量,因此又称 β 风险。

在上述三种风险中,由于项目的市场风险不能通过多元化投资加以分散,因此它对项目影响非常重要,但公司风险和项目特有风险也不容忽视。

对项目进行风险分析和评价,存在两种基本方法:第一种方法是通过改变项目评估的假设条件来分析这一改变对项目评价结果的影响程度,根据评价结果的变动程度来评价项目的风险高低。这种方法主要包括敏感性分析、场景分析、盈亏平衡分析和决策树分析等。这些方法都是对基本状态分析的一种补充,必须和基本状态分析结合起来进行考虑。但是,它们的分析结果没有一致的判断标准。最终的评价结果仍然要依靠决策者的主观判断和对风险的偏好程度。第二种方法是将风险因素考虑到项目评价指标的计算过程中,通过调整评价指标中的分子和分母即现金流量和贴现率来重新评价项目的价值。这种方法简单易懂,并且最终的评价结论有一致的判断标准,相对于第一种方法,在很大程度上减少了风险分析中的主观因素,同时增加了项目分析人员对分析结论的责任。

二、项目风险分析与评价方法

1.敏感性分析

敏感性分析就是研究项目的评价结果对项目的各种假定条件变动的敏感性的一种分析方法,是衡量不确定因素变化对项目评价标准(如 NPV 或 IRR)的影响程度。敏感性分析的过程可以表述如下:

首先确定敏感性分析对象。在进行敏感性分析时,可根据不同投资项目的特点,挑选出最能反映项目效益的指标作为分析对象,如净现值、内部收益率等,并根据投资项目现金流量中的收入、成本等基本数据,分别计算出项目或几个对比项目的净现值、内部收益率等评价指标。

其次,研究项目现金流量的所有假设变量,确定不确定因素。投资项目不确定因素的内容,依项目规模、类型的不同而不同。通常不需要对全部可能出现的不确定因素逐个分析,只需分析那些在成本收益构成中占比重较大,对经济效益指标有重大影响,并在经济寿命周期中最有可能发生的因素。一般共同的不确定因素主要包括:市场规模、销售价格、市场增长率、市场份额、项目投资额、变动成本、固定成本、项目周期等。

最后调整现金流。在保持其他假设条件不变的情况下,调整某个假设变量(影响因素)的取值,计算改变后的评价指标,然后,分别对各个变量进行逐一分析。如果某一因素在较小范围内发生变动,就会影响原定项目的经济效益,即表明该因素的敏感性强;如果某一因素在较大范围内变动,才会影响原定项目的经济效益,即表明该因素的敏感性弱。这样,根据评价指标变动的程度判断项目的风险大小,并决定项目是否可行。

【例 9-7】假设某公司有一个投资方案需要投资 200 万元,有效期预计为 10 年,每年的现金流量预计为 50 万元,残值 30 万元,公司要求的贴现率为 15%。

(1)以净现值为评价指标,计算方案的净现值为:

$$NPV = \sum_{t=1}^{10} \frac{50}{(1+15\%)^t} + \frac{30}{(1+15\%)^{10}} - 200 = 58.353\ 9(万元)$$

净现值大于零,所以项目方案可以接受。

(2)确定敏感度。首先分析净现值对贴现率的敏感性。让贴现率变化 1%,考察净现值的变动情况,从而判断净现值对贴现率的敏感度。为了计算方便,让贴现率分别从 15% 变化至 16% 和 14%,即相对变化 6.67%。

当贴现率为 16% 时,净现值为:

$$NPV = \sum_{t=1}^{10} \frac{50}{(1+16\%)^t} + \frac{30}{(1+16\%)^{10}} - 200 = 48.461\ 9(万元)$$

净现值减少了 58.353 9−48.461 9=9.892(万元)

当贴现率为 14% 时,净现值为:

$$NPV = \sum_{t=1}^{10} \frac{50}{(1+14\%)^t} + \frac{30}{(1+14\%)^{10}} - 200 = 68.892\ 8(万元)$$

净现值增加了 68.892 8−58.353 9=10.544 3(万元)

可见,当贴现率提高 1% 时,净现值降低:9.892/6.67=1.483 1(万元);当贴现率降低 1% 时,净现值增加:10.544 3/6.67=1.580 9(万元)。则该投资项目净现值对贴现率变化的敏感度为:(1.483 1+1.580 9)/2=1.532(万元)

再计算净现值对回收期的敏感性分析。让回收期变动 1 年,即让回收期分别从 10 年变化至 11 年和 9 年(相对变化 10%),考察净现值的变动情况,从而判断净现值对贴现率的敏感度。

当回收期为 11 年时,净现值为:

$$NPV = \sum_{t=1}^{11} \frac{50}{(1+15\%)^t} + \frac{30}{(1+15\%)^{11}} - 200 = 68.133\ 2(万元)$$

净现值增加了 68.133 2−58.353 9=9.779 3(万元)

当回收期为 9 年时,净现值为:

$$NPV = \sum_{t=1}^{9} \frac{50}{(1+15\%)^t} + \frac{30}{(1+15\%)^9} - 200 = 47.107\ 8(万元)$$

净现值减少了 58.353 9−47.107 8=11.246 1(万元)

当回收期增加1年时,净现值增加:9.779 3/10＝0.9779 3(万元);回收期减少1年时,净现值减少:11.246 1/10＝1.1246 1(万元)。则该投资项目净现值对回收期变化的敏感度为:

(0.977 93＋1.1246 1)/2＝1.051 27(万元)

用同样的方法可以计算净现值对现金流量的敏感度。如将每年现金流量变动0.5万元,即变化为50.5万元和49.5万元,即相对变化1%。通过计算,该投资项目对现金流量变化的敏感度为:

(2.510 9＋2.507 9)/2＝2.509 4(万元)

通过上述计算,可以看出该项目净现值对各个预测因素的敏感程度从强到弱分别为现金流量、贴现率和回收期。公司在进行资本预算时应该考虑这些因素的变动。

值得注意的是,敏感性分析中将各个因素的影响看成是相互独立的,即一个因素的变动不会影响另一因素,实际上不同因素的变动可能是相互影响的,此时应该考虑各因素之间的相关性。

2.场景分析

又可称为情景分析,也是经常使用的一种反映和评价项目风险的分析方法。场景分析一般设定三种情景:乐观的、正常的以及悲观的情景,即最佳、一般和最差三种情景。在不同的场景下,各变量的预期值随着场景的变化而变化。如在悲观的场景下,各变量的预期值都是最悲观的估计,由此得到的净现值和内含报酬率也是三种情景下最低的。

【例9-8】某公司正在计划一项投资,其相关数据如表9-5所示。

表9-5 某项目投资资料

单位:元

项　　目	0 年	1—12 年
投资额	10 800	
销售收入		32 000
变动成本		26 000
固定成本		4 900
其中:折旧		900
税前利润		1 100
所得税(40%)		440
税后利润		660
经营现金流量		1 560
净现金流量	−10 800	1 560

若贴现率为8％,则项目的净现值为:

$$NPV = -10\ 800 + 1\ 560 \times (P/A, 8\%, 12) = 956(\text{元})$$

进行场景分析。可将影响项目的关键因素,如投资额、销售收入、成本等方面的变化,分为最佳、最差、正常(预期值),并计算不同项目的投资净现值。假设除销售收入和变动成本以外,影响现金流量的其他因素都是确定的。据预测,销售收入最低为28 000元,最高为36 000元;变动成本则在2 400元至28 000元之间变动。则根据表9-6,计算各场景下的净现值如下:

表9-6　某项目投资计划场景分析数据

单位:元

方案	概率	销售收入	变动成本	净现值
悲观项目	0.2	28 000	24 000	−8 087
正常项目	0.5	32 000	26 000	956
乐观项目	0.3	36 000	28 000	10 000

根据表中数据计算期望净现值、净现值标准差及其变异系数。

$$NPV = 0.2 \times (-8\ 087) + 0.5 \times 956 + 0.3 \times 10\ 000 = 1\ 860(\text{元})$$

$$\sigma = \sqrt{(-8\ 087 - 1\ 860)^2 \times 0.2 + (956 - 1\ 860)^2 \times 0.5 + (10\ 000 - 1\ 086)^2 \times 0.3}$$
$$= 6\ 330(\text{元})$$

$$V_\sigma = \frac{6\ 330}{1\ 860} = 3.4$$

将投资项目净现值的变异系数(项目风险)与公司现存资产收益的平均变异系数进行对比,以确定项目风险与公司风险的关系。假设该公司现存资产收益变异系数为2.4,则该项目的风险比公司风险高出42％。是否应该采纳该投资项目,还应结合其他有关情况做出进一步的决策。

3.盈亏平衡分析

传统的盈亏平衡分析是分析当公司的会计收益为零(公司盈亏相平衡)时的销售水平。它是为维持公司获利所必须保持的最低销售水平。计算公式为:

$$Q = \frac{F}{P - V} \tag{9.15}$$

式中,Q表示盈亏平衡时的销售量;

　　　F表示固定成本;

P 表示单价；

V 表示单位变动成本。

简单的盈亏平衡分析是不考虑货币时间价值和机会成本的情况下计算盈亏平衡点,此时的盈亏平衡点被称为会计利润盈亏平衡点。在这一点处,会计利润恰好为零,但项目的净现值并不为零。

资本预算中的盈亏平衡分析主要是分析为维持项目盈亏平衡所应达到的销售水平。这里的盈亏平衡指的是净现值盈亏平衡点,是指产品(或劳务)边际贡献总额的现值恰好等于固定成本总额的现值时的销售量。在这一点处,NPV 为零或内含报酬率等于资本成本。

盈亏平衡分析的实质是敏感性分析的延伸,即在保持其他变量不变的条件下,单独考察使项目净现值为零时的销售量。通过盈亏平衡分析,公司可以明确项目获利的销售底线。事实上,除了分析盈亏平衡时的销售量以外,这种方法还可以分析盈亏平衡时的任一假设变量。

【例 9-9】 某企业生产一种电机,初始投资额为 150 万元,预计项目使用年限为 5 年,产品单位售价为 2 万元,所得税率为 30%。相应的成本和收入数据如下表 9-7 所示:

表 9-7　不同销售量下的成本和收入

单位:万元

年销售量(台)	销售收入	变动成本	固定成本	折旧	所得税	净利润
0	0	0	170	30	(60)	−140
100	200	100	170	30	(30)	−70
500	1 000	500	170	30	90	210
1 000	2 000	1 000	170	30	240	560

注:第 1、2 行出现的亏损可以抵消公司其他产品的利润,从而减少相应的所得税额。

计算简单的盈亏平衡点为:

$$\frac{(固定成本+折旧)\times(1-T)}{(销售单价-单位变动成本)\times(1-T)}=\frac{(170+30)\times(1-30\%)}{(2-1)\times(1-30\%)}=200(台)$$

此时会计利润为零,但净现值并不为零。下面计算净现值盈亏平衡点(假定贴现率为 10%),见表 9-8。

表 9-8 净现值盈亏平衡分析数据表

单位:万元

年销售量(台)	销售收入	变动成本	固定成本	折旧	所得税	净利润	经营活动现金流	净现值
0	0	0	170	30	(60)	−140	−110	−416
100	200	100	170	30	(30)	−70	−40	−152
500	1 000	500	170	30	90	210	240	910
1 000	2 000	1 000	170	30	240	560	590	2 236

经营活动现金流＝净利润＋折旧

$$净现值＝\frac{经营活动}{现金流}\times\left[\frac{1}{1+10}+\frac{1}{(1+10\%)^2}+\cdots+\frac{1}{(1+10\%)^5}\right]$$

从上表可以看出,企业生产 100 台电机时,NPV 尚为负数;若生产 500 台,则 NPV 为正数。显然,使 NPV 为零的产量介于 100～500 台之间。当然,这只是一个粗略的估计,我们也可以利用公式准确地计算出净现值的盈亏平衡点。

(1)公司的初始投资为 150 万元,用年金系数折算为 5 年的约当年均成本:

$EAC＝150/(P,A,10\%,5)＝39.57(万元)$

(2)计算每年的税后年固定成本:

税后年固定成本＝年投资回收额＋不包括折旧的固定成本×(1−所得税率)−折旧×所得税率

$FC＝EAC＋固定成本×(1−T)−折旧×T$

$＝39.57＋170×(1−30\%)−30×30\%$

$＝149.57(万元)$

(3)净现值盈亏平衡时的销售量:

$$盈亏平衡点＝\frac{税后固定成本}{边际贡献率×(1−所得税率)}$$

$$＝\frac{税后固定成本}{(销售单价−单位变动成本)×(1−T)}$$

$$＝\frac{149.57}{(2−1)×(1−30\%)}$$

$$＝213.67$$

$$\approx214(台)$$

通过对比,可以发现净现值盈亏平衡点大于会计利润盈亏平衡点。这表明盈亏平衡点分析同样必须坚持现金流量分析的原则,如果利用会计利润进行盈亏平衡分析,会得出错误的结论。

通过盈亏平衡分析,公司可以了解市场需求对企业盈利状况的影响。当预计市场需求量远大于盈亏平衡点时,公司投资比较安全;当预计需求量接近盈亏平衡点时,公司在投资决策时必须慎重,以防止预计失误给公司带来不利后果。

3.决策树分析

决策树分析是一种用图表方式反映投资项目现金流量序列的方法,特别适用于在项目周期内进行多次决策(如追加投资或放弃投资)的情况。

【例9-10】一家考虑进入农业化学领域的石油公司可能会采取下列步骤进行决策:(1)以100 000元来调查农业化学业的供需情况;(2)根据原型厂作业所估计的成本与市场调查所显示的需求潜量,决定要建一家大工厂或建一家较小的工厂。因此,最后的决策实际上是由许多阶段的决策所构成的,后一阶段的决策取决于前一阶段的结果。

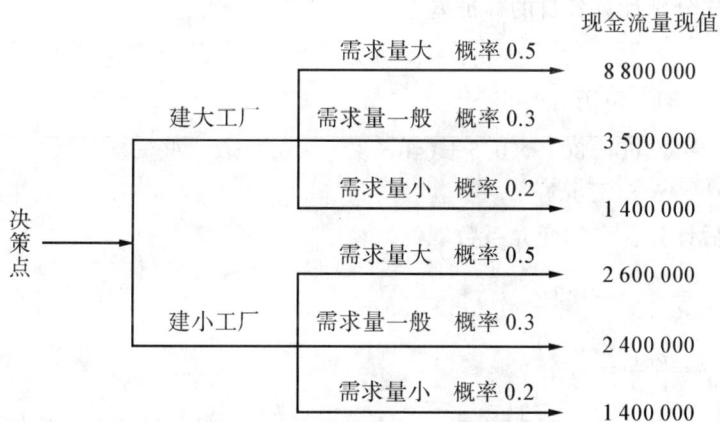

图9-3

根据图9-3,该公司确定所建厂的规模。决策数据见表9-9。

表9-9　决策树相关分析数据

单位:万元

现金流量现值	原始投资成本	可能的净现值	概率	大概的净现值
880	500	380	0.5	190
350	500	−150	0.3	−45
140	500	−360	0.2	−72
合计	—	—	1	73

续表

现金流量现值	原始投资成本	可能的净现值	概率	大概的净现值
260	200	60	0.5	30
240	200	40	0.3	12
140	200	−60	0.2	−12
合计	—	—	1	30

从表 9-9 中可以看出,大厂的预期净现值为 73 万元,小厂的预期净现值为 30 万元,是否就应该决定建大厂? 也不一定。因为从表中可以看到,大厂的预期净现值虽然为 73 万元,但其净现值变动在 380 万元到−360 万元之间,幅度较大;小厂的净现值可能结果在 60 万元到−60 万元之间,变动幅度较小,而且两者所需要的投资也不同,为了准确对比,必须考察其变异系数。

首先分别计算各自的标准差。

$$\sigma_{大厂} = \sqrt{(380-73)^2 \times 0.5 + (-150-73)^2 \times 0.3 + (-360-73)^2 \times 0.2}$$
$$= 315.5(万元)$$

$$\sigma_{小厂} = \sqrt{(60-30)^2 \times 0.5 + (40-30)^2 \times 0.3 + (-60-30)^2 \times 0.2}$$
$$= 45.8(万元)$$

然后计算各自的变异系数。

$$V_{\sigma_{大厂}} = \frac{\sigma_{大厂}}{73} = 4.3$$

$$V_{\sigma_{小厂}} = \frac{\sigma_{小厂}}{30} = 1.5$$

可见小厂的变异系数小于大厂的变异系数,说明小厂的净现值较稳定,如果决定建大厂则风险较高。

值得注意的是:决策树分析可以有效地帮助决策者进行选择,但它对项目信息量的要求比较高,即要求被分析的项目可以明确地区分为几个阶段,并且每个阶段的状态可以被广义地归为几类,各状态发生的概率以及对现金流的影响可以被事先预测。如果这些条件不能满足,那么就很难采用决策树的方法进行分析了。

三、投资项目中的风险调整

资本预算决策涉及的时间较长,对未来收益和成本很难准确预测,即有不同程度的不确定性或风险性。如果风险较小,可忽略其影响;如果风险较大,足以影响方案的选择,决策时应加以考虑,并适当加以调整。常见的风险调整方法有:风险调整贴现率法和风险调整现金流量法。

1. 风险调整贴现率

投资组合理论与资本资产定价模型在现代理财学中的大量运用,使得根据风险程度高低来调整贴现率的风险分析技术日趋成熟,这种方法也被称为风险调整贴现率法。

风险调整贴现率法的基本思路是:对于高风险的项目,采用较高的贴现率去计算净现值,然后根据净现值的决策规则选择方案。由于贴现率提高,未来现金净流量的现值减少,净现值变小,可行项目也可能随之减少。

首先,假设投资项目的贴现率为无风险利率;其次,分析和判断现金流量风险的大小,并据此确定风险补偿利率;最后,无风险利率加上风险补偿即为适用于该投资项目的贴现率。用公式表示如下:

$$项目的贴现率 = 无风险利率 + 风险补偿率 \qquad (9.16)$$

一般而言,投资项目的贴现率不能低于同等风险程度的金融证券投资所获得的报酬率水平。

对于资本预算而言,项目的风险补偿率可按以下公式确定:

$$风险补偿率 = b \times c \qquad (9.17)$$

式中,b 为公司设定的风险系数(或称风险报酬斜率);

c 为变异系数。

变异系数是对项目现金流量风险程度的度量,具体是指投资项目现金流量的标准差与其期望值之比。变异系数可以反映项目风险的高低,变异系数越大,表明该项投资的风险越高。

投资的风险系数体现了公司对风险的回避态度。它往往是一个经验性的数值,是公司参照以往适中风险程度的同类投资项目的历史资料计算确定的。对于惧怕风险的风险回避型企业,风险报酬斜率应取高一些,使风险对企业的资本成本以及项目的价值产生更大的影响。而对于风险承受能力较高的风险偏好型企业,风险报酬斜率应取低一些,使风险的增加不会对企业的资本成本和项目价值产生太大的影响。

【例 9-11】某企业确定的风险报酬斜率为 0.1,假定项目的变异系数为 0.6,无风险收益率为 8%。则:

项目贴现率 = 8% + 0.1 × 0.6 = 14%

即该项目应以经风险调整的 14% 贴现率计算其净现金流量价值。

2.风险调整现金流

项目投资风险的直接表现就是未来现金流量的不确定性,因此需要进行调整,把不确定的现金流量调整为确定的现金流量。常用的方法是肯定当量法,也称为确定当量法。

肯定当量法的基本思路是:用一个系数将不确定的现金流量调整为无风险的确定的现金流量,然后用无风险的贴现率进行贴现计算其净现值,并以此分析评价投资方案的优劣。把不确定的现金流量调整为无风险的现金流量是通过肯定当量系数确定的。

$$NPV = \sum_{t=0}^{n} \frac{d_t \cdot CFAT_t}{(1+R_f)^t} \qquad (9.18)$$

式中,d_t 为第 t 年现金流量的肯定当量系数,取值在 $0\sim1$ 之间;

$CFAT_t$ 为第 t 期的现金流量(期望值);

R_f 为无风险利率。

肯定当量系数是指把不确定的 1 元现金流量等价于使投资者满意的确定金额的系数,它等于无风险的现金流量与有风险的现金流量的比值。计算公式为:

$$d_t = \frac{确定的现金流量}{不确定的现金流量} \qquad (9.19)$$

肯定当量系数是一个经验数据,它与标准差系数(风险程度)之间存在经验对照关系,详见表 9-10 所示。

表 9-10　肯定当量系数与标准差系数的经验对照关系

标准差系数	肯定当量系数
0.00～0.07	1.0
0.08～0.15	0.9
0.16～0.23	0.8
0.24～0.32	0.7
0.33～0.42	0.6
0.43～0.54	0.5
0.55～0.70	0.4
⋮	⋮

需要注意的是标准差系数(变异系数)区间与肯定当量系数的关系仍是按照经验判断的,没有一致公认的客观标准,因而不能完全避免其主观性。

按风险调整现金流量的方法简单易懂,但缺点是主观性较大,因而这种方法在实际的投资项目决策中并不常用,但是在理论上是一种必要的概念性方法。

第十章 股利政策

　　股利政策所涉及的主要是将公司的净收益以股利方式进行分配,还是留存于企业进行再投资的问题。这一问题看似简单,但其蕴含着十分复杂的理论问题。我们先来回顾一下戈登模型:

$$P_0 = \frac{D_1}{K_s - g}$$

　　从戈登模型中我们可以看出,一家公司股利发放越多,即 D_1 越大,公司的股票价格将会越高。但是,由于公司当年净收益总是一定的,多分了股利就意味着只能留存较少的资金用于再投资,这显然又限制了公司今后的发展,使 g 变小,从而压低了公司的股票市价。这就是说,股利政策的变化对股票价格有着相互矛盾的双重影响。因此,公司在制定股利政策时,既要考虑公司的未来发展,又要兼顾股东对本期收益的要求,以期真正实现股东财富最大化。

　　公司将其税后收益派给股东叫做股利。股利一般按季度、半年或一年一次以现金股利或股票股利的形式分发,一年分派股利的次数因国而异。在我国,企业一般是一年支付一次股利。有时公司管理层通过年度报告向股东明确说明,有时则通过暗示向股东传递这样的信息:如果可能,公司股利将维持不变。而且,管理层还会传播这样的信念:公司的收益是丰厚的,足以保证股利的支付。

　　然而,很多因素影响股利政策。例如,公司的现金流量和投资需求可能变化很大,因而不能规定很高的固定股利。若公司削减股利,投资者很可能认为公司财务出现了问题。因此,确定股利政策对公司来说是很重要的。

第一节　股利政策理论

关于股利政策问题的争论目前尚没有统一的定论，也许正像罗斯（Ste-phen A. Ross）等人所说的那样，陷入了"双面律师"的困境①。一方面有许许多多的理由支持高股利的股利政策，另一方面也有许许多多的理由要维持低股利甚至不发股利的股利政策。到底发不发股利以及如何发放股利，理论界陷入了两难选择。股利政策理论，概括起来主要有：股利政策无关论、在手之鸟理论、税制差别论以及股利传播信息理论等。

一、股利政策无关论

股利政策无关论是由米勒（Miller）和莫迪格莱尼（Modigliani）于 1961 年提出的。它通常也被称为 MM 股利无关论。这两位作者也就是前面所说的MM 资本结构理论的作者。这一理论是建立在如下一系列假设基础之上的：

（1）不存在公司和个人所得税；

（2）不存在股票发行和交易费用；

（3）公司的投资政策是预先决定的，且独立于股利政策之外；

（4）股利政策不影响资本成本；

（5）股东和管理者可以获取相同的信息，且股东对于股利和资本利得没有特别的偏好。

在上述假设基础上，MM 认为：股利政策既不影响股东财富，也不影响资本成本，它与两者是无关的。他们认为企业价值由企业各种资产的获利能力以及风险等级所决定。因而，它取决于公司的投资政策而不是股利分配政策。如果企业支付较高的股利，那么它就需要出售更多的新股来筹资，而公司发行新股的价值将正好等于所支付的股利；如果企业支付较低的股利，那么它就出售较少的新股，而股东的股利损失将通过市场股价提高产生相应的资本收益而得到等量的补偿。也就是说，由于市场存在着套利机制，投资者可以通过

---

① 杜鲁门总统在一次讨论总统竞选决策的法律影响力，要求幕僚安排与律师磋商的会议时，对幕僚说"我可不要双面律师"。何谓"双面律师"？他说"就是那些说'有以下各项理由，我建议你该如此做，但另一面基于其他理由，我建议你不要那样做'的律师"。

"自制股利"的方式,即通过股利再投资或出售部分股票而使公司股利政策失效。所以,股利政策与股东财富是无关的。

【例 10-1】假定一公司决定实施但尚未宣布一项重要的资本预算项目。该项目成本为 1 000 万元,正的净现值为 2 000 万元。公司有足够现金筹措该项目。公司目前外发普通股数为 1 000 万股,每股价值 24 元,负债为零。因此公司总价值在宣布该项目前为 24 000 万元(＝24 元×1 000 万),在宣布该项目后为 26 000 万元(＝24 000＋2 000)。

为了判断股利支付是否会影响股东财富,让我们看看公司面临的两个备选方案。这两个方案是:(1)不支付现金股利,留用现金用于项目筹资;(2)每股支付 1 元现金股利,然后从外部筹资 1 000 万元。为便于公平地比较两个方案,公司必须通过发行 1 000 万新股来为支付股利筹资,否则便会产生除股利政策差异之外的其他差异。通过发行新股,把公司为发放股利而支付的 1 000 万元现金替换成为 1 000 万元普通股权益,从而达到了替项目筹资的目的。

若不发股利,则公司直接用现金为项目筹资。此时,每股价值为 26 元(＝$\frac{26\ 000}{1\ 000}$)。如果所有股东都希望得到 1 000 万元股利,那么他们可以通过出售 384 615 份股票($=\frac{10\ 000\ 000}{26}$)来获取。

若发放股利,则公司付出了 1 000 万元现金,并发行了 1 000 万元新股。在支付股利后,每股价值等于支付股利前的每股价值(26 元)减去股利(1 元),即 25 元。支付股利并未影响股东财富:在支付股利前为 26 元,在支付股利后仍为 26 元。

为得到项目筹资需要的 1 000 万元,公司按公平市价发行 400 000($=\frac{10\ 000\ 000}{25}$)股新股。于是公司拥有 1 040 万股外发普通股,每股价值为 25 元。公司总价值为 26 000 万元(＝25×1 040 万),刚好等于公司发行新股交易前的公司总价值。因此,无论是否支付股利,均未改变公司总价值和股东财富。实际上,它仅仅是允许原始股东将其在公司的一部分权益兑为现金而已。

MM 股利无关论的一系列严格假设与现实世界相差甚远。在现实世界里存在着所得税、交易成本,管理者比外部投资者更知道公司的内幕等。所以,离开了这些假设,股利无关论在现实世界里将是寸步难行。正因为如此,在他们的论著发表之后不久,许多不同的理论相继问世。

二、股利政策相关论

MM 股利政策无关论在理论界引起了极大的争论。针对 MM 股利政策不影响资本成本的假设,戈登(M. J. Gordon)和林特纳(J. Lintner)提出了股利政策相关论。他们认为公司的资本成本 K_s 并不是一个常数,而是随股利发放率改变而改变的变量。

股东的收入有两类:一是股利,二是资本收益。由于股利收入要比留存盈利所带来的未来资本收益更为可靠,而且"今天的一元钱比明天的一元钱值钱",因此股东更为偏好股利。如果不发股利,而让股东去赚取资本收益,无异于"双鸟在林"。与其"双鸟在林,不如一鸟在手"。因此,股利政策相关论又叫"在手之鸟"理论。戈登和林特纳认为,公司应当采取较高股利发放率政策,提供较高的股利收益率以使公司的资本成本实现最小化。

图 10-1 反映了 MM 与戈登—林特纳之间的分歧。第一个图代表了 MM 的观点:公司在任何股利政策下都满足 $\hat{K}_s = D_1/P_0 + g = K_s = 常量 = 13.3\%$。在这里,均衡总收益 K_s 是一个常量,不管它是全部由股利收益(纵轴截距)组成,还是全部由资本收益组成(横轴截距),或者是二者的混合。

第二个图虚线反映了戈登—林特纳的观点。他们认为可能的资本收益比股东获得的股利收入风险大,因此随着股利逐渐被资本收益代替,投资者的要求收益即 K_s 越来越大。

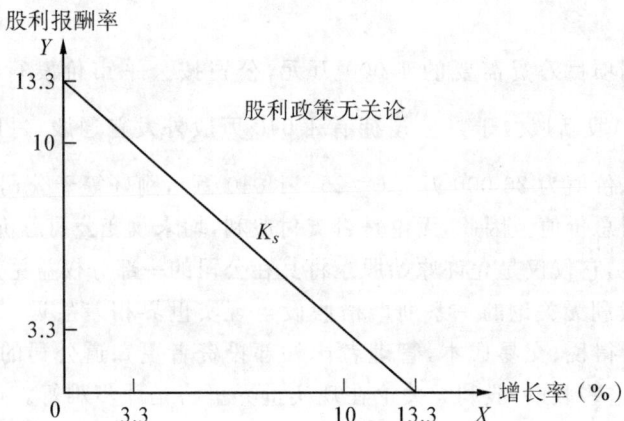

股利报酬率

图中纵轴 Y 轴顶部标注 13.3，向下依次为 10、5、0；横轴为增长率（%），标注 4、10、13.3、16 X。图中有实线与虚线，标注"股利政策相关论：投资者偏好股利"。

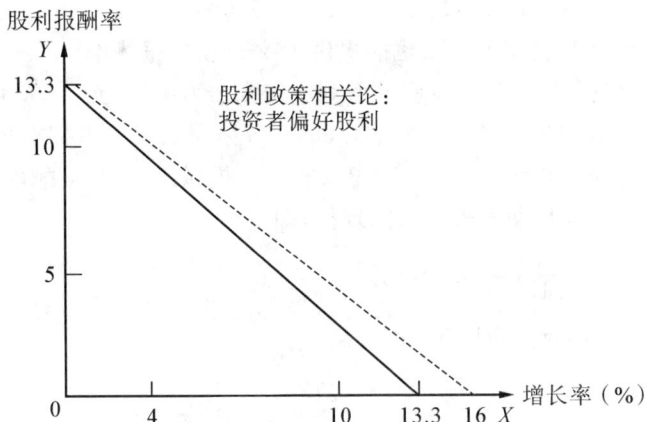

图 10-1　MM 和戈登—林特纳股利理论假设

三、税制差别论

税制差别论认为：股东倾向于获得资本利得而非股利，从而乐于选择低股利支付率，因为资本收益的实际税率低于股利。因此，对这两种所得均需纳税的股东会倾向于选择资本收益而非现金股利。但是由于自制股利的交易成本会抵消税收利益，所以对那些希望保持资本流动性、面对较高交易成本的股东而言，现金股利仍是较好的选择。同时，即使自制股利的交易成本不是很高，只要交易成本不等于零，享受免税又希望保持资本流动性的股东仍将倾向于现金股利。这是由于通过现金股利可以使他们节省交易成本，因为他们不需纳税，但也不能省税。概括起来也就是说：由于对股利征收股利所得税，对资本收益征收资本收益税，资本收益税低于股利所得税，故应维持较低的股利支付率的股利政策。

【例 10-2】假设股利的所得税税率为 36%，资本收益的所得税税率为零。我们可证明支付股利的公司的价值将低于不支付股利的公司。

A 公司的股票价格为每股 50 元，它不支付股利。投资者期望一年后其股票价格变为 57.50 元。因此股东期望的资本收益是每股 7.50 元。税前和税后的期望报酬率为 $15\%(=\dfrac{7.50}{50})$。

B 公司的条件与 A 公司相同，除了它将在当年末支付 5.00 元的现金股利。除去股利后的价格（从购买股票的新股东不能得到当年股利的这一时点起之后的股票价格)为 52.50 元(＝57.50－5.00)。其股票和 A 公司的股票风险相同。因此 B 公司的股票也能提供 15％的税后报酬率。

B 公司的股票价格是多少呢？股利应纳税额为 1.80 元(＝0.36×5.00)，股利税后所得为 3.20 元(＝5.00－1.80)。B 公司的投资者拥有的股票的每股税后价格为 55.70 元(＝52.50＋3.20)。为提供 15％的报酬率，B 公司的现在每股价值应为预期未来价值的现值，即：

$$每股价格 = \frac{55.70}{1.15} = 48.43(元)$$

B 公司股票的税前报酬率是：

$$税前报酬率 = \frac{57.50 - 48.43}{48.43} = 18.73\%$$

可见，B 公司的股票必须提供比 A 公司更高的期望税前报酬率(18.73％对 15％)。这一较高报酬率用于补偿纳税义务给股东造成的价值损失。

四、股利传播信息理论

股利政策的改变可影响股票价值，如果投资者相信这种改变传递的是有用信息。比如，假定一个公司很少改变其股利率，并且每次一旦改变股利率，公司盈余也会向同一方向改变。于是投资者会将以后公司的股利变化，视作公司管理当局相信公司未来盈利前景已发生变化的标志：股利增加意味着未来盈利增加，股利下降意味着未来盈利减少。

根据这种推论产生了股利政策的传播信息理论。公司股利支付率是投资者判断公司经营状况好坏的重要标志。一般而言，股利支付率上升，说明公司经营状况好，股价上升；股利支付率下降，说明公司经营状况差，股价下跌。

第二节 股利政策类型

公司实际执行的股利政策有五种，即：(1)剩余股利政策；(2)固定发放率的股利政策；(3)固定股利的股利政策；(4)稳定增长的股利政策；(5)正常股利加额外股利政策。

一、剩余股利政策

实际上,股利政策受投资机会及所需资金的可得性两者的共同影响。这种现象导致了剩余股利支付理论的发展。剩余股利政策是指公司在有良好的投资机会时,根据目标资本结构的要求,将税后净利首先用于满足投资所需要的权益资本,然后将剩余的净利润再用于股利分配。在这种分配政策下,投资分红额(股利)成为公司新的投资机会的函数,随着投资资金需求的变化而波动。只要存在良好的投资机会,就应当首先考虑其资金需要,最后考虑公司剩余收益的分配需要。因此,公司投资机会较好时,为了降低资本成本,通常会采用剩余股利政策。这种政策的优点是能够充分利用筹资成本最低的资金来源,满足投资机会的需要,并能保持理想的资本结构,使加权平均资本成本最低。但是,这种股利政策往往导致股利支付不稳定,不能满足希望取得稳定收入的股东的需要,也不利于树立良好的财务形象。

剩余股利政策的基本步骤是:

1. 确定投资机会的资本预算;

2. 确定公司目标资本结构,使得在此结构下的加权平均资本成本最低;

3. 进一步确定为达到目标资本结构,满足投资需要所要增加的权益资本的数额;

4. 使用税后净利润能够满足投资方案所需要的权益资本的最大限额;

5. 在满足上述需要后,将剩余利润作为股利支付。

【例 10-2】假设某公司 2003 年税后利润为 600 万元,2004 年年初公司讨论决定股利分配的数额。预计 2004 年需要再增加投资资本 800 万元。公司的目标资本结构是权益资本占 60%,债务资本 40%,2004 年继续保持。按照法律规定,至少要提取 15% 的公积金。公司采用剩余股利政策。筹资的优先顺序是留存利润、借款和增发股份。问:公司应分配多少股利?

利润留存 $= 800 \times 60\% = 480$(万元)

股利分配 $= 600 \times (1 - 15\%) - 480 = 30$(万元)

剩余股利政策意味着:

(1)投资机会好,少发股利,甚至不发股利。然而,由于股利具有传递信息功能,投资者并不知道公司的确切内幕,股利的减少在投资者眼里可能意味着公司经营状况开始变差。因此,投资者可能采取抛售公司股票的行为,从而导致公司股票价格下跌。

（2）投资机会差，就多发股利。此时，投资者会误以为公司经营状况开始变好，导致公司股票暂时上扬。但尔后发现公司经营状况并不是想象的那么好，又可能导致公司股票价格大幅下跌。

该政策会导致公司股票价格不稳定。因此，不能机械地执行这一政策。

二、固定发放率的股利政策

即公司每年按固定的股利支付率从净利润中支付股利。在这种股利政策下，由于公司的盈利能力是经常变动的，因此，当盈利状况好时，股东股利也相应地增加；反之，当盈利状况不好时，股东股利也会相应地下降。即股利随盈利的变化而变化，始终保持股利与盈利之间的一定比例关系，使股利支付与公司的盈利能力紧密相关。因此，这实际上是一种变动的股利政策。这种股利政策的优点是体现了风险收益对等的原则，不会加大公司的财务压力。但是，这种政策的不足之处在于，由于股利波动传递的是经营业绩不稳定的信息，容易使外界产生公司经营不稳定的印象，从而导致公司股票价格波动较大。这种政策不可能实现股东财富最大化目标。如：美国宾夕法尼亚中央铁路公司，一直奉行这种政策：将收益的一半发放给股东。即所谓的"公司得一元钱，股东也得一元钱"，最终导致破产倒闭。

因此，这种股利政策一般由那些盈余相对比较稳定的公司所采用。

三、固定股利的股利政策

这一政策奉行"永不减少公司股利，有利于公司市场价值的提高"这一思路。这一政策是指公司在较长时期内将支付固定的股利额，股利不随经营状况的变化而变动，只有当公司预期未来收益将会有显著的、不可逆转的增长时，才会提高股利发放额。在这种股利政策下，当公司收益发生一般变化时，并不影响股利的支付，股利始终保持在稳定的水平上，它给投资者传递的是公司经营业绩稳定、风险较小的信息。因此，那些收益比较稳定或正处于成长期、信誉一般的公司大多采用这种政策。这种政策的优点是：固定股利有利于公司树立良好的形象，有利于公司稳定股票价格，增强投资者的持股信心，特别是对股利有着很强依赖性的股东更是如此。

但是，在通货膨胀情况下，大多数公司每年不是按固定的股利支付额而是按固定的股利支付比例从净利润中支付股利。因此，在长期通货膨胀的年代里,应当提高股利发放额。这种股利政策的缺点在于股利支付与公司盈利能力相脱节,在经营状况较差的情况下,可能导致公司财务状况恶化,使公司承担较大的财务压力;同时,它不能像剩余股利政策那样保持较低的资本成本。

【例 10-3】A、B 两公司其他条件都相同,所不同的只是股利政策。A 公司以每年 50％的固定支付率支付股利;B 公司采取固定股利方式支付股利,从长期来看,其股利支付率也是 50％。这样,从长期来看 A、B 两公司的股东所得到的股利也是相同的。但可以肯定的是 B 公司的股价要高于 A 公司。

这主要是因为:

(1)股利传递信息。由于投资者并不能真正了解公司的内幕信息,因此,他们只能通过股利支付率的变化来判断公司经营状况的好坏,当公司股利下降时,他们会认为公司经营状况开始变坏,从而采取抛售公司股票的行为。特别是在某种极端的情况下更是如此,如 A、B 两家公司同时出现亏损,但 B 公司采取的是固定股利的股利政策,股利不会减少,这会给投资者传递了很好的信息:公司的亏损只是暂时的现象,管理当局有能力在明年就将亏损弥补回来,因此它敢大胆发放股利。而 A 公司采取固定支付率支付股利,公司当年亏损,当年立马停发股利,它所传递的信息是:公司的亏损将可能持续,从而影响投资者的持股信心,导致投资者抛售 A 公司股票的行为。

(2)投资者希望得到本期股利,B 公司股票更能迎合投资者的需要。投资者经过一年的投资,总希望能得到当年的回报,B 公司采取固定股利的股利政策,正好迎合了投资者的这一需要。而 A 公司则要视当年盈利的情况来决定是否发放股利。

(3)稳定股利的股票还便于机构投资者投资。在美国有许多机构投资者如保险公司、退休基金组织等可以投资于股市,但这些机构投资者只能投资于具有连续股利记录的公司,B 公司股票也正好迎合了机构投资者的需要。

所以,B 公司的股票价格要高于 A 公司。

四、稳定增长的股利政策

从上述分析可以看出,固定股利的股利政策为绝大多数公司和股东所喜爱。但从长期来看,由于受到通货膨胀的影响,股东所能得到的股利并不是固定的,而是逐渐在减少的。为了弥补这种缺陷,许多公司转而采用稳定增长的股利政策。这一政策是：公司在支付某一规定股利基础上，制定公司某一股利增长率 g，并保持公司每年股利在原有股利基础上，按照固定增长率 g 不断在增长。这种股利政策不仅保持了固定股利的股利政策的好处，而且还能保证股东的股利收入能够稳定增长，即使抵消了部分通货膨胀的影响，也能真正保持股东股利收入的稳定。因此，它是一个很好的股利政策。但是这一股利政策的适应性较差。实行这一股利政策有个前提条件，即公司能够保证净利的稳定增长。否则，不宜采用这一股利政策。

五、低正常股利加额外股利政策

这一政策是上述第三和第四种政策的折中。在该政策下，公司每年支付固定的、数额较低的正常股利，另外在经营状况非常好的时候，再增付额外股利。但额外股利并不固定化，它不意味着公司永久地提高了规定的股利。这种股利政策的优点是具有较大的灵活性，可给公司较大弹性，它特别适合各年收益波动较大的公司。由于正常股利发放水平较低，因此，当公司盈利较少或投资需要资金时，只要支付较少的股利就可以保持既定的股利发放水平，不会加大公司的财务压力，同时又能保证股东稳定的股利收入，可避免股价下跌的风险。当盈利增加或不需要投资时，公司可以通过发放额外股利的方式，将其转移到股东手中，同时也有利于股价的提高。因此，在公司的净利润与现金流量不够稳定时，采用这种股利政策对公司和股东都是有利的。由于该股利政策集灵活性与稳定性于一身，因此，为大多数公司所采用。

实行这一股利政策要注意一点：额外股利不可以经常发放。因为如果公司连续几年都发放了额外股利，会使股东以为公司的正常股利已经提高到了新的高度，一旦今后停止发放额外股利，股东会以为公司经营状况开始变差，股利下降。由此反而导致公司股票价格的下跌。

第三节　影响股利政策的因素

在现实生活中，不存在无关论提出的假设前提，公司的股利分配是在种种制约因素下进行的，公司不可能摆脱这些因素的影响。影响股利分配的因素有：

一、法律限制

为了保护债权人和股东的利益,有关法规对公司的股利分配经常作如下限制:

1.资金保全。规定公司不能用资本(包括股本和资本公积)发放股利。

2.企业积累。规定公司必须按净利润的一定比例提取法定盈余公积金。

3.净利润。规定公司年度累计净利润必须为正数时才可以发放股利,以前年度亏损必须足额弥补。

4.超额累积利润。由于股东接受股利缴纳的所得税高于其进行股票交易的资本利得税,于是许多国家规定公司不得超额累积利润,一旦公司的保留盈余超过法律认可的水平,将被加征额外税额。

二、经济限制

股东从自身经济利益需要出发,对公司的股利分配往往产生这样一些影响:

1.稳定的收入和避税。一些依靠股利维持生活的股东,往往要求公司支付稳定的股利,若公司留存较多的利润,将受到这部分股东的反对。另外,一些高股利收入的股东又出于避税的考虑(股利收入的所得税高于股票交易的资本利得税),往往反对公司发放较多的股利。

2.控制权的稀释。公司支付较高的股利,就会导致留存盈余减少,这又意味着将来发行新股的可能性增大,而发行新股必然稀释公司的控制权,这是公司原有持有控制权的股东们所不愿看到的局面。因此,若他们拿不出更多的资金购买新股以满足公司的需要,宁肯不分配股利而反对募集新股。

三、财务限制

就公司的财务需要来讲,也存在一些限制股利分配的因素:

1.盈余的稳定性。公司是否能获得长期稳定的盈余,是其股利决策的重要基础。盈余相对稳定的公司能够较好地把握自己,有可能支付比盈余不稳定的公司较高的股利;而盈余不稳定的公司一般采取低股利政策。对于盈余不稳定的公司来说,低股利政策可以减少因盈余下降而造成的股利无法支付、股价急剧下降的风险,还可将更多的盈余再投资,以提高公司权益资本比重,减少财务风险。

2.资产的流动性。较多地支付现金股利,会减少公司的现金持有量,使资产的流动性降低;而保持一定的资产流动性,是公司经营所必需的。

3.举债能力。具有较强举债能力(与公司资产的流动性相关)的公司因为能够及时地筹措到所需的现金,有可能采取较宽松的股利政策;而举债能力弱的公司则不得不多滞留盈余,因而往往采取较紧的股利政策。

4.投资机会。有着良好投资机会的公司,需要有强大的资金支持,因而往往少发股利,将大部分盈余用于投资;缺乏良好投资机会的公司,保留大量现金会造成资金的闲置,于是倾向于支付较高的股利。正因为如此,处于成长中的公司多采取低股利政策;经营收缩的公司多采取高股利政策。

5.资本成本。与发行新股相比,保留盈余不需花费筹资费用,是一种比较经济的筹资渠道。所以,从资本成本角度考虑,如果公司有扩大资本的需要,也应当采取低股利政策。

6.债务需要。具有较高债务偿还需要的公司,可以通过举借新债、发行新股筹集资金偿还债务,也可以直接用经营积累偿还债务。如果公司认为后者适当的话,将会减少股利的支付。

四、其他限制

1.债务合同约束。公司的债务合同,特别是长期债务合同,往往有限制公司现金支付程度的条款,这使公司只得采取低股利政策。

2.通货膨胀。在通货膨胀的情况下,公司折旧基金的购买力水平下降,会导致没有足够的资金来重置固定资产。这时盈余会被当作弥补折旧基金购买力水平下降的资金来源,因此在通货膨胀时期公司股利政策往往偏紧。

第四节 股票股利与股票分割

公司并不总是用现金来支付股利,而是常常发放股票股利。股票股利是在账面上重新分配每股股票的所有权份额,以使股票数量增加,每股权益成比例降低。如果某公司宣告发放 5% 的股票股利,则股东每拥有 100 股股票就会获得 5 股新股。

股票分割与股票股利几乎具有同样的财务效果。虽然两者在技术上具有一定的区别,但都属于在资产负债表上重新安排资本账户的方法。两者都不影响公司的净值,也不影响每个股东所拥有的控制权比例。

一、股票股利

股票股利指公司将应支付的股利以股票形式发放,一般按股东的持股比例以认购股票或增配新股的方式进行。在具体操作中,往往是发行新股无偿增资配股,即股东以不缴纳任何现金与实物的形式,取得公司发行的股票,即俗称的"送股"。

股票股利是一种特殊的股利形式。股票股利支付后,对公司财务以及经营成果的影响可以概括为几个"变"与"不变":公司的资产总额不变,所有者权益总额也不变,但会引起所有者权益项目的内部结构发生改变。股票股利支付后,对公司经营成果的影响是:每股收益会按股利的支付比例相应地下降,股票价格也会按股利的支付比例相应地下降,但股东持有股票的市场价值总额不变。

股票股利既不是公司资金的使用,也不增加公司的财产,因此,不会导致资产的流出或负债的增加,所以,资产总额和负债总额仍保持不变,资产扣除负债后的净资产总额仍保持不变。可见,股票股利的支付是将留存的未分配利润和盈余公积金转化为资本金,会引起资金在所有者权益各项目之间的再分配。

【例 10-4】某公司发放股票股利前的股东权益情况如表 10-1 所示:

表 10-1 发放股票股利前的股东权益表

单位:万元

普通股(200 万股,每股为 1 元)	200
资本公积	400
留存收益	400
股东权益合计	1 000

假定公司宣布发放 5%(即每 20 股送 1 股)的股票股利,股票当时的市价为每股 20 元,试说明股票股利支付后股东权益有何变化。

发放 5% 的股票股利应配送的股数＝200×5%＝10(万股)

股本增加额＝10×1＝10(万元)

资本公积金增加额＝10×(20-1)＝190(万元)

股利支付额＝10+190＝200(万元)

留存收益＝400-200＝200(万元)

因此,发放股票股利后的股东权益情况如表10-2所示:

表 10-2　发放股票股利后的股东权益表

单位:万元

普通股(210万股,每股为1元)	210
资本公积	590
留存收益	200
股东权益合计	1 000

发放股票股利后,会增加市场上流通的普通股股数,如果盈利总额不变,由于普通股股数的增加,会引起每股收益和每股股价成比例地下降。如果不考虑股市的波动因素,发放股票股利后的每股收益和每股市价可分别用下列公式计算:

$$\text{发放股票股利后的每股收益}=\frac{\text{发放股票股利前的每股收益}}{1+\text{股利支付率}} \quad (10.1)$$

$$\text{发放股票股利后的每股市价}=\frac{\text{发放股票股利前的每股市价}}{1+\text{股利支付率}} \quad (10.2)$$

但是,由于股东的持股比例不变,因此,每位股东所持股票的市价总额仍保持不变。现举例说明如下:

【例 10-5】续上例,假定公司本年的税后净利为400万元,并且在近期内没有变化,某股东原持有5％的股份,共10万股普通股,试说明发放股票股利对该股东的影响。

$$\text{发放股票股利前的每股收益}=\frac{400}{200}=2(\text{元})$$

$$\text{发放股票股利后的每股收益}=\frac{2}{1+5\%}=1.9(\text{元})$$

$$\text{发放股票股利前的每股市价}=20(\text{元})$$

$$\text{发放股票股利后的每股市价}=\frac{20}{1+5\%}=19.05(\text{元})$$

发放股票股利前的持股比例＝5％

发放股票股利后的持股比例 $=\dfrac{10\times(1+5\%)}{210}=5\%$

发放股票股利前的市场价值 $=20\times10=200$(万元)

发放股票股利后的市场价值 $=19.05\times10\times(1+5\%)=200$(万元)

尽管股票股利既不增加股东财富,也不增加公司价值,但是,股票股利对股东和公司而言都具有非凡的意义。

对股东而言,股票股利可间接地增加股东财富,其渠道有如下几条:(1)公司在发放股票股利后,还能发放现金股利,并且能够保持每股现金股利不变,则股东将因所持股数的增加而能够得到更多的现金。(2)发放股票股利后,从理论上讲,每股股票市价会随股东所持股数的增加而成比例地下降。但实际上,每股市价的下跌幅度将取决于市场的反应程度,下跌的幅度与股数的增加并不成比例,如果股价的下跌幅度较小,就可使股东获得股票价值相对上升的好处。如果股票股利传递给股东的是公司发展的积极信息,股价还可能会稳定甚至有所上升,就可使股东获得更多的资本利得。(3)在股东需要现金时,还可以将分得的股票股利出售,由于资本利得和现金股利所需要缴纳的所得税存在差别,会使股东获得纳税上的好处。

对公司而言,发放股票股利无须支付现金,又在心理上给股东以投资回报的满足感,使公司保留了大量的现金,便于满足投资机会的需要,并缓解现金紧张的状况。另外,发放股票股利可以降低股票市价。当公司股票价格较高,不利于交易时,股票股利具有稀释股价的作用,从而吸引更多的投资者,促进交易更加活跃。但是,发放股票股利的费用较高,增加了公司的负担;在某些情况下,股票股利向投资者传递的是资金周转不灵的信息,降低了投资者对公司的信心,加剧了股价的下跌。

二、股票分割

股票分割是指股份公司用某一特定数额的新股,按一定比例交换一定数额流通在外股份的行为,即俗称的"拆股"。例如,用 2 股新股换 1 旧股,即是将 1 股旧股分拆为 2 股新股。股票分割不属于股利方式,但其产生的效果与发放股票股利近似。

【例 10-6】某公司原发行面额为 2 元的普通股 200 万股,若按 1 股换成 2 股的比例进行股票分割,并假定公司的税后净利润为 400 万元,则股票分割后股东权益及每股收益的情况见下表 10-3:

表 10-3 股票分割前后的股东权益及每股收益

单位:万元

	股票分割前	股票分割后
普通股股数	200 万股	400 万股
股本	400	400
资本公积	300	300
盈余公积	100	100
未分配利润	200	200
股东权益合计	1 000	1 000
每股权益	400/200=2(元/股)	400/400=1(元/股)

对公司而言,实行股票分割的意义在于通过增加股票股数来降低每股市价,使股价保持在合理的水平上,避免因股价过高而丧失投资者。此外,股票分割往往是成长中的公司行为,所以,宣布股票分割后,容易给外界以公司正在处于发展中的印象,有助于提高投资者对公司的信心。对股东而言,股票分割后,只要每股现金股利的下降幅度小于股票分割的幅度,股东就能获利,从而间接增加了股东财富。

从上述分析中可以看到,股票分割与股票股利非常接近,所以在实际工作中,一般要根据证券管理部门的具体规定对两者加以区分。

三、股票的合并(反向分割)

有时某些公司认为股票市价过低,也可以采取股票合并的方式提高股价。常用来作为股票合并的理由有三个:第一,股票合并后,股东的交易成本下降。第二,当股价上升到合理的交易范围时,股票的流通性和市场性都会得到改善。第三,股票以低于某一水平的价格交易,说明投资者对公司的利润、现金流量、成长性和稳定性都不持乐观态度,这严重影响了公司形象。许多学者认为,采取股票合并的公司并不能立即改善公司形象,反而等于公开承认自己发生了财务困难,市价上升无望,故采取人为的行动抬高股价。所以,股票合并很少采用。

第五节 股票回购

如果公司有多余现金,但又缺乏有利可图的投资机会,可以将这些现金分配给股东。分配方式有两种:一是作为股利发放给股东,二是重新购回本公司股票。采用第二种方式似乎更好,因为在盈利不变的情况下,它可以减少流通在外的普通股股数,从而使每股收益和每股市价提高。数年前,IBM 公司宣布:通过招标收购购回 400 万股普通股。当时,IBM 公司资产负债表上的现金和有价证券余额超过了 60 亿美元。这一招标收购使 IBM 公司以每股 280 美元的价格回购了其 2 546 000 份股票,累计金额达近 7.13 亿美元。近年来,股票回购已成为公司向股东分配利润的一种重要形式。

【例 10-7】光辉股份有限公司属于上市公司,公司资产总额为 32 000 万元,产权比率为 0.6。公司流通在外的普通股共计 5 000 万股,每股市价为 15 元。公司拟回购流通在外的普通股股票的 10%。如果假设公司的市净率在回购前后保持不变,则在股票回购价格为 10 元时,股票回购后该公司的流通在外普通股市场价值为多少?

回购前:

$$公司净资产 = \frac{32\,000}{1+60\%} = 20\,000(万元)$$

$$公司的市净率 = \frac{15}{20\,000 \div 5\,000} = 3.75$$

回购普通股股票数 = 5 000 × 10% = 500(万股)

回购后:

当股票回购价格为每股 10 元时:

流通在外普通股股数 = 5 000 − 500 = 4 500(万股)

公司净资产 = 20 000 − 500 × 10 = 15 000(万元)

$$公司每股净资产 = \frac{15\,000}{4\,500} = 3.33(元)$$

因为市净率不变,则:

回购后公司每股市价 = 3.33 × 3.75 = 12.5(元)

回购后公司股票市场价值 = 12.5 × 4 500 = 56 250(万元)

一、公司回购股票的原因

公司回购股票的动机有多种,当某公司宣布回购股票时,通常会给出一定理由。在分析这些理由时,应记住很可能存在潜在的代理问题。公司可能不希望公开它们有多余现金(这暗示它们没有好的投资机会)或者它们没有恰当地使用现金。因此,公司给出的理由可能掩盖了事实真相。

公司回购股票的常见理由是:该公司的股票价值被低估,因此存在着会产生净现值流入的投资机会。另一可能理由是清除小股东。对持有股数较少的股东所开的账户的服务成本(印刷费、材料费等),与持有股数较多的股东所开的账户的服务成本是相等的,因此相比之下,对小股东账户按每只股票计算的服务成本就会较高。此外,股票回购的其他原因还有:为了提高杠杆比率;为了提高报告的每股盈余;为了巩固内部人(指管理者和少数大股东)的控制地位等。若为后两种原因(以及其他我们未提到的原因),则并不必然意味着股东财富会达到最大化。因此在分析股票回购原因时,还应考虑代理问题。

与其他公司相比,回购股票的公司通常杠杆比率较低、盈利较少、成长较慢,因而通常对股票回购公司伴随的看法是:这些公司缺乏能获得正的净现值的投资机会。但是,股票市场对宣布股票回购的反应则取决于公司决定如何实施股票回购。

股票回购最常用的两种方法是公开市场购买规划和招标收购。公开市场购买规划是指公司在市场交易中与其他潜在投资者竞争,以现行市场价格购回公司股票的一个系统规划。招标收购,是指以高于股票现行市价的价格一次性报价买回事先规定数目的股票。

通常,股票市场对直接公开招标收购的反应比公开市场购买规划的反应更加积极。然而,这不等于公司就应选择招标收购,因为直接公开招标收购通常成本较高,而且还有其他缺陷,尤其是在有大多数人都企图利用直接公开招标收购的情况下。当然,这也很可能正是招标收购被解释为更积极的信息传递的原因。

二、股票回购的优缺点

(一)从管理者角度看股票回购的优缺点

其优点主要有:(1)可以长期保持稳定的股利政策;(2)回购的股票可以用于兼并、期权的行使、可转换债券的兑换等;(3)公司回购股票可大规模地改善公司的资本结构;(4)如果公司需要额外现金,可在市场上出售库存股份。

其缺点主要是:(1)一般认为,实行回购的公司增长率通常低于不回购的公司,且其投资机会也较少。这样,可能对股票市价产生不利影响。(2)回购也可能带来一些纳税的风险。(3)回购如果被认为是操纵公司股票价格,将受到证监会的质询。

(二)从股东的角度看股票回购的优缺点

就股东而言,股票回购在某种程度上来说是有利的。(1)股东拥有出售或不出售股票的选择权;(2)可为股东提供避税或推迟纳税的好处;(3)通常股票回购会引起股票市价的上升,这对股东而言是有利的。

不过,股票回购对股东也有不利的一面。这主要表现在对剩余股东可能产生的影响上。(1)回购股票时,一般出价很高,但回购后股价往往回落,这样不利于余留下来的股东;(2)出售股票的股东由于难以掌握公司现在和未来的准确信息,有时会有上当受骗之感;(3)人们通常认为股利更为可靠(如"在手之鸟"),如果此点能被认同,那么回购的影响力就要大大低于现金股利了。

由于资本利得税较低和其推迟纳税的作用,作为给股东分派收益,回购股票比支付股利有更大的税收上的优势。由于信号作用,公司对于股利的支付不应有很大变化,否则将降低投资者对公司的信心,对权益成本和股价都有不利的影响。但在不同时间的现金流量、投资机会都是有变化的。公司可有一较低的股利分配率而将额外的现金用于回购股票。对于那些正在整顿并期望在短期内大幅度提高其负债比率以及那些想要处置拍卖资产所得现金的公司来说,回购之举尤为有效。

第十一章 公司估值

如果你是一个资产评估师,要去确定一个公司的价值,你应当如何评估一个公司的价值呢? 这就是本章要学的内容。

公司估值是财务管理的重要工具,是财务估值的一种特殊形式,并且具有广泛的用途。估值是一种定量分析,但它并不是完全客观和科学的。估值的质量与评估人员的经验、责任心、投入的时间和精力等因素有关,因此它具有一定的主观性。所以,即使评估得很认真,合理的误差还是不可避免的。公司价值评估提供的信息不仅仅是企业价值的一个数字,还包括评估过程产生的大量信息。即使公司价值的最终结果不太准确,这些中间信息也是很有意义的。

价值评估提供的是有关"公平市场价值"的信息。价值评估不否认市场的有效性,但是不承认市场的完善性。股东价值的增加,只有利用市场的不完善性才能实现。价值评估认为市场只在一定程度上有效,即并非完全有效。价值评估正是利用市场的缺陷寻找被低估的资产。

公司价值的受企业状况和市场状况的影响,随时都会变化。估值依赖的企业信息和市场信息也在不断变动,新信息的出现随时可能改变评估的结论。因此,公司估值提供的结论有很强的时效性。

公司估值的目的是分析和衡量企业(或企业内部的一个经营单位、分支机构)的公平市场价值并提供有关信息,以帮助投资人和管理当局改善决策。它的主要用途表现在如下三个方面:第一,价值评估可以用于投资分析;第二,价值评估可以用于战略分析;第三,价值评估可以用于以价值为基础的管理。

公司估值的一般对象是公司整体的经济价值。公司整体的经济价值是指公司作为一个整体的公平市场价值。公司整体价值可以分为实体价值和股权价值、持续经营价值和清算价值、少数股权价值和控股权价值等类别。

第一节　账面价值法

根据《公司法》规定,公司必须在每一会计年度终了时制作反映企业财务状况和经营成果的财务报表,其中资产负债表最能集中反映公司在某一特定时点的价值状况,揭示企业所掌握的资源、负担的债务及所有者在企业所持有的权益。资产负债表上各项目的净值即为公司的账面价值,通过审查这些项目的净值,可以为估计公司真实的整体价值提供依据。账面价值法以企业的会计报表为起点,在遵循历史成本和权责发生制的基础上,采用不同的口径和方法来衡量企业价值大小。账面价值法又可以进一步分为净资产账面价值法和账面收益法。

一、净资产账面价值法

净资产账面价值法是最简单直接的方法,它采用经过调整确认后的资产减去负债得到企业的净资产来表示企业股东权益的价值。在实际价值评估过程中,先考虑企业资产净值的大小,并以此作为衡量企业价值的起点。

净资产账面价值法存在着明显的缺点:

1. 许多公司拥有无形资产、优秀管理层和高素质员工、与客户和供应商保持良好关系、产品有良好的口碑或在市场上有较强的竞争力等等。这些宝贵的资源能为企业带来盈利和发展,但又不易在资产负债表中体现出来。因此,这些公司就有可能出现价值低估的情形。

2. 根据公认的会计原则,公司所拥有的有形资产都是以历史成本的原则列示在公司的账目上,并不是以市场价值入账。因此,根据资产负债表数据来衡量公司的价值,就有可能出现低估或高估公司价值的情形。

3. 管理层出于自身利益考虑,有时可能利用会计方法去粉饰财务报表,这样,公司的财务报表就更不能真实体现其净资产的市场价值了。

由此可见,净资产账面价值法只能在与其他估价方法进行比较时作参考之用。

虽然用净资产账面价值法来评估公司的价值存在着很多缺点,但在某些场合,净资产账面价值也有其重要之处:

1. 资产的账面价值在公司遇到财务困境时,显得尤为重要。

2.当公司面临被收购时,股东更不愿意以低于公司净资产账面价值来出售其所拥有的股份。而重新评估净资产以提高收购价格更是常用的一种防御性策略。

3.一些公司如地产公司、基金公司、自然资源开发公司等,其净资产是一个非常重要的价值衡量指标。

二、账面收益法(市盈率法)

账面收益法(市盈率法)是以企业已经公布的账面收益作为企业估价的依据,也就是通常所说的市盈率法。一家企业的价值不应该表现为账面有多少资产,而应表现为将来的一系列收益的能力。在对一家持续经营的企业进行价值评估时,盈利能力成为最适当的估价基础。在市盈率法中,市盈率作为企业的盈利倍数水平反映了投资者对每股收益所愿意支付的价格,那么反过来可以利用市盈率来估计企业价值。账面收益法(市盈率法)的公式为:

企业(股权)的价值=账面净收益×适当的市盈率

=普通股每股净收益×适当的市盈率×流通在外的普通股股数 　　　　　　　　　　　　　　　　　　　　　　　(11.1)

账面收益法计算简单,而且账面收益的数据来源于企业已公布的财务报表,便于投资者理解和应用。但是使用账面收益法也存在明显的不足。首先,某企业过去高收益,并不能保证现在或将来该企业仍能获得高收益;其次,账面收益未能揭示高风险带来的高收益对企业价值的影响。因此,使用账面收益法,只能进行同期比较;在使用账面收益对企业进行评价前,必须按风险程度对企业进行分类,不同风险程度的企业,不能用账面收益来进行比较。市盈率法本来适用于股东权益的估计,但在一定的资本结构下,可近似地用于企业价值的估算。

【例 11-1】某公司账面反映的资金状况为:长期负债 200 万元,优先股股本 100 万元,普通股股本 250 万元,求公司的账面价值。

显然,在这里公司的账面价值就是各项加起来求和。

公司的账面价值=负债+优先股本+普通股本

=200+100+250

=550(万元)

第二节 贴现现金流量法

现金流量模型是公司价值评估中使用最广泛、理论上最健全的模型。

一、股票评价模型

(一)股利贴现模型

股利是公司分配给股权投资人的现金流量。股利现金流量模型的基本形式是:

$$股权价值 = \sum_{t=1}^{\infty} \frac{股利现金流量}{(1 + 股权资本成本)^t} \qquad (11.2)$$

关于股利贴现模型,我们已经在第六章"金融证券估价"中作了较为详细的阐述,大家可以参照此章的内容,在此不再赘述。

(二)股权自由现金流量(FCFE)评价模型

利润指标最受投资者的关注,但由于利润是按特定会计方法得出的,发生人为调控的情形并不鲜见。为了减少特定会计方法的影响,尽可能避免人为操纵,投资者开始更多地关注有真实现金收支的股权自由现金流。股权自由现金流一般是指满足公司的持续经营需要,并除去各种费用后的剩余现金流。除了日常的经营费用,维持公司的持续经营还需要考虑以下因素:偿还债务,满足公司长远发展的资本性支出,维持公司日常运营必要的营运资本追加。这样,股权自由现金流(FCFE)可用公式表示为:

FCFE=净收益+折旧-资本性支出-营运资本追加额-旧债本金偿还+
　　　新发行债务 　　　　　　　　　　　　　　　　　　　　(11.3)

股权自由现金流量评价模型分为三种:稳定增长模型、两阶段模型、三阶段模型。

1.稳定增长模型

FCFE稳定增长模型适用于股权自由现金流以不变的比率持续增长的、处于稳定增长阶段的公司。该模型假设公司未来保持长期稳定的增长。在稳定增长的情况下,公司价值是下期现金流量的函数。稳定增长模型的一般形式是:

$$P_0 = \frac{FCFE_1}{r-g} \tag{11.4}$$

其中,P_0 表示股票当前的价值,$FCFE_1$ 表示下一年预期股权自由现金流,r 为投资者的要求收益率(也称为股权资本成本),g 为股权自由现金流的稳定增长率。

在式子(11.4)中,如何确定股权自由现金流的稳定增长率 g 是估值的关键。由于股权自由现金流应以不变的比率 g 持续增长,通常假定净收益、资本性支出、折旧和营运资本追加额以同一比率增长。这样稳定增长率 g 一般就取净收益增长率,它可以通过以下关系式进行估算:

$$g = b \times ROE$$
$$= b \times \left\{ ROA + \frac{D}{E} \times [ROA - i \times (1-t)] \right\} \tag{11.5}$$

其中,b 为留存比率,ROE 为净资产收益率,ROA 为资产收益率,D/E 为负债账面值与权益账面值的比,i 为负债利息与负债账面值的比,t 为普通收益所得税税率。

【**例 11-2**】A 公司的财务结构相当稳定,处于理想负债比率 25%。预计净收益、资本性支出、折旧和营运资本追加额都以每年 6% 的增长率增长。已知当前公司每股收益为 3.15 元,每股资本性支出为 3.15 元,每股折旧为 2.78 元,每股营运资本追加额为 0.5 元,公司股票的 β 值为 0.9,国债利率为 7.50%,市场风险溢价为 5.5%。试用 FCFE 稳定增长模型估算当前公司的股票价值。

利用 FCFE 稳定增长模型估算当前公司的股票价值,必须确定三个变量:

(1)FCFE 稳定增长率 $g = 6\%$

(2)投资者要求收益率 $r = 7.5\% + 0.9 \times 5.5\% = 12.45\%$

这里利用了资本资产定价模型。

(3)下一期股权自由现金流

根据当前公司财务信息,可先求出本期股权自由现金流 $FCFE_0$:

$$FCFE_0 = 3.15 - (1-25\%) \times (3.15 - 2.78) - (1-25\%) \times 0.5$$
$$= 2.497\ 5(元)$$

因此,

$$FCFE_1 = FCFE_0(1+g) = 2.497\ 5 \times (1+6\%) = 2.647\ 4(元)$$

由现金流贴现公式(11.4):

$$P_0 = \frac{FCFE_1}{r-g} = \frac{2.647\ 4}{12.45\% - 6\%} = 41.04(元)$$

所以,基于资产价值的股票价格为 41.04 元。

FCFE 稳定增长模型的应用受到以下条件的限制：首先，增长率要与公司所处的宏观经济环境相适应；其次，折旧能够弥补资本性支出；最后，具有市场平均风险。

2. 两阶段模型

两阶段是指公司在前一时期以较高的速度增长，然后立即进入稳定增长阶段。该模型假设公司具有连续 n 年的超常增长时期和随后的永续稳定增长时期。这一类股票价值由两部分组成：一是高速增长阶段内 FCFE 的现值，二是稳定增长阶段 FCFE 的现值。两阶段模型公式为：

$$P_0 = \sum_{t=1}^{n} \frac{FCFE_t}{(1+r)^t} + \frac{P_n}{(1+r)^n} \tag{11.6}$$

其中，$FCFE_t$ 表示第 t 年的股权自由现金流，r 表示 n 年高速增长阶段投资者的要求收益率，P_n 表示第 n 年末的股票价值。

通常一个公司经过一段时期的高速增长之后，它的发展速度肯定会平缓下来，进入稳定增长阶段。因此期末价值 P_n 一般使用前面的 FCFE 稳定增长模型来计算：

$$P_n = \frac{FCFE_{n+1}}{r_n - g_n} \tag{11.7}$$

这里，r_n 表示处于第二阶段稳定增长时期投资者的要求收益率，g_n 表示第二阶段 FCFE 的稳定增长率。

【例 11-3】一家从事高技术行业的公司，财务结构相当稳定。公司处于负债比率为 18.01% 的理想债务状态。预计前 5 年处在高速增长阶段，随后立即进入稳定增长阶段。试用 FCFE 两阶段增长模型估算当前公司的股票价值。

已知当前的财务信息：每股经营收入为 12.40 元，每股净收益为 3.10 元，每股资本性支出为 1.00 元，每股折旧为 0.60 元。长期国债的利率为 7.50%。预计高速增长阶段的相关数据如下：净资产收益率（ROE）为 18.78%，留存比率（b）为 100%（不支付红利），高速增长阶段的 β 值为 1.30，资本性支出、折旧和经营收入与净收益增长率相同，营运资本保持为经营收入的 20%。预计稳定增长阶段的相关数据如下：稳定增长率为 6%，稳定增长阶段的 β 值为 1.10，资本性支出可以由折旧来弥补，经营收入增长率也为 6%，营运资本仍占经营收入的 20%，市场风险溢价为 5.5%。

下面分别计算现金流估价公式中的两部分现值。

（1）高速增长阶段 FCFE 的现值

先计算高速增长阶段的 FCFE 的增长率和投资者的要求收益率：

$$g=b\times ROE=100\%\times18.78\%=18.78\%$$
$$r=7.50\%+1.30\times5.5\%=14.65\%$$

再计算高速增长阶段 FCFE 的现值。计算过程列入表 11-1：

表 11-1　高速增长阶段 FCFE 的现值的计算　　　　　单位：元

项目	第 1 年	第 2 年	第 3 年	第 4 年	第 5 年
净收益	3.682 2	4.373 7	5.195 1	6.170 7	7.329 6
$(1-\delta)\times$（资本性支出－折旧）	0.389 6	0.462 7	0.549 6	0.652 8	0.775 4
$(1-\delta)\times$营运资本追加额	0.381 9	0.453 6	0.538 8	0.639 9	0.760 1
股权自由现金流	2.920 8	3.457 4	4.106 7	4.877 9	5.794 0
现值（$r=14.65\%$）	2.540 8	2.634 4	2.731 5	2.832 1	2.936 4

所以，对现值求和算出高速增长阶段的 FCFE 现值为 13.68 元。

（2）稳定增长阶段 FCFE 的现值

先计算第 6 年的 FCFE：

第 6 年净收益＝第 5 年净收益×(1+6%)＝7.329 6×1.06＝7.769 4(元)

第 6 年营运资本增加额＝第 6 年经营收入变化量×20%
$$=12.40\times(1+18.78\%)^5\times6\%\times20\%$$
$$=0.351 8(元)$$

所以，$FCFE_6=7.769 4-(1-18.01\%)\times0.351 8=7.481 0(元)$

再计算稳定增长阶段投资者的要求收益率：
$$r_n=7.50\%+1.10\times5.5\%=13.55\%$$

根据稳定增长模型可得股票的期末价值：
$$P_n=\frac{7.481 0}{13.55\%-6\%}=99.086 1(元)$$

高速增长阶段结束时股票期末价值的现值$=\dfrac{99.086 1}{1+14.65\%}=50.02(元)$

（3）当前公司股票价值

根据 FCFE 两阶段模型公式，把两部分的结果加起来便可以得到当前公司股票价值为 63.70 元。如果当前股票交易价格为每股 60 元，说明这只股票被市场低估了，投资者可以考虑积极介入。

FCFE 两阶段模型适用于预计在一定时期内高速增长，然后再进入稳定增长阶段的公司。应特别注意的是，第二阶段应当满足稳定增长模型中的限制条件。如资本性支出在第一阶段可能会远远大于折旧,一旦进入稳定增长阶段,二者之间的差距应该减小。

3.三阶段模型

在对 FCFE 两阶段模型的讨论中,一些人认为公司发展经历高速增长阶段后立即进入稳定增长阶段,缺少必要的过渡。基于这一原因,人们在高速增长阶段与稳定阶段增加了一个过渡阶段,提出了 FCFE 的三阶段模型。

FCFE 三阶段模型适用于那些要经历三个不同增长阶段的公司。即起初的高速增长阶段、增长率下降的过渡阶段和增长率保持不变的稳定增长阶段。该模型的计算公式由三部分预期 FCFE 的现值组成。

$$P_0 = \sum_{t=1}^{n_1} \frac{FCFE_t}{(1+r)^t} + \sum_{t=n_1+1}^{n_2} \frac{FCFE_t}{(1+r)^{n_1} \times \prod_{k=n_1+1}^{t}(1+r_k)} +$$

$$\frac{P_{n_2}}{(1+r)^{n_1} \times \prod_{k=n_1+1}^{n_1}(1+r_k)} \tag{11.8}$$

其中,$FCFE_t$ 表示第 t 年的股权自由现金流,r 表示 n 年高速增长阶段投资者的要求收益率,r_k 表示过渡阶段投资者的要求收益率,P_{n_2} 表示第 n_2 年末的股票价值,它使用前面的 FCFE 稳定增长模型来计算:

$$P_{n_2} = \frac{FCFE_{n_2+1}}{r_n - g_n} \tag{11.9}$$

这里 r_n 表示处于稳定增长阶段投资者的要求收益率,g_n 表示该阶段的稳定增长率。

【例 11-4】下面应用三阶段 FCFE 模型估计某公司的股票价格。

某公司 2005 年的有关数据如下:销售收入每股 10 元,每股净收益占收入的 25%,每股资本支出 1.2 元,每股折旧 0.70 元,每股营业流动资产 4 元。

预计 2006 年到 2010 年期间每股销售收入增长率可以保持在 33% 的水平,2011 年到 2015 年增长率按算术级数均匀减少至 6%,2015 年及以后保持 6% 的增长率不变。该企业在经营中没有负债,预计将来也不利用负债。资本支出、折旧与摊销、营业流动资产增加、每股净收益等与销售收入的增长率相同。

2006 年至 2010 年的 β 值为 1.25,2011 年开始每年按算术级数均匀下降,2015 年降至 1.1,并可以持续。已知国库券利率为 7%,股票投资的平均风险补偿率为 5.5%。

有关的计算过程显示在表 11-2 中,其他的有关说明如下:

1. 增长率

高增长阶段每年增长 33%。

$$过渡阶段每年增长率 = \frac{33\% - 6\%}{5} = 5.4\%$$

2011 年的增长率 = 33% - 5.4% = 27.6%

以下年度的增长率可以类推。

净投资 = 资本支出 - 折旧 + 营业流动资产增加

2006 年净投资 = 1.596 - 0.931 0 + 1.32 = 1.985(元)

以下各年按此类推。

2. 股权自由现金流量

2006 年股权自由现金流量 = 10 × 25% × (1 + 33%) - 1.985 = 1.34(元)

3. 资本成本

高速增长阶段的资本成本 = 7% + 1.25 × 5.5% = 13.875%

$$过渡阶段的资本成本每年递减 = \frac{13.875\% - 13.05\%}{5} = 0.165\%$$

$$过渡阶段的 \beta 每年递减 = \frac{1.25 - 1.1}{5} = 0.03$$

然后,再利用资本资产定价模型,分别计算各年的资本成本:

2011 年的 β = 1.25 - 0.03 = 1.22

2011 年的资本成本 = 7% + 1.22 × 5.5% = 13.71%

稳定阶段的资本成本 = 7% + 1.1% × 5.5% = 13.05%

4. 贴现系数

$$2006 年贴现系数 = \frac{1}{1 + 13.875\%} = 0.878\ 2$$

$$2007 年贴现系数 = \frac{0.878\ 2}{1 + 13.875\%} = 0.771\ 2$$

以下各年按此类推。

5. 各阶段的价值

高速增长阶段的现值 = 各年现金流量贴现求和 = 8.220 6(元/股)

过渡阶段的现值 = 各年现金流量贴现求和 = 18.617 8(元/股)

$$稳定增长阶段的终值 = \frac{15.873\ 3 × (1 + 6\%)}{13.05\% - 6\%} = 238.661\ 7(元/股)$$

稳定增长阶段的现值 = 238.66 × 0.278 7 = 66.521 7(元/股)

每股价值 = 8.220 6 + 18.617 8 + 66.521 7 = 93.360 1(元/股)

表 11-2　某公司的股票价值估计　　　　　　　　　　　　　　　　　单位:元

年份	2005	2006	2007	2008	2009	2010	2011	2012	2013	2014	2015
销售增长率(%)		33.0	33.0	33.0	33.0	33.0	27.6	22.2	16.8	11.4	6.0
每股收入	10.000 0	13.300 0	17.689 0	23.526 4	31.290 1	41.615 8	53.101 8	64.890 3	75.791 9	84.432 2	89.498 1
净收益/收入(%)	25	25	25	25	25	25	25	25	25		25
每股净收益	2.500 0	3.325 0	4.422 3	5.881 6	7.822 5	10.403 9	13.275 4	16.222 6	18.948 0	21.108 1	22.374 5
资本支出	1.200 0	1.596 0	2.122 7	2.823 2	3.754 8	4.993 9	6.372 2	7.786 8	9.095 0	10.131 9	10.739 8
一折旧	0.700 0	0.931 0	1.238 2	1.646 8	2.190 3	2.913 1	3.717 1	4.542 3	5.305 4	5.910 3	6.264 9
(营业流动资产)	4.000 0	5.3200	7.0756	9.4105	12.5160	16.6463	21.2407	25.9561	30.3168	33.7729	35.7993
＋营业流动资产增加		1.320 0	1.755 6	2.334 9	3.105 5	4.130 3	4.594 4	4.715 4	4.360 6	3.456 1	2.026 4
＝净投资		1.985 0	2.640 1	3.511 3	4.670 0	6.211 1	7.249 5	7.960 0	8.150 2	7.677 7	6.501 3
股权自由现金流量		1.340 0	1.782 2	2.370 3	3.152 5	4.192 6	6.026 0	8.262 6	10.797 8	13.430 3	15.873 3
β值		1.25	1.25	1.25	1.25	1.25	1.22	1.19	1.16	1.13	1.1
国库券利率(%)		7.0	7.0	7.0	7.0	7.0	7.0	7.0	7.0	7.0	7.0
股票补偿率(%)		5.5	5.5	5.5	5.5	5.5	5.5	5.5	5.5	5.5	5.5
股权资本成本(%)		13.875	13.875	13.875	13.875	13.875	13.710	13.545	13.380	13.215	13.050
贴现系数		0.878 2	0.771 2	0.677 2	0.594 7	0.522 2	0.459 3	0.404 5	0.356 7	0.315 1	0.278 7
高速增长期现金流量现值	8.220 6	1.176 7	1.374 4	1.605 2	1.874 8	2.189 6					
过渡期现金流量现值	18.6178						2.767 5	3.342 0	3.852 0	4.231 9	4.424 3
稳定期价值	66.521 7									238.661 7	
每股价值	99.360 1										

FCFE 三阶段估价模型适用于那些高速增长阶段过渡到稳定增长阶段有一个渐进过程的公司。该模型有两大特点:一是资本性支出在第一阶段可能会远远大于折旧,经过第二、第三阶段,两者之间的差距应该缩小甚至为 0;二是风险随着 FCFE 增长率的下降而降低,公司的 β 值减小,最终趋向于 1。

二、公司评价模型

(一)公司自由现金流量评价模型

公司自由现金流(FCFF)通常指在支付了经营费用和所得税后,向公司权利要求者支付现金之前的全部现金流。这样公司自由现金流既可以通过收益分配加以计算,也可以按现金流形成过程中的构成予以计量,从而产生了两种计算方法。

第一种计算方法是从利益分配入手。公司权利要求者包括股权资本投资者、债权人和优先股股东，体现各自利益的现金流量见表11-3：

表11-3　公司整体价值的结构

权利要求者	现金流量	贴现率
股权资本投资者	股权资本自由现金流（FCFE）	股权资本成本
债权人	利息费用×（1－税率）＋偿还本金－新发行债务	税后债务成本
优先股股东	优先股股利	优先股资本成本

各种权利要求者的现金流量构成了公司的整体价值，公司自由现金流等于公司权利要求者现金流量的总和。因此，公司自由现金流（FCFF）用计算公式可以表示为：

$$FCFF=FCFE+利息费用\times(1-税率)+偿还本金-新发行债务+优先股股利 \tag{11.10}$$

第二种计算方法是从现金流形成过程入手。向公司权利要求者支付现金之前的全部现金流，可以从息税前净收益（EBIT）开始计算，用计算公式可以表示为：

$$FCFF=EBIT\times(1-税率)+折旧-资本性支出-营运资本追加 \tag{11.11}$$

【例11-5】某公司2001年的财务报表显示：在考虑非经常性收入和费用之前的息税前净收益（EBIT）为34.82亿元，折旧为46.13亿元，资本性支出为55.6亿元。另外公司的营运资本，从2000年的143.06亿元增加到2001年的154.05亿元。预计公司2002年的EBIT将增至39.67亿元，资本性支出、折旧和营运资本预计在2002年都将增长5％。2001年公司的普通收益所得税税率为38％，试估计该公司的FCFF。

根据公司提供的相关财务信息，由公式（11.11）可以求出该公司自由现金流。计算过程见表11-4。

表11-4　计算公司自由现金流　　　　单位：万元

项目	2001年	2002年
EBIT×（1－税率）	215 884	245 954
折旧	461 300	484 365
资本性支出	556 000	583 800
营运资本追加	109 900	77 025
公司自由现金流	11 284	69 494

（二）公司自由现金流量评价模型与股权自由现金流量评价模型比较

从表11-3的公司整体价值的结构上不难看出,对于任何一个有财务杠杆的公司而言,公司自由现金流通常大于股权自由现金流。而对于一个无财务杠杆的公司来说,两者是相等的(通常公司不发行优先股)。当然在一般情形下,人们关心更多的是两者的差异。

1. FCFF 与 FCFE 的贴现率

股权自由现金流(FCFE)的贴现率是股权资本成本,也就是投资者的要求收益率,大多通过资本资产定价模型(CAPM)计算得到。公司自由现金流(FCFF)的贴现率是加权平均资本成本(WACC),为股权资本成本、税后债务成本和优先股成本的加权平均数。可以用公式表示为:

$$WACC = k_E \times \frac{E}{E+D+PS} + k_D \times \frac{E}{E+D+PS} + k_{PS} \times \frac{PS}{E+D+PS} \quad (11.12)$$

其中,$WACC$ 表示加权平均资本成本,k_E、k_D 和 k_{PS} 分别表示股权资本成本、税后债务成本和优先股成本,$\frac{E}{E+D+PS}$、$\frac{E}{E+D+PS}$ 和 $\frac{PS}{E+D+PS}$ 分别表示股权、债务、优先股市场价值占总资产市场价值的比例。

【例11-6】某公司的股权资本成本为 12.30%,税前债务成本是 8%,优先股成本为 8.44%,在公司总资产中,按市场价格计算的股权资本占 50.26%,债务占 23.42%,优先股占 26.32%。该公司的普通收益所得税税率为 38%,求该公司的加权平均资本成本。

根据该公司的财务数据,税后债务成本为 8%×(1−38%)=4.96%。由公式(11.12)计算公司的加权平均资本成本为:

$$WACC = 12.30\% \times 50.26\% + 4.96\% \times 23.42\% + 8.44\% \times 26.32\%$$
$$= 9.57\%$$

优先股成本通常用优先股每股股利与优先股的市场价格的比值来估算,实际上大多数公司不发行优先股或者优先股占总资产的比例可以忽略不计。

2. FCFF 与 FCFE 的增长率

公司财务杠杆的存在,造成 FCFF 的增长率不同于 FCFE 的增长率。通常后者大于前者,下面从数量关系上予以说明。根据上一节的讨论,通常假定 FCFE 的增长率就是每股净收益的增长率 g_{EPS},有近似表达式:

$$g_{EPS} = b \times \left\{ ROA + \frac{D}{E} \times [ROA - i \times (1-t)] \right\}$$

也就是说,财务杠杆直接影响 FCFE 的增长率,而对 FCFF 的增长率不发生作用。

这一部分的讨论也表明在稳定增长阶段计算 FCFF 和 FCFE 时,应该让资本性支出、折旧和经营收入增长率保持相等。这当然也意味着对一个公司同时用 FCFF 和 FCFE 估价模型进行估价时,FCFF 的增长率和 FCFE 的稳定增长率应保持一致。

【例 11-7】某公司当前的总资产收益率为 12.82%,税前债务成本为 7.7%,负债与股东权益比率(D/E)为 36.59%,公司的留存比率(b)为 91%,税率为 36%。假定这些数字在将来保持不变,试计算 FCFF 和 FCFE 的增长率。

下面分别把以上财务数据代入两个增长率计算公式:

$$g_{ECFE} = 91\% \times \{12.82\% + 36.59\% \times [12.82\% - 7.7\% \times (1 - 36\%)]\}$$
$$= 14.29\%$$

$$g_{FCFF} = 91\% \times 12.82\% = 11.67\%$$

即由于财务杠杆的影响,FCFE 的增长率大于 FCFF 的增长率。

3. FCFF 与 FCFE 估价关系

公司自由现金流与股权自由现金流作用于不同的估价对象,反映了整体与局部的关系。在实践中大量存在的问题是寻求股权价值,而不是公司的整体价值。由于公司自由现金流不同于股权自由现金流,它不必反映公司的债务(仅在贴现率中体现),因而在数据信息处理上相对简单。特别是在预期财务杠杆将发生重大变化时,只要对债务按市场价值进行合理估价,并从公司整体价值中扣除,同样可以获得股权价值。因此,在公司具有很高财务杠杆比率或财务杠杆比率正在发生变化时,通常把 FCFF 估价模型作为 FCFE 估价模型的替代方案。

三、贴现现金流量法的应用及其局限性

运用贴现现金流量法,我们可以处理各种复杂的问题。

（一）调整预期增长率

公司预期增长率的变化趋势通常采取线性方式,如在高速增长阶段或稳定增长阶段设定增长率保持不变,过渡阶段则为线性递减。但一些周期性公司因受宏观经济衰退变化的影响,以及公司自身极为特殊的原因,收益发生了较大幅度的波动,这样就需要对预期增长率进行合理的调整,做出一些符合实

际的变化。下面我们通过具体例子来说明。

【例 11-8】某一制造可回收利用商业和工业用纸的公司,2001 年每股净收益为 0.63 元,大大低于公司三年前每股净收益为 2.52 元的水平。按有关人士分析,这家公司收益减少的原因是受宏观经济衰退的影响。2001 年公司的 β 值为 1.00,当年国债利率为 7%,市场风险溢价为 5.5%。当前每股资本支出为 3.63 元,折旧为 2.93 元,负债率为 40%。许多迹象表明宏观经济可望在 2002 年开始复苏,并在 2003 年达到更快的增长速度。预计该公司在此后几年的收益率如下:

表 11-5　预计某造纸公司的增长率

年　份	预期增长率(%)	每股净收益(元)
2002	5	0.66
2003	100	1.32
2004	50	1.98
2005 年以后	6	

资本性支出和折旧预期以 6% 的速度增长,公司的营运资本基本保持不变。试估计公司 2001 年的每股价值。

在这里,公司前三年的增长率通过参考有关资料进行了必要的调整,收益增长率更符合具体情况。下面根据以上数据进行计算,公司的股权自由现金流(FCFE)列于表 11-6。

表 11-6　预计某制造公司的 FCFE　　　　　　　　单位:元

项目	2002 年	2003 年	2004 年	2005 年
每股净收益	0.661 5	1.323 0	1.984 5	2.103 6
(资本性支出－折旧)×(1－δ)	0.445 2	0.471 9	0.500 2	0.530 2
股权自由现金流	0.216 3	0.851 1	1.484 3	1.573 3

计算投资者要求收益率(股权资本成本):

$r = 7\% + 1.00 \times 5.5\% = 12.50\%$

稳定增长阶段股价 $= \dfrac{1.573\ 3}{12.50\% - 6\%} = 24.204\ 6$(元)

2001 年每股价值 $= \dfrac{0.216\ 3}{1.125} + \dfrac{0.851\ 1}{1.125^2} + \dfrac{1.484\ 3 + 24.204\ 6}{1.125^3} = 18.83$(元)

经增长率调整后,得到的每股估价为 18.83 元。

（二）收益正常化

在现金流贴现估价模型中，大多以当前的估价年份作为起始的基期，并利用增长率预测将来的收益和现金流。但对于那些收益随着经济周期的变化而变化的公司来说，当其处于经济繁荣期时，用当年收益作为基期可能出现对资产过高估价；而当其处于经济衰退期时，用当年收益作为基期则可能估价过低。另外，使用"调整增长率"的方法解决不了因当前经济衰退而产生负收益的这类周期性公司的估价问题，人们往往采用此前一段时期内的每股收益平均值作为基期收益，这种处理方法称为收益正常化。利用收益正常化，可以解决公司处于财务拮据状态情况下的估价问题。

【例 11-9】由于经济衰退，2001 年某汽车制造公司每股亏损 1.46 元，现在以该公司 2001 年以前五年间的平均每股收益 3.14 元作为正常化收益。预计此后 5 年公司正常化收益的增长率为 21.23%，5 年后为 6%；资本性支出、折旧和销售收入预计此后 5 年的增长率为 10%，5 年后资本性支出、折旧相抵，销售收入增长率为 6%。2001 年公司的 β 值为 1.20，预计进入稳定增长阶段将降为 1.10，当年国债利率为 7%。2001 年每股资本性支出为 10.40 元，折旧为 10.81 元，销售收入为 102.25 元，营运资本保持为销售收入的 40%，负债率基本稳定在 50%，市场风险溢价为 5.5%。试估计该公司的股票价值。

下面按公司收益正常化后的有关数据进行计算。先计算前 5 年公司的投资者的要求收益率及这 5 年公司的 FCFE。

$r = 7\% + 1.20 \times 5.5\% = 13.60\%$

FCFE 的计算结果由表 11-7 列出：

表 11-7　预计某汽车制造公司 5 年的 FCFE　　　　单位：元

项目	2002 年	2003 年	2004 年	2005 年	2006 年
净收益	3.806 6	4.614 8	5.594 5	6.782 2	8.222 1
（资本性支出−折旧）×(1−δ)	−0.225 5	−0.248 1	−0.272 9	−0.300 1	−0.330 2
营运资本追加额×(1−δ)	4.090 0	4.499 0	4.948 9	5.443 8	5.988 2
股权自由现金流	−0.057 9	0.363 8	0.918 4	1.638 5	2.564 0
现值	−0.050 9	0.281 9	0.626 5	0.983 9	1.355 3

这样得到前 5 年现金流贴现后的价值为 3.199 6 元。接下来计算 5 年后该公司进入稳定增长阶段 FCFE 的现值。先计算稳定增长阶段投资者收益率

和第 6 年公司的 FCFE。

稳定阶段投资者要求收益率＝7％＋1.10×5.5％＝13.05％

$$\begin{aligned}\text{第6年股权现金流}&=8.222\,1\times(1+6\%)-102.25\times(1+10\%)^5\times6\%\times40\%\\&=4.763\,2(元)\end{aligned}$$

$$\text{稳定增长阶段的股票现值}=\frac{4.763\,2}{(13.05\%-6\%)\times(1+13.06\%)^5}=35.712\,2(元)$$

经收益正常化处理,得到该公司的股票价值为 38.91 元。

(三)估计详细现金流

如果可以确定一个处在困境中的公司从困境转变到正常经营状态的转变期,并估计出这一转变期逐年的现金流,也同样可以对公司进行资产评估。

【例 11-10】某计算机制造公司 2001 年的息税前净收益(EBIT)为 216 亿元,利息费用 200 亿元。它当前的票面债务为 2 345 亿元(市场价值为 2 200 亿元),发行在外的股票有 45.6 亿股,每股市价为 49 元。公司 2001 年的销售成本占销售收入的 88％,但预计到 2006 年将下降到 85％,然后保持在这一水平。2001 年销售收入为 5 040 亿元,预计在将来 5 年里每年以 6％的速度增长,之后每年增长率为 5％。公司 2001 年的营运资本为 252 亿元,预期将来保持在销售收入的 5％这一水平。2001 年公司资本性支出 480 亿元,折旧为 530 亿元,资本性支出、折旧预计此后 5 年的增长率为 3％,5 年后资本性支出、折旧费用持平。2001 年债务成本为 8.5％,预计 5 年后债务成本降为 8％,公司的 β 值始终为 0.95,公司税率为 36％,国债利率为 7％,市场风险溢价为 5.5％。试估计该公司的股票价值。

下面按公司有关数据进行计算。先计算前 5 年公司的加权平均资本成本,然后预计这 5 年公司的 FCFF。

股权资本成本＝7％＋0.95×5.5％＝12.23％

税后债务成本＝8.5％×(1−36％)＝5.44％

所以资本加权平均成本为:

$$12.23\%\times\frac{45.6\times49}{45.6\times49+2\,200}+5.44\%\times\frac{2\,200}{45.6\times49+2\,200}=8.861\,3\%$$

FCFF 的计算结果由表 11-8 给出:

表 11-8 预计计算机制造公司今年后 5 年的 FCFF   单位:亿元

	项目	2002 年	2003 年	2004 年	2005 年	2006 年
	销售收入	5 342.40	5 662.94	6 002.72	6 362.88	6 744.66
减	销售成本	4 701.31	4 926.76	5 162.34	5 408.45	5 732.96
减	折旧	545.90	562.28	579.15	596.52	614.42
	EBIT	95.19	173.91	261.24	357.91	397.42
加	折旧	545.90	562.28	579.15	596.52	614.42
减	资本性支出	494.40	509.23	524.51	540.24	556.45
减	营运资本追加	15.12	16.03	16.99	18.01	19.09
	公司自由现金流	97.30	148.32	204.84	267.33	293.14
	现值	89.38	125.16	158.78	190.36	191.75

这样得到前 5 年现金流贴现后的价值为 755.43 亿元。接下来计算 5 年后该公司进入稳定增长阶段的公司整体价值的现值。先计算稳定增长阶段加权平均资本成本和第 6 年公司的 FCFF。

股权资本成本 $=7\%+0.95\times5.5\%=12.23\%$

税后债务成本 $=8\%\times(1-36\%)=5.12\%$

所以:

$$\begin{aligned}\text{加权平均} \atop \text{资本成本} &=12.23\%\times\frac{45.6\times49}{45.6\times49+2\ 200}+5.12\%\times\frac{2\ 200}{45.6\times49+2\ 200}\\&=8.70\%\end{aligned}$$

第 6 年公司自由现金流 $=254.26\times(1+5\%)-6\ 744.66\times5\%\times5\%$

$=250.11$(亿元)

根据公式得:

$$\begin{aligned}\text{稳定增长阶段的公司现值}&=\frac{250.11}{(8.70\%-5\%)\times(1+8.86\%)^5}\\&=4\ 421.68\text{(亿元)}\end{aligned}$$

两部分现值相加,得到该公司整体现值为 5 177.11 亿元。减除债务市场价值,又可以得到公司的股权资本市场价值为 2 977.11 亿元,每股价值 66.29 元。对比当前 49 元的市场价值,可以初步认为股票价值被市场低估了。

(四)利用可比公司

如果要估计一家非上市的或上市时间相对较短的公司的价值,我们往往利用可比上市公司提供的信息确定所要估计的有关参数。

1.估计贴现率

在现金流估价模型中,贴现率有股权资本成本、债务成本、优先股成本,而加权平均资本成本则是三者的加权平均数。这些输入变量的确定,核心的问题是如何估计 β 值,通常可以通过可比公司的有关数据获得。

【例 11-11】一家经营赌博用具的非上市公司,未偿还债务的账面值是 5 000 万元,股权资本的账面值是 10 000 万元。赌博娱乐业税率为 36%,该行业已上市公司的 β 值如表 11-9 所示:

表 11-9　赌博娱乐上市公司的 β 值

公司序号	β 值	负债权益比(%)
1	1.35	66.73
2	1.60	349.87
3	1.35	29.75
4	1.35	11.17
5	1.25	3.54
6	1.00	31.02
7	1.40	81.60
8	1.10	90.54
平均数	1.30	83.03

试估计这家公司的 β 值。

由 8 家可比上市公司的 β 值和负债权益比数据,计算出这一行业的平均值,并求出无财务杠杆的 β 值为:

$$\beta_0 = \frac{1.30}{1 + 83.03\% \times (1 - 36\%)} = 1.12$$

2.估计现金流

在非上市公司的现金流估计中,增长率十分关键而且敏感。参考可比公司各阶段的增长率不失为一种有效的估算方法。有了贴现率和现金流这两类输入变量,下一步就可以用现金流贴现估计公司的资产。

现金流贴现估计还可以总结归纳出其他一些技巧,如通过对公司整体价值的估计,间接获取公司股票价格等。

第三节 相对价值评估法

相对价值评估法又叫比例评估法。它包括市盈率法以及价格与账面价值比率法。

一、市盈率法

市盈率是指每股市价与每股收益的比率,即为 P/E(price-earnings ratio)。理论上,市盈率指标中的每股收益通常使用预期收益,即市盈率为 P_0/E_1;而在实际的证券市场中,投资者获得的市盈率指标为每股市价与最近一期会计收益之比,即 P_0/E_0。

市盈率(P/E)法的思路是:

(1)从证券市场上寻找可比企业,按不同的可比指标计算市盈率;

(2)确定被估企业相应口径的收益;

(3)评估值=被估企业相应口径的收益×市盈率。

为了提高市盈率法的可信度,可选择多个上市公司作为可比企业,通过算术平均或加权平均计算市盈率。

【例 11-12】某企业拟进行整体资产评估,评估基准日为 2004 年 12 月 31 日。评估人员在同行业的上市公司中选择了 9 家可比公司,分别计算了可比公司 2004 年的市盈率。被评估企业 2004 年的净收益为 5 000 万元,则采用市盈率法评估企业整体资产价值的过程如下:

9 家可比公司 2004 年的市盈率如表 11-10 所示:

表 11-10

可比公司	C1	C2	C3	C4	C5	C6	C7	C8	C9
市盈率	16.7	12.3	15.0	16.5	28.6	14.4	50.5	17.8	15.1

9 家可比公司 2004 年平均的市盈率为 20.77。但注意到可比公司 C5 和 C7 的市盈率明显高于其他可比公司,因此在计算平均市盈率时将它们剔除。剔除可比公司 C5 和 C7 后的 7 家可比公司 2004 年平均的市盈率为 15.40。因此确定市盈率为 15.40。

被评估企业价值=5 000×15.40=77 000(万元)

1. 稳定增长公司的 P/E 估价模型

根据 Gordon 增长模型,可以得到稳定增长公司的股权资本的价值:

$$P_0 = \frac{D_1}{k - g_n}$$

由于 $D_1 = EPS_0 \times (1-b) \times (1+g_n)$

其中,b 为收益留存比例,$(1-b)$ 为红利支付率。

所以股权资本的价值可以写成:

$$P_0 = \frac{EPS_0 \times (1-b) \times (1+g_n)}{k - g_n} \tag{11.13}$$

则市盈率的表达式为:

$$\frac{P}{E} = \frac{P_0}{EPS_0} = \frac{(1-b) \times (1+g_n)}{k - g_n} \tag{11.14}$$

如果市盈率用下一年的预期收益来表示,则公式可以简化为:

$$\frac{P_0}{E_1} = \frac{P_0}{EPS_1} = \frac{1-b}{k - g_n} \tag{11.15}$$

由 CAPM 模型知:

$k =$ 无风险利率 $+$ 超额收益 $= R_f + \beta(R_m - R_f)$

代入上式得到:

$$\frac{P_0}{E_1} = \frac{1-b}{R_f + \beta(R_m - R_f) - g_n} \tag{11.16}$$

从公式(11.16)可知,市盈率是红利支付率和增长率的增函数,也是公司风险程度的减函数。

2. 高增长公司的 P/E 估价模型

两阶段高增长公司的红利贴现模型可表述为:

$P_0 = $ 前 n 年高速增长阶段的红利贴现值 $+ n$ 年后稳定增长阶段的红利贴现值

$$= \frac{ESP_0 \times R_p \times (1+g)\left[1 - \frac{(1+g)^n}{(1+k)^n}\right]}{k - g} + \frac{ESP_{n+1} \times R_{pn}}{k_n - g_n}$$

$$= \frac{ESP_0 \times R_p \times (1+g)\left[1 - \frac{(1+g)^n}{(1+k)^n}\right]}{k - g} + \frac{ESP_0 \times R_{pn} \times (1+g)^n(1+g_n)}{(1+k)^n(k_n - g_n)} \tag{11.17}$$

根据 R. J. Fuller 和 C. C. Hsia(1984)提出的以下公式(假设红利支付率不变):

$$P_0 = \frac{ESP_0 \times R_P}{(k-g)[(1+g_n) - H(g-g_n)/2]} \qquad (11.18)$$

式中：

R_p 为前 n 年的红利支付率；

R_{pn} 为 n 年后的永久红利支付率；

g 为前 n 年的增长率；

g_n 为 n 年以后的永久增长率；

k 为前 n 年投资者要求的股权资本收益率；

k_n 为 n 年后投资者要求的股权资本收益率；

H 为高速增长期时间长度。

整理公式得：

$$\frac{P}{E} = \frac{P_0}{ESP_0}$$

$$= \frac{R_P \times (1+g)[1-(1+g)^n/(1+k)^n]}{k-g} + \frac{ESP_{n+2} \times R_{pn}}{k_n - g_n}$$

$$= \frac{R_P \times (1+g)[1-(1+g)^n/(1+k)^n]}{k-g} + \frac{R_{pn} \times (1+g)^n(1+g_n)}{(1+k)^n(k_n - g_n)} \qquad (11.19)$$

或

$$\frac{P}{E} = \frac{R_P}{(k-g)[(1+g_n) - H(g-g_n)/2]} \qquad (11.20)$$

市盈率(P/E)与相关因素的关系：

(1)市盈率是高速或稳定增长阶段的红利支付率(R_p 或 R_{pn})的增函数；

(2)市盈率是风险程度(贴现率 k 或 k_n)的减函数；

(3)市盈率是高速或稳定增长阶段预期盈利增长率(g 或 g_n)的增函数；

(4)市盈率是高速增长期时间长度(H)的增函数。

对于上述稳定增长以及两阶段高速增长模型参数的几点说明：

(1)增长率 g 或 g_n 可以用 $ROE(1-R_p$ 或 $R_{pn})$ 替代。

(2)对于红利支付额远小于实际支付能力的公司,红利支付率可用"股权自由现金流 FCFE/公司收益"指标代替。

(3)股权资本的要求收益率 k 或 k_n 可以通过 CAPM 定价模型求得。

(4)考虑通货膨胀率 i 的影响,调整变量如下：

$$g^* = \frac{1+g}{1+i} - 1$$

$$k^* = \frac{1+k}{1+i} - 1$$

$$D_1^* = \frac{D_1}{1+i}$$

$$ROE^* = \frac{1+ROE}{1+i} - 1$$

$$B^* = \frac{b \times ROE - i}{ROE - i}$$

【例 11-13】某上市银行 2007 年每股收益 0.123 元,预计今后 10 年为高速增长阶段,预期的净资产收益率为 25%,预期红利支付率为 30%,β 值为 1.40。10 年后转入稳定增长阶段,预期每股收益的增长率为 10%,预期净资产收益率为 20%,β 值为 1.10。长期国债利率为 6%,市场风险溢价为 5.5%。

估计市盈率如下:

高速增长阶段股权资本成本 = 6% + 1.40 × 5.5% = 13.7%

$$
\begin{aligned}
\text{高速增长期的每股收益增长率} &= ROE \times (1 - \text{红利支付率}) \\
&= 25\% \times (1 - 30\%) \\
&= 17.5\%
\end{aligned}
$$

$$
\begin{aligned}
\text{稳定增长阶段的预期红利支付率} &= 1 - \frac{\text{预期每股收益增长率}}{ROE} \\
&= 1 - \frac{10\%}{20\%} \\
&= 50\%
\end{aligned}
$$

$$
\begin{aligned}
\frac{P}{E} &= \frac{R_p \times (1+g)[1 - (1+g)^n/(1+k)^n]}{k-g} + R_{pn} \times \frac{(1+g)^n(1+g_n)}{(1+k)^n(k_n - g_n)} \\
&= \frac{30\% \times 17.5\% \times [1 - 1.175^{10}/1.137^{10}]}{1.137 - 1.175} + \frac{50\% \times 1.175^{10} \times 1.10}{1.137^{10} \times (12.05\% - 10\%)} \\
&= 37.81
\end{aligned}
$$

$P = 37.81 \times 0.123 = 4.65$(元)

2008 年 1 月,该银行的平均估价约为 4.65 元。

二、价格与账面价值比率法

价格与账面价值比率,简称 P/B(price-to-book ratio)或 M/B(market-to-book ratio),也叫净资产倍率,反映市场价值与账面价值的比例关系。根据会计等式,权益的账面价值等于资产总值减去负债账面价值,而账面价值在很大程度上受所采取的会计制度的影响。

运用 P/B 比率的优点有：首先，在很多情况下 P/E 比率估价方法中的每股收益波动性很大，而账面价值是比每股收益更加稳定的测量指标，投资者可以用它作为与市场价格比较的依据；其次，P/B 比率提供了一种合理的跨行业的比较标准；最后，对于因亏损而无法用 P/E 比率进行估价的企业可以使用 P/B 比率估价方法，也可以用它计算那些不支付红利的公司的 P/B 比率。

运用 P/B 比率的缺点有：第一，账面价值和盈利一样会受到折旧方法和其他会计政策的影响，当企业使用不同的会计制度时，我们就不能用 P/B 进行比较；第二，对固定资产比率较小的企业运用 P/B 估价意义不大；第三，如果企业持续亏损，那么企业权益的账面价值可能为负，相应的 P/B 比率估价为负数，没有意义。通常地，对处于财务困境的公司，估价可以采用 P/S 比率估价或期权定价等其他方法。

1. 稳定增长公司的 P/B 估价模型

由于 $EPS_0 = BV_0 \times ROE$，由稳定增长公司的 P/E 模型变化得到：

$$P_0 = \frac{BV_0 \times ROE \times (1-b) \times (1+g_n)}{k - g_n} \tag{11.21}$$

则：

$$\frac{P}{B} = \frac{P_0}{B_0} = \frac{ROE \times (1-b) \times (1+g_n)}{k - g_n} \tag{11.22}$$

其中，BV_0（或 B_0）为期初账面价值，ROE 为净资产收益率，$(1-b)$ 为红利支付率，b 为收益留存比例，其他指标定义与前面稳定增长 P/E 估价模型相同。

如果净资产收益率（ROE）是基于下一时期的预期收益，则：

$$\frac{P}{B} = \frac{P_0}{B_1} = \frac{ROE \times (1-b)}{k - g_n} \tag{11.23}$$

下面先推导公式。

假定公司红利政策不变，即留存比例不变，以及新权益投资 I 的回报率不变。因为利润的增长率来自新投资产生的收益，在给定的时间内，可得到利润为：

$$E_t = E_{t-1} + I_t \times ROE \tag{11.24}$$

其中，E_t 为 t 期利润，I_t 为 t 期新权益投资。

因为公司的留存比例不变，则：

$$E_t = E_{t-1} + ROE \times b \times E_{t-1} \tag{11.25}$$

盈利增长率：

$$g_n = \frac{E_t - E_{t-1}}{E_{t-1}} = ROE \times b \tag{11.26}$$

将式（11.26）代入式（11.23），得：

$$P/B=(ROE-g_n)/(k-g_n) \tag{11.27}$$

由此可知,P/B 比例与净资产收益率、红利支付率和增长率之间呈正相关,与公司的风险程度呈负相关。一个稳定增长的公司的 P/B 比例是由净资产收益率和公司股权资本的要求收益率之差决定的。如果净资产收益率高于股权资本要求收益率,那么股票的市场价格就会高于公司权益的账面价值;如果净资产收益率低于股权资本要求收益率,那么股票的市场价格就会低于公司权益的账面价值。

2.高增长公司的 P/B 估价模型

高增长公司两阶段红利贴现模型中:

权益的价值＝预期红利的现值＋期末价格的现值

由高增长公司的 P/E 模型变化得到:

$$\frac{P}{B}=\frac{P_0}{B_0}$$

$$=ROE\left\{\frac{R_P\times(1+g)[1-(1+g)^n/(1+k)^n]}{k-g}+R_{pn}\times\frac{(1+g)^n(1+g_n)}{(k_n-g_n)(1+k)^n}\right\}$$

$$\tag{11.28}$$

式中变量定义与前面两阶段高速增长 P/E 估价模型相同。

从式(11.28)可得:

(1) P/B 与净资产收益率(ROE)正相关;

(2) P/B 与风险程度(k 或 k_n)负相关;

(3) P/B 与红利支付率($1-b$)正相关;

(4) 无论在稳定增长阶段还是在高速增长阶段,P/B 都与盈利增长率(g 或 g_n)正相关。

【例 11-14】2000 年某发动机生产公司净资产收益率为 20%,预计今后 5 年内每股收益将以 15%高速增长,尔后以 6%增长率稳定增长,前 5 年红利支付率 20%,5 年后为 60%,前 5 年股权资本收益率为 12%,尔后为 10%。

则:

预期每股收益增长率＝20%×(1−20%)＝16%

5 年后每股收益增长率＝20%×(1−60%)＝8%

$$\frac{P}{B}=ROE\left\{\frac{R_P\times(1+g)[1-(1+g)^n/(1+k)^n]}{k-g}+R_{pn}\times\frac{(1+g)^n(1+g_n)}{(k_n-g_n)(1+k)^n}\right\}$$

$$=20\%\times\left\{\frac{30\%\times1.16\times[1-1.16^5/1.12^5]}{12\%-16\%}+\frac{60\%\times1.16^5\times1.08}{(10\%-8\%)\times1.12^5}\right\}$$

$$=8.06$$

第四节 经济附加值法(EVA)

EVA,即经济附加值,我国学者又称之为创值,是 20 世纪 80 年代美国 Stern Stewart 咨询公司引入的。Stern Stewart 公司首先将剩余利润的观念依据财务经济理论进行修订,然后将 economic value added(EVA) 的名称注册登记,并向可口可乐公司首次推介了这一理念,使其在收购全球灌装厂的实际运作中见到成效。此后,EVA 在全球范围内得到广泛应用。至今世界已有包括西门子、索尼等在内的 300 多家公司在运用 EVA 的管理体系。目前美国《财富》杂志每年都要根据 EVA 值对全球大公司进行创值能力排名,并称 EVA 为"创造财富的密钥"。不少人士将其视为传统的会计盈余以外,评估公司绩效乃至于制定投资决策的重要指标,甚至有人建议以经济附加值取代会计盈余。

EVA 是指在考虑了资本投资风险的基础上,企业创造的高于资本成本的经济收益。EVA 越高,企业为股东带来的资本收益也就越高。EVA 的高低直接反映了企业的经济效益。计算 EVA 要进行一系列的会计科目调整,而这些调整可以减少经理人员对会计利润的不正当调整,正好可以在一定程度上规避上述传统会计利润指标的缺点。公司每年创造的 EVA 等于税后净营业利润与营运资本的成本之间的差额,即:

$$EVA = ANOPAT - WACC \times NA = (ROIC - WACC) \times NA \qquad (11.29)$$

其中:ANOPAT 是调整后的税后净营业利润,它是由营业净利润调整得到的;WACC 是加权平均资本成本;NA 是公司资产期初的经济价值;ROIC 是净资产收益率。

因此,EVA 的计算取决于三个变量:税后净营业利润、营运资本和加权平均资本成本。

【例 11-15】表 11-10 是发达公司未来 5 年的相关数据预测:

表 11-10 相关数据预测表

单位:万元

项 目 \ 年 份	2004	2005	2006	2007	2008
资产总额	1 256	1 711	2 061	2 759	2 879
所有者权益	880	996	1 235	1 679	2 394
主营业务收入	4 680	5 720	7 742	10 839	15 516
净利润	96	198	288	378	416

假设发达公司 2003 年的投资资本为 860 万元,2008 年以后经济利润 (EVA)预期增长率为 6%,而且保持不变,其权益资本成本率为 10%。

要求:应用以 EVA 为基础的价值评估模型确定发达公司的股东价值。

1. 预测预测期各年 EVA(见表 11-11)

表 11-11 预测期各年 EVA 利润计算表

单位:万元

年份 项目	2004	2005	2006	2007	2008
净利润	96	198	288	378	416
净资产收益率(%)	10.91	19.88	23.32	22.51	17.38
股权资本成本(%)	10	10	10	10	10
净资产收益率-股权资本成本(%)	0.91	9.88	13.32	12.51	7.385
所有者权益	880	996	1 235	1 679	2 394
EVA	80.1	98.10	164.50	210.04	176.68

2. 估算预测期 EVA 现值(见表 11-12)

表 11-12 企业 EVA 现值计算表

单位:万元

年份	企业 EVA	贴现系数(10%)	企业 EVA 现值
2004	80.1	0.909	72.8
2005	98.10	0.826	81.28
2006	164.50	0.751	123.54
2007	210.04	0.683	143.46
2008	176.68	0.621	109.72
合　计	—	—	465.28

3. 估算预测期后 EVA 现值:

$$连续价值 = \frac{176.68 \times (1+6\%)}{10\% - 6\%} = 4\ 682.02(万元)$$

连续价值现值＝4 682.02×0.564＝2 640.66(万元)

4.公司股东价值计算

公司股东价值＝860＋465.28＋2 640.66＝3 965.94(万元)

税后净营业利润与息前税后净营业利润基本一致,不同之处在于税后净营业利润有一些额外的会计调整,主要是把那些按照 EVA 的观点不应从营业利润中去掉的项目加回来。计算税后净营业利润实际上是要算出假设企业没有负债情况下的净营业利润,而实际负债的影响在计算资本成本时和权益资本成本一并考虑。营运资本是投资人真正投入公司的金额,也是投资人希望借以获得报酬的金额。它与一般的会计上的总资产的差别在于:首先也是要进行会计项目调整,主要是把一些会计科目中视为费用的调整为资产,按照资产的处理方法进行会计调整;其次是要除去不用付利息的流动负债,因为不用付息的流动负债没有资本成本。而资本成本的计算与传统的账面加权平均资本成本的区别主要在于:EVA 中的资本成本是调整以后的债务资本总额和股本资本总额的加权平均(调整后的债务资本总额加上股本资本总额再经过调整就是营运资本),不是资产负债表上的债务总额和股本资本总额的加权平均。

下面我们讨论计算 EVA 时需要调整的会计科目。

(一)会计科目的调整

G. B. Stewart 认为在分析经济附加值时应该采用的数字是经济账面价值(economic book value),也就是需要对会计账面数字进行调整,把它们调整为经济账面价值。因此,在计算上述三个变量时对会计数据都要调整。根据 Stewart 的做法需要调整的项目高达 160 多项,在做实证研究时无法完全做到,他建议可根据四个标准来判定是否需要调整:

1.对最后算出的经济附加值数字影响的大小,即必须符合重要性原则。

2.经理层能够影响被调整项目,即可影响性原则。

3.实际计算的人员是否能够了解,即必须符合可了解性。

4.是否可以收集到需要的客观资料,即必须是客观且可取得的。

根据以上原则通常需要调整的会计科目如下:

1.研发成本及市场营销成本

研发成本在公司破产时一文不值,站在债权人的角度,会计将研发成本记为费用。但是这样做可能并不能反映一家企业的真实获利能力。研发费用的结果——研究成果——有利于提高公司未来的经营业绩,可以在将来给企业带来经济利益,因此研发费用应该和其他有形资产投资一样列入公司的资产项目。同样市场营销费用,如大型广告费用会对公司未来的市场份额产生深远影响,其形成的商标的价值对公司的盈利能力会产生长远的影响。因此市场营销费用从性质上讲也应该属于长期性资产。而长期性资产项目应该根据该资产的受益年限分期摊销。因此,在计算 EVA 时要将这些费用视为资产并逐年摊销。

2.商誉

当公司收购另一家公司并采用购买法进行会计核算时,购买价格超过被收购公司净资产总额的部分就形成商誉。商誉的形成是以被收购公司的专利、专有技术、品牌知名度等可以给公司带来经济利益的资源为基础的。因此,商誉实际上可以看作公司的无形资产。公司每年对商誉的摊销降低了公司当年的回报率;最终积累的商誉摊销费用减少了公司的股权和资产,以至于造成了 ROE 和 ROA 的高估。EVA 在调整商誉时,就是将以往的累计摊销金额加入到资本总额中,同时把本期摊销额加回到税后净营业利润的计算中。

3.递延税项

当公司采用纳税影响会计法进行所得税会计处理时,由于税前会计利润和应纳税所得之间的时间性差异而影响的所得税金额要作为递延税项单独核算。递延税项的最大来源是折旧。如许多公司在计算会计利润时采用直线折旧法,而在计算应纳税所得时则采用加速折旧法,从而导致折旧费用的确认出现时间性差异。正常情况下,其结果是应纳税所得小于会计报表体现的所得,形成递延税项负债,公司的纳税义务向后推迟,这对公司是明显有利的。而且只要公司持续发展并且不断更新其设备,递延税项实际上会一直保持一个余额。因此,它实际上就是企业永久性占用的资本。不调整递延税项会低估公司实际占用的资本总额,高估资本的盈利能力。

计算经济附加值时对递延税项的调整是将应计税金改为实际支付的金额。即将递延税项的贷方余额加入到资本总额中,如果是借方余额则从资本总额中扣除。同时,当期递延税项的变化加回到税后净营业利润中。也就是说,如果本年递延税项贷方余额增加,就将增加值加到本年的税后净营业利润中,反之,则从税后净营业利润中减去。

(二)税后净营业利润的计算

计算税后净营业利润和营运资本一般有两种方法:融资法和营运法。

1.融资法。这种方法在计算净营业利润时,有些类似利用间接法编制现金流量表。首先由净利润开始,再针对前述的调整项目进行调整。这种方法在计算营运资本时,基本上是以资产负债表的右边(即负债及股东权益)的数字作为调整依据。

2.营运法。这种方法在计算净营业利润时,有些类似利用直接法编制现金流量表,首先由营业收入净额开始,扣除营业成本及费用,但须针对前述的调整项目调整。利用这种方法基本上是以资产负债表的左边(即资产)的数字作为调整的依据。

我们采用融资法计算净营业利润和营运资本。综上所述,我们确定计算税后净营业利润的公式如下:

$$税后净营业利润=主营业务收入-主营业务成本-销售折扣和折让-营业税金及附加+其他业务利润+投资收益+递延税项贷方余额的增加+各种减值准备的增加-管理费用-销售费用-EVA\ 税收调整 \tag{11.30}$$

$$EVA\ 税收调整=利润表上的所得税+税率\times(财务费用+营业外支出-营业外收入-补贴收入) \tag{11.31}$$

(三)营运资本的计算

营运资本计算公式如下:

$$营运资本=债务资本+股本资本-在建工程 \tag{11.32}$$

$$债务资本=短期借款+一年内到期长期借款+长期负债合计 \tag{11.33}$$

$$股本资本=股东权益合计+少数股东权益+递延税款贷方余额+各种准备+累计税后营业外支出-累计税后营业外收入-累计税后补贴收入 \tag{11.34}$$

(四)资本成本率计算

前已述及,此不赘述

(五)经济附加值法的意义

经济附加值这种方法在现实生活中有着重要的意义。

1.有利于保护投资者的权益

目前,我国很多公司上市之后,不是积极地改善公司内部管理,挖掘公司发展潜力,提高效益,争取实现股东财富最大化,而是以圈钱为目的,炒作所谓的"题材"、"概念",甚至通过粉饰或伪造财务报表操纵股价,以获得再融资资格(如配股、增发新股)。他们的目的是圈钱,而不考虑对股东的回报,对广大股东尤其是中小股东的利益造成了极大的损害。究其根源,除了监管机构改革滞后外,对公司业绩进行评价的标准也存在缺陷。国外流行的经济附加值指标从股东的角度来定义利润,考虑了权益的成本,能够真实地反映公司为股东创造的财富。通过这样一套企业业绩评价体系,能较好地保护股东特别是中小投资者的利益。

2.有利于上市公司治理结构的完善

现代公司的特点决定了公司一般不是由所有者直接管理,而是由公司的治理系统来管理。如何激励和监督经理人以实现股东财富的最大化,是该系统的主要内容。我国上市公司国有股一股独大的现象很明显,由于国有股权的主体缺位,如何有效地监督和激励经理人成为影响国有经济发展的重要问题。近年来,上市公司的治理结构成为中国证监会和上市公司共同关心的话题。选择一个合适的评价指标体系来衡量经理人的业绩,并且用于建立有效的经理人员激励和约束机制,是完善上市公司治理结构的前提。

3.有利于在投资者中倡导理性投资的理念

投资者应注意公司财务报表、公司经营业绩和发展前景等基本面分析,而不是凭小道消息跟风操作。如果所有投资者都树立理性投资的理念,注重基本面分析,将有利于提高证券市场效率,让稀缺资源向绩优的上市公司转移,优化股票市场的资源配置功能。

第五节 公司价值评估案例

在学习了上述有关公司价值评估理论和方法之后,我们就可以运用上述理论和知识对公司价值进行评估。下面列举了一个案例供大家参考,其中几乎涉及了所有公司价值评估的知识和具体步骤。当然,由于市场环境的变化、近年来财务数据的不同以及某些数据可能估计有误,最终估值的结果与当前市场价值有较大的差距,但其中估值方法的运用和步骤、评估依据等值得大家借鉴。它同时也给予了我们一个重要提示:公司估值水平在不同的年份并不是一成不变的,它会随着公司财务数据的变化而变化。

案例 11-1　中石油——能源巨头身价几何

顶着"亚洲最赚钱公司"光环的中石油,自 2007 年 11 月 5 日上市之日起股价就一直在走下坡路,超过千亿元资金被套牢。在 A 股市场,正风风火火地上演着一幕散户深深被套,机构胜利大逃亡的国产大片。中国人民银行公布的 2007 年 10 月份全国金融运行情况显示,10 月份金融运行保持平稳,但居民户存款出现大幅下降,单月减少 5 062 亿元。央行对此的解释是,某一新股的发行。这一个让人心知肚明却又有点无奈的解释,从另一个侧面反映出 A 股市场的弊病。大多数的股民,或许他们并不知道中国石油的真正价值到底是多少,不知道中国石油的股价究竟透支了中国股市多少年的繁荣愿景。当他们已默认在 A 股市场,追打首日上市新股成为一种无风险投资时,其实就已经不知不觉地站上了高高的 48 元之巅。

从各种基本面来看,中国石油确实是一只好股。中金公司在其分析报告里用了连续几个短语来诠释这种神话,"与国际超大公司比肩的石油巨人"、"天然气和中下游业务是长期增长点"、"国际化扩张保证长期可持续发展"、"强大的盈利能力和稳定的分红政策带来可观现金回报"、"优化高效的一体化产业链能有效抵御油价波动风险"。这些短语无一不是金灿灿的投资要点,关键是一只好股它所适合的投资价格区间也是有限的,究竟中石油真正价值是多少? 这是我们下面所要展示给投资者的主要内容。

一、研究方法:采用自由现金流估值

目前 A 股市场比较盛行的估价方法是相对估价法,即通过考察相似的公司如何获得定价而估计公司的价值,例如 PE 估值法、PB 估值法、PEG 估值法、EV/EBITDA 估值法(可以在各种机构的估价报告里看到)。另一种是绝对估值法,但在 A 股市场却很少被采用。事实上,绝对估值方法从其诞生的第一天起就是用报表中的事实说话,更为稳重、可靠和老实。如果是在美国发行股票,DCF 绝对是受华尔街偏爱的首选;但 A 股不选择它作为主流也有其原因,因为 DCF 更适合强式有效市场。所以读者可能会对我们最后的估价感到惊奇,但事实上我们还要在 DCF 的基础上根据中国股市做一定的修正。

我们采用 FCFF 估价中国石油原因很简单,其一,我们需要看到一些 A 股泡沫背后的理性回归,而 FCFF 可以做到普通的分析报告所不能做到的;其二,对于中国石油这种增长率稳定的周期性行业,FCFF 的阶段模型更适合;其三,它原理清晰,方法简单易用,如果投资者拥有基础的财务会计知识,那他也可以根据这一模型估算自己篮子里股票的价值。

FCFF 的简单原理是:我们要计算出,一个公司未来产生的、在满足了再投资需求之后剩余的、不影响公司持续发展前提下的、可供公司资本供应者(即各种利益要求人,包括股东、债权人)分配的现金现值。整个过程中最重要的就是要算出公司的自由现金流(FCFF)与估计的贴现率(WACC)。过程可由图 11-1 表示。

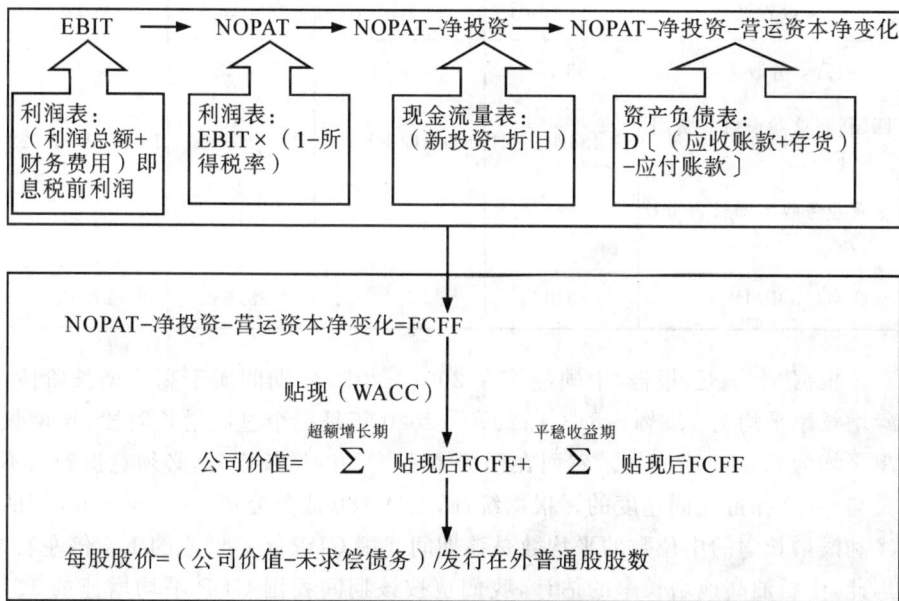

```
EBIT  →  NOPAT  →  NOPAT-净投资  →  NOPAT-净投资-营运资本净变化
  ↑         ↑            ↑                      ↑
利润表:    利润表:      现金流量表:           资产负债表:
(利润总额+  EBIT×(1-所   (新投资-折旧)         D〔(应收账款+存货)
财务费用)即  得税率)                            -应付账款〕
息税前利润
```

```
NOPAT-净投资-营运资本净变化=FCFF

          贴现(WACC)

         超额增长期              平稳收益期
公司价值=   Σ    贴现后FCFF+    Σ    贴现后FCFF

每股股价=(公司价值-未求偿债务)/发行在外普通股股数
```

图 11-1

二、理论价值分析:中石油股价 19 元

现在,我们一步一步依照这个过程计算出中国石油的股票价值。

(一)计算中石油自由现金流量(FCFF)

1.依据过去的历史数据预测企业未来的收入与利润增长

我们从中国石油(601857)2006 年的利润表提取部分数据,并以此为基础进行分析:

在表 11-13 中我们可以看到,中国石油在过去 3 年平均收入增长率是达到了 31.6%。复合增长率为 31.38%。其中 2005 年增长率达到惊人的42%,这主要来源于公司在原油勘探生产以及高速发展的天然气管道等业务上的利润增长。得益于居高的油价、快速增长的天然气和中下游业务、自身的强大竞争优势以及 2008 年企业所得税率的调整,中国石油有望在未来实现持续的稳定的盈利增长。

表 11-13

金额单位:百万元

报告期	2003-12-31	2004-12-31	2005-12-31	2006-12-31
一、主营业务收入	303 779	388 633	552 229	688 978
四、利润总额+财务费用(EBIT)	89 434+1 921	139 012+1 308	185 029+833	189 790+1 322
主营业务收入增长百分比(%)	—	27.93	42.09	24.76
利润率(NOPM)(%)	30.07	36.10	33.66	27.73

根据"十一五"报告,中国经济在 2001—2010 年期间属于高速增长阶段,年增长率平均为 7.3%～8.3%;2010—2020 年是一个过渡增长阶段,年增长率平均为 6.3%～7.3%。然而在预测 A 股市场的增长率时,必须意识到它不是与 GDP 保持相同速度的。根据统计,上证 180 成分公司 1999 至 2003 年的净利润增长率的中位数的平均数是该期间我国 GDP 平均增速的 1.5 倍左右。因此,中石油高速增长率的估计,我们也按该期间我国 GDP 平均增速的 1.5 倍计算。

关于中石油高速增长期限,我们根据中石油原油储量及年产量估计。截至 2006 年年底,中石油拥有的原油和天然气已探明储量分别为 116.2 亿桶和1.5 万亿立方米,分别占我国三大石油公司合计的 70.8% 和 85.5%。2006年,中石油原油产量为 8.3 亿桶,天然气产量为 449.5 亿立方米,分别占三大石油公司合计的 66.4% 和 78.5%。按上述数据估计超额增长期至少还有 14年。其中 2007—2010 年保持平均 11.7% 的快速增长,2011 年以后进入过渡增长时期,保持年平均 8% 左右,但增长率每年有 0.5 左右递减步长,至 2020年结束以后,增长率下降到 5% 左右,进入永续增长时期。

表 11-14 是我们对中石油营业收入增长的预测:

表 11-14

金额单位:百万元

	年份		年平均预计 GDP 增长率(%)	×1.5 倍数	递减步长	年平均预测增长率(%)	营业收入	NOPM (%)	息税前利润 (EBIT)
高速增长	2006	0	—	—	—	—	688 978	—	—
	2007	1	7.8	11.7	0	11.7	769 588	30	230 877
	2008	2	7.8	11.7	0	11.7	859 630	30	257 889
	2009	3	7.8	11.7	0	11.7	960 207	30	288 062
	2010	4	7.8	11.7	0	11.7	1 072 551	30	321 765
过渡增长	2011	5	6.8	10.2	0	10.2	1 181 951	30	354 585
	2012	6	6.8	10.2	0.5	9.7	1 296 601	30	388 980
	2013	7	6.8	10.2	0.5	9.2	1 415 888	30	424 766
	2014	8	6.8	10.2	0.5	8.7	1 539 070	30	461 721
	2015	9	6.8	10.2	0.5	8.2	1 665 274	30	499 582
	2016	10	6.8	10.2	0.5	7.7	1 793 500	30	538 050
	2017	11	6.8	10.2	0.5	7.2	1 922 632	30	576 790
	2018	12	6.8	10.2	0.5	6.7	2 051 449	30	615 435
	2019	13	6.8	10.2	0.5	6.2	2 178 638	30	653 591
	2020	14	6.8	10.2	0.5	5.7	2 302 821	30	690 846
永续增长	2021	15	6.8	10.2	0.5	5.2	—	—	—
	……								

我们计算出过去 3 年中国石油的年利润率(NOPM)为 31.89%,复合年利润率为 29.01%,收入增长的减缓一般不会影响到 NOPM 的变化。因此,我们乐观地假设,中国石油年平均利润率为 30%,并且保持在超额收益期内不变。

根据主营收入增长率,超额收益期和年利润率(NOPM)三个数据预测未来公司利润表,如表 11-15 所示。

表 11-15

金额单位：百万元

年份		营业收入	增长率（%）	NOPM（%）	息税前利润（EBIT）	所得税（%）	税后净利润（NOPAT）
2006	0	688 978	—	—	—	—	—
2007	1	769 588	11.7	30	230 877	25	173 158
2008	2	859 630	11.7	30	257 889	25	193 417
2009	3	960 207	11.7	30	288 062	25	216 047
2010	4	1 072 551	11.7	30	321 765	25	241 324
2011	5	1 181 951	10.2	30	354 585	25	265 939
2012	6	1 296 601	9.7	30	388 980	25	291 735
2013	7	1 415 888	9.2	30	424 766	25	318 575
2014	8	1 539 070	8.7	30	461 721	25	346 291
2015	9	1 665 274	8.2	30	499 582	25	374 687
2016	10	1 793 500	7.7	30	538 050	25	403 538
2017	11	1 922 632	7.2	30	576 790	25	432 593
2018	12	2 051 449	6.7	30	615 435	25	461 576
2019	13	2 178 638	6.2	30	653 591	25	490 193
2020	14	2 302 821	5.7	30	690 846	25	518 135

2. 计算和预测中国石油每年的净利润中用于新的资本开支的数目

我们同样截取中国石油（601857）2006 年的合并现金流量表，提取部分数据进行分析，如表 11-16 所示。

表 11-16

金额单位：百万元

报告期	2004-12-31	2005-12-31	2006-12-31
收回投资所收到的现金	8 630	35 675	407
取得投资收益所收到的现金	1 416	2 595	4 092
处置固定、无形和长期资产收回的现金	815	920	348
投资活动现金流入小计	10 861	39 190	4 847
购建固定、无形和长期资产支付的现金	96 857	127 130	139 167
投资所支付的现金	17 028	6 889	27 832
投资活动现金流出小计	113 885	134 019	166 999
投资活动产生的现金流量净额	−103 024	−94 829	−162 152

从表 11-16 中我们可以得出净投资一项,即公司增长所需要的资金,包括新投资的净值减去以前投资的折旧。

中国石油近年来加大了对各个板块的投入力度,2005 年和 2006 年的资本开支分别比上一年增加了 25.2% 和 18.8%,上游勘探与生产业务在过去三年的资本开支中所占比例均超过了一半。另一半用于炼油厂和加油站网络的建设以及化工和天然气管道。由于新发现的油气田和新建的炼化装置较多,我们预计未来几年公司的资本开支仍将维持在 1 600 亿左右,投资/营业收入比率在 9%～22% 之间。由于西气东输二线开始建设,则资本开支可能逐年有小幅度的提升。

同时按国内同行业折旧率估算,其折旧方面的开支只有营业收入的 8%。假设在未来的 10 年里,中国石油为维持收入增加,将保持一定的投资和折旧比例。这样,我们就可以很容易地得出净投资的未来估算表,如表 11-17 所示。

表 11-17

金额单位:百万元

年份		营业收入	投资/营业收入比率(%)	投资额	折旧(8%)	净投资
2006	0	688 978	—	—	—	—
2007	1	769 588	22	169 309	61 567	107 742
2008	2	859 630	17	146 137	68 770	77 367
2009	3	960 207	15	144 031	76 817	67 214
2010	4	1 072 551	14	150 157	85 804	64 353
2011	5	1 181 951	13	153 654	94 556	59 098
2012	6	1 296 601	12	155 592	103 728	51 864
2013	7	1 415 888	12	169 907	113 271	56 636
2014	8	1 539 070	11	169 298	123 126	46 172
2015	9	1 665 274	11	183 180	133 222	49 958
2016	10	1 793 500	10	179 350	143 480	35 870
2017	11	1 922 632	10	192 263	153 811	38 453
2018	12	2 051 449	9.5	194 888	164 116	30 772
2019	13	2 178 638	9	196 077	174 291	21 786
2020	14	2 302 821	8.5	195 740	184 226	11 514

3. 企业每年的净利润除了用于新的投资需求以外,还必须保持一定的营运资本,以保持日常的存货量和支付应付账款等短期债务。

我们依据中国石油(601857)合并资产负债表,提取部分数据进行分析,如表 11-18 所示。

表 11-18

单位:百万元

报告期	2004-12-31	2005-12-31	2006-12-31
应收账款净额	2 662	4 630	8 488
存货净额	45 771	62 733	76 038
应付账款	37 865	53 274	77 936

营运资本就是应收账款加上存货,再减去应付账款,这是企业维持和增加其收入所必需的流动资金数额。营运资本每年占有营业收入一定的比例,同时其增长也同企业每年收入的增长呈现出一定的比例关系。可估计营运资本数据如表 11-19。

表 11-19

金额单位:百万元

	营业收入	应收账款	存货	应付账款	营运资本	营运资本百分比(%)
2004	388 633	2 662	45 771	37 865	10 568	2.72
2005	552 229	4 630	62 733	53 274	14 089	2.55
2006	688 978	8 488	76 038	77 936	6 590	0.957
2007 中	392 726	16 399	84 327	83 808	16 918	4.31

从表 11-19 我们可以得出,三年平均营运资本占营业收入的比例为 2.01%,且公司的净营运资本随着营业收入的增加有增加的趋势。为了估计递增的营运资本,我们假设:每年流入中国石油的营运资本现金流等于每年增加的销售收入乘以 2.01%,如表 11-20。

表 11-20

单位:百万元

年　份		营业收入	营业收入的增加	营运资本的增加
2006	0	688 978	—	—
2007	1	769 588	80 610	1 620
2008	2	859 630	90 042	1 810
2009	3	960 207	100 577	2 022

续表

年 份		营业收入	营业收入的增加	营运资本的增加
2010	4	1 072 551	112 344	2 258
2011	5	1 181 951	109 400	2 199
2012	6	1 296 601	114 650	2 304
2013	7	1 415 888	119 287	2 398
2014	8	1 539 070	123 182	2 476
2015	9	1 665 274	126 204	2 537
2016	10	1 793 500	128 226	2 577
2017	11	1 922 632	129 132	2 596
2018	12	2 051 449	128 817	2 589
2019	13	2 178 638	127 189	2 556
2020	14	2 302 821	124 183	2 496

4. 计算中石油的自由现金流量(FCFF)

将上面三步所计算的数据代入 FCFF 的公式:FCFF＝NOPAT－净投资－营运资本净变化。对于股票持有者来说,FCFF 是一个很重要的指标。这是支付了公司所有必需的现金支出和所有的营运资本投资以后的剩余现金,是公司可以用来支付各种求偿权拥有者的实际现金数额。见如表 11-21。

表 11-21

单位:百万元

年份		营业收入	税后净利润(NOPAT)	净投资	营运资本的增加	FCFF
2006	0	688 978	—	—	—	
2007	1	769 588	173 158	107 742	1 620	63 796
2008	2	859 630	193 417	77 367	1 810	114 240
2009	3	960 207	216 047	67 214	2 022	146 811
2010	4	1 072 551	241 324	64 353	2 258	174 713
2011	5	1 181 951	265 939	59 098	2 199	204 642
2012	6	1 296 601	291 735	51 864	2 304	237 567
2013	7	1 415 888	318 575	56 636	2 398	259 541
2014	8	1 539 070	346 291	46 172	2 476	297 643

续表

年份		营业收入	税后净利润(NOPAT)	净投资	营运资本的增加	FCFF
2015	9	1 665 274	374 687	49 958	2 537	322 192
2016	10	1 793 500	403 538	35 870	2 577	365 091
2017	11	1 922 632	432 593	38 453	2 596	391 544
2018	12	2 051 449	461 576	30 772	2 589	428 215
2019	13	2 178 638	490 193	21 786	2 556	465 851
2020	14	2 302 821	518 135	11 514	2 496	504 125

（二）计算加权平均资本成本（WACC）

WACC 即加权平均资本成本。计算 WACC 时，先算出构成公司资本结构的各个项目如普通股、优先股、公司债及其他长期负债各自的资金成本或要求回报率，然后将这些回报率按各项目在资本结构中的权重加权，即可算出加权平均资本成本。

1.计算融资来源的权重

融资来源的权重等于其市值除以总投资额的市值。我们从中国石油的资产负债表中，可以得到基本的资本结构如表 11-22。（数据来源：Wind 资讯）

表 11-22

金额单位：百万元

	市场价值	占比（%）
短期债务	28 589	3.80
长期债务	37 514	4.98
优先股	0	0
普通股本	686 529	91.22
总价值	752 632	100

2.计算资金成本或要求回报率

我们依次计算出普通股及其他长期负债各自的资金成本或要求回报率。通过一些文献查询，我们可以得出如表 11-23 所示的 WACC 计算表：

表 11-23

	数　值	注　释
股权成本测算		
无风险收益率	4.5%	参考同期国债收益率
市场风险	11%	来自 Wind 资讯
公司 Beta 值	0.98	来自 yahoo 数据
债权成本测算		
短期利率	3.87%	
长期利率	5.76%	
债券调整系数	2%	
税率	25%	最新会计准则

股票期望收益率＝无风险收益率＋Beta×股票市场风险溢价
$$=4.5\%+(11\%-4.5\%)\times0.98=10.87\%$$
长期债务的税后成本＝（长期利率＋债券调整系数）×（1－税率）
$$=7.76\%\times(1-25\%)=5.82\%$$
短期债务的税后成本＝（短期利率＋债券调整系数）×（1－税率）
$$=5.87\%\times(1-25\%)=4.40\%$$
中国石油的 WACC ＝3.8%×4.4%＋4.98%×5.82%＋10.87%×91.22%
$$=10.37\%$$

（三）中石油公司价值评估

1. 计算中石油公司总价值

我们将 WACC 作为贴现率计算每年自由现金流量贴现值，并将其加总，即可得到公司 14 期贴现现金流总和；再加上平稳收益期（2020 年后）的期望现金流量现值，就是公司的总价值。前 14 年中石油现金流量现值总和见表 11-24。

表 11-24

金额单位:百万元

年份		营业收入	税后净利润 (NOPAT)	净投资	营运资本 的增加	FCFF	贴现因子	贴现 FCFF
2006	0	688 978	—	—	—	—	—	—
2007	1	769 588	173 158	107 742	1 620	63 796	0.9058	57 786
2008	2	859 630	193 417	77 367	1 810	114 240	0.8205	93 734
2009	3	960 207	216 047	67 214	2 022	146 811	0.7432	109 110
2010	4	1 072 551	241 324	64 353	2 258	174 713	0.6732	117 617
2011	5	1 181 951	265 939	59 098	2 199	204 642	0.6097	124 770
2012	6	1 296 601	291 735	51 864	2 304	237 567	0.5525	131 256
2013	7	1 415 888	318 575	56 636	2 398	259 541	0.5005	129 900
2014	8	1 539 070	346 291	46 172	2 476	297 643	0.4533	134 922
2015	9	1 665 274	374 687	49 958	2 537	322 192	0.4104	132 228
2016	10	1 793 500	403 538	35 870	2 577	365 091	0.3718	135 741
2017	11	1 922 632	432 593	38 453	2 596	391 544	0.3378	132 264
2018	12	2 051 449	461 576	30 772	2 589	428 215	0.3061	131 077
2019	13	2 178 638	490 193	21 786	2 556	465 851	0.2773	129 180
2020	14	2 302 821	518 135	11 514	2 496	504 125	0.2513	126 687
总和								1 686 271

由于 2020 年中石油的自由现金流量为 5 041.25 亿元,稳定增长率为 5%,加权平均资本成本为 10.37%,这样我们可以运用稳定增长价值模型,获得稳定增长期间中石油现金流的现值为 24 765.02 亿元。这样,14 年超额收益期的贴现自由现金流总数为 16 862.71 亿元人民币和稳定增长价值为 24 765.02亿元人民币,总和为 41 627.73 亿元人民币,这就是我们计算出来的中国石油公司的总价值。

2.计算中石油的每股价值

中石油总股本 1 830.21 亿股,这样中国石油的每股价值=(公司价值-未求偿债务)/发行在外普通股股数=(41 627.73-6 610.30)/1 830.21=19.13 元。如果我们前面的测算没有太大的失误,此时得到的就是较为真实的中国石油的每股价值了。

三、市场价格调整：考虑市场溢价，合理价格 30 元左右

让大部分投资者欣慰的是，中石油 19.13 元的定价并不是我们文章所要强调的最终价格。因为理论体系的差别，我们要进行一些必要的修正和调整。主要原因是来自 DFC 的理论支撑：DFC 引导的是价值投资的理念，价值投资在成熟市场已经被证实是一种成功的投资之道。不断地有报告证实购买价值型股票的效果好于购买其他类型股票或者大盘。一些知名价值投资者（如巴菲特）的个人投资经历也可以证明价值投资的有效性。但不可否认在评估内在价值的时候有个假设，即有效市场假说（efficient market hypothesis，EMH）。

有效市场假说由 Fama 于 20 世纪 60 年代提出，认为金融市场的信息是有效的，或者说市场上交易的资产价格已经反映了所有已知信息，因此在反映所有投资者对于未来预期的信息汇总上是公正的。有效市场假说认为除了运气，通过运用市场已经知道的信息从而持续战胜大盘是不可能的。Fama 的假说提出了三种形式：弱式有效市场、半强式有效市场，以及强式有效市场。尽管形成时间比价值投资理念晚并且是个令人争议的事物，但 EMH 是价值投资的基础，因为 EMH 认为股票价格最终反映公司价值。

然而，许多人无法相信金融市场会是强式有效市场。因为信息传播、资金流等等因素均能导致市场失效。从短期来看，许多因素能够影响到股票价格。如果说今天的中国 A 股市场是强式有效市场，那便是天方夜谭。至于学术界，以往对中国证券市场有效性的研究大多数采用随机游走模型和相关检验法。由于缺乏有效性的标准和明确的界限，因此学术界至今对我国目前证券市场属于弱式有效还是半强式有效没有统一的定论。有学者通过事件研究法检验比较沪深港股市对利率变动的不同反应，认为相比于港股的半强式有效市场，沪深股市目前尚处于弱式有效状态。如果这个假设成立的话，那么 H 股中石油的价格相对于 A 股而言，应该在一定程度上能够较真实地反映出其自身的股票价值。

既然中国大陆股市相对于港股和国际成熟市场有不够成熟之处，那么我们就可以假设中国大陆股市对港股和国际成熟市场溢价是合理的。在此基础上我们对 A 股价格作适当的调整。我们对所有在港上市的 A 股在 2007 年 12 月 8 日的 A/H 溢价做了统计，平均溢价达到了 115.21%，溢价中间值是 69%。如表 11-25 所示。（按港币/人民币汇率为 0.96 计算）

表 11-25　**Descriptives**

		Statistic	Std. Error
溢价	Mean	1.1532	.21944
	95% Confidence Interval for Mean　Lower Bound	.7115	
	95% Confidence Interval for Mean　Upper Bound	1.5949	
	5% Trimmed Mean	.8938	
	Median	.6900	
	Variance	2.263	
	Std. Deviation	1.50438	
	Minimum	.09	
	Maximum	7.63	
	Range	7.54	
	Interquartile Range	.9600	
	Skewness	3.550	.347
	Kurtosis	13.681	.681

　　如果我们将 0.69～1.15 作为中国石油 A 对 H 股的溢价区间,中国石油的 A 股市场的合理价位区间应该在 32.33～41.13 元。相似的报价也可以根据 A 股市场较国际成熟市场整体市盈率偏高 170% 左右的溢价估计,得到 32.52 元。当然中石油的这种市场价格要寄托在中国大陆股市对港股和国际成熟市场的溢价是合理的假设基础之上。如果此溢价不合理,中石油的市场价值自然应该向它自身所拥有的价值 19.13 元回归。但无论如何中石油的自身价值和调整后的市场价格与中石油上市首日高开 48.60 元还是相去甚远。

　　资料来源:厦门大学　包子权(笔名)(原载《股市动态分析》2008 年第 3 期

第十二章 营运资金管理

营运资金又称营运资本,有广义和狭义之分,广义的营运资金又称毛营运资金,是指一个企业生产经营活动中占用在流动资产上的资金,等于企业流动资产总额;狭义的营运资金又称净营运资金,是指企业流动资产减流动负债后的余额。对会计人员来说,他们主要关心的是净营运资本,用它来衡量企业避免发生流动性问题的程度。对财务经理和财务分析人员来说,他们关注的一般是毛营运资金,如现金、有价证券、应收账款、存货等。营运资金的管理既包括流动资产的管理,也包括流动负债的管理。

第一节 营运资金管理概述

一、营运资金的概念与特点

（一）营运资金的概念

营运资金又称营运资本,其概念有广义和狭义之分。广义的营运资本又称毛营运资本,是指一个企业流动资产的总额,即一个企业生产经营活动中占用在流动资产上的资金;狭义的营运资本又称净营运资本,是指流动资产减去流动负债后的差额。营运资金的数额和相对数额可以反映企业的偿债能力及资产负债的管理能力。

1.净营运资本

对会计人员来说,他们主要关心的是净营运资本,用它来衡量企业避免发生流动性问题的程度。一般说来,净营运资金在财务管理中主要起到两个作用:

（1）作为偿债能力的指标

企业的偿债能力一般根据其履行到期债务责任的能力来衡量，流动比率、速动比率和净营运资本是衡量企业整体偿债能力的三个基本指标。其中，前两个指标比较适用于不同企业之间偿债能力的比较分析，如果企业的资产和财务结构在各期间内保持不变，则净营运资本这个指标更适用于同一企业不同时期的偿债能力的比较，而不适用于不同企业之间的比较。

（2）作为计量财务风险的指标

企业的净营运资本状况，不仅对企业内部管理非常重要，而且也是一个较广泛用于计量企业财务风险的指标。一般说来，在其他条件相同时，企业的净营运资金越多，它越能履行当期债务责任。正因为这一作用，企业净营运资金的状况还可以影响企业负债筹资的能力。

2.毛营运资本

对财务分析人员和财务经理而言，他们关注的是毛营运资本，即企业流动资产的总额。

流动资产是指可以在一年以内或者一个营业周期内实现变现或运用的资产。流动资产具有占用时间短、周转快、易变现等特点。企业拥有较多的流动资产，可在一定程度上降低财务风险。

流动资产可按组成要素分类，分为现金、有价证券、应收账款、预付账款和存货等（相关内容以后各章详细介绍）。

流动资产按时间可分为永久性流动资产和临时性流动资产。永久性流动资产是指满足企业长期稳定发展最低需要的那部分流动资产。永久性流动资产在两个重要方面与固定资产相似：一是融资购得的资产，虽被称为流动资产，但其投资的期限是长期的；二是对于处在成长中的企业而言，永久性流动资产随着时间推移而增长，这一点与固定资产相同。当然，它不同于固定资产的地方在于永久性流动资产是不断变化的。

临时性流动资产是指随季节性需求而变化的那部分流动资产。如同永久性流动资产一样，临时性流动资产也由形式不断变化的流动资产组成。但是，由于在企业的总流动资产中，这部分流动资产的需求是季节性的，我们可以从其本身就是季节性的或临时性的来源融通这部分流动资产。

流动负债是指需要在一年或者一个营业周期内偿还的债务。流动负债又称短期融资，具有成本低、融资速度快、风险大、偿还期短的特点。流动负债主要包括短期借款、应付票据、应付账款、应付职工薪酬、应交税费、预收账款及应付利息等。

（二）营运资金的特点

1.周转时间短。根据这一特点,说明营运资金可以通过短期筹资方式加以解决。

2.占用形态上的流动性。营运资金各种占用形态之间相对容易转化变现。流动性是营运资金的本质特征,这样各种占用形态在生产过程中循环往复,在时间上具有继起性,空间上具有并存性,并可随时变现,这一点对企业应付临时性的资金需求有重要意义。

3.数量具有波动性。流动资产或流动负债容易受内外条件的影响,数量的波动往往很大。

4.来源具有多样性。营运资金的需求问题既可通过长期筹资方式解决,也可通过短期筹资方式解决。仅短期筹资就有:银行短期借款、短期融资、商业信用、票据贴现等多种方式。

（三）营运资本盈利性与风险性

1.营运资本的盈利性

通常说来,流动资产的盈利能力要低于固定资产的盈利能力。如果能降低流动资产投资水平而又不影响企业的销售,将提高企业的总资产回报率,也就是说,流动资产在总资产中的比例越低,企业的获利能力越高。

另外,短期融资方式与中长期融资方式相比,直接成本较低,因此短期债务在总负债中的比例越大,企业的获利能力就越高,因为短期负债的利率要低于长期负债。并且,由于短期负债相对于较长期的负债来说,借款可以在不需要的时候立即偿还,这也可导致更高的利润水平。

因此,从流动资产和流动负债两方面盈利来看,与"净营运资本"相对应的"流动资产"是以长期资金为其资金来源。"净营运资本"较多,意味着企业将较大份额的筹资成本较高的长期资金运用到盈利能力较低的流动资产上,从而使企业整体的盈利水平相应地降低;反之亦然。因此,从盈利性来看,建议保持一个较低的流动资产水平和较高的流动负债比率。

2.营运资本的风险性

这里的风险主要是指企业陷入无力偿付到期债务而导致技术性无力清偿的可能性,这一风险可以用营运资本的大小来衡量。企业的净营运资本越多,意味着流动资产与流动负债之间的差额越大,则陷入技术性无力清偿的可能性也就越小;反之亦然。

可以看出,从盈利性来看,保持一个较低的流动资产水平和较高的流动负债比率,这势必导致一个较低的甚至为负的净营运资本水平。换句话说,获利能力的提高要以企业风险的增加为代价。因此,现代企业理财必须对流动资产、流动负债以及两者之间的变动所引起的盈利与风险之间的消长关系进行全面的估量,正确地进行营运资金的结构性管理。

二、营运资金管理及其重要性

(一)营运资金管理的重要性

营运资金的管理是对流动资产和流动负债的管理,即通过流动资产和流动负债在数额上和组合上的配合,使企业能维持高度的流动性(变现能力),以实现企业价值最大化。营运资金的管理目的主要是提高营运资金使用效率高。既要保证营运资金能满足营运需求,同时又能使营运资金收益相对较高。也可理解为如何使流动资产和流动负债在数量和时间上合理匹配。

营运资金在企业的全部资金中占有相当大的比重,而且周转期短,形态易变,所以营运资金管理是企业财务管理工作的一项重要内容。营运资本将会影响企业融投资等财务战略的选择。营运资本管理对企业的重要意义表现在以下几个方面:

1. 在处理营运资金问题上,公司财务经理大约需要花费 70% 的时间。现金、有价证券、应收账款、应付账款、各类应计项目以及其他一些短期融资方式的管理都是财务经理的直接责任,只有存货管理不是。因此,从企业财务管理的实务看,财务经理的大量时间也都用于营运资金的管理。

2. 营运资金在企业总资产中占有相当大的比重。流动资产占企业总资产的比重,一般在 50% 以上。例如,据统计,美国制造业流动资产约占总资产的 50%,流动负债约占总负债的 25%。如果营运资本管理不善,将会导致企业出现财务危机直至破产倒闭,因此,营运资金管理是企业日常财务管理工作的重要内容。

3. 营运资金的管理影响企业融投资策略的安排,对中小企业尤其重要。因为中小企业在资本市场上融资存在一定的局限性,因此,它主要依靠商业信用和短期贷款来融资,可以说,流动负债是小公司外部融资的主要来源。

4. 销售额的增长与流动资产的存量水平有着密切的联系。销售额的增加会导致所需存货的相应增加,还可能要求现金余额的增加,这些都需要进行筹资。既然销售额的增长与流动资产密切相关,财务经理就必须关注企业营运资金的使用状况。

5.营运资本管理状况影响企业的会计信息

现代市场经济中,越来越多的企业通过提高营运资本管理水平来直接改善企业的现金流量表、资产负债表和利润表所披露的会计信息,从而获得更多的投融资的机会。

(二)营运资金管理的内容和原则

1.营运资本管理的原则

营运资本管理是一个持续不断的过程,在这个过程中,必须遵循以下原则:

(1)认真分析生产经营状况,合理确定营运资金的需要量

流动资产和流动负债的需要量与企业的生产经营活动有直接关系,财务人员应该认真分析生产经营状况,采用一定的方法预测流动资产和流动负债的需要数量,以便合理使用营运资金。

(2)在保证生产经营需要的前提下,节约使用资金

既要保证营运资金能满足营运需求,又要勤俭节约,挖掘资金潜力,合理有效地使用资金。

(3)加速营运资金周转,提高资金的利用效果

在保证资金需要及其他因素不变的情况下,加速资金的周转,可以达到降低资金占用量的目的,也就相应地提高了资金的利用效果,从而使营运资金收益相对较高。

(4)合理安排流动资产与流动负债的比例关系,保证企业有足够的短期偿债能力

企业流动资产与流动负债的对比关系可以说明企业在短期内的偿债能力,如果流动资产较多,而流动负债较少,则说明企业的短期偿债能力较强,但是太多的流动资产,会造成企业资金闲置,太少又不利于企业负债的偿还。因此,企业在管理营运资金时,要合理安排流动资产和流动负债的比例关系,以便既节约使用资金,又保证企业有足够的偿债能力。

2.营运资本管理的内容

营运资金管理是企业日常财务管理工作的重要内容。企业营运资金管理包括以下几项内容:

第一,决定企业的流动资产持有水平。

第二,决定企业的长期负债与短期负债之间的比例。

第三,决定对每种流动资产的实际持有量。

第四,决定企业的流动负债持有水平。

（三）流动资产管理及其原则

企业的流动资产通常占总资产的 25％～80％,对其进行科学管理,将对企业的总体经营业绩产生重大影响。流动资产的关键作用是为企业提供流动性。企业保持较多的流动资产,可以减少业务风险和财务风险,但同时也降低了全部资产报酬率。兼顾风险和收益,保持适量的流动资产,是流动资产管理的重要内容。

在营运资金管理中,企业究竟要保持多少的流动资产是一个非常复杂的问题。因为:

第一,流动资产数额关系到企业风险问题。一般来说,流动资产数额越大,比重越大,企业应付突发事件的能力越强,风险越小。流动资产数额越小,企业应急能力越差,风险越大。

第二,流动资产数额关系到企业收益问题。固定资产是盈利性资产,企业将资金投资于建造厂房、购置设备等固定资产,是为了进行产品生产,为企业创造利润。而流动资产中,除了有价证券可能给企业带来部分收益之外,现金、应收账款、存货等都不具盈利性。

一般来说,流动资产数额越大,比重越大,企业收益率越低。流动资产数额越小,比重越小,企业收益率越高。

因此,保持怎样的流动资产数额,就必须在收益和风险之间进行权衡,以找出最佳的流动资产数额。在确定合理的流动资产数额时,除了要在收益与风险之间权衡,还应该考虑以下因素,这些因素也不同程度地影响着流动资产的数额:

(1)企业的经营政策,包括销售政策、信用政策、采购和生产政策等。企业采用的各种经营政策将不同程度地影响企业产品的销售情况、应收账款的回收情况等,从而影响企业流动资金的需求。

(2)存货的周转速度。企业的库存量必须与销售量相配合,如果库存量太大,销售量减少,将使企业的存货积压,导致资金囤积;如果库存量太小,销售量增加,则又会引起供不应求,使销售出现困难。存货的周转速度是企业决定库存量大小的重要因素,如果存货周转速度快,则可以相应减少企业库存,减少占用资金。

(3)应收账款周转速度。现代企业越来越多采用赊销形式,从货物销售到资金的回收之间存在时间差。应收账款的周转速度越快,其占用的资金就越少,对企业越有利。

(4)应付账款周转速度。应付账款正好与应收账款相反,企业在不破坏信用的基础上,应该尽量延迟应付账款的支付时间,应付账款的周转速度越慢,企业短期负债余额越多,则可以相应减少流动资金余额。

(5)其他外部环境——如经济周期、季节性变动等。这些外部因素会引起企业销售量、应收账款的回收速度出现变动,从而影响企业流动资金的数额。

在流动资产管理中应遵循以下原则:

1.适度原则

既保证企业生产经营的合理资金需要,又要注意节约使用资金,提高资金使用效率,充分发挥流动资金管理促进生产经营作用。

2.流动资金管理和流动资产管理相结合原则

流动资产是流动资金赖以存在的物质形态,流动资金是流动资产的货币表现,二者对立统一。

3.统一管理和分级管理相结合

流动资产必须在财务管理部门集中统一管理,以保证资金的合理利用,同时,流动资产是以各种形态分布在各个生产周转环节,所以,要建立企业内部流动资产分级管理制度,加速流动资产周转,提高资金使用效果。

三、流动资产变现能力与现金循环

(一)流动资产变现能力

流动资产的变现能力是指流动资产转变为现金的能力和速度。流动资产变现能力的强弱不仅决定着企业流动资产与流动负债的数额,而且还可以据此了解企业需要资金时,随时可获得资金的能力。因此,对变现能力的研究就显得十分重要。

(二)现金循环

营业周期与现金循环可用图 12-1 表示:

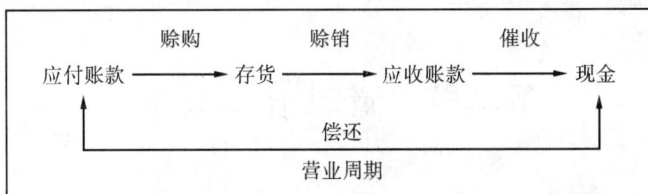

图 12-1

事实上，它主要包括两个部分：

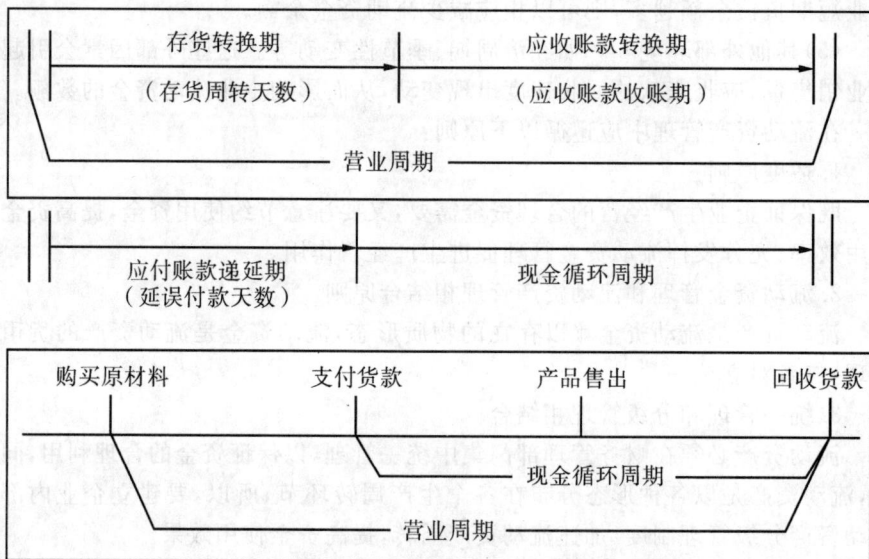

图 12-2

可以看出：

营业周期＝存货转换期＋应收账款转换期   (12.1)

现金循环周期＝营业周期－应付账款递延期

　　　　　　＝存货转换期＋应收账款转换期－应付账款递延期(12.2)

现金循环周期越长，向外部借款的需求就会越大，成本会越高。因此，企业在不影响正常生产经营情况下，应该尽量缩短现金循环周期，常用的方法有：

(1)缩短存货周转期。

(2)缩短货款回收期。

(3)延长应付账款付款期。即拖延付款期限，但要注意：不能增加成本，不能降低销售量。

第二节　营运资本政策

　　良好的营运资本管理要求企业从盈利性和风险性两个角度出发做出两类基本性的决策：一是流动资产的最佳持有水平，二是为维持这一流动资产水平而进行的短期融资和长期融资的适当组合。第一个基本决策是指企业在流动资产上的投资规模,通常是通过与企业总营业收入水平相比较来衡量的,这一决策称为营运资本投资政策,有的教材称为营运资本的持有政策;第二个基本决策是指流动资产的融资结构通常可以用短期负债与长期负债的比例(或流动资产和流动负债的匹配)来衡量,称营运资本筹资政策。

一、营运资本的筹资政策

我们假定流动资产投资是最优的,下面研究流动负债水平(流动资产与流动负债的匹配)问题。

(一) 风险的比较

有效的营运资金管理应当使流动资产投资决策和流动负债筹资决策有机结合起来。为此,要考虑两个方面:首先是未来情况的不确定性和安全率,其次是风险与收益。

如果能确知未来现金流量情况,就可以把各项债务偿还期安排得和未来现金流量完全相符。这样,将使企业利润达到最大化。因为此时,无须持有收益率较低的易变现资产,无须进行非绝对必要的长期借款。

但是,如果现金流量不能确知,企业就必须规定较高的安全率。也就是持有收益率较低的易变现资产和进行必要的长期借款。

企业在预计未来现金流量时,对于偿还负债所形成的现金流出比较容易预测,但是对于流动资产转化为现金流入的预测则比较困难。这种不确定性使得企业必须保留一定水平的净营运资本。对企业来说,如果保留较多的净营运资本,则必须支付较高的成本,同时由于流动资产的获利能力低,会导致企业的盈利水平下降。但是较多的净营运资本有助于降低企业风险。

(二)营运资本筹资政策

营运资本融资政策是指如何为流动资产筹措资金。流动资产按周期长短可以区分为:长期性(永久性)流动资产和临时性流动资产。永久性流动资产是指公司营运周期中跌至谷底时公司依旧会持有的流动资产。临时性流动资产是指营运周期中,会随着季节性或周期性波动而变动的流动资产。

营运资本筹资政策,具体而言就是如何安排临时性流动资产和永久性流动资产的资金来源。根据所承担的风险高低,营运资本筹资政策一般可区分为三种:稳健型筹资政策、激进型筹资政策和配合型筹资政策。

1. 配合型筹资政策

配合型筹资政策即采用套头筹资法(期限衔接法)。

套头筹资法是指对于每一项流动资产的购置,其所需要的资金,都由偿还日期与该项资产的变现日期几乎相同的流动负债来解决。也就是:临时性的流动资产用短期负债解决,长期性的流动资产用长期负债筹资。如图 12-3 所示。

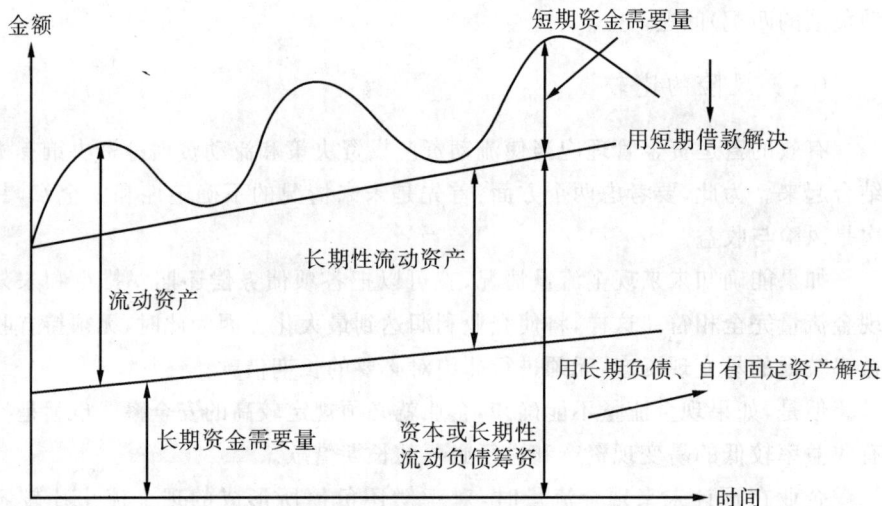

图 12-3 配合型筹资政策

配合型筹资政策由于是将资产与负债的期间相配合,以降低企业不能偿还到期债务的风险和尽可能降低债务的资本成本,所以该政策要求企业临时负债筹资计划必须严密,实现现金流量与预期安排相一致。但是,事实上由于资产销售的不确定性以及企业经营存在许多不确定性,预期现金流量与债务偿还时间表会存在许许多多的不协调,往往达不到资产与负债的完全配合。因此,配合型筹资政策是一种理想的、对企业有着较高资金使用要求的筹资政策。企业在债务偿还时间表中,应该规定安全率,这将取决于风险和收益率两者的权衡。

【例 12-1】某企业在生产经营淡季需占用 500 万元的流动资产和 800 万元

的固定资产;在生产经营的高峰期,会额外增加 450 万元的季节性存货需求。完全配合的筹资政策做法是:企业只有在生产经营高峰才借入 450 万元的短期借款;不论何时,1 300 万元永久性资产(即 500 万元永久性流动资产和 800 万元固定资产之和)均由长期资本来解决其资金需求。

2.稳健型筹资政策

稳健型筹资政策是指企业所需的固定资产、长期性流动资产和部分的临时性流动资产都用长期负债筹资,只有部分临时性流动资产采用短期负债筹资。

采用稳健型筹资政策,由于临时性负债所占比重较小,所以企业无法偿还到期债务的风险较低,同时蒙受短期利率变动损失的风险也较低。但另一方面,却会因长期负债资本成本较高,以及经营淡季时仍需负担长期负债利息,从而降低企业的收益。所以,稳健型筹资政策是一种风险性和收益性均较低的营运资本筹资政策。

上例中,如果企业只是在生产经营旺季借入低于 450 万元的资金,比如 350 万元的短期借款;而长期资本总是高于 1 300 万元,比如达到 1 500 万元,那么旺季季节性存货的资金需要只有一部分(350 万元)靠当时的短期借款解决。其余部分的季节性存货和全部永久性资金需要则要靠长期资本提供。如图 12-4 所示。

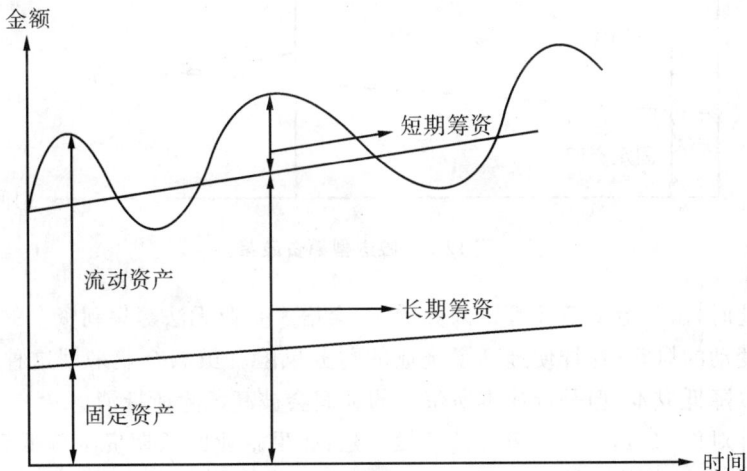

图 12-4　稳健型筹资政策

由图 12-4 中可以看出,由于企业的部分临时性流动资产都用长期负债筹资,这样便降低了由利率变动带来的风险,由此降低企业的财务风险。但是这样的筹资政策成本较高,会降低企业的预期收益。

3.激进型筹资政策

激进型筹资政策是指企业的固定资产和部分长期性流动资产由长期负债筹资,部分长期性流动资产和全部临时性流动资产用短期负债筹资。

由于短期负债所占的比重较大,而且由于短期负债的资本成本较低,因而这一政策下的企业资本成本比较低。但是,因为部分长期流动资产也是由短期负债融资,当短期负债到期后,企业还要重新举债,会相应加大筹资的困难和风险,并且由于短期负债是主要的筹资来源,当短期负债利率变动时,会带来企业资本成本增加的危险。因此激进型筹资政策又称为冒险的筹资政策。如图 12-5 所示。

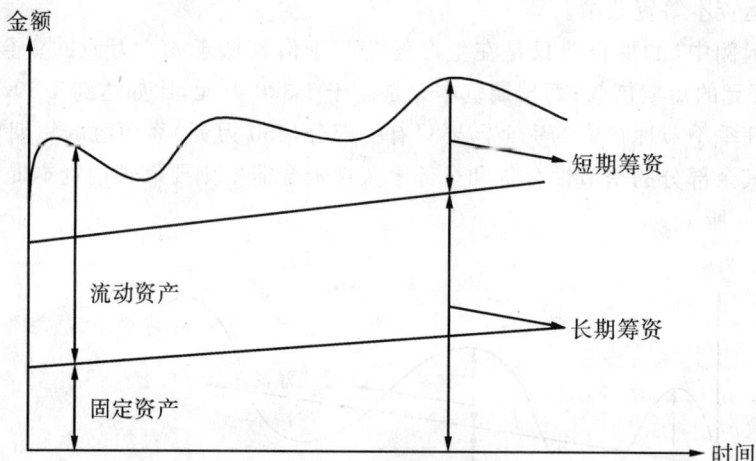

图 12-5 激进型筹资政策

此时,由于流动负债筹资部分增大,会增大企业无法筹集到资金的风险和利率变动的风险,这样便提高了企业的财务风险。虽然企业采用这种筹资政策可以降低成本,但是低成本所带来的利润会被高风险所抵消。

针对例 12-1,冒险的筹资政策做法是:如果企业的长期资本额低于 1 300万元(即低于正常经营期的流动资产占用和固定资产占用之和),比如只有 1 000万元甚至更少,那么就会有 300 万元资产或更多永久性资产和 450 万元的临时性流动资产(在经营高峰期内)由短期借款解决其资金需求。

二、营运资本的投资政策

营运资本投资政策(也称资产组合)就是要解决在既定的总资产水平下,流动资产与固定资产及无形资产等长期资产之间的比例关系问题。这一比例关系可用流动资产占总资产的百分比来表示。因此,营运资本的投资政策又被视为流动资产的结构决策(或结构管理)。本节中,为了更好地解释营运资本政策,将这一问题分解为两个问题:一是流动资产的最佳持有水平问题,或称为营运资本的持有政策;二是营运资本的结构决策。我们先考察营运资本的持有政策,即流动资产的最佳持有水平的政策。

(一)营运资本持有政策

企业持有流动资产主要出于三方面需要:第一,正常生产经营需要;第二,保险储备需要;第三,额外需要。按满足三方面需要的程度不同,可供企业选择的营运资本投资政策主要有:紧缩的营运资本投资政策、宽松的营运资本投资政策、适中的营运资本投资政策。从本质上讲,三种营运资本投资政策是不同的,因为在销售水平一定的情况下,它们对流动资产的要求数额是不同的。

1.紧缩的营运资金政策

紧缩的营运资金政策指企业只持有正常生产经营需要的流动资产数量的策略。紧缩的营运资本投资政策下,企业保持低水平的现金余额,对短期证券很少进行投资;对存货进行小规模投资;不允许或很少赊销,没有或很少有应收账款。这种政策的流动资产持有水平最低,从而持有成本也较低,但未来的现金流入也会较少。从风险与收益看,紧缩政策对投资的回收期望大,所冒风险也大,因此又称冒险的营运资本政策。

2.宽松的营运资金政策

宽松的营运资金政策指企业在满足正常生产经营需要和保险需要的流动资产数量的基础上,再额外加上一部分储备金,以降低企业风险。采取宽松的营运资本政策,企业持有大量的现金余额和短期证券;保持高水平的存货投资;放宽信用条件,保持高额的应收账款。这种政策的流动资产持有水平最高,从而持有成本也最高,但未来的现金流入(销售收入)亦最高。从风险与收益看,宽松政策对投资的回收期望小,所冒风险也小,因此又称保守的营运资本政策。

3.适中的营运资本投资政策

适中的营运资金政策,就是在满足正常生产经营对流动资产的需要之外,还持有一定的保险储备量,以防不测。适中的营运资本政策的特征及风险与收益都介于前两者之间。

从本质上讲,三种营运资本投资政策是不同的,因为在销售水平一定的情况下,它们对流动资产的要求数额是不同的,见图 12-5。

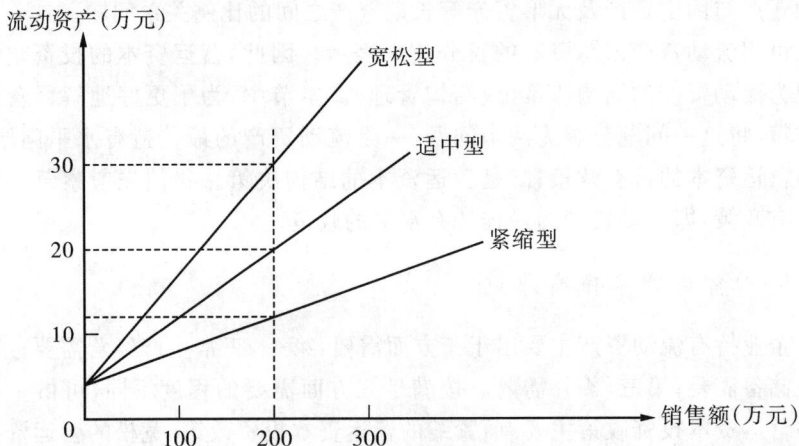

图 12-6①

图 12-6 描绘了三种不同营运资金持有政策。通常,流动资产数量随着业务量的变化而变化,业务量越多,流动资产占用规模越大。但由于采用的政策不同,在同一业务量水平下,流动资产的规模产生差异。如图 12-6,当业务量水平在 200 万元时,紧缩的营运资金政策确定的流动资产持有量为 12 万元,仅为满足正常经营的需要;适中的营运资金政策确定的流动资产持有量为 20万元,两者的差额部分 8 万元即为保险储备量(记为 N);宽松的营运资金政策确定的流动资产持有量为 30 万元,与适中的营运资本政策的差额属于额外储备量(记为 M)。

(二)营运资本的结构决策

1.流动资产的结构决策

在流动负债固定的情况下,企业可以通过对流动资产的结构调整来控制企业的净营运资本水平。

【例 12-2】假设某企业的销售收入为 1 000 万元,息税前利润为 100 万元。

---

① 这里用直线表示销售额和流动资产的关系,但它们两者之间的关系通常是曲线关系。

企业目前的资产负债情况如下:固定资产 400 万元,流动负债 200 万元且保持不变。企业目前有三种投资策略可供选择:

A. 在流动资产上投资 300 万元。

B. 在流动资产上投资 400 万元。

C. 在流动资产上投资 500 万元。

分析见表 12-1:

表 12-1　　　　　　　　　　　　　　　　　　　　单位:万元

方　案	A	B	C
固定资产	400	400	400
流动资产	300	400	500
总资产	700	800	900
流动负债	200	200	200
EBIT	100	100	100
总资产利润率(EBIT/总资产)(%)	14.29	12.50	11.11
净营运资本(流动资产-流动负债)	100	200	300
流动比率(流动资产/流动负债)(1)	1.5	2.0	2.5

可见,从盈利能力上看,A 方案比 B、C 方案都要好,但是 A 方案的净营运资本水平和流动比率要比 B、C 方案低得多,说明 A 方案的风险水平比其他两个方案高。

2. 流动负债的结构决策

在流动资产固定的情况下,企业可以通过调整流动负债的水平,从而使得企业的净营运资本保持在较好的水平上。

一般来说,长期融资比较缺乏弹性,其融资成本要比短期融资来得高。另外,融资期限越短,不能偿还本息和再次融资的风险就越大。对企业来说,负债的到期日越长,其融资成本就越高,风险越小。企业必须对风险和收益进行权衡,确定出既能降低风险又能提高盈利的流动负债结构。

【例 12-3】已知企业的总资产为 800 万元,其中固定资产 400 万元,流动资产 400 万元。企业的所有者权益总和为 300 万元。预期的销售收入为 1 000 万元,预期的息税前利润为 100 万元。企业长期借款和短期借款的年利率分别为 10% 和 8%,所得税率为 33%。考虑以下三种融资方案:

A. 短期负债 200 万元,长期负债 300 万元;

B. 短期负债 250 万元,长期负债 250 万元;

C. 短期负债 300 万元,长期负债 200 万元。

分析结果见表 12-2:

表 12-2 单位:万元

方案	A	B	C
总资产	800	800	800
负债总额	500	500	500
EBIT	100	100	100
减:长期负债利息	30	25	20
短期负债利息	16	20	24
应税所得	54	55	56
减:所得税	17.82	18.15	18.48
税后利润	36.18	36.85	37.52
所有者权益利润率(%)	12.06	12.28	12.51
净营运资本	200	150	100
流动比率(1)	2.0	1.6	1.33

可见,从盈利水平上看:A<B<C,从风险水平看:A<B<C。

3.营运资金管理的综合决策

通过对流动资产和流动负债的综合管理调整企业的净营运资本水平。

【例 12-4】已知企业的总资产为 800 万元,其中 60%为负债筹资,40%为普通股筹资。预期的销售收入为 1 000 万元,预期的息税前利润为 100 万元。企业长期借款和短期借款的年利率分别为 10%和 8%,所得税率为 33%。现在考虑营运资金的三种方案:

A.流动资产和流动负债分别为:350 万元和 300 万元;

B.流动资产和流动负债分别为:400 万元和 200 万元;

C.流动资产和流动负债分别为:450 万元和 100 万元。

分析结果见表 12-3:

表 12-3 单位:万元

方案	A	B	C
资产总额	800	800	800
所有者权益总额	320	320	320
负债总额	480	480	480
流动负债	300	200	100
长期负债	180	280	380
EBIT	100	100	100

续表

方案	A	B	C
减:流动负债利息	24	16	8
长期负债利息	18	28	38
应税所得	58	56	54
减:所得税	19.14	18.48	17.82
税后利润	38.86	37.52	36.18
所有者权益利润率(%)	12.14	11.73	11.31
净营运资本	150	200	350
流动比率(1)	1.17	2.0	4.5

可见,从盈利水平上看:A>B>C;从风险水平上看:A>B>C。

通过上述分析可以看出,企业流动资产投资管理的重点,应是投资收益与财务风险之间的权衡问题。企业流动资产的总体规模及其内部结构安排,隐含了企业管理当局对于投资收益和财务风险的权衡。

较大规模的流动资产总额以及流动资产内部较大比例的速动资产,特别是较大比例的现金和短期有价证券,其资产的流动性自然很强,偿债的风险也较小。但是,与固定资产等长期资产相比,流动资产的收益性较差,而且现金等流动资产越多,收益能力越小。反之,则反之。

因此,无论是从流动资产的总体规模来看,还是就流动资产的项目构成来讲,企业都应寻求一个合理的或者说是最佳的持有额度。

第十三章 现金和短期有价证券管理

现金的概念,有广义和狭义之分。广义的现金是指处于货币形态的资金,包括库存现金、银行存款、其他货币资金等,狭义的现金仅指库存现金,但财务上讲的现金通常是广义现金。有价证券由于其具有随时可以变现的特点,所以作为一种准现金,一并在本章中论述。

第一节 现金管理的概述

一、现金概述

(一)现金的特点

现金包括库存现金、银行存款、其他货币资金等,在企业资产中,现金是一种流动性最强的资产,但其收益性却是最差的。现金以货币形式存在,它有如下特点:

1.现金具有普遍可接受性,这是现金的首要特点。现金是社会公认的价值变现形式,具有最直接的流通和支付功能,也最容易被盗用和挪用,因此必须严格管理。

2.现金是企业暂时的闲置资金。现金是企业运行所不可缺少的,但是企业如果持有过量现金,则会降低其盈利能力。

3.现金是评价企业偿付能力的重要标志。充足的现金资产,可以应付企业意外的现金需求,企业一定时期现金的持有量是其偿付能力的重要标志,也是衡量其财务风险的重要依据。

此外,现金是企业最特殊的资产形式,它一方面具有货币所特有的流通和储备功能;另一方面又具有资金的职能,它在企业整个经营的各个阶段和资金活动的全过程中,发挥着其他资产无法替代的作用。因此企业通常持有一定数量的现金。

(二)企业持有现金的动机

现金是企业收益性最差的资产,企业的现金需求动机主要有以下三个:

1.交易性动机。交易动机是指企业为满足日常业务上支付现金的需要而持有现金的动机。现金具有最直接的流通和支付功能,既可以用于购买货物、商品,也可以立即用于支付劳务报酬或偿还债务,例如支付工人工资、原材料价款、税收、利息等。因此,它可以满足企业经营过程中现金流入与流出的需要,尤其是满足企业日常交易中现金流入和流出的不平衡的需要。当现金流入大于现金支出时,会出现置存现金,当现金支出大于现金流入时,也需要事先准备好现金,因此,企业必须持有一定数量的现金以满足其生产经营的日常支付需要。

交易性动机的现金需求量不仅取决于公司的规模,而且取决于现金流入流出的相对时机。公司规模越大,交易越多,现金需求量也就越多;现金流入和流出的时间越接近,公司运行所需的现金量也就越少。

2.预防性动机。预防性动机是指企业为防止发生意外的支付而保持适当的现金余额的动机。企业在经营过程中不可避免地会遇到生产事故、客户拖欠货款以及自然灾害、诉讼、索赔等各种不测因素的存在。一旦这些因素出现,将会对现金产生巨大需求。因此公司需要持有更多的现金用于支付这些偶然性支出。

企业为预防性动机而持有现金的多少,主要取决以下三个方面:(1)受企业现金流量稳定性的影响(或企业对现金流量预测的可靠程度)。现金流量的不确定性越大,预防性现金的数额越大;反之,企业现金流量的可预测性越强,预防性现金的数额越少。(2)受企业的临时借款能力强弱的影响。如果企业在需要资金时能够借到所需款项,则预防性现金数额可以减少;反之,如果企业在需要资金时不能借到所需款项,则预防性现金的数额要多一些。(3)受企业愿意承担风险的程度的影响。

3.投机性动机。投机性动机是指企业愿意保持现金于不寻常的购买机会或获利机会的动机,即通过在证券市场上的炒作或物资供应市场上的投机买卖来获取投机收益的动机。企业在经营中会有不寻常的购买机会或获利机会,如遇有廉价原材料或其他资产购买机会,或在适当时机购入价格较低的股票和其他有价证券等,此时,如果持有额外现金,逢低买入,则有意想不到的获利机会。

综上所述,企业所持有的现金数量是由上述这三种动机而产生的需求总和。在实际操作中,企业持有的现金总额,一般小于上述三种需要的总和。对于大多数企业来讲,最重要的是交易性需要的现金持有,而对于预防性需要和投机性需要,除了一部分金融和投资公司外,专门持有的企业是很少的。企业对于突发性的现金需求大多通过临时融资来解决。

二、现金管理的目标、内容和策略

(一)现金管理的目标和内容

现金是企业运行中所不可缺少的资产,发挥着其他资产所无法替代的作用,因此企业对现金形成需求。但是,现金本身是非盈利性的,不但不会给公司带来收益,过多地持有现金反而会降低企业的资金使用效益,从而降低企业的市场价值,而且还必须花费一定的管理成本。如何在现金短缺与企业盈利之间找到平衡点,以使企业利润最大化,是现金管理的最终目标。可以说,现金管理的目的就是要在现金的流动性和收益性之间进行权衡,使企业在保持合理的现金持有量,从而保证正常支付能力的同时,尽可能地使现金持有数额降到最低的限度,以提高资产的整体收益。所以,现金管理的关键在于如何确定合理的现金持有量。

根据现金管理的目标,可以确定现金管理的主要内容包括:第一,编制现金预算,合理地估计现金需求;第二,有效地控制现金收支,力求"早收晚付"以加速现金周转,提高现金的使用效率;第三,运用科学的方法,确定适当的目标现金余额;第四,当实际的现金余额与最佳的现金余额不一致时,可采用短期融资策略或归还借款和投资于有价证券等策略来达到理想状况。

(二)现金管理的策略和手段

现金管理中,为实现其目标——保持合理的现金持有量,应遵循的基本原则,就是加速现金的回笼和延缓现金的支付。具体的现金管理策略主要包括:

1. 加速收款,提高收现效率。这是现金管理的基本原则,也是促使企业现金高效运用的基本保证。现金回收管理的核心问题是减少现金的回收时间,包括缩短现金周转期、现金集中管理、未结清支票管理、加速回收应收账款等，以保证企业尽早获得可用资金，并获取投资收益。

企业常用的方法有银行业务集中法和锁箱法。

（1）银行业务集中法。银行业务集中法是通过建立多个收款中心，缩短从客户汇款到企业能够使用现金之间的时间差，加速现金回收。具体做法是：在客户比较集中的城市设立收账中心。企业销售商品时，由各地分设的收款中心开出账单并指示客户直接汇款给当地的收款中心，收款中心收款后立即存入当地银行或委托当地银行办理支票兑现，当地银行进行票据处理后，将结余的资金从各地银行账户划转到企业的主要账户。

银行业务集中法的优点在于：第一，缩短了账单、支票的往返邮寄时间。这是因为一方面由各地收款中心给所在地客户开账单，能够使客户更早收到；另一方面，客户将支票邮寄到当地收款中心比直接邮寄到总部要快得多。第二，缩短了支票兑现时间。

但是银行业务集中法也有不足之处：第一，每个收账中心的地方银行，都可能要求保留一定的存款余额，这样，收账中心越多，存款余额就越大，企业闲置的资金就越多。第二，设立收账中心需花费一定的人力、物力和财力，提高了企业的成本。

（2）锁箱法。锁箱法是一种应用最广的加速现金回收速度的商业银行业务。普通的公司现金回收系统流程如下：客户把付款支票寄到邮局；邮局将支票送到公司总部；公司财务部门将其登记入账并进行相应的会计处理，然后将支票存入开户银行；银行通过清算系统传递并清算支票，同时从客户的账户中扣除手续费。通过以上程序这笔资金才成为公司的可用现金。

在锁箱法中，公司承租多个邮政信箱，客户的付款支票直接放入公司专用信箱中。公司授权提供锁箱服务的银行开箱收取这些支票邮件，然后处理支票并直接将其存入该公司的银行账户内。公司将收到银行邮寄的存款清单、付款方清单以及相关的资料。

锁箱法具有以下优点：

第一，加快现金回收速度。锁箱法下，支票存入银行的速度和成为公司可用资金的速度比普通现金回收系统快得多，大大缩短了应收账款转化为公司可用现金的时间。

第二，取消了文书的功能。银行取代了公司自己收取支票、背书、汇总和送存银行等工作，减少了企业员工处理支票的程序和发生丢失等错误的可能性。

第三,可以及时有效地识别出空头支票。

锁箱法的主要缺点是成本较高,企业必须支付给银行额外的手续费。

2.合理延迟付款。企业应在不影响其信誉的前提下,尽可能地推迟应付款的支付期,从而延缓与控制现金支出。

现金支出控制常用的方法有:

(1)操纵浮支。浮支是指企业开出的支票超过企业存款账户的余额。现金浮游量是指公司从银行存款账户中开出的支票总额与银行方账簿上该公司的存款余额之差。从企业开出支票到银行办理完款项的划转,通常需要一定的时间。如果公司能够准确估计现金浮游量的大小,则可以减少银行存款的余额,将这部分的资金用于投资以获取收益。不过企业在操纵浮支时应谨慎行事,要控制好使用时间,否则会发生银行存款的透支并受罚款。

(2)控制应付款的支付时间。为了最大限度地利用资金,企业的各项债务都应安排在恰当的日期支付。在不影响信誉的前提下,应尽可能地推迟各项债务的付款时间。如:在采购材料时,如果对方给出的付款条件是(2/10,n/30)。此时企业应在第十天付款,它可以最大限度地利用现金又不丧失现金折扣。如果企业选择放弃现金折扣,则应安排在第三十天付款。

3.力争使现金流出与现金流入同步。企业在安排现金支出时,应当考虑到现金流入的时间,尽量使现金流出与现金流入同步。这样,将企业可能发生现金闲置或现金短缺的时间降到最低限度,并能减少有价证券转换为现金的次数,提高了现金的使用效率,节约了转换成本。

4.确定并控制现金持有量,适时进行现金融通。在预见资金不足的时间之前,适时进行不足资金的筹集,而在预见资金多余的时间之前,适时进行多余资金的投资安排。

三、现金管理的有关规定

根据《现金管理条例》,我国有关部门对企业使用现金有如下规定:

1.开户单位可以在下列范围内使用现金:

(1)职工工资、津贴;

(2)个人劳务报酬;

(3)根据国家规定颁发给个人的科学技术、文化艺术、体育等各种奖金;

(4)各种劳保、福利费用以及国家规定的对个人的其他支出;

(5)向个人收购农副产品和其他物资的价款;

(6)出差人员必须随身携带的差旅费；

(7)结算起点以下的零星支出；

(8)中国人民银行确定需要支付现金的其他支出。

2.开户单位支付给个人的款项,超过使用现金限额的部分,应当以支票或者银行本票支付;确需全额支付现金的,经开户银行审核后,予以支付现金。

3.转账结算凭证在经济往来中具有同现金相同的支付能力。

开户单位在销售活动中,不得对现金结算给予比转账结算优惠待遇;不得拒收支票、银行汇票和银行本票。

4.机关、团体、部队、全民所有制和集体所有制企业事业单位购置国家规定和专项控制商品,必须采取转账结算方式,不得使用现金。

5.开户银行应当根据实际需要,核定开户单位三天至五天的日常零星开支所需的库存现金限额。边远地区和交通不便地区的开户单位的库存现金限额,可以多于五天,但不得超过十五天的日常零星开支。

6.经核定的库存现金限额,开户单位必须严格遵守。需要增加或者减少库存现金限额的,应当向开户银行提出申请,由开户银行核定。

7.开户单位现金收支应当依照下列规定办理:

(1)开户单位现金收入应当于当日送存开户银行。当日送存确有困难的,由开户银行确定送存时间。

(2)开户单位支付现金,可以从本单位库存现金限额中支付或者从开户银行提取,不得从本单位的现金收入中直接支付(即坐支)。因特殊情况需要坐支现金的,应当事先报经开户银行审查批准,由开户银行核定坐支范围和限额。坐支单位应当定期向开户银行报送坐支金额和使用情况。

(3)开户单位从开户银行提取现金,应当写明用途,由本单位财会部门负责人签字盖章,经开户银行审核后,予以支付现金。

(4)因采购地点不固定,交通不便,生产或者市场急需,抢险救灾以及其他特殊情况必须使用现金的,开户单位应当向开户银行提出申请,由本单位财会部门负责人签字盖章,经开户银行审核后,予以支付现金。

8.开户单位应当建立健全现金账目,逐笔记载现金支付。账目应当日清月结,账款相符。

9.对个体工商户、农村承包经营户发放的贷款,应当以转账方式支付。对确需在集市使用现金购买物资的,经开户银行审核后,可以在贷款金额内支付现金。

10. 在开户银行开户的个体工商户、农村承包经营户异地采购所需货款,应当通过银行汇兑方式支付。因采购地点不固定,交通不便必须携带现金的,由开户银行根据实际需要,予以支付现金。未在开户银行开户的个体工商户、农村承包经营户异地采购所需货款,可以通过银行汇兑方式支付。凡加盖"现金"字样的结算凭证,汇入银行必须保证支付现金。

四、影响现金库存量的因素

1. 企业未来预期现金流量

企业的现金来源主要有两部分:企业内部和企业外部。企业内部现金主要来自公司应收账款的回收,以及销售产品所获得的现金收入。外部现金来源主要是企业在金融市场上发行债券、优先股或普通股等证券,或者是从商业银行等贷款机构获得贷款。外部现金来源往往具有很大的间断性,相对比较不稳定。

企业的现金支出主要用于以下几方面:第一,定期购进原材料,确保生产稳定进行;第二,间歇性但相对固定支出,包括支付现金股利、支付债务本息、交纳税款等;第三,各种有价证券的投资。

财务部门通过企业各部门对未来的预测信息,可以预测公司未来的现金流量。当未来现金流入量大于流出量时,公司可以减少现金的库存量;当未来现金流入量小于流出量时,则必须增加现金的库存量。

2. 企业的借款能力

企业的现金持有量与其借款能力紧密相连。若一个企业的借款能力强,当遇到需要现金支出的时候,企业可以从外部银行或金融机构借入现金满足其自身需求,从而可以大大减少企业的现金持有量。反之,若企业的借款能力较弱,则必须增加现金持有量。

企业的借款能力取决于以下几个方面:(1)公司的信用水平。银行或金融机构更愿意借款给信用状况良好的公司,公司的信用水平越高,就越容易取得较多的借款,并且信用水平高的公司其借款成本也会较低。(2)借款所能提供的担保情况。公司可用抵押的资产越多,就越容易取得借款。(3)金融市场的发展状况。比较发达的金融市场上融资比较容易,公司取得借款的可能性也较大。

3. 企业控制现金的效率

企业对现金的控制效率主要用现金的周转速度来衡量。现金周转期是企业从购买原材料支付现金起,到产成品销售收回货款止的时间。现金周转周期的大小取决于存货、应收账款、应付账款等流动资产的周转效率。

如果企业控制现金的效率较高,说明企业的现金周转速度较快,则企业可以保留较少的库存现金。反之,如果企业控制现金的效率较低,说明企业的现金周转速度较慢,则企业应保留较多的库存现金。

第二节　最佳现金持有量的确定

现金管理的关键在于如何确定合理的现金持有量。在财务管理中确定最佳现金持有量的方法很多,下面主要介绍几种常用的确定最佳现金持有量的方法。

一、成本分析模式

成本分析模式是通过分析企业持有现金成本,寻找使得持有成本最低的现金持有量。一般认为,企业持有现金的成本共可分为三种:机会成本、管理成本、短缺成本。成本分析模式就是将这三种成本之和降到最低的方案作为最佳现金持有量的方法。

1.机会成本。机会成本又称为持有成本,是企业因持有现金而不能赚取投资收益的机会损失。例如某企业的资本收益率为8%,每年平均持有现金500 000元,则该企业每年持有现金的机会成本为40 000元。现金持有量越大,机会成本就越高。企业为了经营业务,需要拥有一定的现金,为此付出相应的资金占用成本代价是必要的。但持有量过多,机会成本大幅度上升就不合算了。机会成本的大小,通常以有价证券的利率来确定。

2.管理成本。为了保证现金的安全性和完整性,企业应对现金采取一定的管理措施,管理成本就是企业为此而发生的管理费用,如管理人员工资、福利和安全措施费等。管理成本是一种固定成本,与现金持有量之间无明显的数量关系。但值得注意的是,如果现金持有量超过一定范围,企业就需增加管理人员或增添新的安全设施,这样管理成本就会发生相应的变化。

3.短缺成本。短缺成本是企业因现金短缺而蒙受的损失。现金短缺成本随现金持有量的增加而下降,随现金持有量的减少而上升。

最佳的现金持有量,是指既能使企业在现金存量上花费的代价最低,即机会成本最小,又能够相对满足企业现金需求的最佳现金持有量。如果企业的现金持有量太大,在银行利率较低的情况下,放弃了对外投资的机会,企业的现金资产就不能像其他资金一样获得大致相同的利润率;如果企业的现金持有量太小,应付不了必要开支,就有可能使企业蒙受各种损失。

上述三项成本之和最小的现金持有量,就是最佳现金持有量。如果将总成本用坐标图来表示,把机会成本线、短缺成本线、管理成本线三种成本线绘在坐标图上,就能得到三线叠加而成的一条抛物线——总成本线(见图 13-1)。该抛物线的最低点 M,即为持有现金的最低总成本,对应于这一点在横轴上的现金数量,即最佳现金持有量。在 M 点左边,短缺成本随持有量的增长而下降的幅度大于机会成本上升的幅度,因此总成本下降;在 M 点右边,机会成本上升的幅度会大于短缺成本下降的幅度,总成本上升。这一点在横轴上对应的量 Q,即是最佳现金持有量。

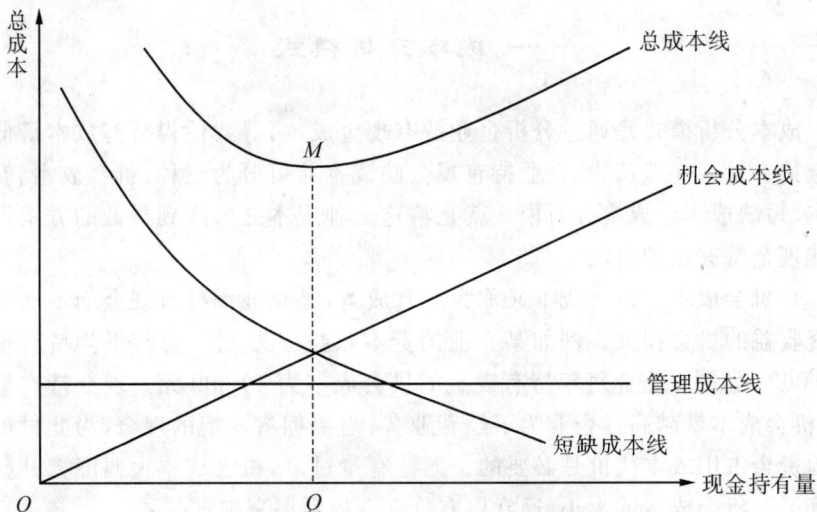

图 13-1 成本分析模式

以成本分析法确定最佳现金持有量时,要先分别计算出各方案的机会成本、管理成本、短缺成本之和,再从中选出成本之和最低的现金持有量就是最佳现金持有量。

【例 13-1】某企业财务主管在现金管理时发现,企业资金的收益率为 15%,现金的管理成本固定为 10 000 元,在以下四种现金持有方案中,现金的短缺成本见表 13-1。试确定最佳的现金持有方案。

表 13-1　某企业现金持有方案的短缺成本

单位:元

方案	A	B	C	D
现金持有量	20 000	40 000	80 000	100 000
短缺成本	15 000	8 000	3 000	0

分析:A、B、C、D 四种方案现金持有总成本如表 13-2 所示:

表 13-2　某企业现金持有总成本

单位:元

方案	A	B	C	D
机会成本(现金持有量×资本收益率)	3 000	6 000	12 000	15 000
管理成本	10 000	10 000	10 000	10 000
短缺成本	15 000	8 000	3 000	0
总成本	28 000	24 000	25 000	25 000

从表 13-2 中可以看出,将各个方案的总成本进行比较,B 方案的现金持有总成本最低。因此,企业应选择 B 方案为最佳现金持有方案,即最佳现金持有量为 40 000 元。

二、存货模式

存货模式,又称现金有价证券配合模式。它是由美国财务学家鲍曼(Baumol)在 1952 年提出,故又称鲍曼模式。存货模式,是将持有现金的机会成本与证券买卖的交易成本进行权衡,用以解决企业现金的最佳持有量和一定时期内有价证券的最佳变现次数问题。

存货模式主要建立在以下假定之上:

(1)公司能够确定其未来的现金需求,并且每日现金需求量是均匀稳定的;

(2)短期有价证券的利率或报酬率是可知的而且固定的;

(3)公司每次把有价证券转化为现金所支付的交易成本是固定的;

(4)公司一定时期现金需求总量是确定并且已知的。

在存货模式中,现金持有量的总成本包括机会成本和交易成本。在存货模式中,并不考虑管理成本与和短缺成本,这是因为该模式认为管理成本相对稳定,并且与现金持有量的关系不大;而短缺成本因其有很大的不确定性而不易计量也不予以考虑。

机会成本是指企业持有现金时丧失的将这些资金投资于证券可得的利息收入。机会成本与持有量相关,持有的现金越多,机会成本就越大。

交易成本是指证券每次变现所花费的费用等。当公司持有的现金趋近于0时,公司必须将持有的有价证券转换为现金。但转换有价证券时,必须支付经纪人佣金、税收及其他管理费用等。这些就构成了现金的交易成本。交易成本与交易次数有关,与持有量无关。

存货模式中,机会成本和交易成本的变化方向恰好相反,

存货模式如图 13-2 所示:

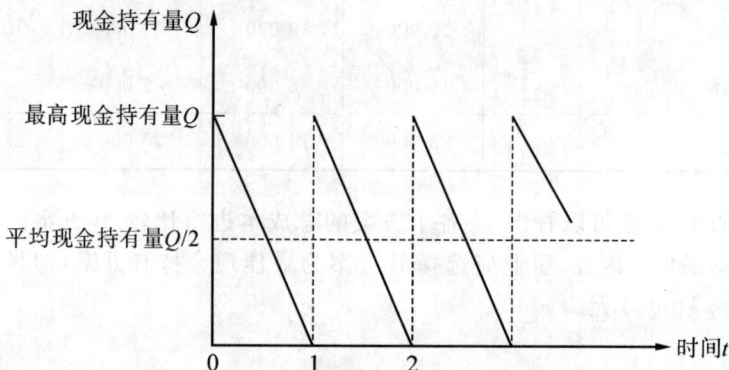

图 13-2　现金持有量变动情况

首先,期初公司出售价值为 Q 的有价证券并存入其活期存款账户,此时,公司现金量为 Q,随着公司现金的使用,现金余额逐步减少,当现金耗尽时,降为 0;公司就需要出售价值为 Q 的有价证券来补充现金资产,如此不断重复。长期来看,公司持有的平均现金余额是 $Q/2$。而现金的持有总成本为:

总成本＝机会成本＋交易成本

这一成本可见图 13-3 所示。

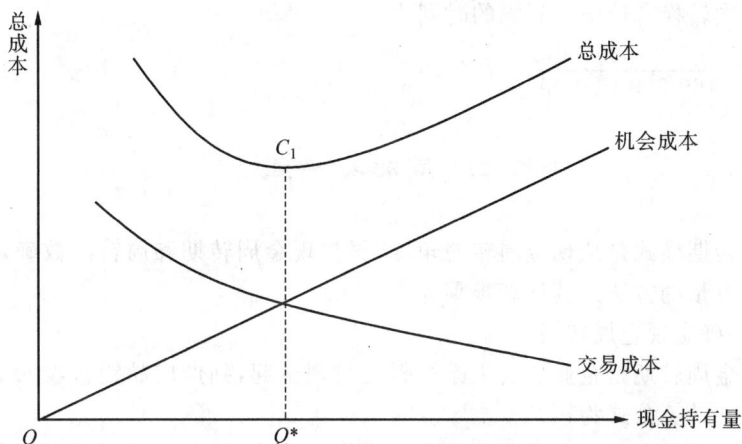

图 13-3 现金有价证券配合模式

从图 13-3 中可以看出,随着 Q 的增加,持有成本也随之增加,但是相应的交易成本却减少了。因此必须在两种成本间进行权衡。通过确定最佳的现金持有量 Q^*,使得总成本达到最小,即在 C_1 处。

假设有价证券的年利率为 i,现金的时间价值即持有成本为:利率乘以平均的现金余额,即持有成本 $=\dfrac{Q}{2} \times i$。如果每次售出价值为 Q 的有价证券以取得现金,并且在一年中公司现金需求总量为 T,那么现金与有价证券转换的次数等于 T/Q,则交易成本等于每次交易的固定成本 b 乘以交易次数,即交易成本 $=b \times \dfrac{T}{Q}$,则总成本 TC 为:

$$TC = \frac{Q}{2} \times i + b \times \frac{T}{Q} \qquad (13.1)$$

总成本最小时,可以解得最佳现金持有量为:

$$Q = \sqrt{\frac{2bT}{i}} \qquad (13.2)$$

【例 13-2】企业根据以往经验,预计企业每月现金需要量为 160 000 元,每次转换有价证券的固定成本 200 元,有价证券的年利率为 12%。则企业的最佳现金持有量是多少?

根据公式(13.2)得每月最佳现金持有量为:

$$Q = \sqrt{\frac{2bT}{i}} = \sqrt{\frac{2 \times 200 \times 160\,000}{\dfrac{12\%}{12}}} = 80\,000 (元)$$

每次转换有价证券间隔的时间为：

$$T = \frac{30}{160\,000 \div 80\,000} = 15(\text{天})$$

三、周转期模式

周转期模式是从现金周转的角度，根据现金周转期和周转次数确定最佳现金持有量的方法。其计算步骤为：

（1）确定现金周转期

现金周转期是企业从购买原材料支付现金起，到产成品销售收回货款止的时间。计算公式为：

现金周转天数＝存货周转天数＋应收账款周转天数一应付账款周转天数

其中：

存货周转天数为将原材料转化为产成品并出售所需时间。

应收账款周转天数为从产品销售到现金收回所需的时间。

应付账款周转天数为从收到尚未付款的材料到现金支出所需的时间。

【例 13-3】某公司的原料购买和产品销售均为赊销方式，应付款的周转期为 20 天，应收款的周转期为 30 天，存货周转期为 80 天，则公司的现金周转期为：

$$80 + 30 - 20 = 90(\text{天})$$

（2）确定周转次数

周转次数指一年中现金的周转次数，又称周转率。计算公式为：

$$\text{现金周转次数} = \frac{360}{\text{现金周转天数}} \qquad (13.3)$$

（3）确定最佳现金持有量

$$\text{最佳现金持有量} = \frac{\text{预计全年现金需求总额}}{\text{现金周转次数}} \qquad (13.4)$$

【例 13-4】某企业的材料采购和产品销售都采用赊销方式，其应收账款的周转期为 30 天，应付账款的周转期为 20 天，存货的周转期为 80 天。预计该企业 2008 年的现金需求总量为 1 200 万元。要求采用现金周转模式确定该企业 2008 年的最佳现金持有量。

（1）计算现金周转期：$80 + 30 - 20 = 90(\text{天})$

（2）计算周转次数：周转次数 $= \dfrac{360}{90} = 4(\text{次})$

（3）计算最佳现金持有量：最佳现金持有量 $= \dfrac{1\,200}{4} = 300(\text{万元})$

周转期模式操作比较简单,易于计算,但是这种方法假设材料采购与产品销售产生的现金流量在数量上一致,并且需要满足一定条件:①未来年度的现金需求能根据产销计划准确地预计;②能根据过去的资料推算出未来年度的现金周转次数。这就要求企业的生产经营活动保持相对稳定,否则求得的现金持有量将不准确。

四、随机模式

随机模式也称为奥尔—米勒(Orr-Miller)模式。随机模式假设公司的现金流出带有随机性,是无法预知的,但是可以制定一个控制区域,即现金持有量的上限和下限,将现金量控制在上下限之间。当现金余额达到该区域上限时,用现金购入有价证券,使现金持有量下降;当现金余额达到该区域下限时,出售有价证券,使得现金持有量上升。

随机模式假定公司:

(1)每日现金流量是方差为 σ^2 正态分布。

(2)每次为补充现金而兑现有价证券形成的成本为 b。

(3)短期无风险债券的到期收益率(或持有现金的机会成本)为 i。

在上述假设下,公司可以根据历史经验和现实需要,测算出一个现金持有量的合理范围,一般确定三个值:最低界限 L、最高界限 H 和目标点 Z(又称回归点),见图 13-4。

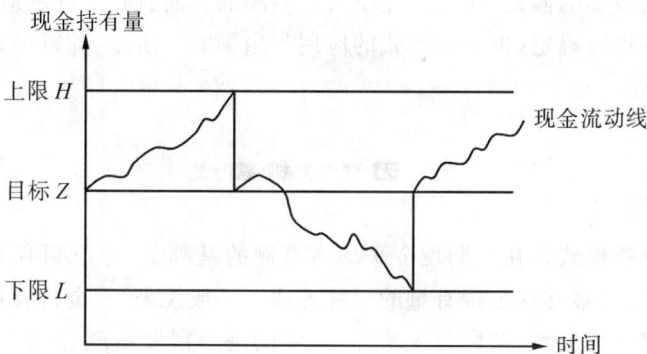

图 13-4　随机模式

区域下限 L 由模型外部因素决定,可根据企业愿意承受的现金短缺风险程度而定,如可以由财务经理凭经验确定。目标现金持有量和上限可用一下

公式确定:

$$Z = \sqrt[3]{\frac{3b\sigma^2}{4i}} + L \qquad\qquad (13.5)$$

$$H = 3Z - 2L \qquad\qquad (13.6)$$

其中:b 为转换有价证券的固定成本;

σ 为日均现金流量的标准差;

i 为持有现金的机会成本(证券的日利率)。

Z 为最佳现金持有量;

H 为现金控制上限;

L 为现金控制下限。

【例 13-5】A 公司有价证券的年利率为 12%,每次转换有价证券的固定成本 200 元,财务主管根据以往经验,认为公司的现金余额不能低于 1 000 元,并且测算出现金余额波动的标准差为 600 元。A 公司的目标现金余额和上限各是多少?

分析:公司有价证券日利率 $i = 12\% \div 360$。

$$Z = \sqrt[3]{\frac{3b\sigma^2}{4i}} + L = \sqrt[3]{\frac{3 \times 200 \times 600^2}{4 \times \dfrac{12\%}{360}}} + 1\,000 = 6\,451(元)$$

$$H = 3Z - 2L = 3 \times 6\,451 - 2 \times 1\,000 = 17\,353(元)$$

随机模式相对于存货模式而言,看起来更符合实际。但是,这一模式对现金流量随机波动的假设,还是不完全符合实际的。而且在实际的应用中,现金流量的方差难以确定,也对该模式的应用产生影响。所以,随机模式还需要进一步修正。

五、因素分析模式

因素分析模式是在上期现金平均占有额的基础上,考虑到有关因素变动的影响,来确定最佳现金持有量的一种方法。一般说来,现金持有量与企业的销售收入呈正比关系,销售收入增加,企业的现金需要量就会随之增加,这些因素主要包括下期销售收入规模的变动和本期不合理的现金占用情况。其计算公式如下:

最佳现金持有量=(上期平均占用额-不合理占有额)×(1±预计销售收入变动的百分比) (13.7)

【**例 13-6**】某企业 2007 年的现金实际平均占用额为 1 000 万元,经分析其中不合理的现金占用额为 50 万元。2008 年预计销售收入可比上年增长 15%。要求采用因素分析模式确定该企业 2008 年的最佳现金持有量。

根据因素分析模式的计算公式,该企业 2008 年的最佳现金持有量为:

(1 000－50)×(1＋15%)＝1 092.5(万元)

实际工作中,影响企业现金持有量的因素有多种,财务人员在应用因素分析模式进行分析时,应该注意在模型中没有包含的因素的影响。

第三节　短期有价证券的管理

这里有价证券,是指企业持有的随时可以变现的各种短期证券。短期有价证券是企业现金的替代品,因此又被称为次现金准备。广义的现金管理就包括了有价证券管理。

一、持有有价证券的动机

1. 作为现金替代物

短期有价证券流动性很强,具有很强的变现能力。企业可以随时在证券市场上进行有价证券的购入或售出交易。当公司现金流出小于流入时,可以利用多余的现金购入有价证券;当公司现金流出大于流入时,就可以将有价证券售出,转换成现金,以补充现金的不足。

2. 作为短期投资的手段

在公司经营过程中,有时持有有价证券不仅仅是作为现金的替代品,而是作为一种短期的投资手段。企业进行短期有价证券投资通常有以下几种原因:

(1)季节性经营的需要。当公司经营呈现出季节性特征时,在一年中,有时现金多余,有时现金短缺。在现金多余时,投资于证券以获取利益;现金短缺时,即可换成现金,以满足需要。

(2)为满足未来的已知财务需求的需要。如果企业预计在未来将会发生一笔现金支出,例如,企业在不久的将来有一笔现金需求,则企业将累积现金,目前闲置的现金就要投资于有价证券,这样既可以获得一定的投资收益,也可满足未来的融资需要。

(3)与筹集长期资金相配合。在公司发行债券或股票时,一般来说,从收取大量现金到投资计划的现金投入,往往有段间隔期。此时,公司即可将现金投资于有价证券。此外,当公司发行债券即将到期时,公司可将预先筹集的现金投资于有价证券,以备需大量现金时可以立即提供所需的现金。

总的来说,企业进行短期有价证券投资,一方面作为企业调度资金的一种有效手段——当企业现金充裕时,可以及时购入有价证券;相反,当企业现金不足时,则可及时售出有价证券来补足。这样既保持了企业资产的流动性,又维持了企业必要的盈利能力。另一方面,也能为企业创造收益,减少持有现金的机会成本。企业投资于有价证券大多能获得高于一般银行存款利率的收益,减少企业持有现金的机会成本。

二、有价证券种类及其选择标准

1.种类

(1)银行定期存单。大额可转让定期存单是一种固定面额、固定期限、可转让的大额存款凭证。发行单位为各商业银行,发行对象为城乡居民个人和企业、事业单位。期限为3个月、6个月、12个月(1年),其利率由中国人民银行制定。

(2)国库券。国库券是国家财政当局为弥补财政收支不平衡而发行的一种政府债券。因国库券的债务人是国家,其还款保证是国家财政收入,所以它几乎不存在信用违约风险,是金融市场风险最小的信用工具,所以国库券也被人们称为无风险证券。我国国库券的期限最短的为一年,而西方国家国库券品种较多,一般可分为3个月、6个月、9个月、1年期四种,其面额起点各国不一。国库券采用不记名形式,无须经过背书就可以转让流通。

(3)地方政府公债。地方政府公债是地方政府为筹集资金发行的各类长期债券。地方政府公债的发行单位是政府,一般也不存在违约风险,并且其利率较固定,市场价格波动也较小。

(4)金融债券、企业债券。企业债券是企业依照法定程序发行,约定在一定期限内还本付息的债券。企业债券代表着发债企业和投资者之间的一种债权债务关系。企业债券与股票一样,同属有价证券,可以自由转让。企业债券风险与企业本身的经营状况直接相关。如果企业发行债券后,经营状况不好,连续出现亏损,可能无力支付投资者本息,投资者就面临着受损失的风险。从这个意义上来说,企业债券是一种风险较大的债券。另一方面,在一定限度内,证券市场上的风险与收益成正相关关系,高风险伴随着高收益。企业债券由于具有较大风险,它们的利率通常也高于国债和地方政府债券。

(5)股票。股票是一种由股份有限公司签发的用以证明股东所持股份的凭证,它表明股票的持有者对股份公司的部分资本拥有所有权。由于股票包含有经济利益,且可以上市流通转让,股票也是一种有价证券。

此外,有价证券还包括银行承兑汇票、商业票据和货币市场共同基金等,这里不再——说明。

2.选择有价证券应考虑的因素

企业在购入有价证券时,应该考虑的因素有以下几个方面:

(1)违约风险。指无力偿还本息的风险,它是因交易一方不能履行或不能全部履行交收责任而造成的,这种无力履行交收责任的原因往往是破产或其他严重财务问题。违约风险可进一步分为本金风险和重置风险。如当一方不足额交收时,另一方有可能收不到或不能全部收到应得证券或价款,造成已交付的价款或证券发生损失,这就是本金风险;违约方违约造成交易不能实现,未违约方为购得股票或变现需再次交易,因此可能遭受因市场价格变化不利而带来的损失,这就是重置风险。

(2)利率风险。债券的价格会随着利率的变化而变化。因此要考虑利率风险。由于利率是经济运行过程中的一个重要经济杠杆,它会经常发生变动,从而会给股票市场带来明显的影响。一般来说,银行利率上升,股票价格下跌,反之亦然。

(3)购买力风险。是指由于通货膨胀引起的投资者实际收益率的不确定。证券市场是企业与投资者直接融资的场所,因而社会货币资金的供给总量成为决定证券市场供求状况和影响证券价格水平的重要因素,当货币资金供应量增长过猛,出现通货膨胀时,证券的价格也会随之发生变动。通货膨胀对证券价格有两种截然不同的影响。在通胀之初,公司、企业的房地产、机器设备等固定资产账面价值因通货膨胀而水涨船高,物价上涨不但使企业存货能高价售出,而且可以使企业从以往低价购入的原材料上获利,名义资产增值与名义盈利增加,自然会使公司股票的市场价格上涨。同时,预感到通胀可能加剧的人们,为保值也会抢购股票,刺激股价短暂上扬。然而,当通货膨胀持续上升一段时期以后,它便会使股票价格走势逆转,并给投资者带来负效益,公司资产虚假增值显露出来,新的生产成本因原材料等价格上升而提高,企业利润相应减少,投资者开始抛出股票,转而寻找其他金融资产保值的方式,所有这些都将使股票市场需求萎缩,供大于求,股票价格自然也会显著下降。严重的通货膨胀还会使投资者持有的股票贬值,抛售股票得到的货币收入的实际购买力下降。

(4)流动性或流通性风险。流动性风险指的是由于将资产变成现金方面的潜在困难而造成的投资者收益的不确定。一种股票在不做出大的价格让步的情况下卖出的困难越大,则拥有该种股票的流动性风险程度越高。资产是讲求流动性的,如果所购得的证券或账面上的现金不能动用,会极大限制所有者的资产支配权并给其带来损失。在流通市场上交易的各种股票当中,流动性风险差异很大,有些股票极易脱手,这类股票投资者可轻而易举地卖出,在价格上不引起任何波动。而另一些股票在投资者急着要将它们变现时,很难脱手,除非忍痛贱卖,在价格上做出很大牺牲。

(5)证券的收益。证券投资收益是投资者投资行为的报酬。股票投资的收益主要由两部分组成:一是投资者购买股票后成为公司的股东,他以股东的身份,按照持股的多少,从公司获得相应的股利,包括股息、现金红利和红股等;二是因持有的股票价格上升所形成的资本增值,也就是投资者利用低价进高价出所赚取的差价利润。债券投资的收益主要表现为投资者定期获得的利息收入。

第十四章　信用政策和应收账款管理

第一节　应收账款的功能和成本

　　应收账款是企业因销售产品或提供劳务而形成的应收款项,主要包括应收账款、应收票据、其他应收款、预付账款等。应收账款的增加,也会使资金成本、坏账损失等费用增加。应收账款的基本目标,就是在充分发挥应收账款功能的基础上降低应收账款投资的成本,节约资金。

一、应收账款的发生原因和功能

　　在市场竞争不断加剧的情况下,利用商业信用进行赊销是促进销售的一种非常重要的方式。赊销是出于:
　　1.企业扩大销售、开拓和占领市场的竞争需要。企业为了刺激销售,增强竞争力,经常采用赊销作为促销的手段。进行赊销的企业实际上向顾客提供了两项交易:第一,向顾客提供了产品;第二,在一定期间内向顾客提供一笔无息贷款。故有利于扩大销售。
　　2.减少存货的考虑。企业存货较多时,一般可以采用较为优惠的信用条件进行赊销,把存货转化为应收账款,节约管理存货支出。

二、应收账款的成本

　　应收账款的成本是指企业持有应收账款付出的代价。应收账款的成本包括机会成本、管理成本和短缺成本。

1.机会成本。因投放于应收账款而放弃的其他有利可图的投资机会,这种投资机会所能获得的最高收益即为应收账款的机会成本。

2.管理成本。管理应收账款所发生的各项支出。如:信用调查费用、信用收集费用、账簿记录费用、收账费用等。

3.短缺成本。企业未能向购买者提供商业信用而造成的销售收入损失。

从理论上讲,在分别计算出机会成本、管理成本和短缺成本之后,可以确定其总成本最低的资金占用水平即最佳应收账款水平。

第二节　应收账款政策的制定

信用政策主要包括信用标准、信用条件和收账政策。

一、信用标准

信用标准是企业为向客户提供商业信用而提出的基本标准,一般以坏账损失率表示。企业在制定信用标准时,应进行"成本—效益"分析。如果企业制定的信用标准较严,只对信誉很好、坏账损失率很低的顾客给予赊销,则会减少坏账损失,应收账款的机会成本也就会降低,但会增加短缺成本。

【例14-1】A公司产品单位售价为10元,单位变动成本8元。本年赊销总额180万元,应收账款平均收账期30天。下年度打算降低赊销标准,这样将使销售额增加到240万元,应收账款收账期增加到45天。假设该企业生产能力未能充分利用,因此增加销售量无须扩大固定成本。投资者要求的报酬率为20%。则降低赊销标准是否可行?

分析:

单位边际产品贡献:10元－8元＝2(元)

降低赊销标准后增加的销售量:$\frac{240}{10}-\frac{180}{10}=6$(万件)

扩大销售增加的收益为:$2\times6=12$(万元)

本年度应收账款平均余额:$180\div\frac{360}{30}=15$(万元)

下年度应收账款平均余额:$240\div\frac{360}{45}=30$(万元)

增加的应收账款机会成本:$(30-15)\times20\%=3$(万元)

可见,A 企业降低赊销标准后,增加了 12 万元收益,而只增加 3 万元的成本,因此应该实行新的赊销标准。

二、信用条件

1.信用期限

信用期限是企业给予客户的购货后最迟付款期限。信用期过短,不足以吸引客户,在竞争中会使销售额下降;信用期过长,对增加销售额有利,但应收账款的机会成本、管理成本等也会增加,从而使所得利益被增长的费用所抵消,甚至造成利润减少。因此,企业应当确定出恰当的信用期限。

【例 14-2】在上例中,假设 A 公司保持原有的赊销标准,只是将信用期由原来的 30 天延长到 45 天,同样可以使得销售量增加 6 万件。其他条件保持不变。

分析:

增加的收益$=2\times6=12$(万元)

增加的成本$=\left(\dfrac{240}{360/45}-\dfrac{180}{360/30}\right)\times20\%=3$(万元)

可见,用延长信用期限代替降低赊销标准同样可以为 A 公司多带来 9 万元收益。

2.现金折扣

现金折扣是债权人为鼓励债务人在规定的期限内付款,而向债务人提供的债务折扣。它包括折扣期限和折扣率。折扣期限是企业为客户规定的享受现金折扣的付款时间。同样的,企业必须分析比较加速收款所得的收益能否足以补偿现金折扣的成本。

【例 14-3】假设 A 公司年销售量为 300 万元,在当前实行的付款条件(n/30)下,应收账款的收账期为 60 天。公司为加速应收账款的回收速度,考虑实行新的付款条件(2/10,n/30),在此条件下,应收账款的收账期将缩短为 30 天,并且有 50%的客户会在 10 天内付款以取得现金折扣。A 公司的资本收益率为 20%。问:现金折扣是否给公司带来额外负担?

分析:

当前方案下,应收账款平均余额:$300\div\dfrac{360}{60}=50$(万元)

现金折扣下,应收账款平均余额:$300\div\dfrac{360}{30}=25$(万元)

加速应收账款回收产生的收益为:$(50-25)\times20\%=5$(万元)

实行现金折扣应多付出的成本为:$300\times50\%\times2\%=3$(万元)

公司多得的收益：5－3＝2(万元)

可见，实行现金折扣不仅不会给公司带来额外负担，反而为公司多创造了 2 万元的收益。

三、收账政策

收账政策是信用条件被违反时，企业应当采取的收账措施。伴随着收账通常要发生费用，某些收账费用可能很高。企业采用积极的收账政策，可以减少企业应收账款机会成本，减少坏账损失，但会增加收账成本；消极的收账政策，尽管不会增加收账费用，但却增加了坏账损失和应收账款的机会成本。所以收账政策的确定要在收账费用和所减少的坏账损失之间做出权衡。

通常在一定限度内，催账费用越多，措施越得力，坏账损失与机会成本就越小，但二者并非呈线性关系，它们之间的关系是：(1)最初支出的收账费用不会使坏账和机会成本大量减少；(2)收账费用陆续增加，应收账款的坏账损失和机会成本会有较大幅度减少，产生越来越大的效力；(3)收账费用的增加达到一定限度(饱和点)后，收账费用的增加对进一步降低呆坏账损失的效力便会逐渐减弱，以致得不偿失。合理的收账政策应该避免使收账费用超过这个饱和点，判断收账费用是否已达饱和点的基本方法是：随着收账费用支出效果的减弱，如果呆坏账的边际减少额加上其边际再投资收益等于收账费用的边际增加额，通常可以认为收账费用已达到饱和点，企业就不应再投入资金了。

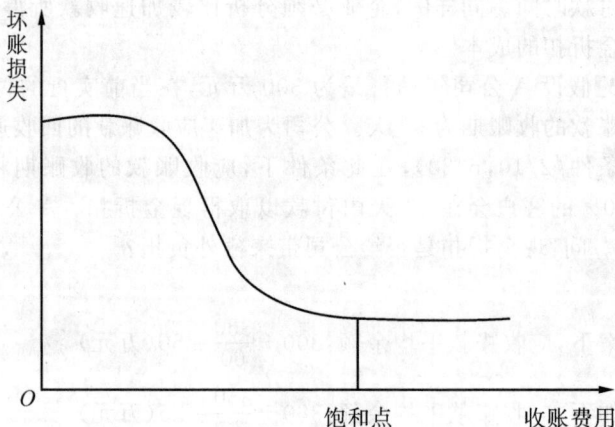

图 14-1　坏账损失和收账费用的关系

因此,企业必须在成本与收益间权衡,决定采用何种收账政策。

【例 14-4】某企业全年赊销 300 万元,资本收益率 20％,收账政策如下:

表 14-1

	A 方案	B 方案	C 方案
全年收账费用	10 万元	15 万元	20 万元
平均收账期	60 天	45 天	30 天
坏账损失率	3％	2％	1％

则企业应采取何种收账方案?

分析:

表 14-2

	A 方案	B 方案	C 方案
全年赊销额	300 万元	300 万元	300 万元
应收账款周转次数(360/收账期)	6 次	8 次	12 次
应收账款平均余额(赊销额/周转次数)	50 万元	37.5 万元	25 万元
应收账款机会成本(20％)	10 万元	7.5 万元	5 万元
坏账损失(赊销额×坏账损失率)	9 万元	6 万元	3 万元
全年收账费用	10 万元	15 万元	20 万元
收账总成本	29 万元	28.5 万元	28 万元

可见,C 方案的收账总成本最小,企业应采取 C 方案。

四、综合信用政策

单个信用策略可以通过比较收益与成本来进行评价。而制定最优的信用策略,应把信用标准、信用条件和信用策略结合起来,深入分析三者的综合变化对于销售额、应收账款机会成本、坏账损失和收账成本的影响。企业在制定信用政策时往往更为复杂,除了将信用期限、现金折扣、信用标准、收账政策等多种因素作为一个系统来整体加以考虑外,还应考虑以下因素:自身的生产经营能力、外部市场经济环境等等。因此,信用策略的制定不仅要靠数量分析,在相当程度上还要依赖管理经验来判断、决策。这里的决策规则仍然是收益大于成本。

第三节　应收账款的管理

随着市场经济的日益发展,现代企业已经开始特别关注诚信问题。加入 WTO 后,会有更多国外企业来我国投资、贸易,我国企业面临的环境更加复杂。这种形势下,能否建立一套包括信用管理在内的科学经营管理机制,迅速提升企业的信用形象、信用实力和信用风险防范能力,将是每个企业生存与发展的关键。因此,当企业的信用政策建立起来以后,就要做好应收账款的日常管理工作,进行信用调查和信用评价,以此为基础来确定是否同一客户赊欠过多货款,当客户违反信用条件时,还要做好账款的催收工作。

一、客户资信调查

一个企业最大的财富是它的客户,同时最大的风险也来自客户。许多企业经营不善或破产,都是由于客户违约或倒闭引发的呆账、坏账损失造成的。客户的信用情况如何,它是否会拒付账款,这些情况的确定都是建立在对客户信用资料的调查分析的基础之上的。因此,在与客户进行交易前,应该对其进行详细的资信调查。客户信用资料的主要来源有:

1. 客户的财务报表。财务报表是信用分析的重要基础。企业通过对取得的有效报表加工分析,基本上可以全面掌握其财务状况和经营水平。

2. 客户银行的证明。许多银行都设有规模很大的信用部门,提供与其往来客户的信用状况(如银行存款余额、借款情况等)。企业通过银行调查客户的信用情况,往往比自己调查更有效。

3. 信用评价机构。信用评价机构的报告是信用评价机构站在公正的立场上基于其他债权人的经验、银行报告、客户与其他企业交易的证明以及客户自己递交的财务信息做出的。许多国家都设有专门的信用评价机构,它们定期发布有关企业的信用等级报告,从而为企业提供有用的参考资料。

当前,评价的等级主要有两种:第一种是三类九级制,即把企业的信用情况分为 AAA、AA、A、BBB、BB、B、CCC、CC、C 九等,其中,AAA 为最优等级,C 为最差等级;第二种是三级制,即分成 AAA、AA、A 三级。专业信用评价机构通常评估方法先进,评估调查细致,评估程序合理,可信度较高。

4.其他。客户可以提供一些其他供应单位的名称,由这些单位出具客户信用状况的资料。其他企业提供资料的可靠性,往往取决于这些企业的声望、材料的详细程度。声望高的企业做伪证的可能性小一些;而不为人知的企业,很可能不负责地出具证明材料,所以该材料有可能有用但也有可能造成误导。其他部门如财税部门、消费者协会、证券交易部门、工商管理部门,企业主管部门等也会提供具有一定参考价值的资料。

二、企业信用等级评价

收集好客户的信用资料后,要运用一定的方法对这些资料进行分析,并对客户信用状况进行评价。信用评价的方法很多,最常见的是"5C"评价法和信用评分法。

1."5C"评价法。所谓"5C"评价法,是指评价客户信用品质的五个方面,即品质、能力、资本、抵押、条件。

(1)品质(character)。品质是指客户试图履行义务的可能性。衡量客户的品质,必须了解客户过去付款的记录,看其是否一贯按期付款,以及与其他供货企业的关系是否良好。品质因素是信用评价中最重要的因素,因为客户是否愿意尽自己的最大努力偿还贷款,能够直接决定账款的回收速度和数量。

(2)能力(capacity)。能力是指客户的偿债能力。其衡量标准是流动资产的数量和质量以及流动负债的比例。

(3)资本(capital)。资本是指客户的财务实力和财务状况等偿债背景。

(4)抵押(collateral)。抵押是指客户为了获得商业信用而提供给企业作为抵押用的资产。这对于不知底细或信用状况有争议的客户尤为重要。

(5)条件(conditions)。条件是指可能影响客户付款能力的经济环境、状况及经济发展趋势。如经济不景气时,对客户的付款能力产生什么影响,客户会怎么做等。需要了解客户在过去困难时期的付款历史。

完成以上五个方面的分析,便基本上可以判断客户的信用状况,为最后决定是否向客户提供商业信用做好准备。

2.信用评分法。信用评分法是先对客户的各项财务比率和信用情况进行评分,并事先确定对各种财务比率和信用情况要素进行加权的权数,然后加权平均,得出客户的信用分数,并以此进行信用评价。其基本公式如下:

$$Y = \sum_{i=1}^{n} w_i x_i$$

式中：Y 为客户的信用评分，w_i 为事先拟定的对第 i 种财务比率或者信用情况的加权权数，x_i 为客户第 i 种财务比率或者信用情况的评分。

按经验来说，信用评分在 80 分以上的，说明客户的信用状况良好，分数在 60～80 分之间的，说明信用状况一般；分数在 60 分以下，则说明信用状况较差。

三、信用额度的制定

防范客户信用风险的一个关键点在于能否科学地确定应当给予客户的信用额度。所谓信用额度是指企业允许赊销的最高限额。这个信用额度实质上反映了企业对客户赊购货物所愿意承担的最大风险。信用额度的确定可以简化企业以后对客户信用审核的程序，可以提高发货的效率。信用额度必须经常性地进行重新评价，以便与该客户的最新变化情况保持一致。流动价值法是约翰·克劳沙最早提出来的。其基本原理是：企业的信用限额由企业的财务状况好坏所决定，财务状况好坏的衡量既可利用相对数，如偿债能力比率等，也可利用绝对数，如现金流量、营运资本净额、客户清算价值等。

四、监督应收账款的收回

企业已发生的应收账款时间有长有短，有的尚未超过收款期，有的则已超过。一般来讲，拖欠时间越长，款项收回的可能性越小，形成坏账的可能性就越大。所以，企业应严密监督、随时掌握应收账款的回收情况。实施对应收账款回收情况的监督，可以通过编制账龄分析表进行。账龄分析，就是将应收账款的收回时间加以分类，统计各时间段内支付的或拖欠的应收账款情况，从而监督每个客户的应收账款入账进度，对不同时间段内的逾期账款采取不同的对策，用此来衡量企业应收账款的管理水平。

利用账龄分析表，企业可以了解到有多少应收账款尚在信用期内，有多少应收账款超过了信用期。处在信用期内的应收账款，欠款是正常的；但到期后能否收回，还需进一步观察。超过信用期的应收账款，超过时间有长短之分，拖欠时间太久就有可能成为坏账。

五、坏账损失的准备

在市场经济条件下，坏账损失的发生是不可避免的，事先预计可能发生的坏账损失，并单独提取资金以备弥补就显得极有必要。对因债务人破产或死亡，以其资产或遗产清偿后，仍不能收回的应收账款，或者因债务人逾期未履行义务超过三年仍未能收回的应收账款称为坏账。由此产生的损失，称为坏账损失。

为了减少坏账损失给企业带来的不利影响，还要按照规定计提坏账准备金。坏账准备金是企业按照财务制度规定计提用于补偿坏账损失的准备金。财政部颁布的财务制度规定，企业可以在年终按照年末应收账款余额的 3‰～5‰ 计提坏账准备金，记入管理费用。

六、收账的日常管理

收账是应收账款管理的重要工作之一。收账管理应包括两部分内容：

1. 设计合理的收账程序。企业催收账款的程序一般是：信函通知、电话催收、派员面谈、法律行为。当客户拖欠账款时，要先给客户一封有礼貌的通知信函；接着，可寄出一封比较严肃的信件；进一步可通过电话催收，如无效，企业的收款人员可直接去与客户面谈，协商解决；如果谈判不成，就只好交给企业的律师采取法律行动。

2. 确定合理的讨债方法。账款催讨方式主要有三种：一是自行追讨，二是委托律师诉讼，三是委托专业追账机构。三种方式各具特点，应综合考虑拖欠的时间、追账效率、追账成本等多种因素来选择。

第十五章 存货管理

存货是企业流动资产的重要组成部分，在流动资产中所占的比重较大，但是存货是流动资产中流动性最差的资产，企业在存货上投入资金的多少，直接影响到企业流动资产的结构及其流动性、安全性和收益性，从而对企业财务状况产生重要影响。因此，加强存货的管理与控制，使存货保持在最优水平上，就成为存货管理的主要目标和财务管理的重要内容。

第一节　存货概述

一、存货及其分类

存货是指企业在生产经营过程中为销售或者为耗用而储存的物资，主要包括原材料、在产品、产成品和包装物等。存货是企业占用资金较多的资产，与其他资产相比，存货具有自身的特点：首先，存货是有形资产；其次，存货是流动资产中变现能力最差的资产；最后，存货具有时效性和潜在损失的可能。

企业的存货数量和种类很多，可以按照不同的标准进行分类。

存货按照经济用途分，可以分为销售用存货、生产用存货和其他存货。销售用存货是指出于销售的目的而储存的存货，主要包括产成品、库存商品等。这部分存货数量反映了企业的经营能力。生产用存货是指为了生产耗用而储存的存货，主要包括原材料、各种辅助材料、在产品、修理备用件、半成品等。这部分存货数量反映了企业的生产能力大小，也能反映企业的生产管理水平和生产效率的高低。其他存货是指以上存货之外的、供企业一般性耗用的物品，如职工福利品、劳保用品等。这部分存货一般所占比重较小。

　　存货按照来源的不同,可以分为外购存货和自制存货。工业企业的外购原材料、外购低值易耗品以及商业企业的外购商品等形成的存货是外购存货,自制存货是指由企业自己生产制造出的存货。

　　存货按照存放地点的不同,可以分为库存存货、在途存货、委托加工存货和委托代销存货等。

二、存货的作用

　　实务中,即使是市场供应量充足,企业也需要储备一定的存货。可以说存货是企业运行中必不可少的,企业保持一定存货,主要有以下几个方面的作用:

　　1. 保证生产经营需要。由于企业很难做到随时购入生产所需的各种物资,为了保证生产得以顺利进行,防止因市场缺货或运输不及时而造成停工待料,企业可以适当地储存一些材料。而且每天采购材料并不现实,经济上也不一定合算。因此,为了保证生产经营顺利进行,必须适当地储备一些原材料;同样,也需要储备一定的在产品。

　　2. 有利于销售的正常进行。企业的产成品,往往是成批生产再成批发运销售。毕竟对企业来说,组织成批生产、成批销售才经济合算;对客户来说,成批采购可以节约采购成本和其他费用;对运输单位来说,为了达到运输上所需要的最低批量,对承运的货物要求组织成批发运。当然,为了应对市场上突发的需求,也应适当储存一些产成品。

　　3. 有利于均衡生产,降低产品成本。有的企业生产的产品的需求是季节性的,有的企业生产的产品需求十分不稳定。为了降低生产成本,需要实行均衡生产,但这样做会产生一定的产成品存货,也要相应地保持一定的原材料存货。

　　4. 留有保险储备,以防意外事件的发生。采购、运输、生产或销售过程中都有可能发生意外事故,保持必要的保险储备,可避免或减少意外事故带来的损失。

　　综上所述,存货水平越高,生产经营越有保证。但是,存货水平过高,资金占用就较多,存货成本也会增高,公司不仅要付出存货占用资金的机会成本,还要付出储存及管理存货的成本。

三、存货的成本

存货成本是指企业为了发挥存货的固有功能而储存一定存货所必须付出的代价。这一成本包括采购成本、订货成本、储存成本和缺货成本,其中,采购成本和订货成本又称为取得成本。

(一)取得成本

存货的取得成本是指企业为取得某种存货而支出的成本,通常用 TC_Q 来表示。存货的取得成本具体又可以分为订货成本和采购成本。

1. 采购成本

存货的采购成本是指企业购买存货时支付的货物的价格。存货的购买价格通常由单价与购买数量的乘积来表示。假设存货的年购买数量用 D 表示,采购单价用 U 表示,则企业每年购置存货发生的采购成本为:

$$采购成本 = D \times U \tag{15.1}$$

2. 订货成本

订货成本指购置存货时为取得订单而产生的成本,如电话费、差旅费等方面的支出。订货成本中有一部分与企业订货次数有关,如差旅费等,这些费用会随着订货次数的变化而变化,可以表现为订货次数的函数,我们称这部分的订货成本为订货的可变成本。另一部分则与企业的订货次数无关,比如企业常设采购机构的开支等,这部分的支出通常在固定时间内是固定的,我们称这部分的订货成本为订货的固定成本。企业订货成本就等于这两部分的总和。

假设用 F_1 表示订货固定成本,用 K 表示每次订货的变动成本,用 D 表示企业存货的年需求量,用 Q 表示企业的每次进货量。则企业每年的订货次数就等于存货年需要量 D 与每次进货量 Q 之商,即 $\frac{D}{Q}$。

订货成本的计算公式为:

$$订货成本 = F_1 + \frac{D}{Q} \times K \tag{15.2}$$

因此,存货的取得成本为:

取得成本 = 订货成本 + 采购成本
= 订货固定成本 + 订货变动成本 + 采购成本

$$即:TC_Q = F_1 + \frac{D}{Q} \times K + D \times U \tag{15.3}$$

（二）储存成本

存货的储存成本指企业储存存货过程中发生的成本,包括仓库的建造费用、管理人员的工资、存货的保险费、存货的损坏等。通常用 TC_c 来表示。

存货的储存成本也可以分为固定储存成本和变动储存成本。存货的固定储存成本是指与企业存货数量无关的那部分支出,如仓库的折旧、仓库管理人员的工资等。存货的变动储存成本是指与企业存货数量有关的那部分支出,如存货的保险费用等,变动储存成本随存货数量的增加而增加,因此可表示为存货数量的函数。

假设用 F_2 表示固定储存成本,用 K_c 表示单位变动储存成本。企业的年平均存货量为存货年需求量的一半,即 $\dfrac{Q}{2}$,则变动存储成本$=K_c \times \dfrac{Q}{2}$。

储存成本＝储存固定成本＋储存变动成本

即：
$$TC_c = F_2 + K_c \times \frac{Q}{2} \tag{15.4}$$

（三）缺货成本

存货的缺货成本指企业由于存货不能及时供应而造成的损失,包括停工待料发生的损失等。用 TC_s 表示企业的缺货成本。

用 TC 来表示存货的总成本,则

$$TC = TC_Q + TC_c + TC_s = \left(F_1 + \frac{D}{Q} \times K + D \times U\right) + \left(F_2 + K_c \times \frac{Q}{2}\right) + TC_s \tag{15.5}$$

式中, F_1 表示订货固定成本;

$\qquad F_2$ 表示固定储存成本;

$\qquad D$ 表示企业一定时期存货需求总量;

$\qquad Q$ 表示企业每次订货量;

$\qquad K_c$ 表示单位变动储存成本;

$\qquad K$ 表示每次订货的变动成本;

$\qquad U$ 表示存货的采购单价;

$\qquad TC_s$ 表示缺货成本。

当 TC 值为最小时,企业达到存货的最优量。

四、存货管理的目标

存货是保证公司生产经营活动得以顺利进行的物资条件。一般而言,企业持有充足的存货,不仅有利于生产过程的顺利进行,节约采购费用与生产时间,防止造成生产的停顿;而且能够迅速地满足客户各种订货的需要,从而为企业的生产与销售提供较大的机动性,避免因存货不足带来的机会损失。然而,存货的增加必然要占用更多的资金,将使企业付出更大的持有成本,而且存货的储存与管理费用也会增加,影响企业获利能力的提高。因此,如何在存货的功能(收益)与成本之间进行利弊权衡,在充分发挥存货功能的同时降低成本、增加收益、实现它们的最佳组合,成为存货管理的基本目标。简而言之,存货管理的主要目的是控制存货水平,在充分发挥存货功能的基础上,降低存货成本。

第二节　存货的决策

存货的决策涉及四项内容:决定进货项目(进什么货)、选择供货单位(何处进货)、决定进货时间(何时进货)和决定进货批量(进多少货)。决定进货项目和选择供应单位是销售部门、采购部门和生产部门的职责。财务部门要做的是决定进货时间和决定进货批量,并根据进货有关要求控制、安排和调度资金。按照存货管理的目标,需要确定合理的进货批量和进货时间,使存货的总成本最低,这个批量叫做经济订货量或经济批量。在确定经济订货量的过程中,应先舍弃一些因素,这需要设定一些假设,在此基础上建立经济订货量的基本模型,然后再进行扩展。

一、经济订货量的基本模型

存货的经济订货量就是在保证企业生产经营活动需要的情况下,能使企业一定时期存货相关总成本最低的经济订货或生产批量。有了经济订货量,可以很容易地找出最适宜的进货时间。

经济订货量基本模型需要设定的假设条件是:

1.无缺货成本,即 TC_s 为零;

2.企业存货的年需求量稳定并且是能够预测的,即 D 已知;

3.存货的购买单价保持不变,即 U 已知;

4.企业提出订货时,能够立即订货,并且每次订货都是集中到货,而非陆续到货。

设立了上述假设后,存货总成本的公式(15.5)可以简化为:

$$TC = TC_Q + TC_c = \left(F_1 + \frac{D}{Q} \times K + D \times U\right) + \left(F_2 + K_c \times \frac{Q}{2}\right) \tag{15.6}$$

当 F_1, K, D, U, F_2, K_c 为常量时,TC 的大小取决于 Q。

上式,若不考虑 F_1, F_2,仅考虑与订货批量有关的成本则式(15.6)记为:

$$TC = \left(\frac{D}{Q} \times K + D \times U\right) + \left(K_c \times \frac{Q}{2}\right) \tag{15.7}$$

为了求出 TC 的极小值,只需对式(15.6)或式(15.7)关于 Q 进行求导,可得出下列公式:

$$Q^* = \sqrt{\frac{2KD}{K_c}} \tag{15.8}$$

式(15.8)称为经济订货量基本模型,求出的每次订货批量 Q^*,可使 TC 达到最小值。

根据公式(15.8),可以得到每年最佳订货次数、最佳订货周期和存货总成本的计算公式,并进一步计算经济订货量占用资金。

每年最佳订货次数公式为:

$$N^* = \frac{D}{Q^*} = \frac{D}{\sqrt{\dfrac{2KD}{K_c}}} = \sqrt{\frac{DK_c}{2K}} \tag{15.9}$$

最佳订货周期(天)公式:

$$T^* = \frac{360}{N^*} = 360 \times \frac{1}{\sqrt{\dfrac{DK_c}{2K}}} = 360 \times \sqrt{\frac{2K}{DK_c}} \tag{15.10}$$

存货总成本公式:

$$TC = \left(F_1 + \frac{D}{\sqrt{\dfrac{2KD}{K_c}}} \times K + D \times U\right) + \left(F_2 + K_c \times \frac{\sqrt{\dfrac{2KD}{K_c}}}{2}\right)$$

$$= F_1 + F_2 + \sqrt{2KDK_c} + DU \tag{15.11}$$

与订货批量有关成本为:

$$TC = \left[\frac{D}{\sqrt{\frac{2KD}{K_c}}} \times K + D \times U\right] + \left[K_c \times \frac{\sqrt{\frac{2KD}{K_c}}}{2}\right]$$

$$= \sqrt{2KDK_c} + DU \tag{15.12}$$

需要注意的是,在存货总成本中,一般认为,采购成本 DU 及固定订货成本 F_1 和固定储存成本 F_2 在订货批量决策中是无关成本(当有数量折扣时,才考虑采购成本),所以有的教材定义订货相关成本仅为式(15.12)的前半部分,即 $TC = \sqrt{2KDK_c}$。

经济订货量占用资金:

$$I^* = \frac{Q^*}{2} \times U = \frac{\sqrt{\frac{2KD}{K_c}}}{2} \times U = \sqrt{\frac{KD}{2K_c}} \times U \tag{15.13}$$

【例 15-1】已知 A 公司对甲材料的年需求量为 10 000 单位,每单位甲材料的购买价格为 100 元,储存成本为 40 元,A 公司的订货成本为每次 80 元。计算 A 公司的最优经济订货量。

分析:

$$Q^* = \sqrt{\frac{2KD}{K_c}} = \sqrt{\frac{2 \times 80 \times 10\ 000}{40}} = 200(单位)$$

最佳订货次数:$N^* = \frac{D}{Q^*} = \frac{10\ 000}{200} = 5(次)$

最佳订货周期公式:$T^* = \frac{360}{N^*} = \frac{360}{5} = 72(天)$

总成本:$TC = F_1 + F_2 + \sqrt{2KDK_c} + DU$

$$= \sqrt{2KDK_c} + DU$$

$$= \sqrt{2 \times 10\ 000 \times 80 \times 40} + 10\ 000 \times 100$$

$$= 1\ 008\ 000(元)$$

经济订货量占用资金:

$$I^* = \frac{Q^*}{2} \times U = \frac{200}{2} \times 100 = 10\ 000(元)$$

二、有数量折扣的经济订货批量

销售企业为了鼓励客户更多地购买商品,有时可以给客户不同程度的数量折扣,即当客户的一次性采购批量达到一定数量时,可以给予价格上的优惠。在这种情况下,确定存货订购批量,不仅要考虑订货成本和储存成本,还要考虑采购成本。

有数量折扣的经济订货批量的确定,一般要先按存货经济订货批量的基本模型计算无数量折扣的经济订购批量和存货总成本,然后依据不同数量折扣的不同优惠,计算不同批量下的存货总成本,最后比较经济订购批量与不同批量下的存货总成本,存货总成本最低的批量就是最佳订货批量。

【例 15-2】某企业全年需要原材料 9 600 公斤,单价为 10 元,每次订货成本为 400 元,单位存货年平均储存变动成本为单价的 30%。供货单位提出,如果一次订货 2 400 公斤,在价格上可以享受 2% 的折扣;如果一次订货 4 800 公斤,在价格上可享受 3% 的折扣。要求确定原材料的经济订货量。

首先,计算无折扣时的经济订购批量和相关的存货总成本:

$$Q^* = \sqrt{\frac{2KD}{K_c}} = \sqrt{\frac{2 \times 400 \times 9\ 600}{10 \times 30\%}} = \sqrt{2\ 560\ 000} = 1\ 600(元)$$

$$TC = F_1 + F_2 + \sqrt{2KDK_c} + DU$$
$$= \sqrt{2KDK_c} + DU$$
$$= \sqrt{2 \times 400 \times 9\ 600 \times (10 \times 30\%)} + 9\ 600 \times 10$$
$$= 4\ 800 + 96\ 000$$
$$= 100\ 800(元)$$

其次,计算订货 2 400 公斤时的相关存货总成本。

因为订货量为 2 400 公斤时,价格享受 2% 的折扣,所以单价为 9.8 元,年平均储存变动成本为 10×(1−2%)×30%=2.94(元),相应的存货总成本为:

$$TC = \left(\frac{D}{Q} \times K + D \times U\right) + \left(K_c \times \frac{Q}{2}\right)$$
$$= \frac{9\ 600}{2\ 400} \times 400 + 9\ 600 \times 9.8 + 2.94 \times \frac{2\ 400}{2}$$
$$= 1\ 600 + 94\ 080 + 3\ 528$$
$$= 99\ 208(元)$$

再次,计算订货 4 800 公斤时的相关存货总成本。

因为订货量为 4 800 公斤时,价格享受 3% 的折扣,所以单价为 9.7 元,年平均储存变动成本为 10×(1−3%)×30%=2.91(元),相应的存货总成本为:

$$TC = \left(\frac{D}{Q} \times K + D \times U\right) + \left(K_c \times \frac{Q}{2}\right)$$

$$=\frac{9\ 600}{2\ 400}\times400+9\ 600\times9.8+2.91\times\frac{4\ 800}{2}$$

$$=800+93\ 120+6\ 984$$

$$=100\ 904(元)$$

最后,比较三个总成本,可以看出订货量为 2 400 公斤时,存货总成本最低,因此最佳订货批量为 2 400 公斤。

三、存货陆续供应和使用情况下的订货批量决策

经济订货量的基本模型假设存货一次全部到达,陆续使用。但在实务中,通常存货都是陆续购买入库的。在这种情况下,需要对基本模型进行一些修改。

假设每批订货数为 Q,企业陆续送货,每日送货量为 P,则该批货物全部送达所需要的天数为送货期,记为 $\frac{Q}{P}$,若存货的日消耗量为 d,则送货期内全部的消耗量为 $\frac{Q}{P}\times d$,因为订货的零件是边送边用,并且日送货量大于日消耗量,到送货期结束时,送货量 Q 全部送完,此时,存货库存达到最大,为 $Q-\frac{Q}{P}\times d$,平均库存量为 $\frac{1}{2}\times\left(Q-\frac{Q}{P}\times d\right)$,则与批量有关的成本为:

$$TC=\left(\frac{D}{Q}\times K+D\times U\right)+\left[K_c\times\frac{1}{2}\times\left(Q-\frac{Q}{P}\times d\right)\right] \qquad (15.14)$$

根据式(15.14)求 $\frac{\mathrm{d}TC}{\mathrm{d}Q}$ 并令其等于零,得到 TC 最小值时的最佳订货批量:

$$Q^*=\sqrt{\frac{2KD}{K_c}\times\frac{P}{P-d}} \qquad (15.15)$$

则经济进货批量的总成本(总成本)的计算公式为:

$$TC(Q^*)=\sqrt{2KDK_c\times\left(1-\frac{d}{P}\right)}+DU \qquad (15.16)$$

式中,Q^* 表示企业最佳订货量;

　　　　D 表示企业一定时期存货需求总量;

　　　　K_c 表示单位变动储存成本;

　　　　K 表示每次订货的变动成本;

　　　　P 表示每日送货量;

　　　　d 表示存货的日消耗量。

【例15-3】某公司全年需用 A 零件 3 600 件,每日送货量为 30 件,每日耗用量为 10 件,单价为 10 元,每次订货费用 25 元。单位储存成本为 2 元/年。计算经济订货量及总成本。

$$Q^* = \sqrt{\frac{2KD}{K_c} \times \frac{P}{P-d}} = \sqrt{2 \times 25 \times 3\,600 \times \frac{30}{2} \times \frac{30}{30-10}} = 367.42(件)$$

经济订货批量的总成本(不包括采购成本):

$$TC(Q^*) = \sqrt{2KDK_c \times \left(1 - \frac{d}{P}\right)} + DU$$

$$= \sqrt{2 \times 25 \times 3\,600 \times 2 \times \left(1 - \frac{10}{30}\right)}$$

$$= 489.90(元)$$

在实际工作中,原料的来源可能有两种:自制或者外购。对于自制来说,存货可以看作是边送边用的情况,而外购则属于一次到货的情况。通常,自制和外购的单位成本也是不同的,企业选择自制还是外购原料进行生产,需要在其成本之间进行权衡。

解决这类问题的计算步骤如下:

首先,计算外购的总成本。

(1)存货的买价=存货的需要量×外购单价;

(2)订货、储存成本,是以经济批量外购时的订货、储存成本(这一成本计算按一次到货计算)。

其次,计算自制的总成本。

(1)存货的成本=存货的需要量×自制的单位成本;

(2)准备、储存成本是以经济批量自制时的准备、储存成本(这一成本计算按陆续到货计算其总成本)。

最后,比较两个成本,取较小值。

【例15-4】某厂每年需零件 72 000 件,日平均需用量 200 件,该种零件若由企业自制,每天产量 500 件,每次生产准备成本为 500 元,单件生产成本 50 元,每件零件年储存成本 10 元;若外购,单价 60 元,一次订货成本 400 元。请问该厂应该选择自制还是外购?

计算过程如下:

如果选择外购,则使用经济订货批量的基本模型公式:

$$Q^* = \sqrt{\frac{2KD}{K_c}} = \sqrt{\frac{2 \times 400 \times 72\,000}{10}} = 2\,400(元)$$

$$TC = \sqrt{2KDK_c} + DU$$
$$= \sqrt{2 \times 400 \times 72\,000 \times 10} + 72\,000 \times 60$$
$$= 24\,000 + 4\,320\,000$$
$$= 4\,344\,000(元)$$

如果选择自制,则使用陆续到货经济订货批量公式计算:

$$Q^* = \sqrt{\frac{2KD}{K_c} \times \frac{P}{P-d}} = \sqrt{\frac{2 \times 500 \times 72\,000}{10} \times \frac{500}{500-200}} = 3\,464.1(件)$$

$$TC(Q^*) = \sqrt{2KDK_c \times \left(1 - \frac{d}{P}\right)} + DU$$

$$= \sqrt{2 \times 500 \times 72\,000 \times 10 \times \left(1 - \frac{200}{500}\right)} + 72\,000 \times 50$$

$$= 20\,784.6 + 3\,600\,000$$

$$= 3\,620\,784.6(元)$$

比较两个成本,自制原料的成本更低,因此,企业应选择自制原料进行生产。

四、订货提前期和再订货点的确定

存货随着耗用或销售会逐渐减少,当减少到一定程度时,就必须再订货,否则会影响生产经营的正常进行。通常情况下,企业不是等到存货用光再订货,而是在存货没有用完之前提前订货。从提前订货到剩余存货消耗为零、新货入库这段时间称为订货提前期,这里用 L 表示,它实际是从订货到到货的间隔天数。

一般地,当库存量降低到某一预先设定的点时,即开始发出订货单(采购单或加工单)来补充库存,直至库存量降低到安全库存时,发出的订单所订购的物料(产品)刚好到达仓库,补充前一时期的消耗。此一订货的数值点,就是再订货点,它是在订购下一批存货时,本批存货应保持的存货量。

如果不考虑保险库存量,再订货点计算公式为:

再订货点 = 订货提前期 × 日平均需用量 = $d \times L$ (15.17)

如果有保险库存量,则再订货点将提高,计算公式为:

再订货点 = 每日耗用量 × 订货提前期 + 保险库存量 = $d \times L + S$ (15.18)

式中,d 为日消耗量(或日平均需求量);

L 为订货提前期;

S 为保险库存量。

【例 15-5】A 企业对甲材料的年需求量为 3 600 千克,该材料购买单价为 200 元,储存成本为买价的 20％,公司的订货成本为每次 80 元,平均每次交货时间为 5 天。为防止出现突发性事件,设置保险库存量为 50 千克。则当甲材料的库存量为多少时公司就应该再订货?

经济订货量:$Q^* = \sqrt{\dfrac{2KD}{K_c}} = \sqrt{\dfrac{2 \times 80 \times 3\ 600}{40}} = 120$(千克)

甲材料全年平均日需求量:$d = 3\ 600 \div 360 = 10$(千克)

再订货点:$d \times L + S = 10 \times 5 + 50 = 100$(千克)

即当甲材料的储备量低于 100 千克时公司就应再次订货。

五、保险库存量

存货总成本除了储存成本、采购成本之外,还包括缺货成本。前面在计算经济批量时,并没有考虑缺货成本。如果考虑缺货成本,就必须增加保险库存量。保险库存量是企业为防止因订货期间需求突然增长和到货延误所引起的缺货而多储备的存货数量。如果企业对存货需求突然增大或者供应商推迟交货,就会发生缺货,造成生产经营中断,给企业带来损失。为了防止这一损失,企业需要在正常储备以外,多储存一些存货,以备应急之需,这些多存的存货就是保险储备(或称保险库存量)。保险库存量是一种额外持有的库存,它作为一种缓冲器用来满足在订货提前期内实际需求超过期望需求量或实际提前期超过期望提前期所产生的需求,在正常情况下一般不动用,一经动用,则应在下批订货到达时立即补齐。

影响企业保险库存量大小的因素主要有以下几个方面:

(1)存货需求量的变化、订货间隔期的变化以及交货延误期的长短。预期存货需求量变化越大,企业应保持的保险库存量也越大;同样,在其他因素相同的条件下,订货间隔期、订货提前期的不确定性越大,或预计订货间隔期越长,则存货的中断风险也就越高,保险库存量也应越大。

(2)存货的短缺成本和储存成本。一般地,存货短缺成本的发生概率或可能的发生额越高,企业需要保持的保险库存量就越大。增加保险库存量,尽管可以使企业避免因缺货或供应中断造成的损失,能减少存货短缺成本,但存货平均储备量加大会给企业带来额外负担,使得储存成本升高。

1.不允许缺货时的保险库存量的确定

如果企业不允许缺货,则保险库存量计算公式为:

保险库存量＝(预计每日最大消耗量－平均每日正常消耗量)×提前期天数

即:$S=(m-d)\times L$ (15.19)

式中,S 为保险库存量或安全储备量

m 为预计最大的日消耗量

d 为平均正常日耗用量

L 为提前订货的天数,即订货提前期

【例 15-6】企业每天正常耗用甲材料 30 公斤,该材料从发出订单到货物验收入库需要 10 天,每天最大需要量估计为 40 公斤。则保险库存量为:

$S=(m-d)\times L=(40-30)\times 10=100(公斤)$

一般情况下保险储备的建立不会改变经济订货量。但是企业建立保险库存量,一方面可以避免缺货或供应中断造成的损失,但另一方面却会使储存成本升高。因此,研究保险库存量的目的,就是要找出合理的保险库存量。确定这一库存量的出发点就是使缺货或供应中断损失和储存成本之和最小。具体做法是先计算出各不同保险库存量的总成本,然后再对总成本进行比较,选定其中最低的。

2. 允许缺货时的保险库存量的确定

假设与保险库存量有关的成本为 $TC(S,B)$,每次订货缺货量为 S,保险库存量为 B,则有:

$TC(S,B)=C_S+C_B$ (15.20)

$C_S=K_U\cdot S\cdot N$

$C_B=B\cdot K_c$

式中,$TC(S,B)$ 为与保险库存量有关的成本;

C_S 为缺货成本(因缺货造成的损失);

C_B 为保险库存量的储存成本;

K_U 为单位缺货成本;

S 为缺货量;

N 为年订货次数;

K_c 为单位存货的储存成本;

B 为保险库存量。

现实中,缺货量服从一定的概率分布,其概率可根据历史经验估计得出,保险库存量 B 可选择而定。

【例 15-7】某公司正在考虑销售一种新的家用电器。据预测该产品年销售量为 10 800 台,一年按 360 天计算的,平均日销售量为 30 台。单位储备变动成本 100 元,如果供应中断,单位缺货成本 80 元,从订货至到货的时间为 4 天;已经计算出经济订货量为 400 台,每年订货次数 27 次,交货期内的销售需求及其概率分布如表 15-1 所示,试计算合理的保险库存量。

表 15-1　交货期内的销售需求及其概率表

需求量(台)	90	100	110	120	130	140	150
概率	0.04	0.08	0.18	0.4	0.18	0.08	0.04

由题意可知:

交货期内平均需求量＝日需求量×交货时间＝30×4＝120(台)

计算不同保险库存量的总成本。

(1)如果不设保险库存量,则

再订货点＝日平均需用量×订货提前期＝$d \times L$＝30×4＝120(台)

因为不设保险库存量,因此需求量超过 120 台后,就会出现缺货,根据表 15-1,不缺货的概率为 0.7,缺货的概率为 0.3。其中,当需求量为 130 台时,缺货 10 台,发生的概率为 0.18;需求量为 140 台时,缺货 20 台,发生的概率为 0.08;需求量为 150 台时,缺货 30 台,发生的概率为 0.04;据此,可以得到平均缺货量:

$$S = \sum (缺货量 \times 缺货概率)$$
$$= 10 \times 0.18 + 20 \times 0.08 + 30 \times 0.04$$
$$= 4.6(台)$$

从而得到:$C_S = K_U \cdot S \cdot N = 80 \times 4.6 \times 27 = 9\ 936(元)$

由题意知:$C_B = B \cdot K_c = 0$

$TC(S,B) = C_S + C_B = 9\ 936(元)$

(2)如果保险库存量为 10 台,则再订货点＝$d \times L + 10 = 30 \times 4 + 10 = 130$(台)。因此,需求量超过 130 台后,就会出现缺货,可以计算:

$$S = \sum (缺货量 \times 缺货概率) = 10 \times 0.08 + 20 \times 0.04 = 1.6(台)$$

从而得到:$C_S = K_U \cdot S \cdot N = 80 \times 1.6 \times 27 = 3\ 456(元)$

$$C_B = B \cdot K_c = 10 \times 100 = 1\ 000(元)$$

$TC(S,B) = C_S + C_B = 3\ 456 + 1\ 000 = 4\ 456(元)$

(3)如果保险库存量为 20 台,则再订货点＝$d \times L + 10 = 30 \times 4 + 20 = 140$(台)。因此,需求量超过 140 台后,就会出现缺货,可以计算:

$$S = \sum (缺货量 \times 缺货概率) = 10 \times 0.04 = 0.4(台)$$

从而得到：$C_S = K_U \cdot S \cdot N = 80 \times 0.4 \times 27 = 864$（元）

$$C_B = B \cdot K_c = 20 \times 100 = 2\,000（元）$$

$$TC(S,B) = C_S + C_B = 864 + 2\,000 = 2\,864（元）$$

（4）如果保险库存量为 30 台，则再订货点 $= d \times L + 10 = 30 \times 4 + 30 = 150$（台）。因此，需求量超过 150 台后，就会出现缺货，可以计算：

$$S = \sum（缺货量 \times 缺货概率）= 0$$

从而得到：$C_S = K_U \cdot S \cdot N = 0$

$$C_B = B \cdot K_c = 30 \times 100 = 3\,000（元）$$

$$TC(S,B) = C_S + C_B = 3\,000（元）$$

比较可知，保险库存量为 20 台时，相关成本最低，因此合理的保险库存量为 20 台，此时的再订货点为 140 台。

【例 15-8】某公司每年需外购零件 7\,200 个，该零件单位储存成本 40 元，一次订货成本 50 元，单位缺货成本 10 元，每天平均需求量为 20 件，订货间隔期的概率分布如表 15-2 所示：

表 15-2　订货间隔期的概率

订货间隔期（天）	5	6	7	8	9
概率	0.05	0.2	0.5	0.2	0.05

根据题意：$D = 7\,200$（个），$K = 50$（元），$K_c = 40$（元），$K_u = 10$（元），计算得：

最优经济订货量：$Q^* = \sqrt{\dfrac{2KD}{K_c}} = \sqrt{\dfrac{2 \times 50 \times 7\,200}{40}} = 134.2$（个）

年订货次数：$N = \dfrac{D}{Q^*} = \dfrac{7\,200}{134.2} = 54$（次）

并可得到订货期内平均需求量 = 订货间隔期 × 每天平均需求量，见表 15-3。

表 15-3　订货期内的需求量及其概率表

平均需求量（个）	100	120	140	160	180
概率	0.05	0.2	0.5	0.2	0.05

平均订货间隔期 $= \sum$（订货间隔期 × 概率）

$$= 5 \times 0.05 + 6 \times 0.2 + 7 \times 0.5 + 8 \times 0.2 + 9 \times 0.05$$

$$= 7（天）$$

订货期间的平均需求量(再订货点)为:$7\times20=140$(个)

(1)如果不设保险库存量,则$B=0$,再订货点$=140$(个)。

因为不设保险库存量,因此需求量超过140个后,就会出现缺货,根据表15-3,不缺货的概率为0.75,缺货的概率为0.25。其中,当需求量为160个时,缺货20个,发生的概率为0.2;需求量为180个时,缺货40个,发生的概率为0.05;据此,可以得到平均缺货量:

$$S=\sum(缺货量\times缺货概率)=20\times0.2+40\times0.05=6(个)$$

从而得到:$C_S=K_U\cdot S\cdot N=10\times6\times54=3\ 240$(元)

由题意知:$C_B=B\cdot K_c=0$

$$TC(S,B)=C_S+C_B=3\ 240(元)$$

(2)如果保险库存量为20个,则再订货点为160(个)。因此,需求量超过160个后,就会出现缺货,可以计算:

$$S=\sum(缺货量\times缺货概率)=20\times0.05=1(个)$$

从而得到:$C_S=K_U\cdot S\cdot N=10\times1\times54=540$(元)

$$C_B=B\cdot K_c=40\times20=800(元)$$

$$TC(S,B)=C_S+C_B=540+800=1\ 340(元)$$

(3)如果保险库存量为40个,则再订货点为180(个)。可以计算:

$$S=\sum(缺货量\times缺货概率)=0$$

从而得到:$C_S=K_U\cdot S\cdot N=0$

$$C_B=B\cdot K_c=40\times40=1\ 600(元)$$

$$TC(S,B)=C_S+C_B=1\ 600(元)$$

比较可知,保险库存量为20个时,相关成本最低,因此合理的保险库存量为20个,此时的再订货点为160个。

第三节 存货控制

存货控制,就是存货的日常管理工作,指在企业的生产经营过程中,按照存货资金计划的要求对存货的采购、使用和销售情况进行组织、调节和控制。加强存货的日常管理对于改善企业生产经营活动,提高资金使用效率具有重要的作用。实务中,存货控制的方法主要包括存货的归口分级控制、存货的ABC控制、适时存货控制等。

一、存货的分级归口控制

所谓存货的归口分级控制,是指在厂长经理和总会计师(财务总监)的领导下,以财务部门为核心,按照用、管、算相结合的原则,将存货的定额和计划指标,按各职能部门所涉及的业务归口,再按其对口分解,分解落实到车间、班组乃至个人负责的管理制度。

存货的归口分级控制是加强存货日常管理的一种重要方法。在企业的生产经营过程中,存货以各种形态分布在生产经营的各个环节,并由各有关职能部门和职工掌握和使用。只有各个职能部门的充分参与,才能真正管理好存货。因此,企业的存货管理,应当在财务部门集中管理的前提下,实行存货的归口分级管理。这样,不仅有利于调动各职能部门、各级单位和职工管好用好存货,同时也有利于财务部门根据生产经营活动实际,将存货的集中统一管理和分管紧密结合起来,提高企业资金管理水平。存货归口分级管理主要包括三方面内容:

第一,在厂长经理的领导下,由财务部门对存货资金实行集中统一管理。财务部门集中管理存货资金,应当负责以下具体工作:

(1)根据国家财务制度和企业的具体情况,统一制定并组织执行企业的存货管理制度;

(2)核定并平衡各项存货资金定额,汇总编制存货资金计划;

(3)将各项存货资金计划指标进行分解,并分配落实到各有关职能部门和个人;

(4)统筹调度各项资金的使用,实现资金收支平衡,保证生产经营所需要的资金;

(5)统一办理企业对外结算,加速企业存货资金周转;

(6)对各单位的资金运用情况进行检查和分析,统一考核资金的使用情况。

第二,实行存货资金的归口管理。根据使用资金与管理资金相结合,物资管理和资金管理相结合的原则,将存货管理落实到各个部门。每项存货资金由哪个部门使用,就归口给哪个部门负责管理。如原材料、辅助材料、燃料、包装物等占用的资金归供应部门管理;办公用品等占用的资金归行政部门管理,等等。

第三,实行存货资金的分级管理。各归口管理部门应根据本部门的具体情况,将存货资金定额分配给所属单位或者个人,实行资金的分组管理,并实行责权利相结合的原则,明确各个单位或者人员管理和使用资金的权限与责任,并作为其业绩考核的一个重要指标。

二、ABC 分类管理

ABC 分类管理法又称帕累托分析法、ABC 分析法、重点管理法等。它是一种重点管理的方法,是根据事物有关方面的特征,进行分类、排队,分清重点和一般,以有区别地实施管理的一种分析方法。很多企业存货的品种可能是很多的,商品流通企业的存货可能达到成千上万种,但存货量最多、耗用量最大的往往是少数品种,这些存货一旦积压所造成的浪费,远远大于其他一般产品,同时由于这些存货品种不多,所以,加强对这些存货的管理,可以花费较少的精力却能够使存货得到有效的控制,取得事半功倍的效果。ABC 控制法就是依据存货的品种比重和金额比重将存货分为 A、B、C 三类,区别对待、分类管理的一种方法。

ABC 分析法起源于意大利数理经济学家、社会学家维尔雷多·帕累托对人口和社会问题的研究。19 世纪末 20 世纪初,帕累托依据一些国家的历史统计资料,对资本主义国家国民收入分配问题进行研究时,发现收入少的居民占全部人口的大部分,而收入多的却只占一小部分。他将这一关系利用坐标图绘制出来,就是著名的帕累托曲线。1951 年,管理学家戴克将其应用于库存管理,定名为 ABC 分析。这一方法已广泛用于存货管理、成本管理、生产管理等。

ABC 分析法用于库存管理,是将库存物资按品种多少和资金占用额大小进行分类。分类的依据是企业各种物资需要量与品种之间存在着一个基本规律,即少数品种的物资占用了大部分储备资金,多数品种的物资占用的储备资金少。在库存管理中,抓住品种少、资金占用额大的物资重点管理。

1.ABC 分类的依据

ABC 分类管理就是将企业的存货按其数量、重要程度、价值大小、采购的难易程度等分为 A、B、C 三类,分别实行分品种重点管理、分类别一般控制和按总额灵活掌握的存货管理。ABC 的分类标准主要有两个,一个是价值标准,一个是品种数量标准,其中价值标准是最基本的,品种数量标准仅作为参考。具体分类依据如下:

(1)A 类存货。该类存货金额巨大,而品种数量较少。一般 A 类的库存物资品种累计占全部品种的 5%～10%,而资金累计数占全部资金总额的

70%左右；

（2）B类存货。该类存货金额较小，品种数量较多。B类库存物资品种累计占全部品种的20％～30％，而资金累计数占全部资金总额的20％左右。

（3）C类存货。该类存货品种数量繁多，但金额却很小。C类库存物资品种累计占全部品种的60％～70％，而资金累计数占全部资金总额的10％左右。

因此，对A类存货进行重点管理，如采用周转法确定资金占用额，用经济批量法进行订货量控制。有效地控制A类存货，就能基本保证存货资金的有效控制；B类存货介于A、C之间，实行次重点管理，可根据企业具体的管理条件，归类控制。对C类存货只进行一般管理，一般只凭经验进行资金的规划和控制，而不必花大量的人力、物力和财力。

2.ABC分析法的一般步骤是：

第一步，根据不同的管理对象和内容，收集有关的数据，作为进行分类的依据，这些数据一定要准确、可靠。

第二步，将收集到的准确、可靠数据进行整理，按ABC分析法的要求进行分类，分别计算出数量、金额及所占百分比，加以汇总。

第三步，编制ABC分析表。ABC分析表有两种形式：一种是全部品种逐个列表的大排队分析表，另一种是对各品种进行分层的分析表。大排队的ABC分析表，适用于品种数不太多的分析项目，根据所占资金大小，由高至低对所有品种顺序排列。分层的ABC分析表，是在品种数较多，无法排列于表中或没有必要全部排列的情况下，先按所占资金大小进行分层，以减少品种栏内的项数，据此进行分析。一般分类标准如下表15-4所示。

表 15-4　企业存货的 ABC 分类标准

类别	品种比重（％）	资金比重（％）
A	5～10	70～75
B	10～20	10～20
C	70～75	5～10

应当注意的是，这一标准并不是固定不变的，分类时应主要掌握资金比重这一标准，以确保通过管好A类存货可以使存货得到有效的控制。总的原则是A类存货应体现关键的少数、C类存货应体现次要的多数。

第四步，绘制ABC分类图。以存货所占资金百分数为横坐标，库存物资品种累计百分数为纵坐标，按ABC分析表所列示的对应关系，在坐标图上取点，并连接各点成曲线，即绘制成ABC分析图。

第五步,确定重点管理方式。根据 ABC 分析的结果,再权衡管理力量与经济效益,对 A、B、C 三类商品进行有区别的管理。对 A 类存货实行重点管理,对 B 类存货实施次重点管理,对 C 类存货实行一般管理即可。

【例 15-9】某公司对其存货数据调查整理后得到如下品种序列表(见表 15-5)。

表 15-5　企业存货品种序列表

按占用资金分层(万元)	品种数(种)	品种比重(%)	金额(万元)	金额比重(%)
10 以上	15	3	470	47
5~10	25	5	180	18
1~5	80	16	220	22
0.5~1	100	20	80	8
0.1~0.5	150	30	40	4
0.1 以下	130	26	10	1
合　计	500	100	1 000	100

将表 15-5 中数据按表 15-4 进行分类,我们可以将 5 万元以上的存货归为 A 类存货,将 1 万元到 5 万元的存货归为 B 类,其余为 C 类存货。可以看出,5 万元以上的存货所占资金比重为 65%,品种比重仅为 8%;B 类存货所占的资金比重为 22%,品种比重为 16%;C 类存货的资金比重仅为 13%,品种比重却占到全部的 76%,符合 ABC 分类的标准,详见 ABC 分类表(表 15-6)。

表 15-6　企业存货的 ABC 分类

类别	品种	品种比重%	资金比重%
A	资金占用金额在 5 万元以上的存货	8	65
B	资金占用金额在 1 万元到 5 万元之间的存货	16	22
C	资金占用金额在 1 万元以下的存货	76	13

根据表 15-6 的分类确定管理标准。A 类存货应作为管理的重点,包括在订货批量上严格按照经济订货量订货,并确定相应的再订货点以及时组织订货;核算上要按品种作金额和数量记录,存货检查上要经常检查其存货数量。对 B 类存货可以一般对待,有的可以宽一些,有的可以严一些。对 C 类存货采取宽松的管理,无须逐项计算其经济订货量和再订货点等。

三、适时存货控制

适时控制管理思想认为,企业的经营活动不应该由前一生产工序将在产品生产出来,去主观地推动下一工序的活动,而应当是由后一工序出于自身的需要来拉动前一工序的生产。适时存货控制是指存货在需要时才取得并进入生产过程的一种存货管理和控制的方法。这一思想是与传统存货控制思想不同的。

传统观点认为,持有一定的存货,可以平衡生产准备成本和储存成本;可以随时满足客户的需要、按时交货;避免生产中断、设备闲置;获取数量折扣的利益;避免原材料价格上扬的损失。适时存货控制却认为,存货大量占用企业的资源,如现金、人力、空间,并掩盖生产效率低下问题,因而不主张以存货解决生产储备成本与储存成本平衡等问题,提出了在存货以外解决上述问题的方法。例如,企业可以与供应商签订长期合约,供货商根据合约及时供应企业所需材料,从而消除订货的成本;通过全面预防性维护杜绝设备故障;通过全面质量控制杜绝劣质材料或产品进入企业或下一环节;建立与供应商的稳固关系和推行看板管理,可确保材料或产品的及时供应,这样企业不一定需要存货来避免停工等问题。

适时存货控制的目的不仅仅是减少存货,还包括不断提高生产率、产品质量和生产弹性。它要求企业有一套十分准确的生产和存货信息系统,高效率的采购、十分可靠的供应商和一个有效率的存货处理系统。尽管原材料存货和在途存货永远不可能减少为零,"适时存货控制"仍不失为一种极其严格的存货控制方法。

第十六章　股权融资分析

公司的长期发展离不开长期资金的支持,当公司的留存收益不能满足公司进一步发展的需要时,可以考虑运用股权融资或债权融资来达到筹资目的。在这一章,我们将讨论股权融资这一方式。所谓股权融资就是指公司发行新的股票进行融资,这是当前非常普遍的一种融资方式。

第一节　股票的概念及特征

一、股票的一般概念

股票是由股份公司发给股东即股票持有人,借以证明其入股的资本数额(股份数额),并据以领取股息收入的凭证。股票它本身没有价值,但是它作为股份公司资本所有权的凭证,代表着取得一定收入的权力,因此它也可以进行转让,但不会影响公司资本的运作。

股票是有价证券,它的票面一般有以下事项:(1)公司名称;(2)公司登记或成立日期;(3)股票种类、票面金额及代表的股份数;(4)股票的编号。股票必须由董事长盖章。

二、股票的特征

股票作为一种独特的筹资方式,主要有以下特征:

(一)期限的永久性

股票是没有期限的,没有约定的到期日。只要公司不解散,不破产清理,股票一旦发行,股票持有人就无权向公司索回购买股票时投入的资金。股东和公司之间是权属关系,而不是债权债务关系。股东只能通过将股票在二级市场转让给他人而回收投资。

（二）报酬的剩余性

所谓剩余性,是指公司利润要在所有其他支付全部完成之后,如果还有剩余,才可用来支付股东的报酬。公司首先要支付给债权人利息及到期的本金,然后要上缴相关所得税,最后董事会还要提取一部分作为公司进一步发展的公积金。经过这些分配支付后,如还有剩余,才能作为股利支付给全体股东。所剩余的净利润越多,分得的股利也就越多,如果没有剩余,则股东将一无所得。

（三）清偿的附属性

所谓附属性,是指股本并不是必须偿还的。按照各个国家通常的破产法规和清偿惯例,股份公司宣布破产清算时要首先偿还公司债权人的债务,包括公司债券的本金及利息、政府税款、银行贷款以及公司雇员的尚未支付的工资。当所有债务清偿完毕后,公司才可以将剩下的资产分配给股东。往往此时分配到公司股东手上的资金已是寥寥无几。

（四）责任的有限性

所谓有限性是指股东只是按照其出资额承担有限责任。如果公司向其他公司或投资者借款,这仅代表公司法人对外负债,公司以其自有资产作为担保,当公司资不抵债时,公司股东不负连带责任。

（五）交易上的流动性

股票是一种可以自由转让的金融投资工具,可以在证券交易所或二级市场上出售。这一特点极好地弥补了股票期限永久性的不足,也成为吸引社会闲置资金的重要原因。影响股票流动性的因素有很多,一般来说,一国的资本市场越发达,其股票的流动性就越强。

（六）权益的同一性

同股同权是股票的一大特征,它体现了股票权益投资的公平性和公正性。公司股东参与公司的经营管理决策权取决于他持有股份的数量,股份越多,其参与决策的权力越大。

三、股票的分类

股票的种类很多,按照不同的分类原则,可以分为不同的种类:

(一)按股东权利可划分为普通股和优先股

普通股是指每股股票都对公司财产拥有平等权益,股利在优先股要求权得到满足后,对剩余利润具有无限权利的所有者凭证。优先股是指公司分红和清偿资产过程中顺序优先于普通股的股票。这两种股票在实际中运用得比较多,因此比较重要。我们会在后面几节专门讲述。

(二)按有无面额可分为有面额股票和无面额股票

有面额股票的票面上标有一定金额。持有这种股票的股东对公司享有权利和承担义务的大小,以持有股票票面金额之和占公司发行在外股票总面值的比例确定。无面额股票是指在票面上没有金额,但是注明其占有股票总额比例的股票。

(三)按是否记名可分为记名股票与无记名股票

记名股票是指股票票面上和公司股东名册上记载有股东的姓名或名称的股票。除了股票上所记载的股东以外,其他人不得行使其股东权利,而且这种股份的转让有严格的法律程序与手续,必须有过户手续。

无记名股票是指在股票上不记载承购人的姓名,可以随意转让的股票。拥有无记名股票就等于拥有了股票所有权。无记名股票的转让比较自由和方便,无须办理过户手续。基于无记名股票的这种特性,其印制要求很高。

(四)按股票持有主体不同可分为国家股、法人股和个人股等

国家股是指国家以国有资产向公司投资而形成的股份。法人股是指具有法人资格的企事业单位或者社会团体以自有可支配资产向公司投资而形成的股份。个人股是指社会个人或公司内部职工以私人合法资产投资公司而形成的股份。

（五）按发行对象和上市地区的不同，可分为 A 股、B 股、H 股和 N 股等

A 股是我国大陆地区的个人或法人可以买卖的，以人民币标明票面金额并以人民币认购和交易的股票。B 股、H 股和 N 股是可以让国外和我国港澳台地区投资者买卖的，以人民币标明票面金额但以外币认购和交易的股票。其中 B 股在上海和深圳上市，H 股在香港上市，N 股在纽约上市。自 2001 年 2 月 19 日起，B 股开始对境内居民开放。

四、股票的发行

（一）发行方式

在公司发行股票之前，首先要选择发行方式。为了降低发行费用和成本以及加快发行速度，发行公司应该根据自身、证券市场和投资者各方面的实际情况，选择适宜的股票发行方式。一般来说，可以分为公募和私募两种方式。

公募是指面向市场上大量的非特定的投资者发售股票。公募的优点主要在于发行不需要提供特殊优厚条件，因此筹资潜力巨大，而且股票发行后可以在二级市场上自由转让，行为本身还可以提高发行公司的社会知名度。但是公募发行的难度比较大，需要承销者的大力协助，还需要向证券监管部门办理注册手续，并对外公开有关公司经营情况。

私募是指不需要中介机构承销，而直接向少数特定的投资者直接发行股票。一般来说，这些投资者是一些比较大的投资机构，每笔筹资额较大。私募发行的股票不可以在二级市场公开流通，发行成本也相对较低，政府对其信息披露也没有太严的要求。私募发行的信息公开成本低，可以缩短筹资时间，并节约大笔的承销费用；同时由于股票不在公开市场流通，所以公司被兼并的风险较小。私募发行的缺点是发行范围有限，因此资金来源有限。

（二）发行价格

股票的发行价格是指股份公司在招募公司股份或增资发行新股时，投资者购买股票时所支付的价格。股票的发行价一般由发行公司根据股票面额、股市行情和其他有关因素确定。公司首次发行的股票价格，由发行人决定；公司增发新股的价格则由股东大会决定。股票的发行价格与股票面额的关系一

般有等价发行、市价发行和中间价发行三种。

等价发行又叫面额发行,即以票面金额为发行价格发行股票。面额发行由于价格已经确定所以不会受市场行情波动影响。一般来说,股票初次上市,市场价格会高于股票面额,所以这就会给认购者带来溢价收益,让投资者愿意购买股票,使得公司的筹资计划顺利完成。

市价发行是以股票在流通市场上的价格为基准而确定的价格发行股票。市价发行能使公司以较少的股份筹集到较多的资本。采用市价发行的公司一般经营业绩都比较好,公司股票在发行以后价格也一般会上涨,这个时候投资者出售股票就可以赚取差价。

中间价发行是指以股票流通市场当时的价格作为基准,考虑股票销售的难易程度及其影响,在票面价值与市场价格之间确定的一个发行价格出售新股票。中间价一般为市场价的 $50\%\sim80\%$。发行价格一经确定,在同一股票发行过程中,只要发行条件不变,根据我国有关规定,股票不允许低于票面价格发行。

(三)发行条件

根据 2004 年修改的《公司法》,股份有限公司申请其股票上市必须符合下列条件:

1. 股票经国务院证券管理部门批准向社会公开发行。

2. 公司股本总额不少于人民币 5 000 万元。

3. 开业时间在 3 年以上,最近 3 年连续盈利;原国有企业依法改建而设立的,或者本法实施后新组建成立,其主要发起人为国有大中型企业的,可连续计算。

4. 持有股票面值达人民币 1 000 元以上的股东人数不少于 1 000 人,向社会公开发行的股份达公司股份总数的 25% 以上;公司股本总额超过人民币 4 亿元的,其向社会公开发行股份的比例为 15% 以上。

5. 公司在最近 3 年内无重大违法行为,财务会计报告无虚假记载。

6. 国务院规定的其他条件。

第二节　普通股融资分析

普通股是股份公司发行的无特别权利的股份,也是最基本和最标准的股份。它是股份公司首要的资本来源。普通股股东享有平等权利,其收益随着股份公司利润和股利政策的变化而改变。普通股的特点主要体现在和优先股的有些权利的区别上。

一、普通股股东的权利

（一）投票表决权

普通股股东有权参与公司的重大经营决策和财务决策。这种决策权是通过在股东大会投票表决以及投票选举董事会成员来实现的。普通股股东有出席股东大会的会议权、表决权、选举权和被选举权等，进而影响公司的经营和决策。并且在股东大会上，普通股股东可以就公司的财务报表和经营状况进行审计。

表决权和选举权主要通过投票表决来实现。每张普通股股票就有一个投票权，体现"一股一票"原则。投票表决方式有两种形式：多数票选举制和累积票数选举制。

多数票选举制又叫普通投票制或直接投票制。在选举董事会时，股东每持有一股就有一个投票权，而且必须分别对每一个拟选举董事职位投票。

【例16-1】股东A持有凌云公司股票1 000股，公司要选出5名董事，那么他在每一个董事选举的时候都有1 000票，5个董事总共就有5 000票。这种投票方式的特点在于每个董事候选人必须获得多数票（超过总票数的50%）才可以当选，这使得小股东当选董事的可能性极小。

累积票数选举制避免了多数投票制的弊端，保障了小股东的利益。普通股股东可以将其所拥有的选票集中在特定的董事候选人上，这使得小股东也可能当选董事。

在累积制下，选出定额的董事所必需的最低股份数按下式计算：

$$N=\frac{D\times S}{T+1}+1 \tag{16.1}$$

其中：N 为选出一定名额董事所需要的股份数；

　　　D 为某些股东希望选出的董事数量；

　　　S 为普通股总股数；

　　　T 为公司打算选出的董事总人数。

【例16-2】承接上例，如果凌云公司在外发行的普通股为1 000 000股，股东A想选出代表其利益的1名董事。他可以把他所拥有5 000票全部投在他认为合适的一位董事人选上，这样就大大增加了投票成功的概率。但是这名董事要想当选的最低股份数为：

$$N=\frac{1\times1\ 000\ 000}{5+1}+1=16\ 668（股）$$

（二）优先认购权

当公司增发和配股时，现有股东有权按原来持有的比例来优先认购新股，用以保持对公司的原有控制比例。如果现有股东不愿意购买新股，可以在市场上出售转让这种优先认股权。

（三）盈余分享权

普通股是公司的终极所有者，企业的息税后利润支付优先股股息后，全部归普通股股东所有。但是这些利润是否能够分到股东手中，需要股东大会决定。

（四）剩余资产分配权

当企业破产清算时，拍卖资产所得的收入，在偿还债务以及优先股股东的资产后，剩余资产由普通股股东分配。

（五）会计资料查阅权

根据法律规定，普通股股东有权查阅企业的会计记录和财务报表等会计资料。

二、普通股融资的评价

（一）普通股融资的优点

1.普通股没有确定到期日，无须偿还本金，所以普通股融资可以为公司筹集到永久性的资本。有了这部分资金才可以保证公司长期、持续、稳定经营。普通股股东要想收回投资，只有找到愿意购买其股票的买主转让才可以。

2.普通股没有固定的股利负担，付多付少都由企业经营业绩决定。股利并不是限定支付的义务，所以不会增加公司的经营风险和财务风险，也不会因不支付股利而危及其他相关利益人的利益。

3.普通股筹集的资本作为公司最基本的资金来源反映公司的财务实力，同时也增强企业以后采取债权融资的基础，尤其可以为公司债券提供保障，增强公司的举债能力，使公司能够在金融市场上更方便以低成本筹集到所需要的资金。

（二）普通股融资的缺点

1.普通股融资的成本太高。前面第七章"资本成本"已经详细解释了在所有的融资方式中，普通股股利是在税后利润中支付的，普通股的融资成本最高。普通股股本占总资产的比重增加后，资本的加权平均成本也相应提高。对投资者而言，投资于普通股的风险是最高的。

2.容易产生控制权问题。由于利用普通股融资增加了新的股东，必然会对已有的控制权结构产生影响，会稀释公司的现有股东的控制权。这样也给其他意欲控制本公司的外来公司以机会。

3.需要承担信息公开的成本。根据公司法的要求，上市公司必须定期发布财务报表向投资者汇报公司财务状况。这样就不得不把许多未上市就无须透露的内部信息公开，从而降低公司的竞争力。

第三节　优先股融资分析

一、优先股概述

所谓优先股是相对普通股而言的。优先股是在普通股基础上发展起来的一种股票，即公司在筹集资本时，给予投资者某些优惠特权的股票。与普通股相同，优先股代表持股人对公司资产的所有权，也属于股东权益的一种，同样可以自由转让。

优先股的主要特征主要体现以下两个方面：

（1）优先领取股利

公司在支付股利时，必须首先保证优先股股东按规定的股利率领取股利。然后，如果还有剩余的可分配利润，才轮到普通股股东领取股利。

（2）优先分享剩余资产

当公司破产清理时，优先股股东优先于普通股股东参与分配公司的剩余财产。公司偿还全部债务以后，将剩余资产用于偿还优先股股本。再有剩余，才按照比例偿还普通股股本。

优先股一般具有设定的清偿价值，通常是每股 100 元。优先股的面值不仅代表公司在发行优先股时获得的资本数量，而且代表同等数量的剩余财产的要求权。

二、优先股的分类

（一）累积优先股与非累积优先股

累积优先股是指根据公司章程中支付股息累积性条款而发行的优先股。按照这个条款，公司如果哪一年没有支付股息给优先股股东，那么这个股息可以累积下来，在以后的年度一并支付。无论公司是否获利，优先股股东都拥有获得股利的权利。公司只有支付给优先股股东包括以前欠付的股息以后才可以支付普通股股东股息。

非累积优先股的股息发放则没有累积性，它只限于本期。如果公司本期没有发放股息，那么优先股股东没有权利要求公司在以后年度补偿。这种形式的优先股相对来说不利于投资者，认购者也较少，发行量也不多。

（二）可转换优先股和不可转换优先股

可转换优先股是指允许股东可以以一定的比例，将自己拥有的优先股转换为公司的普通股。由于可转换优先股可以转换，因此和普通股一样，价格也易于受市场影响而不断波动。不可转换优先股是相对可转换优先股而言的，这种优先股不可以转换为普通股，始终以优先股的形式存在。

（三）参与优先股和非参与优先股

参与优先股是指除了可以获得固定的优先股股息以外，还可以在公司利润很多的时候和普通股股东一样参与公司盈利分配的优先股。

非参与优先股是指除了优先分得的那部分事先规定的股息以外，不得参与剩余利润的分配。大多数优先股都是非参与优先股。

（四）可赎回优先股和不可赎回优先股

可赎回优先股是指股份公司发行的，可以在一定时期内按约定的条件赎回的优先股。一般公司在经营不力的时候，会发行这种优先股以解决公司的资金缺口。对公司而言，这种类型的优先股增加了公司融资的灵活性。回收的原因可能是公司觉得发行该优先股时的一些条件过于严格，赎回这些优先股后，这些限制就自动取消；也许是公司考虑在条件成熟的时候回收优先股；另外发行债券，以减少资金成本。不可赎回优先股是指合约中没有规定可回收的优先股。

三、优先股融资的评价

（一）优先股融资的优点

1. 优先股融资募集的是一种权益资本，一般没有到期日

发行优先股融资实际上如同取得了一笔无期限的长期贷款，公司不需承担还本的义务，也无须再做融资计划。对于可赎回优先股，公司可在需要的时候按照一定价格收回，使得公司资金使用更有弹性。

2. 优先股融资不影响公司控制权

公司发行优先股之后，可以增加公司的股本，同时优先股股东没有表决权不影响原来股东表决权和控制权，所以不会产生控制权问题。

3. 公司没有固定的支付义务

在公司财务状况陷入危机的时候，公司没有固定的股息支付义务，也没有没有权利提出破产要求，所以和普通股一样，不会加大公司的财务成本。

（二）优先股融资的缺点

1. 优先股融资成本较高

优先股的融资成本一般高于债务利率，低于普通股融资成本。而且优先股股利是税后支付，没有避税收益。在破产清算时候，优先普通股偿还，所以对普通股股东来说是不利的。

2. 优先股融资的制约因素较多

由于优先股股息优先、剩余资产优先，为了保护普通股股东利益，通常对优先股股东享有权利方面会有一定的限制。优先股一般没有表决权。

第四节　配股和增发新股及认股权证

上市公司公开上市以后为继续筹集资金而发行新的股票的行为称作增资。增资的方式一般分为配股和增发新股两种。在1998年之前，配股是我国上市公司权益融资的唯一方式，近几年来，选择增发新股方式的公司越来越多。

一、配股

配股是指公司按比例向原股东分配新股购买权,允许其优先认购新股。这种增资方式有利于保护原股东的权益,保持老股东对公司的控制权。当然老股东也可以放弃这种优先认购的权利。配股是新股发行后的后续筹资。

(一)配股条件

上市公司要想配股,必须符合以下具体要求:配股募集的资金用途符合国家产业政策规定;本次配股距前次发行时间至少间隔一个完整的会计年度(1月1号—12月31号);公司在最近三年内连续盈利,净资产税后收益率3年内平均在10%(后降为6%)以上;公司一次配股融资额不能超过该公司前一次发行并募足股份后其股份总数的30%;公司在最近三年内财务会计文件无虚假记载或者重大遗漏。

(二)配股比例

如果公司以前配送过红股,则配股的基数扩大。因此,一些公司为了扩大配股数量,往往在配股以前实施送红股的派息方案。

如果没有法律限制,则配股数量和配股比例取决于希望通过配股募集的资金总额和配股价格。

$$配股数量 = \frac{计划配股筹集资金总额}{配股价格} \tag{16.2}$$

$$配股比例 = \frac{原有股数}{配股数} \tag{16.3}$$

(三)配股对公司股价的影响

由于配股以后公司发行在外的股数增加,而每股收益会相对减少,因此配股后的市场交易价格会下降。配股时股票的市场价格称之为除权除息价。其中,除权除息是指公司实行派息行为,包括派红利、送股和配股等。

1. 没有分红派息方案的除权除息价格

当公司只是单纯的配股,没有附带分红派息方案时,其计算公式如下:

$$P_1 = \frac{P_0 + P_r \times r}{1+r}$$

其中：P_1 为除权价；P_0 为除权除息前的股票市场价格；P_r 为配股价；r 为配股数占原股数的比例。

【例 16-3】芙蓉公司打算以每股 20 元的配股价，每 10 股配 2 股，配股前每股市场价格为 25 元。则其除权除息价格为：

$$P_1 = \frac{25 + 20 \times 0.2}{1 + 0.2} = 24.167(元)$$

2. 送现金红利并配股时的除权除息价格

当公司配股，并附带现金分红派息时，其计算公式如下：

$$P_1 = \frac{P_0 + P_r \times r - I}{1+r}$$

其中：I 为每股现金股息额。

【例 16-4】接上例，除配股外，外加每股现金股利 0.50 元。则其除权除息价格为：

$$P_1 = \frac{25 + 20 \times 0.2 - 0.50}{1 + 0.2} = 23.75(元)$$

3. 先送股、再配股且派发现金红利的除权除息价格

公司在配股前先送股和派发现金红利，其计算公式如下：

$$P_1 = \frac{P_0 + P_r \times r(1+S) - I}{1 + r \times (1+S) + S}$$

其中：$S=$ 送股总数/原发行在外的总股数。

【例 16-5】承接上例，如方案先按 1：1 送股然后再配股和发放现金红利。则其除权除息价格如下：

$$P_1 = \frac{25 + 20 \times 0.2 \times (1+1) - 0.50}{1 + 0.2 \times (1+1) + 1} = 13.54(元)$$

(四)配股融资的评价

配股融资较之于初次上市来说，无论是发行成本还是融资速度，都比较占优，所以配股成为已上市公司经常使用的筹资手段。

配股的优点在于能保护现有股东免受因公开发行而导致的潜在损失。

配股的缺点是配股的发行过程通常比较长，它失去了向新的投资者以更高的价格出售的溢价收益。

二、增发新股

增发新股是指股份公司成立后为增加资本而进行的股票发行,即股份公司首次发行以后的各次发行股票。

增发新股和配股比起来,审批通过更为困难。但是,增发新股的发行对象不再局限于老股东,也没有对净资产收益率和发行时间的刚性要求,也没有对融资规模和数量的限制,成为股份公司再融资的有效方式。

(一)增发新股条件

根据《公司法》和中国证监会 2002 年 7 月 26 日发布的《关于上市公司增发新股有关条件的通知》的规定,增发新股要符合以下条件:

第一,最近 3 个会计年度的加权平均净资产收益率平均不低于 10%,且最近 1 个会计年度的加权平均净资产收益率不低于 10%。第二,增发新股募集资金量不超过公司上年度未经审计的净资产值,且前次募集资金投资项目的完工进度不低于 70%。第三,发行前最近一年及一期财务报告中的资产负债率不低于同行业上市公司的平均水平。第四,前一次发行的股票已经募足,并间隔期在 1 年以上;上市公司及其董事在最近 12 个月内未受到中国证监会公开批评或者证券交易所公开谴责,从前一次公开发行股票到本次申请期间没有重大违法行为。第五,公司在最近 3 年内连续盈利,并可向股东支付股利,但以当年利润分派新股不受此限。

(二)增发新股的程序

增发新股的程序如下:

(1)股东大会作出发行新股的决议。(2)董事会向国务院授权的部门或省级人民政府申请并经批准。如果属于向社会公开募集的新股,则须经证券监管部门批准。(3)公布新股招股说明书和财务会计报表及附属明细表,与证券经营机构签订承销合同。如属于定向募集,则应向新股认购人发出认购公告。(4)按规定顺序招认股份、缴纳股款和交割股票。公司增发新股时,原有股东具有按规定比例优先认购一定股份的权利。公司内部有关人员如果也有购股意愿,也可以优先认购。在这两方面认购完毕后,发行公司可采用广告或书面通知向社会大众发行股票。(5)改选董事会、监事会,办理变更登记,并予以公告。新股发行以后,公司股份增加,股本结构比例发生变化,所以要在新股募集结束后立即召开股东大会,改选董事、监事,然后向登记机构办理上述变更登记手续,并向社会公告。

(三)新股定价决策

新股上市关键的一环是股票上市时价格的确定,价格的高低直接影响着融资决策的成本和融资效率。价格太高,则新股对购买者缺少吸引力;反之,价格太低,则企业融资金额有限。一般来说,股票估值的方法主要有贴现法和市盈率法。

1. 贴现法

这种方法的主导思想是认为股票的价值就是其未来股息现金流的现值之和。股息现金流由贴现率来调整。贴现率反映了货币的时间价值和现金流的风险。定价公式如下:

(1)固定股利估价模型

这一模型假设普通股股利每年按照某一个固定数额发放,而且一直持续到永远。公式如下:

$$P_0 = \frac{D_e}{k_s} \tag{16.4}$$

其中:P_0 为普通股价值;

D_e 为普通股股利;

k_s 为普通股股东所要求的报酬率。

(2)股利稳定增长估价模型

该模型假设某公司股票的股利是按照某一固定增长率 g 不断增长,并一直持续到永远;而且股东所要求的报酬率 k_s 大于固定增长率 g。在这种情况下,该公司的股票价值就可以按下列公式计算:

$$P_0 = \sum_{t=1}^{\infty} \frac{D_0(1+g)^t}{(1+k_s)^t} \tag{16.5}$$

将其简化为:

$$P_0 = \frac{D_1}{k_s - g} \tag{16.6}$$

记 $D_1 = D_0(1+g)$

其中:D_0 为已经发放的股利;

D_1 为预期股利;

g 为固定增长率。

(3)股利非固定增长估价模型

许多公司特别是一些高新技术企业因为其扩张迅速,所以会有一个超常的增长率。但由于市场的激烈竞争,这种超常的增长状况一般只能维持几年,尔后增长率下降到一个较低的水平,并保持稳定增长。对于此类公司的股票价值我们可以运用下列公式计算:

$$P_0 = \sum_{t=1}^{n} \frac{D_0 \cdot (1+g_h)^t}{(1+k_s)^t} + \frac{D_{n+1}}{(1+k_s)^n \cdot (k_s - g)} \tag{16.7}$$

其中:g_h 为高速增长时期的增长率,g 为转入稳定增长时期的增长率。

此部分内容详细可见第六章"金融证券估价"。

(2)市盈率模型

贴现法是估算股价的一般方法,但是在应用中缺乏可操作性。贴现法中的股息是在未来每年发放的,对它们的预测无法做到科学和准确,因为没人能够准确预测公司会发生什么样的事情。正是由于这个原因,很多学者都指出这个方法因为缺乏数据而无法使用。

市盈率就是价格与每股收益的比值,它可以较好的反映股票基本面以及市场供需状况等各种因素,综合集中反映股票价值。在公司决定发行股票的情况下,即使准确知道了股票基本价值,当市场上市盈率较低的时候,公司也只能以低市盈率发行股票;反之亦然。市盈率是个更简单、更常用的模型。

$$P_0 = \frac{(P/E) \times 净收益}{在外流通股股数} \tag{16.8}$$

其中:P/E 表示股票市盈率,对新上市的公司一般采用同行业类似公司的市盈率来计算其新股发行价。

四、认股权证

(一)认股权证的定义

认股权证是由公司发行的授权其持有者按预定价格优先购买一定数量普通股的权证。认股权证所附证券主要包括普通股和公司债券,因此它有两种形式:附普通股的认股权证和附债券的认股权证。

附债券的认股权证可以同债券分离,也可以联结在一起。可分离的认股权证可以与债券分开出售,持有人可以保留认股权证而出售债券。不可分离的认股权证则不能与债券分开出售,只有债券持有人行使了优先认股权并购买股票以后才可以与债券分开。

认股权证对持有人而言类似股票看涨期权,持有人在规定的期限内可以按行权价格购入股票,也可以放弃权利,或者转让。行权价格是指认股权证规定的股票购买价格。促使认股权证持有人行使认股权力的原因主要有:第一,股票市价超过认股权证的行权价格;第二,公司增长潜力大,公司未来赢利空间看好;第三,公司提高了派息率。

如果说可转换债券的转换权行使并不意味增加公司资本量,而只意味资本结构的改变;那么,认股权证的行使意味着直接新增公司资本。

(二)认股权证的优点

利用认股权证筹资的最大好处在于可以降低筹资成本。对于增长速度很快的公司而言,利用债券和优先股筹资很可能需要有很高的报酬率,因为潜在投资者只有在较高的收益率水平上才可能接受此类风险证券,由此付出的成本很高。但是,如果将这些证券附上认股权证,由于预期看涨,公司可以降低其证券必要报酬率。对投资者来说,如果公司的潜力很大,会很愿意接受当前较低的投资收益率。

认股权证的收益是以预期股价未来上涨为基础的,离开这个基础,投资者将不会行使选择权,从而其投资也会遭受损失。

第十七章　长期负债管理

公司长期负债融资主要包括发行各种公司债券和从金融机构获得长期借款。随着经济的发展,公司越来越重视负债融资。本章我们分公司债券和长期借款两个方面来讲解这个问题。

第一节　公司债券

一、公司债券的概念

公司债券是公司出具的向债券持有者承诺定期支付既定的利息并按期偿还本金的书面凭证。债券既是资金借入者向借出者出示的借据,同时也是债券投资人获取债券本金和利息的凭证。公司债券具有形式多样、面额可大可小、可以在证券市场自由流动的优点,能够在短期内吸收大量分散资金,因而它是长期负债融资的主要方式。

公司债券契约是为保护债券持有人利益的法律文件,它规定了公司应该尽的各项义务以及各项保护条款。债券由以下五个要素组成:

(1)债券的面值。债券一般要求注明面值(整数),较小的票面金额有利于债券的发行与交易。另外票面上还要注明币值种类。

(2)债务人与债权人。债务人筹集资金,按照法定程序发行债券,取得一定时期资金的使用权以及由此带来的利益,同时承担债务风险和还本付息的义务。债权人定期转让资金的使用权,有依法取得利息和到期收回本金的权利。

(3)债券的利率。债券利率是债券持有人定期获取的利息与债券票面价值的比率,债券发行人按照规定的利率定期支付利息。利率一般是根据政府的相关法规确定的,或者根据资金市场情况进行判定,必要时,由债务人和债权人协商约定。债券面值乘以票面利率就是债券每年支付的利息。通常情况下,债券每半年支付一次利息,每年两次。

【例 17-1】凌云公司发行的债券面值为 100 元,票面利率为 7%,10 年后到期,则债券持有人可以在 10 年内每年每张债券得到 7 块钱(100×7%)。在实际操作中,这 7 块钱一般分为两个半年期支付,即每半年支付 3.5 元。

(4)到期日。债券的一个鲜明特点就是必须在规定期限满后偿还本金,因此在债券上,都必须标明还本期限。一般来说,偿还期在一年以内的称为短期债券,一年以上十年以下的是中期债券,十年以上的称为长期债券。

(5)久期。久期又称为债券的持续期,反映的是债券的实际偿还期,是以债券各期现金流量的现值比上债券价格,然后乘以相应的期限 t 后求和的结果。久期的计算公式是:

$$久期 = \frac{1}{P}\sum_{t=1}^{n}\frac{t \times CF_t}{(1+r)^t} \tag{17.1}$$

其中:

$$P(债券价格) = \sum_{t=1}^{n}\frac{CF_t}{(1+r)^t}$$

n 为债券的期限;

r 为市场利率;

CF_t 为债券持有者第 t 期得到的现金流量。

【例 17-2】凌云公司的债券的期限为 5 年,面值为 1 000 元,票面利率为 8%,每年付息一次,市场利率为 10%,则久期的计算过程如下:

$$CF_t = 80, r = 10\%, t = 5$$

$$则:P(债券价格) = \sum_{t=1}^{4}\frac{80}{(1+10\%)^4} + \frac{1\,080}{(1+10\%)^5} = 924.184(元)$$

(1) 期间	(2) 现金流量	(3) 现金流量现值	(4) 权重=(3)/924.184	(5) 久期=(1)×(4)
1	80	72.727	0.079	0.079
2	80	66.116	0.071	0.142
3	80	60.105	0.065	0.195
4	80	54.641	0.059	0.236
5	1 080	670.595	0.726	3.630
总计		924.184		4.282

二、公司债券的分类

公司债券可按照如下标准进行分类：

1. 按照有无担保物可以分为抵押债券和信用债券。

抵押债券是发行公司以土地、房屋、设备等不动产作为还本付息的抵押担保物发行的债券。发行抵押债券时，契约上应对提供担保的资产做详细说明，并将资产的留置权授予债券持有人。所谓留置是指持有代表担保物所有权的文件，如地契、房产证书、存货栈单等。如果发行公司失信，不履行契约上规定的义务，代表债券持有人利益的受托人（主要是商业银行）有权没收并出售抵押物品，并用所得款项偿付债券持有人。

公司如果以同一不动产作为抵押品多次发行抵押公司债券，这些公司债券按照发行顺序分为第一抵押公司债券和第二抵押公司债券。前者对抵押品有第一留置权，后者则只有第二留置权，只能在归还第一抵押债券持有人全部债券之后，才能以分配余额作为第二抵押债券持有人的偿本还息资金。

信用债券是不指定特定资产作为担保的债券，它同一般债务一样，是以发行公司的信誉作为清偿债务的保证。由于信用债券没有具体的资产抵押品作为担保，一旦公司破产清算，信用债券持有者便成为企业的一般债权人。尽管信用债券没有担保，但其持有者仍会受到债券契约规定的各种限制性条款的保护，特别是限制抵押条款，这一条款限制公司将其资产抵押给其他债权人，这使得投资者相信借款企业的资产将完整无损。信用债券是以公司未来的盈利能力作为还本付息的保证的，所以只有信誉非常好的公司才能够发行信用债券，并且才会有投资者购买。这种债券一般期限较短，利率较高。

2. 按照是否记名，可分为记名公司债券和无记名公司债券。

记名债券是指载明持有人姓名，凭印鉴支取本息，转让时需向公司登记的公司债券。记名债券又可以分为附息票公司债券和未附息票公司债券。附息票公司债券由代付银行凭到期息票支付利息；未附息票公司债券由发行公司用记名支票按公司登记的债权人名单寄给债券持有人，后者凭支票到代付银行支取本息。不记名债券是指不载明债权人姓名的公司债券。这种债券通常附有息票，债权人可持息票向代付银行支取利息。

3. 按照本金偿还方式，可分为可提前偿还公司债券、定期偿还公司债券、分期偿还公司债券。

可提前偿还公司债券又可以称为通知公司债券,是指发行公司可以在债券到期之前随时通知偿还债券本金的一部分或全部的公司债券。定期偿还公司债券是指本金在到期日一次清偿的公司债券。分期偿还公司债券的本金将在一定期间内分次偿还,每个偿还日的间隔和每次偿还的金额可能相同也可能不同。

4.按债券的发行方式划分,可分为公募公司债券、私募公司债券、直接发行公司债券和间接发行公司债券等。

公募公司债券是指按法定手续,经证券主管机构批准,在市场上公开发行的公司债券。私募公司债券是指在特定范围内向特定的对象发行的公司债券,发行对象通常与发行者有特定的关系。直接发行公司债券是指直接由发行者而不经过中介人向投资者发行的公司债券。间接发行公司债券是指由发行者经过中介人向投资者发行的公司债券。

5.按是否可赎回,可分为可赎回债券和不可赎回债券。

可赎回债券是发行公司可以按照发行时规定的条款,依一定的条件和价格在公司认为合适的时间赎回债券。一般来讲,债券的赎回价格要高于债券面值,高出的部分叫"赎回溢价"。可赎回债券关于提前赎回的规定是对债券发行公司有利的规定,但同时有可能损害债权人的利益。例如,如果公司在发行债券后市场利率降低,公司可利用债券的可赎回性采用换债的方法提前赎回利息较高的债券,并代之以利息较低的债券。而如果市场利率在债券发行后进一步上升,发行公司可以不提前赎回债券,继续享受低利息的好处,这样,利息变动风险将完全由债权人承担。为了弥补债权人的损失,可赎回债券的利息应高于同样条件下的不可赎回债券。

三、公司债券发行价格的确定

公司债券的发行价格受到许多因素的影响,主要有:

①证券市场的供求关系。当市场上的同类债券很多的时候,需求就不是那么旺盛,发行价格很低才能卖得出去。当债券很稀缺时,供不应求,这时一般发行价格较高。

②相对其他债券的风险程度。在其他条件相同的时候,风险较低的债券价格较高,风险较高的债券价格较低。债券价格要低到可以提供足够的预期收益来补偿投资者所承担的风险。

③发行时的中观和宏观市场经济情况。

实际操作的时候,人们一般以债券的未来现金流量的现值作为确定其售价的依据。

债券的未来现金流量包括定期支付的利息和到期偿还的本金两个部分。用来贴现的利率通常是具有相同风险特征的债券市场利率。计算公式如下:

$$P_0 = \sum_{t=1}^{n} \frac{I_t}{(1+k)^t} + \frac{P_n}{(1+k)^n} \tag{17.2}$$

其中:P_0 为债券的价值;

$\quad I_t$ 为第 t 期的利息;

$\quad k$ 为投资者所要求的报酬率;

$\quad P_n$ 为到期归还的本金数额。

【例 17-3】凌云公司的债券票面利率为 7%,10 年到期,面值为 100 元,每半年支付利息一次,每次 3.5 元,共需支付 20 次。假设年贴现率为 6%,则

$$P_0 = \sum_{t=1}^{20} \frac{7/2}{(1+6\%/2)^t} + \frac{100}{(1+6\%/2)^{20}}$$

通过查年金现值表和复利现值表,可以计算出债券价值为 106.47 元。

四、公司债券信誉的评级

市面上的债券品种很多,发行公司的信誉优劣各异,因此不同公司债券违约风险是不同的。出于市场的需要,许多公司专门从事对上市债券进行评级的业务。最著名的公司有穆迪(Moody)公司和标准普尔(Standard-Poor)公司。

债券评级是对债券风险程度的一种度量。在评级时,主要从以下几方面着眼:

1. 分析债券发行公司拟定的债券契约的性质和各项条款。

2. 违约可能性,即债务人根据事先契约规定的条款按时还本付息的意愿和能力。

3. 当公司破产、重组或出现影响债权人权利的其他安排时,该项债务向债权人提供的保障及其相对地位。

债券的信誉等级标识符号通常用英文字母表示,穆迪公司和标准普尔公司所用的表记略有不同。下表给出了这两个公司各种等级债券所对应的基本特征。

表 17-1　债券等级及其相应特征

穆迪公司	标准普尔公司	说明
高级		
Aaa	AAA	高级的债券等级,被称为金边债券,具有极强的还本付息能力。
Aa	AA	高级债券,具有较强的还本付息能力,但不如 Aaa 和 AAA。
中级		
A	A	这类债券具有许多较好的投资特征,但是其还本付息能力容易受到环境变动和经济条件变动等不利因素的影响。
Baa	BBB	有足够的还本付息能力,但缺乏可靠的保证,不利的经济条件或变动环境容易削弱债券发行者的还本付息能力。
投机		
Ba	BB	还本付息能力一般,对长期支付能力保证程度不足。
B	B	
拖欠		
Caa	CCC	较低级的债券,有失信的可能。
Ca	CC	高度投机性的债券,经常失信或具有明显的不足。
C		穆迪公司评出的最低级债券,其投资性能极差。
	C	不支付利息的收益债券。
	DDD	具有失信记录,且目前尚拖欠本金或利息的发行公司
	DD	
	D	

一般来说,债券等级越高,其协定利率越低;等级越低,其协定利率越高。

五、公司债券的偿还

公司选择债券的偿还期限,应尽量使得偿债流出量和公司预期流入量一致,即负债期限应使公司总的负债清偿流量大致与规划的总营业现金流量一致。债券的偿还方式主要有一次性偿还和分期偿还两种方式。

一次性偿还是指除按期支付利息以外,债券的本金在债券到期时一次性付清。这种方式,会使得公司在债券到期偿还本金时承担巨额现金流出的压力,且不利于债权人对债务人的监督。

分期偿还是指在债券的有效期内,分时期偿还债券本金。这种方式可以减轻发行公司在期末偿还本金时的压力。分期偿还通常采用偿债基金的方法进行。

偿债基金是指在债券到期日前,为定期回收部分债券而设立的基金。公司定期按债券的发行总额在每年的收益中按比例提取一定金额,交信托人保管,作分期偿还本金之用。通过偿债基金回收债券有两种形式:一种是公司向受托人支付一笔现金,由受托人按照偿债基金赎回价格回收债券,偿债基金赎回价格通常低于普通赎回价格。另一种方式是发行债券的公司自己在公开市场上购买债券,然后把既定数量的债券交付给受托人。只要市场价格低于偿债基金赎回价格,公司就应该在公开市场上购买债券。而当市场价格高于赎回价格时,就应该向受托人支付现金。

【例 17-4】凌云公司在 2000 年 1 月发行一笔面值 1 000 万元,期限为 10 年,票面利率为 8%,每年付息一次的长期债券,该债券从 2006 年 1 月起开始偿还 10% 的本金,余下的本金在到期时一次偿还完毕。则债务人各年偿还金额如表 17-2:

表 17-2

(1) 年度	(2) 期限	(3) 利息偿还金额(万元)	(4) 本金偿还金额(万元)	(5)=(3)+(4) 利息与本金合计
2001	1	80	0	80
2002	2	80	0	80
2003	3	80	0	80
2004	4	80	0	80
2005	5	80	0	80
2006	6	80	100	180
2007	7	72	100	172
2008	8	64	100	164
2009	9	56	100	156
2010	10	48	600	648
总计		288	1 000	1 288

建立偿债基金有利于发行公司分期还债,也有利于债权人对债务人的监督从而减少风险。所以,偿债基金对于债券持有人是有利的。我们一般运用平均偿债期来衡量债券的实际期限。

$$平均偿债期 = \sum \left[t^* \frac{A_t}{\sum A_t} \right] \qquad (17.3)$$

式中,t 为收到偿债基金的时间;

A_t 为偿债基金支付额。

【例 17-5】债券在 8 年后到期,要求在第五年至第八年各年底用偿债基金等额支付,平均偿债期为多少?

平均偿债期＝5×0.25＋6×0.25＋7×0.25＋8×0.25＝6.5(年)

所以,这笔债务将在6.5年的实际期限内偿还完毕。

六、公司债券替换

公司债券的替换是指企业用新发行的债券取代尚未到期的旧债券的行为。公司债券替换一般是用新的、约束和限制条件较宽松的新债券取代条件较为苛刻的旧债券。债券替换的原因主要有三个:(1)市场利率水平在下降,即公司希望利用利率的下降来降低筹集资金的成本;(2)原有债券可能带有对公司不利的限制性条款,为了废除限制性条款,公司希望利用限制性条款较少的新债券来替代原有债券;(3)公司可能出于延长未偿还债券期限的目的,而进行债券替换。

公司债券替换是一种投资决策,只有当替换能增加企业价值且节约债务成本时,才会进行。

企业是否进行债券替换决策的依据是下面公式:

$$NPV = \sum_{t=1}^{n} \frac{\Delta CFAT_t}{(1+k_i)^t} - \Delta CFAT_0 \qquad (17.4)$$

式中,$\Delta CFAT_t$ 为因替换而增加的税后现金流;

$\quad\quad k_i$ 为新债券的税后成本;

$\quad\quad \Delta CFAT_0$ 为因替换而发生的税后支出。

当 $NPV > 0$ 时,就应该采取替换决策;

当 $NPV = 0$ 时,两种决策效果一样;

当 $NPV < 0$ 时,就不应该采取替换决策。

第二节　可转换债券

一、可转换债券的定义

可转换公司债券是指债券持有人可在一定期间内按一定的价格、一定的比率和一定的条件转换成为公司股票的公司债券。投资者持有这种债券,在公司经营初期可以获得比股利更为稳定和可靠的利息收益;而在公司经营状况较好的时候,又可以转换为股票,从而获得比利息更高的股利收益。

可转换债券是一种具有选择权的公司债券。该选择权的行使条件是,当该公司普通股市价上升到契约中事先规定的"转换价格"以上时,公司债券持有人即可以行使其转换权,并成为公司股东。它的几个核心概念有:

(1)转换价格及转换比率

可转换债券的转换价格在债券发行的时候就有明确规定,规定可转债券持有者在有效的期限内,有权按一固定转换价格将可转债转换为普通股。这个固定价格即转换价格。

转换价格和转换比率密切相关,转换比率是指一定面额的可转换债券与公司股票之间的转换比例,即一张可转换债券可换取的普通股股数,计算公式如下:

转换比率＝可转债面值/转换价格

可以看出,转换价格与转换率属于互逆关系。

【例 17-6】某公司发行期限为 15 年的可转债合约规定面额 1 000 元的可转换债券的转换价格为 100 元,意味着该债券可转换 10 张普通股股票,转换率为 10：1。

一般情况下,在债券的寿命期内,转换价格或转换率是固定不变的,但出于促使持券人尽快转换的需要,公司会采用升级转换价格的方式,即按转换的不同时间段分为不同的转换价格,而且时间越是向后推,其转换价格越高,可以转换的股票也就越少。比如,上例可转债的转换价格还可以这样规定:发行后第一个五年期内,转换价格为 100 元;第二个五年期内,转换价格为 120 元;第三个五年期内,转换价格为 150 元;等等。规定逐步提高转换价格的目的在于促进可转换债券持有者尽可能提早行使转换权利。

(2)转换期

转换期是指可转债持有人行使转换权的有效期限,即指可转换公司债券转换为股票的起始日至结束日的期限。超过转换期的可转换债券自动变为不可转换债券。转换期可以等于债券期限,也可以小于债券期限,如递延转换期和有限转换期。递延转换期是规定在债券发行一定年限后才可以行使转换权;有限转换期则规定只能在一定年限内行使转换权。有限转换期一般比债券期限要短。从我国目前交易情况来看,很多公司并没有指定转换具体期限,其转换期为可转债上市日起至到期停止交易日结束。

(3)赎回条款

赎回条款是指发行人在发行一段时间后,可以按照赎回条款生效的条件,

提前购回其未到期的发行在外的可转换公司债券。一般来说,赎回条款包括以下几点:

1. 赎回条款

赎回条款是指发行人在一定条件下,有权以面值的一定比例赎回部分或全部未转换债券,以保护原股东权益。而当公司流通股股价在一定条件下,持券人有权以可转换债券面值的一定比例将可转换债券回售给发行人,以保障债权人权益。赎回条件可以分为无条件赎回和有条件赎回。无条件赎回是指在赎回期内发行方可根据规定的赎回价格随时赎回可转换债券。有条件赎回是指发行方规定某些条件满足以后才可赎回债券。按照我国《可转换债券管理暂行办法》中的规定,“当公司股票价格在一段时期内连续高于转股价格达到某一幅度时,发行公司才能赎回债券。”赎回行为通常发生在标的股价达到或超过转股价格 100%～150% 作为涨幅界限,同时还要求该涨幅持续 30 个交易日。

2. 不可赎回期

不可赎回期是指可转债发行起,可转债不可被赎回的一段时间,一般为 1～3 年。设立不可赎回期的目的在于保证可转换债券的持有人的转换权利,防止发行者过早利用赎回权强制要求可转债持有人进行转换。相应的,可转债的不可赎回期结束以后,就进入了可赎回期。在赎回期内,可转债的发行者可以根据规定的赎回价格赎回债券。

3. 赎回价格

赎回价格一般要高于面值,赎回价格与面值之差称为赎回溢价,它随着到期日的接近而逐渐减少。如:一个期限为 15 年,不可赎回期为 5 年,面值为 1 000 元的可转换债券,可规定在赎回期的第一个五年的赎回价格为 1 050 元,第二个五年的赎回价格为 1 030 元。

4. 回售条款

回售条款是当公司股票价格表现较差的时候,投资者有权按照高于面值的价格将可转换债券出售给债券发行者的有关规定,这种规定是对可转换债券投资者的一种保护。设定回售条款的优点主要有:如果订立回售条款,票面利率则可订得很低;具有回售条款的可转债对投资者更有吸引力。一个典型的回售条款包括回售价格、回售时间及回售选择权等内容。

5. 强制性转股条款

强制性转股条款是发行人约定在一定条件下,要求投资人务必将持有的可转债转换为公司股票的条款。大多数非上市公司在发行可转债的时候,就已经考虑了本次发行债券是公司的一种资本扩张行为。发行人为了减轻公司到期还本的压力,会使用强制性转股条款来稳定公司营运和控制公司财务风险。

二、可转换债券的特点

从发行可转换债券的公司角度来看,发行可转债可以按公司的计划筹集到需要的资金,而且筹资成本在同等条件条件下低于不可转换债券的利率,进而降低了公司的融资成本;当可转换债券被持有人转换为股票以后,减轻了公司到期时还本付息的压力和财务风险,减少现金流出量;利用可转换债券发行可避开股票低价发行的可能性,并赚取转换溢价;可转换债券的发行是一种有利的市场信号,它预示着公司未来潜力巨大,从而带动股价上扬;可转换债券本身具有很大的吸引力,从而发行公司可以按较高的价格出售债券。

从持有人角度来看,可转债同普通债券一样,此类债券持有人可获得固定性债息收益;持有人是否行使转换权视公司股票市价而定,从而有利于债券持有人的自身利益保护;一旦行使转换权,持有人将成为公司股东,从而可以分享公司剩余利润。公司股票价格上升潜力越大,选择权价值越高,从而对持有人越有利。

同时,我们也应该关注可转债的缺点。当公司股票价格大幅上涨时,公司只能以较低的固定转换价格出让股票,使得公司的股权筹资额降低;可转债转换为公司股票以后,原有债券融资的低成本及避税优势将不复存在。

三、可转换债券的定价

可转换债券的价值主要包含三个方面:债券纯粹投资价值、转换价值和选择权价值。

(1)债券纯粹投资价值

债券纯粹投资价值是指当可转换债券不可转换为股票时的价值,这时它的估值模型和一般普通债券一样。

纯粹投资价值是可转换债券的最小价值,是可转换债券价值的底线。决定这个底线价值的是公司风险大小。

(2)转换价值

转换价值是可转换债券价值确定的第二个因素。转换价值是指可转换债券按当前市场价格转换为公司股票时的价值。公式为:

转换价值＝转换比率×股票市场价格

可转换债券的实际市场价格总是大于或者等于其纯粹投资价值和转换价值中的较大者。如果可转换债券低于底价出售，投资者必然会由于有利可图而争相购买，结果是使得该债券供不应求，售价必然上升回到底价；同理，如果可转换债券的价格低于转换价格出售，那么市场上就存在套利空间，投资者会按较低的价格购入可转换债券并立刻转换为普通股，然后将普通股卖出，就可获得无风险利润。当套利行为大量发生的时候，债券价格会由于供不应求而回升到转换价格。

（3）选择权价值

由于可转换债券给持有人一种伺机转换的权利，因此也就为持有人增加了赢利的机会，这种选择权本身因此具有价值。

第三节　长期借款

一、长期借款的概念

公司的长期借款一般来自金融机构（商业银行和保险机构等）贷出的，借款期限在一年以上（含一年）的借款。长期借款在公司的长期负债中占有相当的比重，尤其对那些难以进入资本市场融资的中小公司而言，获得长期借款尤为重要。

长期借款按是否提供担保分为信用贷款和担保贷款两种。信用借款是指凭借企业的信用或其保证人的信用而发放的贷款，它不需要公司提供任何担保品。担保贷款是指借款人向贷款人提供某种担保而获得的贷款，企业到期不能还本付息时，银行等金融机构有权处置抵押品，以保证其贷款的安全。担保的抵押品可以是不动产、机器设备等实物资产，也可以是股票、债券等有价证券，按照担保的方式不同，担保贷款还可以进一步分为保证贷款、抵押贷款、质押贷款等。保证贷款是指以第三方承诺在借款人不能偿还借款时，约定承担一般保证责任或连带责任为前提而发放的贷款。抵押贷款，即由借款人或第三方的财产作为抵押物而发放的贷款。质押贷款，即由借款人或第三方的动产或权利作为质押物而发放的贷款。

二、长期借款的取得条件

金融机构发放长期贷款一般是附有条件的,这些条件会在贷款合同中明确规定。一旦借款人不遵守或不再符合这些条件,贷款合同就成为有效的法律文件,以维护债权人的权益。

贷款合同一般包括借款金额、借款期限、借款利率和偿还方式等内容。另外,贷款合同通常还包括下面一些保护性条款。

①提供担保品。贷款方为了减少贷款风险,一般会要求借款人提供贷款的担保物品,包括房屋、土地、有价证券、商品存货及机器设备等。

②最低流动性要求。债权人要求借款公司的资产负债表上反映的流动比率至少要保持在某一约定的水平之上,同时也规定公司净营运资本保持一个最低额度。

③限制长期负债。在协议中一般要求,没有经过债权人的允许,借款公司不得再借入长期借款;不得再次将资产抵押;不得增加资产负债表外的负债等。

④提供认股权证。在有的贷款合同中,债权人要求借款公司提供认股权证,作为贷款的条件。其目的是增加对该公司的控股权和发言权。

⑤定期提供财务报表。债权人要求借款公司定期提供财务报表,通过对借款公司的财务报表分析,掌握借款公司财务变动状况。

三、长期借款的偿还方式

债权人一般会要求借款人分期还款,而不是一次性还本付息,这种方式对借贷双方都是比较有利的。对借款公司来说,分期还债容易在会计和财务上处理,而且资金流波动比较小,不会出现资金的大幅变动;对债权人而言,分期收回贷款比较易于执行,也比较有保障,风险也就相对小些。

分期付款进一步可以细分为等额分期付款和不等额分期付款。分期付款的金额大小直接影响到公司未来现金流量及现金计划。下面在给定长期借款总额 P、固定利率 r 和到期日 n 的条件下,我们来确定公司每年应该支付的本息金额公式。

(1)等额分期付款

按照这种方式,还款金额可以直接根据下面公式计算:

$$A = \frac{P}{(PV/A, r, n)} \tag{17.5}$$

$(PV/A, r, n)$是等额年金现值系数,其值可以直接查表得到。

(2)不等额分期付款

不等额分期付款也有很多形式,其中最常见的是膨胀式分期付款方式。借款期限 n 年的借款,前 $n-1$ 年为等额还款,金额相对较小;最后一年要求还清全部本利,金额较大。

这种情况下计算公式有所不同:

首先,计算出贷款合同规定的最后一年还款金额 P_b 的现值 PV_b。

$$PV_b = P_b \times (PV/F, r, n) \tag{17.6}$$

其中:r 为借款利率;

      n 为借款期限;

      $(PV/F, r, n)$为现值系数。

其次,从本金 P 中减去 PV_b,剩下的余额即为剩下 $n-1$ 年应该偿还的本金现值。

这 $n-1$ 年中每年应该支付的金额 A_b,计算公式如下:

$$A_b = \frac{P - PV_b}{(PV/A, r, n-1)} \tag{17.7}$$

四、长期借款融资方式的优缺点分析

长期借款作为一种传统的融资方式,有着许多的特点,这些特点同样适合于前面介绍的公司债券融资的场合。

(一)长期借款融资的优点

①降低公司融资的资本成本。因为公司因借款产生的利息是要在缴纳所得税前先扣除,所以产生了一笔避税收益。

②一般来说,长期借款的利率是固定(偶尔也有浮动利率的情况)不变的,因此便于公司财务部门编制财务预算。

③长期借款的债权人并不是公司所有者,所以并不享有对公司的管理权和投票权,因此不会影响现有公司的权益,也不会产生公司控制权的问题。

（二）长期借款融资的缺点

①长期负债使得公司负债水平上升，因而加大了公司的财务风险（即公司可能因为还不起贷款而破产的可能性），也使得公司股东承担更大的风险。

②由于负债的增加，加大了公司的财务杠杆系数，从而导致公司的盈利的不稳定性增加。

③由于长期借款合同中的一些保护性附加条款，使得公司在营运管理、投资决策、融资决策及股利政策安排中受到限制，影响公司利益。

④由于还本付息是一笔固定必须支付的义务，所以如果一旦公司盈利波动很大，在盈利较少的年份，就可能会因为无力支付这笔固定开支而导致危机产生。

五、长期借款决策的时间选择

长期借款融资决策和其他债权融资决策一样，主要涉及财务风险和融资成本问题。扩大负债，必然使得财务风险上升，融资成本降低，反之亦然。所以，我们并不是一味地强调要扩大债权融资。更准确地说，一个明智的财务经理应该很好地结合自己公司的实际情况，在财务风险和融资成本中进行权衡。财务经理在考虑长期借款的时候，应该根据公司短期或中期的融资计划及融资需求，结合本公司资本结构的评估情况，再确定采用的借款形式和筹措资金的数额，然后根据这个数额相机选择发行时机，并设定更有利于公司的条款。

第十八章 金融衍生工具

金融衍生工具是指其价值依赖于基本标的资产价格的金融工具。它是20世纪70年代布雷顿森林体系崩溃以来,而发生的金融革命的核心,也是国际金融市场金融自由化、金融创新的结果。金融衍生工具市场发展的历程虽然很短,却在投资决策和规避风险决策中起到了巨大的作用。本章将分节介绍远期、期货、期权和互换这四种比较重要的金融衍生工具。

第一节 远期交易

一、远期交易概述

金融远期合约是指交易双方签订的、规定在未来的某一确定时间,按事先约定的价格买卖既定数量某种金融资产的合约。其他的金融衍生工具都可以看作是金融远期合约的一个拓展,远期交易是最基本、最简单也极重要的金融衍生工具。

远期合约交易是在现货交易的基础上发展起来的,是人类商品交易史上的巨大进步。现货交易最大的缺点就是无法规避价格波动风险。有了远期合约,农场主在播种的时候就可以确定农作物收割时卖出的价格,这样即锁定了自己的利润,就可以安心致力于农作物的生产了。如果没有采用远期合约,农场主今年是否盈利完全取决于收割后卖出的价格,具有很大的不确定性。

签订远期合约前,要求签约双方就交割价格、交割地点、交割时间、交割数量以及货物的品质等细节进行认真谈判。灵活性是远期合约的最大特点。它可以根据双方的需要自由设计符合双方需要的合约。

远期合约则是以现在确定的价格,在未来某时刻买进或卖出某项资产,其特点为:(1)合同签订时双方都无须缴纳费用;(2)双方的权利义务是对称的,合约一定会被执行,任何一方都无权不执行合同;(3)远期合约没有交易场所,纯粹是场外交易。

根据标的物的不同,金融远期合约主要可以分为远期利率合约、远期外汇合约和远期股票合约三种类型,下面将分类详述。

二、远期利率合约

(一)一般概念

远期利率合约是指以利率为标的物的一种远期合约,合约双方约定在未来某一特定日期,由一方按合约的协议利率向另外一方发放一笔数额确定、以具体货币表示的名义贷款的协议。

远期合约的买方是名义借款人,主要是为了规避利率上升的风险;远期合约的卖方是名义贷款人,主要是为了规避利率下降的风险。借贷双方并不交换本金,而只是在结算日根据名义贷款本金额及协议利率与参考利率之间的差额计算出结算金,然后由亏损的一方支付给另一方。

根据英国银行家协会的章程,远期利率合约有以下一些术语:

合同金额:名义上借款本金总额;

合同货币:合同金额的货币币种;

交易日:远期利率协议成交的日期;

结算日:名义存款或贷款开始的日期,也是支付结算金的日期;

确定日:参考利率确定时的日期,通常是结算日前2天,如果合约货币是英镑,则确定日和结算日是同一天;

到期日:名义借款或贷款到期的日期;

合同利率:远期利率协议中,协议双方商定的借贷利率;

参考利率:在确定日用以确定结算金额的以市场为基础的利率;

结算金额:在结算日,根据合同利率和参考利率之间的差额,由交易一方付给另一方的金额。

为了便于理解这些概念之间的相互关系,我们用图形的形式给出以上四个日期之间的关系,如图18-1所示。

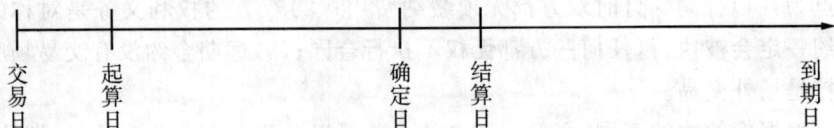

图 18-1

（二）结算金的计算

如果参考利率超过协议利率，那么卖方就要支付一笔结算金，以补偿买方在实际借款中由于利率上升而造成的损失。

结算金的标准计算公式：

$$S = \frac{A \times (r_r - r_c) \times \dfrac{D}{B}}{1 + \left(r_r \times \dfrac{D}{B}\right)} \tag{18.1}$$

式中，S 为结算金；

A 为合约金额；

r_r 为参考利率；

r_c 为合同利率；

D 为合同期的天数；

B 为表示一年的基础天数（如美元为 360 天，英镑为 365 天）。

下面通过一个实际例子来说明。

【例 18-1】假定今天是 2003 年 3 月 17 日（星期一），蓝天公司计划 3 个月后将借入期限 6 个月的 100 万美元资金。财务经理担心 3 个月以后利率会上升，于是该公司买入一份名义本金为 100 万美元的"3×9 LIBOR 4.75"的远期利率协议。其中"3×9 LIBOR 4.75"是远期利率协议的报价方式，含义解释如下：3×9 是指起算日和结算日之间为 3 个月，起算日和名义贷款最后到期日之间为 9 个月；LIBOR 是伦敦银行同业拆放利率，在这里是指合同规定的参考利率；4.75 是以百分数表示的协议利率。

如果在确定日的参考利率即伦敦银行同业拆放利率高于 4.75%，则蓝天公司将获得结算金；反之，如果在确定日的参考利率即伦敦银行同业拆放利率低于 4.75%，则蓝天公司将支付结算金。我们可以计算出合同期（结算日到到期日）为 183 天，假设确定日的参考利率是 5.5%，假定基础天数为 360 天。则蓝天公司获得结算金根据公式（18.1）应该为：

$$结算金 = \frac{1\,000\,000 \times (5.5\% - 4.75\%) \times \frac{183}{360}}{1 + 5.5\% \times \frac{183}{360}} = 3\,708.81(美元)$$

通过上述分析可知,蓝天公司通过买入远期利率协议,使得三个月以后的利息固定在 4.75% 的水平上,从而规避了公司未来可能因为利率上涨而导致借款利息成本增加的风险。

三、远期外汇合约

(一)一般介绍

远期外汇合约是指以外汇作为标的资产的远期合约,双方约定在未来某一时间按照约定的远期汇率买卖一定金额的某种外汇的合约。

根据远期开始的时间不同,可以分为远期外汇合约和远期外汇综合协议两种。远期外汇合约的远期期限直接从现在开始,而远期外汇综合协议的远期期限是从未来的某个时点开始的。

远期外汇综合协议是指双方约定在结算日按照合同中规定的结算日直接远期汇率用第二货币向卖方买入一定名义金额的原货币,然后在到期日按合同中规定的到期日直接远期汇率把一定的名义金额原货币出售给卖方的协议。远期外汇综合协议实质上是远期的远期外汇合约。

远期外汇合约比较简单,可以作为远期外汇综合协议的特例,在此,我们主要讨论远期外汇综合协议。远期外汇综合协议和远期利率合约有很多的相同之处:(1)标价方式都是"$m \times n$",m 和 n 分别表示从合同签订日至结算日的时间和合同签订日至合同到期日的时间。(2)两者都有包括交易日、起算日、确定日、结算日和到期日等五个时间概念。

除此之外,远期外汇综合协议还有下面几个关键的术语:
①第一合同金额(简记 A1):合约规定的在结算日将兑换的原货币的名义金额。②第二合同金额(简记 A2):合同规定的在到期日将兑换的原货币的名义金额。③直接汇率(OER):合约规定的从交易日到结算日的远期汇率。假设原货币为美元,第二货币为英镑,则某天的直接汇率值是 0.625 英镑/美元。④合同远期汇差(CFS):合约规定的到期日的远期汇率与结算日的远期汇率之间的差额。⑤即期结算汇率(SSR):确定日的即期汇率。⑥远期结算汇差(SFS):到期日远期利率与即期利率之间的差额。

（二）远期外汇综合协议的交易和结算

远期外汇综合协议的买方是指在结算日买入原货币、到期日卖出原货币的一方；远期外汇综合协议的卖方是指在结算日卖出原货币、到期日买入原货币的一方。在交易日，双方就第一合同金额、第二合同金额、直接汇率、合同远期汇差达成协议。在确定日，双方根据市场汇率确定即期结算汇率、远期结算汇差。

根据计算结算金的方法不同，可以采用两种方法计算远期外汇综合协议的结算金额。

汇率协议的结算金计算公式如下：

$$结算金 = A_i \times \frac{CFS - SFS}{1 + i \times \frac{D}{B}} \tag{18.2}$$

远期外汇协议的结算金计算公式如下：

$$结算金 = A_i \times \frac{(OER - SSR) + (CFS - SFS)}{1 + i \times \frac{D}{B}} - A_i \times (OER - SSR) \tag{18.3}$$

式中，i 为第二货币利率；

D 为表示合同期的天数；

B 为第二货币常用的一年的基础天数。

【例 18-2】假设交易双方同意成交一份 1×4、名义金额 100 万美元、合同利率 4.75％ 的远期利率协议。在结算日之前的两个交易日为确定日，确定的参照利率为 5.50％。

$$结算金 = \frac{1\,000\,000 \times (0.055 - 0.047\,5) \times \frac{92}{360}}{1 + 0.055 \times \frac{92}{360}}$$

$$= 1\,890.1（美元）$$

如果结算值是正值，表示卖方支付给买方这笔钱；反之，如果结算金为负值，则表示买方支付给卖方这笔钱。

四、远期股票合约

远期股票合约是以股票为标的物的远期合约，它是指在将来某一特定日期按特定价格交付一定数量单个股票或一揽子股票的协议。其基本原理类似于以上两种合约，在此不再赘述。

第二节　期货交易

一、期货交易概述

(一)期货的概念

期货交易是指协议双方同意在约定的将来某个时间按照商定好的条件买卖一定标准数量的资产的交易方式。例如:A公司买入一份2个月到期的5 000蒲式耳谷物的期货合约,那么A公司必须在合约规定的地点,以特定的价格购买规定级别的5 000蒲式耳谷物。

期货合约是指协议双方同意在约定的将来某个时间按照商定好的条件买卖一定标准数量的标的资产的标准化协议。期货合约和远期合约的区别就在于前者是标准化的。

(二)期货的特征

期货的特征主要有以下几个方面:

第一,期货合约是标准化的。

期货合约的标准化主要包括以下五方面的内容:①数量和计量单位是标准化的。②商品质量等级是标准化的。期货交易所对上市商品严格规定质量等级,在制定质量等级标准时,多采用国际贸易中交易量最大的商品作为参照评级。如:日本名古屋粮谷砂糖交易所规定以中国黄豆为该所黄豆等级的标准品。③交割的地点标准化。期货交易所规定了期货交易实物商品交割的仓库。④交割期标准化。期货合约交割期和停止交割期都是事先由交易所安排好的。

第二,期货交易者无须进行最后实物交割,只需在合约到期前进行平仓就可以。

第三,期货交易双方无须直接见面,各自与清算所结算就可以。

第四,期货交易每天结算。

(三)期货合约的种类

期货合约的标的物有很多种,可以是农产品、金属、能源产品、利率、货币和各种指数。按照标的物的不同一般可以分为商品期货、利率期货、外汇期货、股指期货和国债期货几种。

二、期货合约的基本内容

期货合约是期货公司统一制定的标准化合约,主要条款有以下几条:

①交易品种。即合约交易的对象。如郑州商品交易所的硬质小麦期货合约的交易品种就是小麦。

②交易单位。即期货交易所交易的每手期货合约代表的商品的数量。

③报价单位。指在公开竞价过程中对期货合约报价所使用的单位,即每一计量单位的货币价格。

④最小变动价位。指在期货交易所的公开竞价过程中,对合约商品每一计量单位价格报价的最小变动数值。最小变动价位乘以交易单位,就是该合约的最小变动值。

⑤涨跌停板幅度。涨跌停板幅度指当天相对于前一天结算价上下波动最大幅度限制,例如铜的涨跌停板的幅度为上一天结算价格的±3%。设计涨跌停板幅度主要是为了控制期货交易风险。

⑥交割月份、交易时间和最后交易日。

交割月份是指某种期货合约到期要交割的月份。

交易时间是指期货交易所进行期货交易的时间。我国期货交易时间为周一至周五 9:00—11:30,13:00—15:00,周六、周日及国家法定节假日休息。

最后交易日是指某种期货合约在合约交割月份中进行交易的最后一个交易日,过了这个期限的未平仓期货合约,必须进行实物交割。

⑦交割日期和交割等级。

交割日期是指合约商品以实物交割方式了结未平仓合约的时间。

交割等级是指由期货交易所统一规定的、准许在交易所上市交易的合约商品的质量等级。期货交易所在制定合约商品的等级时,通常采用国内或国际贸易中最通用和交易量较大的标准品的质量等级为标准交割等级。

交割地点是指进行实物交割的指定交割仓库。

⑧交易保证金是交易所规定的按合约价值一定比例计算的履约金。

⑨交易手续费是期货交易所按成交合约金额的一定比例或按成交合约手数收取的费用。不同期货交易所有着不同的收费标准。

⑩交割方式和交易代码。

期货交易的交割方式主要有实物交割和现金交割两种。在最后交易日结束后,如果还未平仓的买方必须买进相应合约的商品,而卖方则必须卖出相应的商品,这种交割方式就是实物交割;如果在最后交易日还持有未平仓合约的,不必买入或者卖出相应合约的"商品",如国债期货,按其现货价格折算成现金进行盈亏结算,这就是现金交割方式。

每个期货品种都有自己的交易代码,如在我国,大豆合约的交易代码是A,阴极铜合约的交易代码是CU,硬质小麦合约的交易代码为WT。

表 18-1　大连商品交易所的黄大豆 1 号期货合约

交易品种	黄大豆 1 号
交易单位	10 吨/手
报价单位	元(人民币)/吨
最小变动单位	1 元/吨
每日价格最大波动限制	上一交易日结算价的±3%
合约交割月份	1 月、3 月、5 月、7 月、9 月、11 月
交易时间	上午 9:00—11:30,下午 13:00—15:00
最后交易日	合约月份第 10 个交易日
交割日期	最后交易日第 7 日(遇法定节假日顺延)
交割等级	具体内容见附件
交割地点	大连商品交易所指定交割仓库
交易保证金	合约价值的 5%
交易手续费	不超过 4 元/手
交割方式	集中交割
交易代码	A

表 18-2　郑州商品期货交易所的硬质小麦期货合约

交易品种	小麦
交易单位	10 吨/手
报价单位	元(人民币)/吨
最小变动单位	1 元/吨
每日价格最大波动限制	不超过上一交易日结算价的±3%
合约交割月份	1 月、3 月、5 月、7 月、9 月、11 月
交易时间	上午 9:00—11:30,下午 13:00—15:00
最后交易日	交割月倒数第 7 个营业日
交割日期	合约交割月份的第一交易日至最后交易日
交割等级	标准品:二等硬冬白小麦,符合 GB1351−1999 替代品:一、三等硬冬白小麦,符合 GB1351−1999
交割地点	交易所指定交割仓库
交易保证金	合约价值的 5%
交易手续费	2 元/手(含风险准备金)
交割方式	实物交割
交易代码	WT

期货合约的标准化使得交易成本大大降低,便于买卖,极大地方便了交易。

由于合约的许多要素都已经标准化,所以交易者只需关注合约的价格就可以。但合约的标准化,使得一些有着特殊要求的客户的需求无法满足,所以从这方面来说,尽管期货价格交易成本更低,但仍无法完全取代远期合约。

三、期货交易基本制度

1. 保证金制度

保证金制度是指在期货交易中,交易者必须按照其所买卖期货合约价值的一定比例缴纳资金。在我国,铜、铝、小麦的保证金为 5%。只有缴纳保证金以后才能参与期货合约的买卖。按照收取的主体不同,可以分为会员保证金和客户保证金。

会员保证金是由期货交易所向会员收取的保证金。会员保证金分为结算准备金和交易保证金。结算准备金是指会员为了交易结算在交易所专用结算账户中预存准备的资金,是未被占用的保证金。结算准备金的最低余额由交易所决定,我国三个交易所的结算准备金为 50 万元。交易保证金是指会员在交易所专用结算账户中确保合约履行的资金,是已被合约占用的保证金。

客户保证金是指期货经纪公司向客户收取的保证金。客户保证金的收取比例由期货经纪公司规定,但不得低于期货交易所对期货经纪公司收取的保证金。现有法规规定经纪公司向客户收取的保证金比例在交易所的交易保证金基础上至少增加 3%。在实际操作中,有时会大于 3%,有时却会少于 3%,尤其是交易淡季时,经纪公司向客户收取的保证金比例与期货交易所规定的保证金水平一致。

【例 18-3】凌云公司 2004 年 5 月 10 号买入上海期货交易所 8 月份期货合约铜 10 手。当日买入价格 15 000 元/吨,保证金比例为 7%,则:

保证金＝10(手)×5(吨/手)×15 000(元/吨)×7%

　　　　＝52 500(元)

2. 平仓制度

平仓是指在交割期之前,通过卖出或者买进相同交割月份、相同数量、同种商品的期货合约来了结先前已经买进或卖出的相同的期货合约。

期货合约的平仓原则是:

(1)对原持有的期货合约允许被平仓的时间是该合约的交割月份的最后交易日以前任何一个交易日。

(2)拟被平仓的原持仓合约与申报的平仓合约的品名和交割月份也要相同。

(3)二者的买卖方向应该相反。二者的数量允许不完全相等,即可以部分平仓。

3.持仓限额制度

持仓限额制度是指期货交易所为了防范操纵市场价格的行为,防止期货市场过度集中于少数投资者,对会员及客户的持仓数量进行限制的制度。超过限额,交易所可按规定强行平仓或提高保证金比例。

4.大户报告制度

大户报告制度是指当会员或客户某品种持仓合约的投机头寸达到交易所对其规定的投机头寸持仓限量 80% 以上(含本数)时,会员或客户(通过经纪会员)应向交易所报告其资金情况、头寸情况等。这是与持仓限额制度紧密相关的防范大户操纵市场价格、控制市场风险的重要制度。

5.强行平仓制度

强行平仓制度是指当会员或客户的交易保证金不足并未在规定时间内补足,或者当会员或客户的持仓数量超出规定的限额时,交易所或期货经纪公司为了防止风险进一步扩大,实行强制平仓的制度。这是交易所或期货经纪公司控制市场风险,化解市场风险的重要制度。

四、期货交易与套期保值

1.套期保值原理

套期保值就是通过买卖期货合约来避免现货市场上实物商品交易的风险的一种行为。它的基本做法是在期货市场上买进或卖出与现货市场相应或相关商品的相同数量的期货合约,以期在未来某一时间在现货市场上买进或者卖出商品时候,能够通过期货市场上持有的合约的平仓来冲抵因现货市场上价格变动所带来的风险。

根据凯恩斯和希克斯的套期保值理论,套期保值交易者交易时需遵循四大基本原则:

(1)数量相等原则。

(2)方向相反原则。

(3)品种相同原则。

(4)时间相同原则。

2.买入套期保值

买入套期保值又叫多头套期保值,它的运行原理是:先在期货市场买入与将要在现货市场上买入的现货商品(或金融工具)数量相等、到期日相同或相近的该商品(或金融工具)的期货合约,以后在现货市场上买入该商品(或金融工具)的同时,再在期货市场上卖出与原先买入期货合约数量相等、到期日相同的该商品(或金融工具)的期货合约。

【例 18-4】某公司于 12 月初得知明年 3 月初将有价值 100 万美元的证券到期。在 12 月份利率较高,公司计划将这笔款项投资于短期国库券,预计可以获得可观的投资收益。但是,公司担心利率会在未来降低,这将导致收益减少,于是为了规避这个价格波动风险,公司决定买入期货进行套期保值,保值目标是 100 万美元的投资收益能够达到 12 月份的国库券利率水平。

交易流程如表 18-3:

表 18-3

现货交易	期货交易
12 月 1 日持有 1 月到期的 100 万美元证券,计划在 1 月份将这笔钱投资于短期国库券。12 月国库券票面利率为 9%	12 月 1 日买入一手 3 月份的 90 天期国库券合约,IMM 指数为 91.00,合约价值为:100 万×(1−9%×90/360)=977 500(美元)
3 月 1 日,证券到期,取得现金 100 万美元,按当时折扣率 8%,购买 100 万美元 91 天期的国库券,投资成本为:100 万×(1−8%×91/360)=979 778(美元)	3 月 1 日出售一手 3 月份 90 天期国库券期货合约,IMM 指数为 92.00,合约价值为:100 万×(1−8%×90/360)=980 000(美元)
	期货交易利润=980 000−977 500 =2 500(美元)

结合期货市场的收益:

3 月 1 日购买国库券实际成本=979 778−2 500
$$=977\ 278(美元)$$

公司投资国库券的实际收益率$=\dfrac{1\ 000\ 000-977\ 278}{1\ 000\ 000}\times\dfrac{360}{91}\times100\%$

$$=8.99\%$$

和 12 月份国库券票面利率为 9% 相比较,基本达到保值的目标。

买入套期保值适用于下面几种情况:

第一,加工制造企业为了防止未来购进原料时,价格上涨的情况。

第二,供货方已经签好未来确定时日的销货合同,但是供货方此时尚未购进货源,防止以后购进货源时价格上涨。

第三,需求方认为目前期货市场的价格很合适,但是由于资金不足,或者缺少外汇,或者一时找不到符合规则的商品,或者仓库以满,不能立即买进现货,担心日后购进现货时,价格上涨。这时,买入套期保值可以达到目的。

3.卖出套期保值

卖出套期保值又叫空头套期保值,它的运行原理是:先在期货市场上卖出与将要在现货市场上卖出的商品(或金融工具)数量相等、到期日相同或相近的该商品(或金融工具)的期货合约,以后在现货市场上卖出该商品的同时,再在期货市场买进与原先卖出的期货合约数量相等、到期日相同的该商品(或金融工具)的期货合约。

卖出套期保值的适用的情况:

第一,生产厂家、农场和工厂等。如果他们手头有库存产品尚未销售或即将生产出来,或当收获某种商品时,担心日后出售价格下跌,于是进行卖出套期保值交易。

第二,储运商和贸易商。如果他们手头上有库存现货尚未出售或储运商和贸易商已经签订将来以特定价格买进某一种商品但尚未转售出去,担心日后出售价格下跌,于是进行卖出套期保值交易。

第三,加工制造企业。他们担心库存仓库中的原料价格下跌。

4.套期保值的保值效果分析

成功的套期保值,其避险结果一般有以下三种情况:

第一,期货市场的盈利恰好弥补现货市场的亏损,实现持平保值。

第二,期货市场的盈利不足以弥补现货市场的亏损,实现减亏保值。

第三,期货市场的盈利弥补现货市场的亏损还有结余,实现有盈保值。

持平保值是一种理论状态,实际操作中却很少存在。影响保值效果的原因主要有以下四点:

(1)时间差异的影响

保值效果随着选择不同月份的期货而产生差异。选择与未来现货交易时间同一月份的期货合约保值效果较易达到完美保值效果。而在实际操作中,考虑到市场流动性等因素,交易者往往会选择其他月份的合约。另外,由于受到供求关系的影响,期货价格和现货价格的波幅时常会不一致,这也是影响保值效果的重要原因。

(2)地点差异的影响

不同地方,完全相同的商品的价格都不尽相同。同理,同一品种、相同月份的合约在不同交易所其价格也存在差异。同一商品在交易所的不同地区的定点注册仓库的价格也会由于运输成本的差异而出现很大不同。这些差异可能严重影响保值效果。

(3)品质规格差异的影响

有时,现货交易商需要套期保值的物品品种与期货标准化合约标的物不一致,其价格波动幅度往往不完全一致。这种品种或质量差异是影响保值效果的重要原因。

(4)数量差异的影响

标准化合约的交易单位的标准化特点决定了期货市场上的交易数量必须是交易单位的整数倍。但是,现货交易中却不会恰好满足这种要求。所以,现货和期货保值时的数量上有一定的差异,从而影响保值效果。如制造商需要购进铜 180 吨,如果在交易所套期保值,交易所铜合约每张规模是 25 吨,这时如果用 7 张合约保值则太少,8 张合约保值则太多。

第三节　期权

从 1973 年芝加哥期权交易所(CBOE)成立并出现第一次标准化的期权交易始,发展到今天,期权交易已经有了三十年的历史,其交易量迅速增长,直到 1987 年的股市大危机爆发,其交易量才出现回落,至今还没有恢复到以前的那个最高水平。但是,期权作为一种重要的金融衍生工具的地位由此而确立,它的类型越来越多,同时对期权的理论和应用的研究也不断升温,1997 年的诺贝尔经济学奖就是颁发给了对期权定价理论作出突出贡献的两位美国经济学家。

一、期权概述

1.期权的定义

期权是指赋予购买者在未来某一特定时间内,按双方约定的价格或执行价格购买或出售一定数量某种金融资产的权利。

2.期权与远期和期货的区别

期权与远期、期货都是近年来发展起来的金融衍生工具,它们之间有联系也有区别。期权是买卖双方签订合同,买方向卖方支付一定的费用以获得一种权利,有权在未来某时可以合同上的价格买进或卖出某项资产,其特点为:

(1)合约签订时买方支付了费用;(2)双方的权利义务并不对称,由买方决定未来某时刻是否进行交易,当执行交易对买方不利时,买方可以放弃执行交易的权利,而卖方没有选择权;(3)期权有标准化的交易场所,当然也可以在场外执行。

远期合约则是以现在确定的价格,在未来某时刻买进或卖出某项资产。其特点为:(1)合同签订时双方都无须缴纳费用;(2)双方的权利义务是对称的,合约一定会被执行,任何一方都无权不执行合同;(3)远期合约没有交易场所,纯粹是场外交易。

期货合约其实是由远期合约发展而来的,具有远期合约的一些特点,但是也有区别:(1)它也无须缴纳费用;(2)它有交易场所;(3)因为买卖双方都可以在市场上把合同进行转卖,不一定最后要执行合约;(4)期货要每日结算,投资者可以借此牟利并减少风险。

二、期权有关术语

1.买权和卖权

期权可以分为两种类型:买权和卖权。买权又叫看涨期权,是指在将来按约定的价格买入某种资产;卖权又叫看跌期权,是指在将来按约定价格卖出某种资产。一般用 C 代表买权,用 P 代表卖权。

2.多头和空头

对于任何一种类型的期权,都有一个卖方和买方,即对于这种权利的买方和卖方,我们要能够区分后面的资产交易的买方和卖方。支付期权费买入期权的叫多头,卖出权利得到期权费的叫做空头。这样就形成了四种基本头寸:多头买权、空头买权、多头卖权、空头卖权。

3.到期日

期权的到期日是指期权的买方即多方有权履约的最后一天,超过到期日期权作废。通常用 T 表示。

4.履约方式

期权交易的履约方式有三种:行使期权、冲销和自动失效。

行使期权是指在到期日之前按合约约定的价格交易资产。冲销是指在交易所把期权合同卖掉,如果在到期日之前冲销合约比行使期权划算的话,期权的多方就会选择冲销,当然,空方也可以冲销合约。如果期权的买方选择不执行合约,过了到期日后,合约将会自动失效,买卖双方无须进行交易。

5.期权价格

期权是一种权利,不附有任何义务的权利,这种权利的市场价值就是期权价格,从买方来看,这是他获得这种权利的代价,所以又叫期权费;由于期权的保险作用,所以还叫做期权保险费。通常用 c 来表示买权价格,用 p 来表示卖权价格。

6.约定价格

约定价格又称执行价格,是合约上规定的在合约执行时资产交易的价格,常用 X 表示。

7.内在价值

期权的内在价值是指期权的买方执行合约时所产生的正的净现金流,没有负值。

8.实值、虚值和平值

一个期权可能出现三种状况:实值、虚值和平值。对于买权而言,当标的物(资产)的市场价格大于约定价格时,即 $S>X$ 时,称此期权为实值期权,或价内期权(in the money);当 $S=X$ 时,为平值期权,或称价平期权(at the money);当 $S<X$ 时,为虚值,或称价外期权(out of the money)。对于卖权则正好相反。

容易得到的结论是:当期权处于实值状态时,其内在价值大于零,处于虚值和平值状态的期权内在价值为零。值得一提的是,内在价值没有负值,但是在画内在价值线的时候,会出现负的情况,这是因为内在价值是针对买方而言的,而期权有买方和卖方,期权执行时买方得到期权的内在价值,而卖方则支付这个价值,在内在价值线上用负值来表示这个支出,而并非指这个期权的内在价值为负,内在价值永远是非负数。

9.时间价值

期权的时间价值是期权费的一个组成部分,即期权费减去内在价值的部分,反映了期权的买方期望在到期日之前由于市场价格的波动给期权带来增值所愿意支付的钱,应注意区别于资金的时间价值。通常离到期日越远,期权增值的概率越大,时间价值也越大。随着期权临近到期日,时间价值逐渐变小,期权到期时,时间价值为零。

10.期权利润

如果没有期权费,那么在期权执行时所产生的正的净现金流即期权的内在价值就是期权投资所带来的全部好处,但是在期权签订时买方需要交纳一定的期权费给卖方,因而最后期权执行时,买方所得的利润应减去期权费,相应的,卖方的利润应加上这部分收入。

一般在分析期权时会用到两条线：内在价值线和利润线。下面以多头买权为例。

多头买权是买入买权，当市场价格 S 低于约定价格 X 时，买方宁可在市场上以更低的价格购入资产，而不愿执行合约，因而合约内在价值为零。只有当 $S > X$ 时，买方才会选择执行合约，合约的内在价值会随 S 的增加而增加，为正值。这便是内在价值线。由于是多头，事先已经支付了期权费 c，所以多方此次投资的利润应减去 c，即将内在价值线往下平移 c，得到利润线如图 18-2。

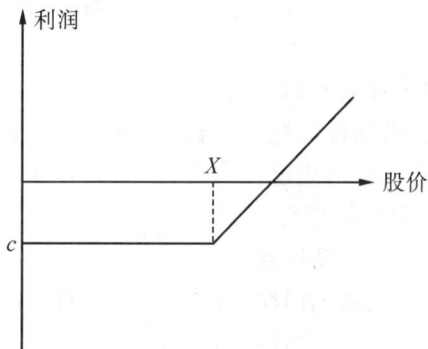

图 18-2　多头买权

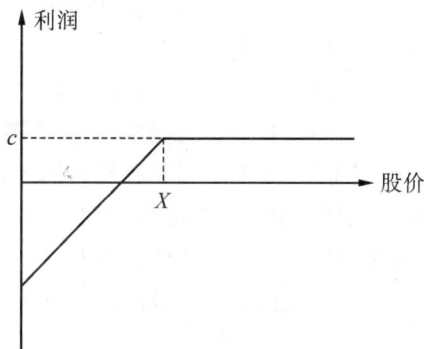

图 18-3　空头卖权

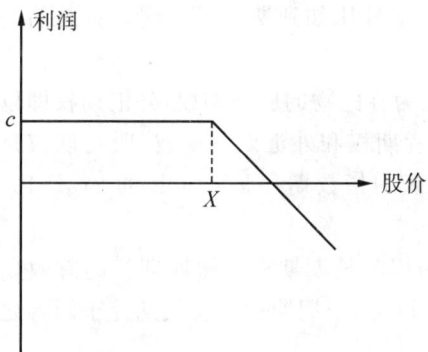

图 18-4　空头买权

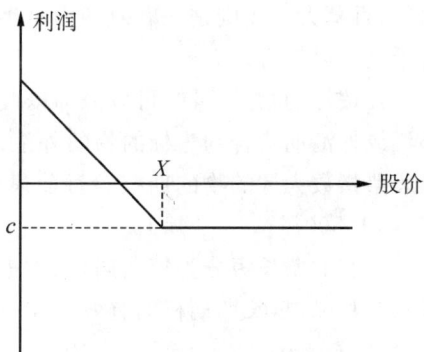

图 18-5　多头卖权

同理可以得出空头卖权、空头买权和多头卖权的利润。通过分析，我们可以得出以下结论：

1.对于某个期权，其买方和卖方的利润线正好是关于 X 轴对称的，即双方的利润和为零。

2.多头买权和空头卖权适合于牛市,当市场价格上涨时盈利;空头买权和多头卖权则适用于熊市,当市价下降时盈利。

三、期权的类型

期权从不同角度可以分为以下几种类型:

1.按购买者的权利不同来分,可以分为看涨期权和看跌期权。

看涨期权是指在将来按约定的价格买入某种资产。看跌期权是指在将来按约定价格卖出某种资产。

2.按交易环境的不同,可以分为场内期权和OTC期权。

场内期权是指在交易所交易的期权,采用标准化的合约,对于交易的数量、约定价格、到期日以及履约时间等都有统一的规定,流动性好。OTC期权即场外期权,主要在金融机构和大公司之间直接进行,没有统一的合约,可以根据客户的要求订立合约。但是有信用风险,流动性差。

3.按权利行使的有效时间不同可以分为:欧式期权、美式期权和百慕大期权。

这并不是根据地理的不同来进行的分类,而是根据到期时间的不同来区分。欧式期权只有在到期日才能够执行,而美式期权在到期日或之前都可以执行,百慕大期权则是在有效期内某些规定日比如到期日以及到期日之前的若干天可以执行。

4.按标的物的不同,可以分为以股票为标的物的股票期权,外汇期权即以外汇或外汇期货合约为标的物的外汇现货期权和外汇期货期权,股指期权是以股票指数为标的物的期权。目前最活跃的指数期权是 CBOE 的 S&P 100 和 S&P 500。

5.有效期长短分为短期期权、中期期权和长期期权。短期期权的有效期在六个月以内,长期期权的有效期在一年以上,中期期权的有效期处于两者之间。

6.期权按交易者事先所作的声明划分为新进合约和平仓合约。新进合约是交易者新建立或新增加的合约,平仓合约是交易者减少或抵消已存在的期权合约。

7.按照期权交易所涉及的商品种类划分为农产品期权合约、金属产品期权合约、能源化工产品期权合约、金融证券期权合约。而金融证券期权合约又可以划分为利率期权、货币期权、股价指数期权、股票期权。

四、影响期权价格的因素

影响期权价格的因素有很多，其中比较重要的有以下几种，下面考虑的都是假设其他因素不变化时，单个因素的变动对期权价格的影响。

1.股票价格

假定到期日、约定价格等均已确定，期权的价格等于内在价值和时间价值之和。股票价格的上升有利于买权内在价值的实现，不利于卖权内在价值的实现，所以股票价格与卖权价格成反比，而与买权价格成正比。

2.约定价格

约定价格与股票价格刚好相反，约定价格的上升不利于买权内在价值的实现，却有利于卖权内在价值的实现，所以它与卖权价格成正比，而与买权价格成反比。

3.到期期限

美式期权可以在到期日之前的任意一天执行，因而到期期限越长，期权可以利用的执行机会就越多，相应的获利机会就越大，期权价值越大。对于买权和卖权来说都一样。由于欧式期权只能在到期日执行，所以，它受到期期限的影响不是很大。

4.股价波动率

期权有保险作用，当价格出现不利变动的时候，亏损一般控制在一定的范围内，而价格出现有利变动时又能获得好处，所以，期权持有人不怕股价的波动，相反，股价波动的越剧烈越频繁，越有可能从中获得好处，所以股价波动引起期权价格的上升。这一点对欧式期权和美式期权都一样。

5.无风险利率

由于投资期权时需要交纳一定的期权费，这就有了一定的机会成本。当无风险利率上升时机会成本也就上升，从而期权费要有一定程度的下降才能补偿期权的买方；当利率下降时，期权费会有一定程度的上升。需要注意的是，这个结论对于真实的金融工具会有所差异：当无风险利率上升时，买权的期权费会上升，卖权的期权费会下降。这还是假定其他条件不变的前提下的，在实际中，无风险利率的变化会引起股票价格的变化，这种股价的变化对期权费的影响要大得多，所以要因当时当地的情况而定。

6.期权有效期内发放的红利

即设其他因素不变，股票在除息日后的价格将等于除息日之前的价格减去红利,也就是说,红利的发放会降低股票的价格。根据股票价格对期权的影响,红利的发放会引起卖权价格的上升和买权价格的下降。

五、期权组合策略

在上一节我们讨论了单个股票期权的损益状态,以及在何种情况下持有何种头寸比较有利,但实际上要准确把握市场的价格方向是非常困难的。为了回避风险,投资者需要采取期权组合策略。

(一)单个期权和股票的组合

考虑买权和卖权以及多头和空头,期权共有四种基本类型,即:多头买权、多头卖权、空头买权和空头卖权。相应地,股票有两种基本类型:多头股票和空头股票。因此,单个期权和单个股票的组合共有 8 个,如表 18-4 所示:

表 18-4

	买权		卖权	
	多头	空头	多头	空头
多头股票	①	②	③	④
空头股票	⑤	⑥	⑦	⑧

其中,只有四种有实际意义,即②③⑤⑧,而余下的四种既不能相互对冲风险,也不能相互加强收益。②③⑤⑧的损益状态如图 18-6 至图 18-9 所示,在本节其他图中,虚线代表单个证券的收益与股票价格之间的关系,而实线代表整个组合的损益与股票价格之间的关系。

在图 18-6 中,组合证券是由一个股票的多头加上一个看涨期权的空头组成,被称为出售一个"有担保的看涨期权"(writing a covered call)。这是由于股票多头"轧平"或保护投资者免受股票价格急速上升带来的巨大损失。在图 18-7 中,组合证券是由一个股票的空头加上一个看涨期权的多头组成。其损益状态与出售一个有担保的看涨期权的损益状态相反。在图 18-8 中,投资策略包括购买一个股票看跌期权和该股票本身。这一策略被称为"有担保的看跌期权"(protective put)策略。在图 18-9 中,组合证券由一个看跌期权的空头和一个股票的空头组成。其损益状态与有担保的看跌期权的损益状态相反。

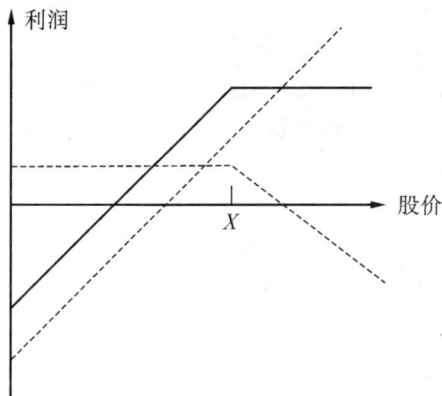

图 18-6 空头买权＋多头股票②

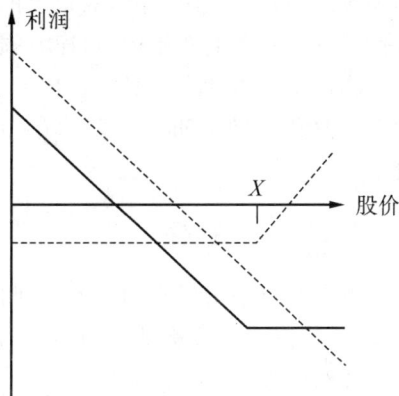

图 18-7 多头买权＋空头股票⑤

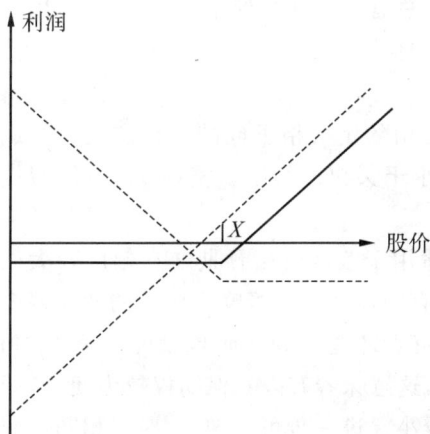

图 18-8 多头卖权＋多头股票③

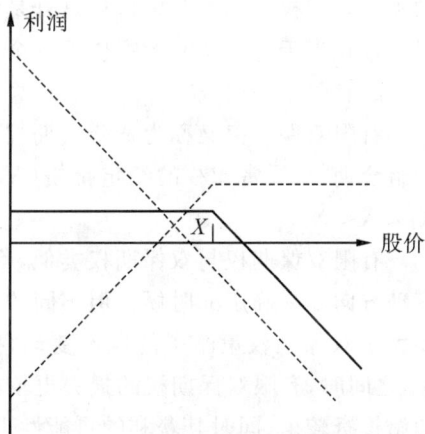

图 18-9 空头卖权＋空头股票⑧

从以上 4 个利润图中可以看出，这四个策略分别适用于不同的情况：

②适用于预计未来股价变动不大或有一定程度的上升。这样在预计正确时会有盈利，如果股价意外下降，初始的期权费也会在一定程度上弥补股票上的亏损。

③适用于预计未来股价会有足够程度的上升。这样在预计正确时会有盈利，如果股价大幅下降，假定执行价格等于股票的初始价格，净亏损也只是初始的期权费。

⑤适用于预计未来股价将有较大幅度的下降。在估计正确时会有盈利，

如果股价意外地大幅上升,股票上的亏损会被买权的盈余抵消一部分,假定执行价格等于股票的初始价格,净亏损也只是初始的期权费。

⑧适用于预计未来股票价格变动不大或有一定程度的下降。在预计正确时会有盈利,如果股价意外地大幅上升,初始的期权费也会在一定程度上弥补股票上的亏损。

（二）组合期权

组合期权是指对不同类型的期权(买权和卖权)持有相同的头寸(多头或空头)。按照约定价格是否相同,可分为双保期权和有限双保期权。

1. 双保期权

双保期权是指买权和卖权的约定价格相同的一种组合,又称为跨式期权。买入双保期权就是指同时买入具有相同的约定价格、相同到期日的同种股票的买权和卖权。无论股票价格是升是降,总有一种期权处于实值状态,所以双保期权相当于为其持有者提供了一个双向保险。

2. 有限双保期权

有限双保期权又称为宽跨式期权,是由约定价格不同的买权和卖权组成的组合期权,通常卖权的约定价格(X_1)小于买权的约定价格(X_2),我们假设$X_1 < X < X_2$。

有限双保期权与双保期权类似,都适用于股票价格预期变动幅度较大而变动方向不易确定的时候。但不同的是有限双保期权策略中股价的变动幅度要大于双保期权策略中的股价变动,投资者才能获利。而当股价处于X_1和X_2之间时,有限双保期权的损失也较小,这意味着有限双保期权较为便宜,即初始投资较少,同时其获利的可能性也较小。进一步可以知道,对于相同数额的投资来说,有限双保期权中两个约定价格距离越远,潜在的损失就越小,但获利的可能性也越小。反之,两个约定价格距离越近,潜在的损失就越大,但获利的可能性也越大。

（三）差价期权

差价期权是指相同类型的两个或多个期权的不同头寸(多头或空头)的投资组合,或者同为买权,或者同为卖权,但约定价格不同或到期日不同。

1. 垂直差价期权

垂直差价期权是指买入一种期权的同时再卖出同类型的期权,期权的到期日相同,但约定价格不同。它包括牛市差价期权和熊市差价期权。牛市差价期权适用于牛市,当股价上升时得到有限的盈利,而当股价意外下跌时也只是有限的亏损。熊市差价期权适用于熊市,当股价下跌时获利,而当股价上升时亏损也不大。这两种组合都可以分别由看涨期权或看跌期权组成,即可以由买权组成也可以由卖权组成,因而可以得到五种类型,下面分别进行介绍。

(1)看涨牛市差价期权

看涨牛市差价期权是指买进一个较低约定价格的看涨期权并卖出一个较高约定价格看涨期权的投资组合。

(2)看跌牛市差价期权

看跌牛市差价期权是指投资者买进一个较低约定价格的看跌期权的同时卖出一个较高约定价格的看跌期权的交易策略。

(3)看涨熊市差价期权

看涨熊市差价期权是指投资者买进一个较高约定价格的看涨期权,同时卖出一个较低约定价格看涨期权。当投资者对市场行情看跌,而又不确定时可以应用该策略。其头寸将收益和损失都限定在一定范围之内,可减少风险。

(4)看跌熊市差价期权

看跌熊市差价期权是指买入一个较高约定价格的看跌期权,同时卖出一个较低约定价格的看跌期权的交易策略。看跌熊市差价期权就是看跌牛市差价期权的空头,因而两者的利润线关于 X 轴对称。

(5)比率差价期权

牛市差价期权的投资者预期股票价格会上升,熊市差价期权的投资者预期股票价格会下降。而实际中往往可以更为精确地预期股价将处于某个范围之内,为了更好地利用这种精确的判断,投资者可以投资于比率差价期权或蝶式差价期权。

2.水平差价期权

水平差价期权是指买入一种期权的同时,再出售同类型的期权,但期权的到期期限不同。水平差价期权又可以称为时间差价期权或日历差价期权。当然这里的构成期权是美式期权。

3.对角差价期权

对角差价期权是由约定价格不同、到期日也不同的期权组成。

六、期权定价模型——布莱克—舒尔斯模型

20世纪70年代,布莱克和舒尔斯发明了期权定价模型。这个模型一出现很快就被学术界和市场人士广泛运用。他们的这一发明获得了1997年度诺贝尔经济学奖。我们知道,看涨期权价值主要是由以下五个因素决定的:(1)标的资产的现行价格;(2)执行价格;(3)距到期日的时间;(4)标的资产的收益率方差;(5)无风险利率。布莱克—舒尔斯模型就是由这五个因素所组成。具体公式如下:

$$C = S \cdot N(d_1) - Ee^{-rt} \cdot N(d_2)$$

其中:
$$d_1 = \frac{\ln\left(\dfrac{S}{E}\right) + \left(r + \dfrac{\sigma^2}{2}\right)t}{\sqrt{\sigma^2 t}}$$

$$d_2 = d_1 - \sqrt{\sigma^2 t}$$

式中:S 为相关资产的市价;

E 为期权行权价;

r 为连续的无风险利率(年利率);

σ^2 为相关资产的连续收益率方差(每年);

t 为距到期日的时间(以年为单位);

$N(d_i)$ 为标准正态分布随机变量将小于或等于 d_i 的概率。

【例18-5】某股票当前价格为42元,认购期权行权价格为40元,该股票的连续收益率的标准差为20%,无风险利率为10%,期权距到期日的时间长度为0.5年。该期权价值应该是多少?

$$d_1 = \frac{\ln\left(\dfrac{42}{40}\right) + \left(0.1 + \dfrac{0.2^2}{2}\right) \times 0.5}{\sqrt{0.2^2 \times 0.5}} = 0.769\,3$$

$$d_2 = 0.769\,3 - \sqrt{0.2^2 \times 0.5} = 0.627\,8$$

查正态分布表,可知:

$N(d_1) = 0.779\,1$

$N(d_2) = 0.734\,9$

则该期权价值为:

$$C = 42 \times 0.779\,1 - 40e^{-0.1 \times 0.5} \times 0.734\,9 = 4.76(元)$$

七、利用期权合约对冲

我们下面利用一个简单的例子说明如何利用期权合约对冲,以规避市场风险。

【例 18-6】你在 10 月初持有中国神华(601088)股票 400 股,每股市价 92.25 元,你预期该股票在短期内会较大的波动,所以你买入了 10 月份中国神华认沽权证 400 份以回避风险。认沽权证的合约每份市价 1.67 元,每份认沽权证有权利以行权价格 90 元卖出中国神华股票一股,所以你的对冲成本为 668 元(1.67 元×400 份)。这样到了 10 月 31 日中国神华股价和你的对冲结果如表 18-5:

表 18-5　　　　　　　　　　　　　　　　　　　单位:元

中国神华股价	81.69	92.25	95.25
股票价值	32 676	36 900	38 100
认沽权证盈亏	3 324	0	0
对冲成本	(668)	(668)	(668)
组合总价值	35 332	36 232	37 432

从上表可以看出,如果中国神华股价高于 90 元,你不会行使认沽权证。但如果低于 90 元你便可以行使认沽权证,从而获利 3 324 元。你可以从期权所得的盈利抵消股价下跌所带来的损失。当然,不论股价表现如何,你都必须付出对冲成本。所以,期权能给予持有人一定的保险,可以对冲相关资产的价格风险,但持有人须付出期权费。

第四节　金融互换

一、金融互换的基本概念

金融互换是指买卖双方在一定时间内,交换一系列现金流的合约。具体说,金融互换是指两个(或者两个以上)当事人按照商定的条件,在约定时间内,交换不同金融工具的一系列支付款项或收入款项的合约。

互换是一种按需定制的交易方式。互换双方既可以选择交易额的大小，也可以选择期限的长短。

1.金融互换交易合约的内容

典型的互换交易合约通常包括以下几方面的内容：①交易双方——是指相互交换货币或利率的双方交易者；②合约金额——理论上交易货币可以是任何国家的货币，但进入互换市场通常是世界上主要的可以自由兑换的货币；③互换的利率；④合约到期日；⑤互换价格；⑥权利义务；⑦价差；⑧其他费用。

2.金融互换的交易者

金融互换市场交易的参加者一般由互换经纪人、互换交易商和直接用户构成。三者运用互换市场的动机不同。

(1)直接用户运用互换市场的主要目的是：①获得低成本的筹资；②获得高收益的资产；③对利率、汇率风险进行套期保值；④进行投机。直接用户包括银行、公司、金融和保险机构、国际组织代理机构和政府部门。

(2)互换经纪商是以代理人身份从事交易活动的。一项互换交易要成功，互换双方的需求必须完全吻合。一家企业如果面临的金融互换是短期的，而且是标准化的，这家企业就可以应用期货或期权交易来管理这种风险。对于一个可能参加互换的交易者而言，找到完全匹配的对手是很难的。正是由于这种困难，才使得经纪商有了用武之地。总的来说，互换经纪商主要起的是媒介作用，为互换双方寻找合适的对手方。互换经纪人并不承担金融风险。

(3)互换交易商履行互换经纪商的所有职责。此外，互换交易商由于是交易的一方，因此往往还要承担金融风险。互换交易商起金融媒介作用。

在互换市场上，金融机构既是最终使用者，又是中介者。作为最终使用者，金融机构通过互换市场来管理其资产和负债；作为中介者，金融机构提供建议、信息，安排不同信誉的客户从事互换交易。

二、金融互换市场的起源和发展

金融互换是在 20 世纪 80 年代在平行贷款和背对背贷款基础上发展起来的，因此三者既有联系又有区别。

(一)平行贷款

平行贷款(parallel loan)是 20 世纪 70 年代在英国首先出现的为逃避外汇管制而创新的一种业务，是指在不同国家的两个母公司分别在国内向对方在本国境内的子公司提供金额相当的本币贷款，并承诺在指定到期日，各自归还所借货币。其流程图如图 18-10 所示。

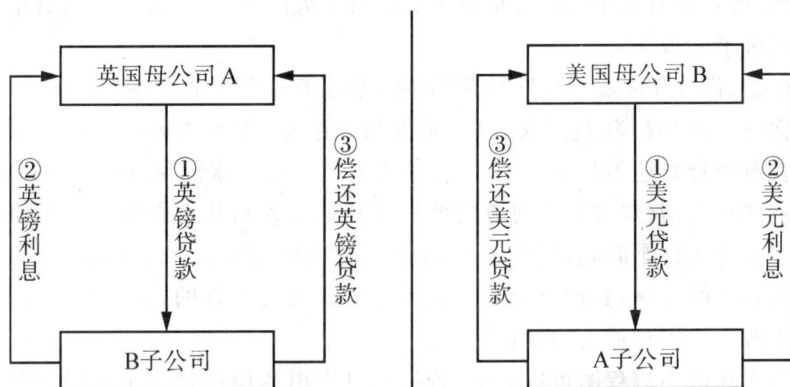

图 18-10　平行贷款流程图

　　平行贷款既可满足双方子公司的融资需要，又可以逃避外汇管制，所以深受欢迎。但平行贷款存在信用风险问题，这是因为平行贷款包含着两个独立的贷款协议，它们分别具有法律效力，其权利义务不相联系，当一方出现违约时，另一方仍然不能解除履约义务。

　　（二）背对背贷款

　　背对背贷款（back to back loan）是为了解决平行贷款中的信用风险问题而产生的。它是指两个国家的公司相互直接贷款，贷款币种不同但是币值相等，贷款到期日相同，各自支付利息，到期各自偿还原借款货币。其流程图如图 18-11 所示。

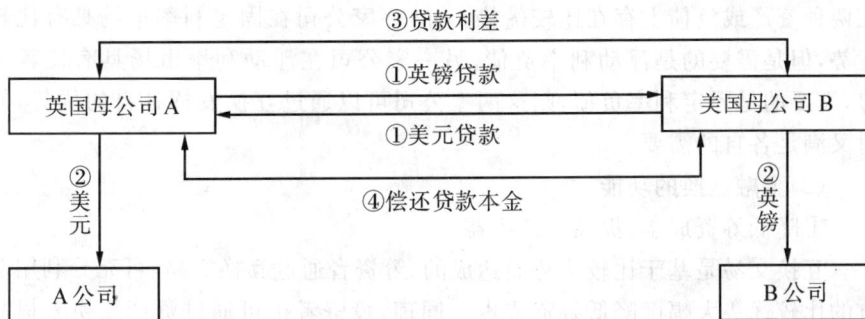

图 18-11　背对背贷款流程图

背对背贷款尽管有两笔贷款,但是只签订一个贷款协议,协议中明确若一方违约,另一方有权抵消应尽的义务。这就大大降低了信用风险,向货币互换大大迈进了一步。

但是,背对背贷款涉及跨国借贷问题,这就存在外汇管制问题。因此,背对背贷款只有在1979年英国取消外汇管制后才作为一种金融创新工具而出现。

背对背贷款还不是真正的互换,因为它是一种贷款行为,在法律上会产生新的资产和负债(双方互为对方的债权人和债务人),从而影响资产负债表结构。为了解决这个问题,互换于1981年8月应运而生了。由于互换是负债的交换或资产的交换,其现金流的流出和流入是互为条件的,是一种表外业务,因而不改变资产负债表的结构。

从上述两个流程图可以看出,若把利息支出和偿还贷款本金用一系列远期合约来规定,则平行贷款和背对背贷款相当于现货交易和一系列远期交易的组合。

三、金融互换的理论基础及其功能

(1)金融互换的理论基础

比较优势理论是英国著名经济学家大卫·李嘉图提出的。他认为,在两国都能生产两种产品,且一国在这两种产品的生产上均处于有利地位,而另一国均处于不利地位的条件下,如果前者专门生产优势较大的产品,后者专门生产劣势较小的产品,那么通过专业化分工和国际贸易,双方均能获益。

李嘉图的比较优势理论在金融领域的最生动运用就是互换。只要满足以下两种条件,就可以进行互换:①双方对对方的资产或负债均有需求;②双方在两种资产或负债上存在比较优势。如:一家公司在固定利率市场具有比较优势,但是需要的是浮动利率负债,另一家公司在浮动利率市场具有比较优势,需要的是固定利率负债,则这两家公司可以通过互换发挥各自的优势,同时又满足各自的需要。

(2)金融互换的功能

①降低筹资成本,提高资产收益。

互换交易是基于比较优势而达成的,筹资者通过互换交易,可充分利用双方的比较优势大幅度降低筹资成本。同理,投资者也可通过资产互换来提高资产收益。交易双方最终分配由比较优势而产生的全部利益是互换交易的主要动机。

②优化资产负债结构,转移和防范利率风险和外汇风险。

互换交易使得企业和银行能够根据需要筹措到任何期限、面值、利率的资金。同时可根据市场行情的变化,灵活地调整其资产负债的市场结构和期限结构,以实现资产负债的最佳搭配。由于互换是以名义本金为基础进行的,利率互换在对资产和负债利率暴露头寸进行有效操作中具有比利用货币市场和资本市场进行操作的优势,它可以不经过真实资金运动而对资产负债额及其利率期限结构进行表外重组。

③空间填充功能。

空间填充功能从理论上讲是指金融机构依靠衍生工具提供金融中介,以弥合总体空间中存在的缺口和消除在此范围内的不连续性,形成一个理想的各种工具的不同组合,创造一个平滑连续的融资空间。例如:由于发行形式的不同,交易者信用级别的差异、市场准入资格限制等造成不同融资工具适用条件的不同。事实上,这种差异正是互换存在的基础。从本质上说,互换就是对不同融资工具的各种特征进行互换,它具有明显的对融资工具不同特征进行重新组合的特征。

四、金融互换的种类及其机理

(一)利率互换

利率互换是指双方同意在未来的一定时期内根据同种货币的同样的名义本金交换现金流,其中一方的现金流根据浮动利率计算,而另一方的现金流根据固定利率计算。互换的期限通常在 2 年以上。

双方进行利率互换的主要原因是双方在固定利率和浮动利率市场上各自具有比较优势。假定 A、B 公司都想借入 5 年期的 1 000 万美元的借款,A 想借入与六个月期 LIBOR 相关的浮动利率借款,B 想借入固定利率借款。但是两家公司信用等级不同,故市场向它们提供的利率也不同,如表 18-6 所示。

表 18-6　市场提供 A、B 两公司的借款利率

	固定利率	浮动利率
A 公司	10.00%	六个月期 LIBOR＋0.30%
B 公司	11.20%	六个月期 LIBOR＋1.00%

从上表可以看出,A 的借款利率均比 B 低,即 A 在两个市场上都具有绝

对优势。但在固定利率市场上,A 比 B 的绝对优势为 1.2%,而在浮动利率市场上,A 比 B 的绝对优势为 0.7%。这就是说,A 在固定利率市场有着比较优势,而 B 在浮动利率市场上有比较优势。这样,双方就可以利用各自的比较优势为对方借款,然后互换,以达到共同降低筹资成本的目的。即 A 以 10%的固定利率借入 1 000 万美元,而 B 以 LIBOR+1%的浮动利率借入 1 000 万美元。由于本金相同,故双方不必交换本金,而只交换利息的现金流。即 A 向 B 支付浮动利息,B 向 A 支付固定利息。

通过发挥各自的比较优势并互换,双方总的筹资成本降低了 0.5%(即 11.20%+6 个月 LIBOR+0.30%−10.00%−6 个月 LIBOR−1.00%),这就是互换利益。互换利益是双方合作的结果,理应由双方分享。具体分享比例由双方谈判决定。我们假定双方各分享一半,则双方都将使得筹资成本降低 0.25%,即双方最终实际筹资成本分别为:A 支付 LIBOR+0.05%的浮动利率,B 支付 10.95%的固定利率。

这样,双方就可以根据借款成本和实际筹资成本的差异计算各自向对方支付的现金流,即 A 向 B 支付按 LIBOR 计算的利息,B 向 A 支付按 9.95%计算的利息。

在上述互换中,每隔 6 个月为利息支付日,因此互换协议的条款应规定每 6 个月一方向另一方支付固定利率与浮动利率的差额。假定某一支付日的 LIBOR 为 11%,则 A 应支付给 B 为 5.25 万美元[即 1 000 万×0.5×(11.00%−9.95%)]利率互换的流程图如图 18-12 所示:

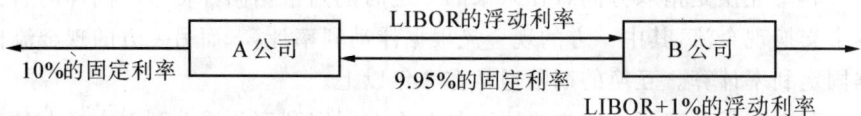

图 18-12　利率互换流程图

由于利率互换只交换利息差额,因此信用风险很小。

(二)货币互换(currency swaps)

货币互换是将一种货币的本金和固定利息与另一种货币的等价本金和固定利息进行交换。

货币互换的主要原因是双方在各自国家中的金融市场上具有比较优势。假定英镑和美元汇率为 1 英镑=1.500 0 美元。A 想借入 5 年期的 1 000 万英镑借款,B 想借入 5 年期的 1 500 万美元借款。由于 A 的信用等级高于 B,

两国金融市场对 A、B 两公司的熟悉状况不同,因此市场向它们提供的固定利率也不同,如表 18-7 所示。

表 18-7　市场向 A、B 公司提供的借款利率

	美元	英镑
A 公司	8.0%	11.6%
B 公司	10.0%	12.0%

从表 18-7 中可以看出,A 的借款利率均比 B 低,即 A 在两个市场都具有绝对优势,但绝对优势大小不同。A 在美元市场上的绝对优势为 2%,在英镑市场上只有 0.4%。这就是说,A 在美元市场上有比较优势,而 B 在英镑市场有比较优势。这样双方就可以利用各自的比较优势借款,然后通过交换得到自己想要的资金,并通过分享互换收益(1.6%)降低筹资成本。

于是,A 以 8% 的利率借入 5 年期的 1500 万美元借款,B 以 12.0% 利率借入 5 年期的 1 000 万英镑借款。然后,双方先进行本金的交换,即 A 向 B 支付 1 500 万美元,B 向 A 支付 1 000 万英镑。

假定 A、B 公司商定双方平分互换收益,则 A、B 公司都将使得筹资成本降低 0.8%,即双方最终实际筹资成本分别为:A 支付 10.8% 的英镑利率,而 B 支付 9.2% 的美元利率。

这样,双方就可根据借款成本与实际筹资成本的差异计算各自向对方支付的现金流,进行利息互换。即:A 向 B 支付 10.8% 的英镑借款利息计 108 万英镑,B 向 A 支付 8.0% 的美元借款利息计 120 万美元。经过互换后,A 的最终实际筹资成本降为 10.8% 英镑借款利息,而 B 的最终实际筹资成本变为 8.0% 美元借款利息加 1.2% 英镑借款利息。若汇率水平不变的话,B 最终实际筹资成本相当于 9.2% 美元借款利息。若担心未来汇率水平变化,B 可以通过购买美元远期或期货来规避汇率风险。

在贷款期满以后,双方要再次进行借款本金的互换,即 A 向 B 支付 1 000 万英镑,B 向 A 支付 1 500 万美元。至此货币互换结束,流程图如图 18-13 所示:

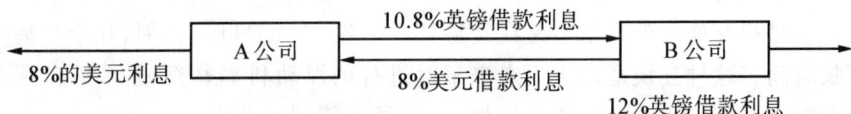

图 18-13　货币互换流程图

由于货币互换涉及本金互换,因此当汇率变动很大时,双方就将面临一定的信用风险,但是这种风险仍然比单纯的贷款风险小得多。

(三)其他互换

从最普通的意义来说,互换实际上是现金流的交换。由于计算或确定现金流的方法很多,因此互换的种类很多。

1. 交叉货币利率互换

交叉货币利率互换是利率互换和货币互换的结合,它是以一种货币的固定利率交换另一种货币的浮动利率。

2. 增长性互换、减少性互换和滑道性互换

在标准的互换中,名义本金是不变的,而在这三种互换中,名义本金是可变的。其中,增长性互换的名义本金在开始时较小,尔后随着时间的推移逐渐增大;减少性互换正好相反;滑道性互换的名义本金则在互换期内时而增大,时而变小。

3. 基点互换

在普通的利率互换中,互换一方是固定利率,另一方是浮动利率。在基点互换中,双方都是浮动利率,只是两种浮动利率的参照利率不同,如一方为LIBOR,另一方为基准利率。

4. 可延长互换和可赎回互换

在标准的互换中,期限是固定的。而可延长互换的一方有权在一定期限内延长互换期限。可赎回互换的一方有权提前终止互换。

5. 零息互换

零息互换是指固定利息的多次支付流量被一次性的支付所取代,该一次性支付可以在互换期初也可以在期末。

6. 差额互换

差额互换是对两种货币的浮动利率的现金流量进行交换,只是两种利息现金流量均按同种货币的相同名义本金计算。

7. 远期启动互换

它是指互换生效日期不是在交易日后一两天,而是间隔几周、几个月甚至更长时间。这种互换适用于为未来某时进行的浮动利率筹资,但希望在现在就确定实际借款成本的借款人。如,某公司可能刚刚获得对一个项目的委托管理,并正忙于筹集资金以备未来支用。如果公司实施远期启动互换,就可以规避未来利率上涨的风险。

8.互换期权

本质上属于期权而不是互换,但该期权的标的物是互换。例如,利率互换期权本质上是把固定利率交换为浮动利率,或把浮动利率交换为固定利率的权利。

9.股票互换

它是以股票指数产生的红利和资本利得与固定利率或浮动利率交换。投资组合管理者可以用股票互换把债券投资转换成股票投资,反之亦可。

第十九章　公司的并购与破产

第一节　公司并购概述

一、并购的定义

公司并购是指企业的兼并和收购行为,是兼并和收购的简称。

兼并(merger)通常是指一家企业以现金、证券或者其他形式(如承担债务、利润返还等)购买取得其他企业的产权,使得其他企业丧失法人资格或改变法人实体,并取得对这些企业决策控制权的经济行为。

收购(acquisition)是指一个公司用现金、负债或股票购买另外公司的股票或资产以获得对该公司的部分或全部控制权的行为。

二、并购的分类

公司并购按不同的标准可分为不同的类型。

(一)按并购公司与目标公司行业相互关系分类

1.横向并购

又称水平并购,是指生产同类产品的竞争对手之间的合并。例如两个生产啤酒的企业之间的合并就属于此类并购。横向并购使得资本在同一领域集中,是优势企业迅速占领市场扩大规模的有效途径。横向并购是19世纪末20世纪初最早出现的西方第一次并购浪潮的主要形式。

2.纵向并购

又称垂直并购,是指几个在生产过程或经营环节上是上下游关系的企业之间的并购。例如:与原材料供应商的合并或者与产品销售商的合并。纵向合并是公司将关键性的投入产出关系纳入公司控制范围,以行政手段而不是市场手段处理一些业务,以达到提高公司对市场的控制能力、降低交易成本的一种方法。纵向合并是20世纪20年代西方世界第二次并购浪潮的主要形式。

3.混合并购

是指生产经营的产品或服务没有关联的企业之间的并购,这些公司处于不同的行业、不同的市场以及有着不同的生产技术。混合并购又有三种类型:产品扩展型并购,是相关产品市场上企业间的并购;市场扩展型并购,是一个企业为扩大其竞争地盘而对它尚未渗透的地区生产同类产品的企业进行的并购;纯粹的并购是指那些生产和经营彼此间毫无联系的产品或服务的若干企业的并购。混合并购的主要目的在于减少长期经营一个行业所带来的风险。混合并购是20世纪50年代西方企业第三次并购浪潮中的主要形式。

（二）按购买方式划分

1.出资购买资产式并购。指收购公司使用现金购买目标公司全部或绝大部分资产以实现并购。

2.出资购买股票式并购。指收购公司使用现金、债券等方式购买目标公司一部分股票,以实现控制后者的资产及经营权的目标。

3.以股票换取资产式并购。指收购公司向目标公司发行自己的股票以换取目标公司的大部分资产。

4.以股票换取股票式并购。指收购公司直接向目标公司的股东发行股票以换取目标公司的大部分股票。

（三）按并购公司的态度划分

1.善意收购

指目标公司同意收购公司提出的收购条件并承诺给予协助,故双方高层通过协商来安排并购的具体事宜。

2.敌意收购

指收购公司在目标公司管理层对其收购意图尚不知晓或持抵制态度的情况下,对目标公司强行进行收购的行为。

（四）按收购行为资金来源划分

1.杠杆收购

指收购公司利用目标公司资产的未来经营收入，来支付并购资金或作为此种支付的担保。收购公司只需要少量现金，加上以目标公司的资产及营运所得作为融资担保获得的贷款，就可以收购任何规模的公司。

2.非杠杆收购

指不用目标公司资产的未来经营收入，来支付并购资金或作为此种支付的担保的收购。

第二节　公司并购理论

并购理论产生于并购实践，也推动着并购实践的发展。西方公司间并购已有很多年的历史，同时积累了大量的经验，也形成大量的成熟理论。西方并购理论主要针对"并购为什么会发生？"和"并购能够带来多少经济利益？"这两个问题展开。

一、效率理论

该理论认为公司并购活动能够给社会收益带来一个潜在的增量，并且对交易的参与者来说能够提高彼此的效率。该理论具体细分为下面几个理论：

1.差别效率理论

又称管理协同假说，该理论解释了横向并购发生的原因。主要观点是：如果 A 企业的管理效率高于 B 企业的管理效率，那么当 A 企业并购 B 企业以后，B 企业的管理效率也会提高到 A 企业的水平，整个社会的管理效率也得到提高。这个理论说明如果一家公司有一个高效率的管理队伍，且其能力超过其他公司的管理效率就可能发生并购。由于管理效率的比较在同一行业最为明显，该理论还进一步说明了从事相同生产经营活动的企业更有可能成为被收购的对象。因为收购企业具有对低于行业平均水平或未充分发挥经营潜力的企业进行侦察的能力，并且懂得如何改善被收购企业的经营业绩。

2.多元化经营理论

这个理论的观点很简单,认为公司想进行多元化经营而并购其他领域的公司。多元化经营行为有其独特的好处,最主要包括:

公司管理者及其雇员可以分散风险。单一经营的公司如果陷入困境,公司管理者及雇员将面临较大的风险。由于公司管理者和员工不能像公司股东一样可以在资本市场上分散风险,所以他们为公司正常运营而积累的知识以及为工作付出的时间和金钱投资必然会面临很大的风险。公司采取多元化经营策略后,使得公司内部员工的升迁机会和获得新的工作能力的机会增加,进而增强了员工的工作安全感。

此外,有利于保护公司组织资本和声誉资本也是重要原因。公司如果具有很好的商誉、客户群体或供应商等无形资产,多元化经营可以使得此类资源得到充分利用。多元化经营可以保证公司业务活动的平稳有效过渡以及公司团队和组织成长的连续性。

3.管理者无效理论

该理论是指一个公司的管理者没有能够充分发挥该公司应有的经营潜力,而另外的管理团体却可以有效地对该公司进行管理,所以,基于这种现状,并购活动发生。这个理论可以部分解释混合并购发生的原因。

4.经营协同理论

该理论认为由于机器设备、人力资本、无形资产以及相关固定费用支出等方面具有不可分割性,因此公司具有规模不经济的情况。并购战略可以消除这种规模不经济问题,使得兼并后的两家公司产生经营上的协同性效果。

5.财务协同理论

由于不同公司融资成本费用不同以及股利方面存在差别税收待遇,所以并购可以使得公司从边际利润率较低的生产活动向边际利润率较高的生产活动转移,从而提高了公司资本的使用效率。

当公司有很多的账面盈余的时候,合并另一家公司可以降低税负支出。这里公司主要利用税法中亏损递延条款来达到合理避税的目的。所谓亏损递延是指:如果某公司在一年中出现了亏损,该公司不但可以免付当年的所得税,它的亏损还可以向后递延,以抵消以后几年的盈余,直到所有的亏损抵消完以后,剩下的盈余再缴纳所得税。

6.价值低估理论

该理论认为,公司并购发生的一个重要原因就是目标公司的市场价值由于某种原因被低估而没有反映出其真实价值。价值被低估的原因可能是公司的经营管理没有发挥应有的潜力,也可能是收购公司具有外部市场没有的内部消息,还可能是由于通货膨胀造成资本的市场价值与重置成本出现差异。

二、信号理论

信号理论主要的观点是特别的行动传达了重要的信息。并购行为发生后,资本市场将重新评估公司的价值。

公司被兼并这一行为蕴藏着很多信息:该公司有着迄今为止没有被人发现的额外价值,公司未来的现金流量将会增长,公司管理层被市场低估。

三、代理问题与管理主义

公司所有权和管理权的分离会产生代理问题。管理层由于不是公司全部资产的所有者,所以它会倾向于增加非现金的额外支出,如使用豪华办公室、豪华轿车等。这些支出由管理者独自使用,却由公司股东全部承担。所以,公司股东为了维护自己的权益,需要监督管理者,所花费的监督成本就是一种代理成本。

在这种代理理论看来,公司并购可以降低公司的代理成本。认为并购市场提供了一种解决代理问题的外部机制,当目标公司代理问题产生时,并购的竞争行为可以降低代理成本。

管理主义假说是管理学家穆勒于1969年提出的。他认为公司管理者的报酬取决于公司的规模,因此公司管理者有动机通过并购使得公司规模扩大,而忽视公司的实际投资率。

四、自由现金流量假说

所谓自由现金流量是指公司的现金在支付了所有净现值为正的投资计划后所剩下的现金量。公司采取并购行动后,会减少公司的自由现金流量,进而有助于化解公司管理层和股东之间的冲突。

五、市场力量

收购可以提高公司的市场占有率,同时由于并购的发生,使得公司竞争对手减少,从而增加公司的整个市场的控制力。并购行为并不破坏已有市场的供求平衡关系,它使得行业内部企业相对集中,既实现规模经济,又避免生产能力的盲目增加。

第三节　公司并购中的价值分析

一、目标公司的估价

公司并购行为对收购方来说,是一笔很大的投资,它涉及公司大笔现金流的支出。所以,要想降低并购成本,保证并购最终顺利实现,对目标企业的价值评估是极其必要的。并购交易发生之前,要对目标企业的各种情况以及并购行为本身对目标企业产生的影响进行周密仔细的分析评估,有了这些评估也有助于公司在并购谈判中处于主动地位。

公司并购是公司资本运作的一种,作为一种投资行为,其最终目的和其他投资行为一样,是为了获得收益或者提高公司的价值。假设 A、B 两个企业在并购发生前的价值分别为 V_A、V_B,合并后的新企业 C 的价值为 V_C,有:

$$V_C = V_A + V_B + V_N$$

式中 V_N 表示为两家公司合并后新增的价值。显然,公司合并的目标应该是追求 V_N 价值最大化。为了保证公司合并有利可图,A 公司为合并 B 公司所支付的成本应该小于 $V_B + V_N$,从而使得合并的行为带给 A 公司正的净现值。

公司收购的净现值源于并购产生的协同效应,从技术的角度来说,正的净现值来源于:

(1)在保持风险水平不变的的条件下,使净现金流入量增加,从而使并购后的净现值大于零;

(2)降低公司现金流量的风险水平,从而降低贴现率,使这些现金流量的净现值增大。

对兼并方公司而言,兼并应被作为一个投资项目加以评估。首先必须估计兼并后企业的预期现金流,并按照资本要素的成本贴现。这些现金流中包括新进业务的所有正常营业现金流量,裁并双方不必要的重叠部门以及并购协同效应对现金流量的贡献。上述现金流量的现值扣除购买目标公司的金额后的价值若大于零,则一般而言这个并购方案可行。

除了上述涉及的财务因素外,并购活动还需要考虑一些非财务因素,例如:要考虑宣布裁员以求取得潜在的规模经济等行为的可行性。

总的来说,并购活动净现值分析主要分析以下几点:

第一,并购后的各期现金流量;

第二,用于估算公司合并价值的资本成本;

第三,计算合并后净现金流量的现值;

第四,公司合并后的净收益是如何在合并公司的股东间分配的。

【例 19-1】A 公司是一家股东权益价值为 4 500 万元,普通股股票的数量为 300 万股(每股股价 15 元)的公司。

A 公司计划收购 B 公司,B 公司目前的资产负债率为 30%,收购后 A 公司准备将其提高至 40%。目前 B 公司债务的税后成本为 7%,假设收购后资产负债率的提高不会改变 B 公司的债务成本,而股东权益的成本预计将上升为 18%。目前 B 公司债务的市场价值为 520 万元,股东权益的市场价值为 1 100 万元,目前 B 公司共有普通股 110 万股,每股股票价值为 10 元。A 公司收购 B 公司后,将完全承担 B 公司的债务。请分析 A 公司并购行为的可行性。

(1) 现金流量分析

预计并购后,B 公司的现金流量如表 19-1 所示:

表 19-1   B 公司的各年现金流量

单位:万元

	2001	2002	2003	2004	2005
销售净收入	2 450	2 660	3 050	3 350	3 650
减:产品成本	1 870	1 980	2 240	2 440	2 615
销售及管理费用	310	344	370	404	421
折旧	195	195	220	220	245
税前利润	75	141	220	286	369
减:所得税(40%)	30	56	88	114	147
税后净利润	45	85	132	172	222
加:折旧	195	195	220	220	245
减:资本支出	100	100	150	180	230
加:企业终值					3 303
净现金流入量	140	180	202	212	3 540

(2) 合并后的资本成本分析

$$\text{WACC} = w_d k_d + w_c k_c = 0.4 \times 7\% + 0.6 \times 18\% = 13.6\%$$

（3）合并后的现金流量现值

$$PV = 140/1.136 + 180/1.136^2 + 202/1.136^3 + 212/1.136^4 + 3\,540/1.136^5$$
$$= 2\,401(万元)$$

（4）合并后的净现值及其分配

B 公司目前市场价值为 1 620 万元,其中股东权益价值为 1 100 万元,据以上分析,收购后 B 公司的价值可达 2 401 万元,股东权益价值达 1 881 万元。这意味着,如果 A 公司能以低于 1 881 万元的价格收购 B 公司,则该项收购活动就是明智的。目前 A 公司所付出的收购成本为 1 500 万元,则原 B 公司股东可得到 400 万的收益,原 A 公司股东可得到 381 万元的收益。

第四节   公司并购后的整合

公司并购成功与否,除了并购前和并购中的决策重要以外,还要取决于公司并购后能否得到有效整合。

并购活动本身只是社会资源的一种重新分布,一种优化组合,但并不意味着并购以后的企业就一定能经营得很好。据统计,美国发生并购的大公司中有一半的公司经营不善,有 1/3 的公司最后不得不把并购得来的企业重新卖出去。可见公司并购后的整合也是至关重要的,它也是协同效应发挥作用的关键。

并购后的整合包括制度整合、管理整合、文化整合、人事整合和财务整合。

（1）制度整合。并购企业一般都希望将公司管理制度融入目标公司之中,但如果原公司本身的管理制度运行得很好,则不需要改变,轻易改变制度后,往往会引起一连串的连锁反应,弄不好反而达不到预期效果。

并购完成后,是否要改变被并购企业的管理制度,取决于该企业现行管理制度的优劣。对于业绩优异、财务状况良好的公司,通常无须改变其管理制度,因为改变管理制度有可能挫伤公司原有员工的积极性,所以应维持原状,实现制度的稳定性和连续性。对于业绩欠佳的公司,要仔细分析其经营不善的原因,是否由管理制度的弊端造成。如原有的管理制度良好,则不需要改变;如果公司制度与收购方的期望不符,则可以考虑把收购方企业所实行的良好制度移植到被收购企业。

新的管理制度的确立和完善是一个渐进的过程,因为其间难免会产生各种各样的问题和冲突。在改变被收购企业的制度时,必须深入了解被并购企业的原有制度，比较双方制度的优劣，并根据生产经营的实际需要制定审慎的制度移植政策。

(2)管理整合。管理整合并不是简单地把两个企业的优秀经验相加。并购后的企业规模扩大，企业信息传递、沟通方式和管理技巧都应该作出相应改变，也就是说企业管理制度应该动态变化，适应新的形势。在收购以后，被并购公司成为子公司，母公司管理整合的核心是建立合理的分权管理体制。分权管理体制的设计既要保证决策的统一性，又要赋予企业独立处理具体生产经营活动的权利，以增强其经营的灵活性。

在企业生产作业的整合方面，并购双方都要熟悉彼此的管理控制系统，同时注意取长补短，通过各部门的最优组合安排形成更高效的管理系统。

在通常情况下，生产作业整合中会出现设备的重复设置问题，但是从长期来看，由于规模经济的产生，会使得企业的产品成本、存货成本、销售成本得到降低，从而增强企业的竞争力。

除了上述问题外，收购方还需要考虑，在被并购企业的生产线上，是否需要技术和产品投入；如果需要的话，应该投入哪些新技术和新产品；双方的产品差异性有多大，有没有可供其使用的研究设备；是否可与其使用同一个销售网络等等。

(3)人事整合。现代企业的竞争关键是人才的竞争，能否留得住被收购企业的核心人才是并购是否成功的重点。这些核心人才包括企业的高级管理者、高技术人才以及熟练的工人，他们掌握着企业的管理、技术和客户资源。保持并购后企业经营的连续性和稳定性是人事整合的重点。

根据国内外大量企业并购案例的研究分析，人事整合通常需要做好一下几方面的工作：

第一，公司主要管理人员的选择。并购完成以后，并购者取得了被并购企业的控制支配权。并购者可以通过定期审核各种报表资料，了解被并购企业的业务开展情况，实现对企业的控制。但是，这些都是一种非直接的控制，它的有效性需要管理者的配合。选派具有专业管理能力同时忠诚可靠的人前往被并购企业负责经营管理，可以减少这种管理上的信息不对称。公司自己选派的管理人员必须具备专业管理能力，这是合并企业能否持续稳定发展的关键，这样才能服众，才可以得到新员工的人心。

第二，并购后的人员沟通。公司并购完成后，被并购企业内部的工作人员往往会很失落，有离职的打算。只有进行有效的人际沟通，消除这种戒备心态和悲观情绪才会使得好的人才和客户得以保存。因此，在并购行为宣布后，并购方需要派代表到被并购企业,与该企业人员进行交谈沟通,想方设法留下人才,告诉企业员工有关本公司的股权变化情况、主管任命情况、未来发展方向等。一定要争取老员工的认同,消除双方企业得文化差异所造成的障碍,共建新的企业文化。

第三,必要的人事整顿。在对被并购企业的人员状况有了深入翔实的了解之后,就可以判断哪些员工属于企业发展必不可少的精明强干的人,哪些是企业庸碌无能的多余人员。一般来说,被并购企业的管理或者技术方面的能手最可能离职,因为他们无论到哪里都会有同行业的公司竞相聘用。公司要首先考虑这些人的需要,尽量留住他们并使他们对自己忠诚,为新的企业效力。

(4)文化整合。企业文化包括企业的价值观、传统信仰以及处理问题的准则。企业文化可以塑造企业的管理风格和经营理念,有助于建立企业的行为准则,以指导员工的行为。并购会对企业文化产生影响,两种不同的企业文化会产生冲突,员工会产生抵触情绪。这种抵触情绪会影响企业的生产经营和工作效率。因此需要对这种文化差异进行认真的研究,仔细分析并采取有效措施消除隔阂,为公司业绩的稳定持续增长服务。

第五节　公司失败、重整和清算

一、公司失败

在现实生活中,并不是每个公司都能获得成功,每天总有许多公司破产关闭。当一家公司不能正常履行资金支付责任,在资金使用方面出现入不敷出或者公司不能偿还到期债务的时候,我们称之为公司失败。

公司失败一般是由于管理不善或者公司产品到了衰退期造成的,也有可能是由于整个宏观经济环境恶化引起的。根据导致公司失败的不同情况,公司失败一般可以分为以下几种类型:

(1)经济失败。经济失败是指公司的收入少于公司的成本费用。这个时候,如果不继续投入新的资金并尽快采取积极措施,那么公司资产终将越来越少,趋于破产。

(2)经营失败。经营失败是指公司无力偿还到期债务,但公司的总资产还是多于总负债。盈利企业也可能会因为财务问题导致财务危机致使经营失败。如果企业能够借入资金,就可以缓解财务危机,否则公司将被迫强行破产清算,走向倒闭。

(3)资不抵债。这个时候,公司的总资产已经少于总负债了。如果有外来资金愿意重组的话,公司还不会破产清算。所以,资不抵债并不必然破产。

(4)破产。这个时候,公司由于没法偿还到期债务,债权人根据法律规定要求公司进入正式破产程序。

二、公司财务重整

公司财务重整是指对已经陷入财务危机但仍有重建价值的公司,根据一定的程序进行重新整顿,使得公司摆脱困境并取得成功的做法。这是对那些接近破产边缘公司的拯救措施,很多公司都能通过重组之后重新站起来,走上继续发展之路。

公司财务重整按是否通过法律程序可以分为非正式重整和正式重整。

(1)非正式重整

如果公司只是处于暂时性的财务危机状态,债权人一般都会愿意帮助公司恢复和重新建立合理的财务结构,以避免因进入正式法律程序而发生更高的成本。

非正式重整主要包括以下几种具体措施:

①债务展期。债务展期是指推迟到期债务付款的日期。通过延长债务期限,给企业重新调整的机会。

②债务减免。债务减免是指债权人同意减少债务人部分债务或者降低利率或者转为公司股份的行为,以减轻债务公司的财务压力。

③债权人控制。债权人控制是指债权人直接控制企业管理权直到公司还清所有债务为止。

④准改组。当公司长期严重亏损时,如果变换管理者,实行新的政策,则有希望改变局面。公司还会变卖出售资产消除亏损,并采取一定的扭亏为盈的经营措施。

以上措施中最主要的是前两种,实务中用得比较多。企业得到债务展期或者部分减免至少需要满足下列条件:债务人要有良好的商业道德和信誉,确实愿意忠诚地履行其对债权人的义务,而不是试图利用各种可能将企业资产转做他用;债务人要具有扭转不利局面、偿还债务的能力;外部环境,特别是商业环境要有利于企业恢复正常经营。

美国公司在进行债务重组的时候,首先会召开债务企业管理人员和债权人会议。当债权人人数较多的时候,债权人可以选出 4～5 名最大的债权人和 1～2 名小债权人组成债权人委员会,代表债权人利益。债务企业管理人员与债权人会议在债权管理协会指导下进行。在这个会议上,债务人和债权人将作出解决问题的决定,并提交一份相关报告。在报告企业基础上,由有关人员拟定债务重组方案。然后,债务人和债权人再次开会,将重组方案进一步具体化,并求得所有有关人员的同意。

在制订债务重组计划时,债权人更愿意采用债务展期的方式,因为这样可以使得债权人最终收回全部投资。有时,债权人不但会同意将债务展期,甚至还会同意在展期期间内将现有债权的优先级别置于愿意向债务人提供商业信用的供货商的新债权之下,以便债务人更好地恢复正常经营。

非正式重整可以为债务人和债权人双方都带来一定的好处。首先是避免了履行正式重整时所需花费的大量费用,其所需要的律师、会计师及评估师的人数也相对较少;其次,非正式重整可以减少重整所需要的时间,使得企业在较短的时间内重整费用降低到最低点,避免因漫长的正式程序使企业迟迟不能够正常经营而导致企业资源闲置并造成进一步损失;最后,非正式程序使得谈判更易于促成,因为其有更大的灵活性。

但是,非正式重整也有一些弊端,主要表现为:当债权人人数很多时,可能难于达成一致意见;没有法院的正式参与可能使得协议的严肃性受到影响,给一些机会主义者留下可乘之机;企业得不到破产法的好处。

（2）正式重整

正式重整是指通过一定的法律程序改变公司的资本结构,合理解决其所欠债务,以便使公司摆脱所面临的财务困难,并继续经营。进行重整的公司必须是依据合理财务负担标准衡量仍有继续经营价值的公司。

重整期间,原有公司股东以及董事会的权力被终止,法院指定受托人接管债务公司,并处理改组事务,由重整监督人监察重整人执行业务情况,以关系人会议作为最高意见机关。重整人负责重整期间公司的业务经营和财产处分,拟定重整计划并确保重整程序的顺利执行。重整人员可以由原公司的董事担任,也可以在债权人或公司股东中选派。重整人数由法院依照各方面的关系酌定。

重整监督人是由法院选任的监督重整人履行职务的人。他对重整人的工作开展、重大决策、公司业务及财务交接负有监督、询问和许可的责任,同时还负有向法院申报有关情况、受理债权和股权申报等责任。

关系人会议是公司重整程序中,债权人和股东以决议方式参与重整工作及商讨重整计划是否可以通过的会议。主要任务是听取有关公司业务与财务状况的报告,听取对公司重整的意见,审议和表决重整计划,商讨和决定其他有关公司重整的事项,其中审议和表决公司重整计划是其最重要的任务。

三、公司清算

公司清算是指在公司终止经营过程中,为了保护债权人、所有者等利益相关者的合法权益,依法对公司财产、债务等进行清理、变卖,以终止其经营活动,依法取消其法人资格的行为。一个公司关闭好于继续存在的时候,就是需要清算的时候。

根据清算的原因,公司清算可以分为破产清算和解散清算。

根据我国《公司法》,公司破产清算的原因主要是由于公司经营管理不善导致严重亏损,以至于不能偿还到期债务。

1. 破产清算

破产清算的一般程序可以分为三个阶段:一是破产申请阶段,二是和解整顿阶段,三是破产清算阶段。下面就第一和第三阶段的操作程序概括如下:

(1)破产申请阶段

①提出破产申请。提出破产申请的既可以是债权人也可以是债务人。

②法院接受申请。法院接到破产申请后,会立即进行受理与否的审查和鉴定。法院会在案件受理后10天内通知债务人,并发布破产案件受理公告。

③债权人申报债权。债权人应当在收到通知后的1个月内,未收到通知的债权人应当自公告之日起3个月内,向法院申报债权,说明债权的数额和有无财产担保,并提交相关证据。

④法院宣布公司破产。法院根据《破产法》依法裁定并宣告公司破产。

(2)破产清算阶段

①组建清算组。按照《破产法》的规定,法院应当自宣告公司破产之日起15日内成立清算组,接管破产公司。清算组由相关部门组成并依法进行必要的民事活动。

②接管破产公司,进行资产处置工作。清算组成立以后,接管破产公司的一切财产、账册、文书、资料和印章,并负责破产公司的保管、清理、估价、处理和分配等。

③编报、实施破产财产分配方案。制定破产财产的分配方案,经债权人同意,并报法院审定后,按一定的债务清偿顺序进行比例分配。

④报告清算工作。清算组在破产财产分配完毕后,应当编制有关清算工作的报告文件,向法院报告清算工作,并提请法院终结程序。

⑤注销破产公司。清算组在接到法院终结破产程序的裁定后,应当及时办理破产公司的注销手续。

2.解散清算

解散清算发生的原因较为复杂。根据我国《公司法》,发生的原因主要有:

(1)公司章程规定的营业期限届满,或公司章程规定的经营目的已达到而不需要继续经营,或公司章程规定的目的无法达到且企业无发展前途。

(2)公司的股东大会决定解散。

(3)公司被合并或分立需要解散。

(4)公司违反法律或者从事其他危害社会公众利益的活动而被依法取消。

(5)发生严重亏损,或投资一方不履行合同、章程规定的义务,或因外部经营环境变化而无法继续经营。

四、债务清偿和剩余财产分配

公司一旦宣布解散,公司的清算委员会就将行使权力,对公司的财产、债务、债权等进行全面清查。清查前,需要编制公司清算前正常经营期间的会计报表。公司首先要编制企业自年初起至决定清算日为止的会计报表,包括资产负债表、利润表及其有关附表,据以进行财产的盘点清查,核对账实是否相符。清查中,要按照会计总账科目及明细科目与实物逐项核对,并将核对结果编制成表,以清查全部财产、债权、债务,编制财产目录和债权债务明细表。

清算资产负债表编好后,公司清算委员会要审查有无遗漏和错误,然后提交公司主管有关部门审阅。清算表一旦通过,就成为公司债务清偿及剩余财产分配的依据。经过中国注册会计师审核批准后,即可以进行债务清偿及对剩余财产的分配。

在债务清偿和剩余财产分配过程中,首先需要用企业财产变现所得支付清算费用。清算费用包括聘请会计师、律师的顾问费用,清算委员会的费用及人员的酬劳,有关解散的公告费用等其他支出。然后确定出债务清偿顺序,按照确定的顺序清偿。

在一般情况下,债务清偿顺序应作如下原则规定:

1.偿还企业所欠本企业职工工资和劳动保险费用;

2.偿清企业所欠税款;

3.偿还有担保的债权人；

4.偿还没有担保的债权人。

显然,分配顺序在前的人,可能得到充分的还款保证;顺序在后者,就很难得到足额的清偿了。当企业的全部变现财产在支付清算费用和清偿各种优先债务后,所剩现金不足以抵偿全部一般负债,可按剩余现金与一般债务的比例确定出一般债务的偿还程度,一般债务各项目均按同一偿还比例进行清偿。例如,A公司可供分配的变现财产只有120万元,而企业的无担保负债额是200万元。在偿还的时候,先补发所欠本企业职工的工资5万元,再补交所欠国家税款5万元,再偿还有担保的债权人10万元,最后剩下100万元用来偿还无担保债权人。这些剩余金额与200万元无担保债务相比,占50%,所以所有无担保债权人均按此比例受偿,300元债权受偿150元,依此类推,这个时候,就不存在偿债顺序和偿债程度问题。

案例

海尔集团并购案例:名牌战略下强强联合的并购①

海尔集团是在1984年引进德国利勃海尔电冰箱生产技术成立的青岛电冰箱总厂基础上发展起来的集科研、生产,贸易及金融各领域于一体的综合性国家特大型企业。在公司总裁张瑞敏提出的"名牌战略"思想指导下,通过技术开发、精细化管理、资本运营、兼并控股及国际化等手段,使一个亏空147万元的企业迅速成为中国家电集团中产品品种最多、规格最全、技术最高、出口量最大的企业。

整体兼并——红星电器公司

一、背景

1991年由青岛电冰箱总厂、青岛电冰柜总厂和青岛空调器厂组建而成的青岛海尔集团公司,1993年9月更名为海尔集团,产品以制冷设备为主。1993年7月集团与意大利梅洛尼设计股份有限公司合资创办青岛海尔梅洛

---

① http://www.hr.com.cn 中国人力资源网

尼有限公司,开始生产滚筒洗衣机。1994 年集团实现销售收入 25.65 亿元,
利润 2.1 亿元,生产洗衣机 71.3 万台。1995 年 5 月海尔洗衣机"玛格丽特"
被评为 1995 年中国市场十大畅销洗衣机。

青岛红星电器公司曾是我国三大洗衣机生产企业之一,拥有 3 500 多名
员工,年产洗衣机达 70 万台,年销售收入 5 亿多元。但从 1995 年上半年开
始,其经营每况愈下,出现多年未有的大滑坡现象,而且资产负债率高达
143.65%,资不抵债 1.33 亿元,前景堪忧。为了盘活国有资产和 3 500 多名职
工的生计,1995 年 7 月 4 日,青岛市政府决定将红星电器股份有限公司整体
划归海尔集团。这是一次引人注目的旨在盘活国有资产而在政府牵线搭桥下
进行的产权交易,其成败扣人心弦。

二、并购目的

中国家用洗衣机行业快速发展始于 20 世纪 70 年代末,1995 年总产量达
到约 950 万台。一般而言,家用洗衣机可分为单桶、双桶半自动洗衣机及全自
动洗衣机,而全自动又可分为波轮、滚筒及搅拌式。单桶洗衣机为原始类型,
1995 年时大多数厂商已不再生产。双桶半自动较全自动便宜,是当时中国市
场的主流,而滚筒在欧洲较为普遍,但在亚洲以波轮更为常见。对于当时总容
量达 900 多万台的洗衣机市场,海尔 70 多万台显然只是一个不大数目。而且
海尔洗衣机当时以滚筒为主,产品系列比较单一,要想扩大自己的市场份额,
它必须扩大生产能力,提高产品线的长度。

红星作为一个老牌的洗衣机生产厂,其设备、技术以及工人的熟练程度在
当时都应是相当好的,它所缺乏的主要是科学的管理和市场导向的生产经营
模式,而海尔正是以先进的管理和出色的市场观念而著称,因此它们的结合有
着极大的合理性。市政府的出面使得这一并购进行得十分顺利,而且由于是
由市政府将红星整体划归海尔,不需海尔出资,这大大降低了并购成本,这恐
怕也是海尔认为红星并购案例是它所进行的最成功的并购原因之一。

三、并购经过

(一)组织结构的变化

1995 年 7 月 4 日,青岛红星电器股份有限公司整体划归海尔集团后,更
名为青岛海尔洗衣机有限总公司,从而成为海尔梅洛尼洗衣机有限公司之后
海尔集团下属的第二个洗衣机子公司。

(二)接管过程

1. 文化先行

1995 年 7 月 4 日,海尔电冰箱股份有限公司副总经理柴永森奉命来到由

红星电器公司更名的海尔洗衣机有限总公司,就任党委书记兼总经理。划归之初,海尔集团总裁张瑞敏便确定一个思路,海尔的最大优势是无形资产,注入海尔的企业文化,以此来统一企业思想,重铸企业灵魂,以无形资产去盘活有形资产,是最重要的一招。

海尔集团副总裁杨绵绵首先率海尔企业文化、资产管理、规划发展、资金调度和咨询认证五大中心的人员,在划归的第二天便来到红星电器公司,开始贯彻和实施"企业文化先行"的战略。"敬业报国,追求卓越"的海尔精神,开始植入并同化着"红星"的员工们。

随后,张瑞敏又亲自到"红星",向中层干部们讲述他的经营心得,解释"80/20管理原则",灌输"关键的少数决定非关键的多数"这个"人和责任"的理念。

"企业最活跃的因素就是人,而在人的因素中,中层以上管理干部虽是少数,却在企业发展中负有80%的责任。"

令"红星"中层干部们耳目一新的"80/20原则",关于解决例行问题和例外问题要用不同方法的"法约尔跳板原则",以及引用的中华民族的古训:"德,才之帅也;才,德之资也",唤起了"红星"广大中层干部的进取心,鼓起了他们奋发向上争一流的风帆。

2."范萍事件"

应该说3 500多名红星电器公司员工,对企业划归"海尔"表示了欢迎和拥护的态度,但由于企业文化、企业管理、员工素质等方面的差异,人们对海尔的管理方法,在理念上存在着认识偏差。

海尔的管理指导思想立足"以人为本"。对此,以柴永森为首的新领导班子,没有简单地采用单纯说教的方式,而是抓住发生在员工身边的典型事例来引导人们自觉地进行观念上的转变。

一天,洗衣机生产车间发生了这样一件事,质检员范萍由于责任心不强,造成选择开关插头插错和漏检,被罚款50元。这本是一件小事,因为过去企业发生质量问题从来都是罚一线工人,但若是用海尔的管理观念来看这件事,则不应该如此简单处理,当事人周围的干部们更应当逐级承担责任,针对这件事,他们利用集团主办的《海尔报》,开展了"范萍的上级负什么责任"的大讨论,并配发了评论文章《动真格的,从干部开始》。

以此为出发点,柴永森督促下级部门迅速处理企业数年来的洗衣机存库返修问题,但拖拉惯了的下级部门认为此事无关紧要,并没有按期照办,柴永森据此引咎自罚了500元。

3.市场理念的导入

"我们一切工作的效果,最终是通过市场来反映的。"海尔集团这个经营理念,在海尔洗衣机有限总公司得到再次印证。

在新理念的导向下,该公司一切工作都围绕市场展开:

——建立健全了质保体系,建立了行之有效的奖罚制度,使产品走向市场有了可靠保证。

——建立高效运作机制,全面调整内部机构。撤销 34 个处室,成立销售部、财务部、制造部、技术质量部、综合部和科研所,实行 5 部 1 所管理。按照"公开竞争、择优上岗"原则,中层干部 105 人减至 45 人。

——改革干部制度,变"相马"式的干部提拔制度为"赛马"式的竞争制度。公开招聘、选拔一流人才,充实各部门干部岗位,仅销售部门就招聘了 50 多位大专学历以上的营销人员。崭新的用人观念,调动了干部的积极性,给企业人才市场注入了活力,也使洗衣机营销系统寻找到新的启动点。

——调整销售战略,重塑市场信誉。根据国内市场和消费者需求,克服种种困难,加大产量,将过去单纯面向国际市场的全自动洗衣机,在出口的同时投放国内市场,并冠以朗朗上口的"小神童"新品牌;新开发了一种适销对路、大容量的气泡双桶洗衣机,起名为"小神泡"。两种新品牌产品投放全国各地市场后,一炮打响,供不应求,使失去的洗衣机市场重回"怀抱"。

海尔集团还有条营销理念是:"只有淡季思想,没有淡季市场,越是淡季越应该做工作,越是淡季做工作越能收到效果。"为改变营销人员的旧观念、旧习惯,该公司临时筹措出差资金,发动营销人员在淡季走向全国各地市场,强大的"淡季攻势",果然使沉寂的洗衣机市场红火起来了。

(三)整合的成效

企业在划归后不久,通过引进海尔竞价模式,使每台海尔 5 公斤洗衣机的配套成本降低 15.3 元,按每年 60 万台产量计算,1 年可降低成本近 1 000 万元。在划归后的第三个月里,公司实现扭亏为盈;9 月盈利 2 万元,10 月盈利 7.6 万元,11 月盈利 10 多万元,12 月一个月盈利 150 多万元,企业出现了越来越好的发展态势。据国家权威部门统计,该公司洗衣机销量,已从 1995 年 7 月份的全国第 7 位上升为 1995 年底的第 5 位;全国市场占有率增长 3.7%。截至 12 月底,该公司 1995 年出口洗衣机 8.2 万台,创汇 1 230 万美元,位居全国洗衣机行业首位。

1996 年海尔洗衣机发展势头更猛,一次性顺利通过了 ISO9001 国际质量认证,并囊括了洗衣机行业几乎所有的最高荣誉:荣获中国洗衣机"十佳品牌"

第一名;出口量全国第一,仅一个品种出口日本就占日本进口总量的 61%,占中国出口日本的 91%,中国每出口两台全自动洗衣机就有一台是海尔出口的;国家质量抽检连续两年荣登榜首,其中全自动洗衣机无故障运行突破了 7 000 次大关,达到国际新水准;荣获全国消费者欢迎产品第一名、九七购物首选品牌第一名。

投资控股——顺德爱德集团

一、背景介绍

顺德,是创造了中国家电工业奇迹的城市。科龙华宝和美的空调、容声冰箱、爱德电饭锅、格兰仕微波炉、希贵抽油烟机这些人人皆知的名牌家电产品,都诞生在顺德。其中,爱德集团生产的爱德牌电饭锅的产量规模和市场覆盖率在同行中多年一直占据第一。1996 年市场占有率高达 26.2%。

1991 年,爱德集团开始实施“小家电”向“大家电”转移的结构调整战略,当年便投资上了年产 20 万台的广东第一家,中国第一代大容量全自动洗衣机,借助爱德这块名牌,产品曾风行一时。但随着竞争的加剧,尤其是“洋名牌”的冲击,爱德洗衣机日益力不从心,两年来一直处于停产或半停产状态,企业债务缠身,于 1996 年 7 月正式宣布停产。公司高层决定寻求一家有实力的家电厂商合作重振山河。

此时的海尔在国内外已经有了相当的影响力,1995 年海尔集团实现销售收入 43.3 亿元,利润 2.4 亿元,1996 年销售收入 61.6 亿元,利润 3.1 亿元,整个企业呈现出一种良好的上升势头。1996 年海尔洗衣机的产量达到了 103.81 万台,“海尔”商标被评为最有价值的家电品牌。

二、并购目的

在顺德周边,早已有威力、万宝、高路华和凤凰等 5 家全国名牌洗衣机企业“盯”上了爱德,但爱德又为何“舍近求远”寻求与海尔合作呢?

关键还是海尔的品牌、质量、发展打动了爱德。

爱德集团总经理李文坚说,爱德早就注意到,这几年,由于家电产品供给过剩,所有家电同行都被迫降价,引起效益下滑,唯独海尔不但不降价,反而供不应求,多年一直处于超常规增长态势,商标价值评估达 77 亿多元,高居家电同行榜首。尤其是海尔洗衣机的发展更令人惊讶,推向市场不到两年,便一举夺得同类产品质量、产品占有率、消费者购物品牌等 8 项第一,能和中国家电的“领头羊”合作,爱德未来的发展也一定能呈现“超常规”。这就是爱德加盟海尔的初衷。

三、并购过程

1997年3月13日,海尔集团跨过长江,南下挺进中国改革开放的最前沿阵地广东顺德市,以控股投资的方式,与赫赫有名的广东爱德集团公司合资组建顺德海尔电器有限公司。

总结接管红星等企业的经验,这次海尔依然是以文化导入为主要手段,派出了企业文化中心主任苏芳雯和海尔洗衣机公司总经理柴永森一行前往顺德。他们的使命有两项,一是向爱德集团员工传播海尔企业文化,实施"观念先投入";二是切身感受、交流并吸收南国重镇改革开放的新信息、新观念,进行南北企业观念上的优势互补,使海尔企业文化的内涵更丰富、更深厚。

在爱德洗衣机公司全体中层以上干部会上,苏芳雯详细讲述了海尔怎样从12年前的一家亏损小厂跃变为年销售额超过60亿元、利润超5亿元的中国第一名牌家电企业的辉煌历程,讲述了海尔为什么能用10年时间便走完国际同行需用50年才能走完的路,讲述了什么叫"星级服务",什么叫"真诚到永远",讲述了海尔人与爱德人将怎样携手并肩,共创美好明天。

爱德大多数干部听了海尔的文化介绍后,都从内心感受到鼓舞,感受到踏实、充实,打消了许多顾虑,坚定了与海尔合作的信心,都一致认为"加盟"海尔的选择是正确的、超前的,并说,跟着海尔干,顺德海尔也一定能创出名牌,企业也一定大有前途。

在公司上下一心奋战十多天后,原已停产半年之久的洗衣机总装线已全面恢复运转,在家待业的爱德员工已全部回厂上班,原定5月中旬正式出产品,提前到4月中旬,以海尔命名的新一代电脑控制全自动洗衣机从顺德走向市场,走向世界。

四、并购特点

与红星案例不同,这一次并购是跨地区进行的,当地政府的态度对于并购能否顺利进行有着至关重要的影响。务实精明的顺德人此时展现出了他们的远见,顺德市以及爱德集团所在的桂洲镇对此次并购都表示了支持。桂洲镇是顺德家电工业的主要发源地之一,尤其是小家电,在市场上一直处于"霸主地位"。镇政府支持爱德选择海尔这个中国家电第一名牌合作,认为得益的不仅仅是爱德,全镇所有企业的技术水平、管理水平和营销服务水平等,都将得到极大的提高和促进。镇政府官员甚至认为,海尔的到来,可使桂洲的小家电继续保持全国的"霸主地位"。

顺德经济的高速发展是从1992年撤县建市后开始的。目前,顺德基本上已消灭了城乡差别,家家户户都已提前10年进入了"小康"阶段。从经济发展程度看,顺德已完成了"资本积累",正进入以投资为主的第二次创业阶段。

顺德第二次创业的总目标是:在 20 世纪末和 21 世纪初达到中等发达国家工业水平。其思路是,加快经济结构调整步伐,尽快淘汰劳动力密集型、污染型产业,上高科技含量、高附加值高效益产业。此次爱德集团与国内最有名,实力最强的海尔集团合作,就是顺德实施第二次创业的突破口,在全市震动和反响都很大,为顺德企业如何吸引名牌大企业提供了现实可行的经验。对于顺德海尔公司,市委市政府和桂洲镇都已决定,要在两级政府的权力范围内全力支持,首先是在信贷方面倾斜,其次是实行税收优惠政策,政府税收留成部分全部返还给企业,增值税也将返还一部分,再就是水、电、土地、用工等都将实行最优惠的政策。

由此可见,在这次并购中,顺德地方政府起到了极大的促进和推动作用,这至少表现在下面两个方面:一是他们的支持直接促成了爱德与海尔的合作;其次,地方的支持使得并购方对被并购方的整合与重组得以顺利进行,在很短的时间里就走上了生产经营的正轨。从这一个案例我们可以发现,在目前的中国企业并购中地方政府是一个极为重要的角色,如能取得他们的支持并购成功的可能性将大大提高。

强强联手——西湖电子

一、背景及并购目的

有关数字显示,我国彩电生产能力已达 3 000 万台,而市场年需求只有 2 000万台。彩电生产行业被称为"黑色家电"。商标品牌价值被评估为 77.36 亿元的"海尔"选在此时进入黑色家电业,多少有些令人惊讶。1997 年 9 月,海尔与浙江省最大的电视机定点生产企业西湖电子集团共同出资,在杭州经济技术开发区组建杭州海尔电器有限公司合作生产大屏幕彩电。

海尔为什么要在彩电市场竞争异常残酷时"自投罗网"呢? 海尔总裁张瑞敏十分肯定地认为:中国彩电市场蕴藏着巨大的潜力。他说,海尔通过长时间的反复观察与调查,认为中国彩电企业最大的弱点之一是技术开发能力低且雷同,而以电脑、电视、电信一体化为标志的数字技术时代正悄然来临。用数字技术代替以模拟技术为主的电子产品有着巨大的发展市场。因此,拥有雄厚资本和技术力量的海尔有能力在未来的彩电市场占据一席之地。同时,集团副总裁杨绵绵认为,上彩电也是海尔事业发展的要求。海尔早在几年前就提出进入世界 500 强的目标,而她认为要跻身 500 强就必须实行"多元化",海尔从白色家电转向黑色家电就十分自然了。

而作为拥有资产近 17 亿元的国家一级企业西湖电子集团,主导产品为彩电、彩色显示器、VCD、电子琴及电子元器件等。公司建有国家级的企业技术中心,拥有电视设计、综合电子电器产品设计、数字技术应用、工艺技术、专用集成电路等五个研究所和一个计算机软件开发应用中心,具有年生产 120 万台彩电的生产能力。公司连续 8 年进入全国 500 家最大经营规模工业企业前列,并进入全国科技开发实力百强企业行列。近年来在满足自己品牌生产的基础上,为日本的三菱、韩国的大宇、国内的牡丹公司进行定牌生产,但几年的合作并没有给"西湖"自己带来太多的实惠,而西湖在品牌培育和市场开拓方面的弱点却一天天暴露出来。由于西湖拥有一支近 200 人的科研队伍,具备多项国内一流世界领先的成熟技术,在这几年彩电市场竞争异常激烈的情况下,西湖仍能站住脚,但已经缺乏后劲。西湖是一家有雄心的企业,因此寻求一家有实力和市场开拓能力强大的企业与之合作成为它明智的选择。

二、并购经过

1997 年 9 月,海尔推出了其自有品名的中国数字丽音彩电"探路者"和 VCD、电话及电脑等信息产品。据海尔员工介绍,根据西单商场销售额统计估计海尔彩电在北京市场占有率达到了 30%。

对此次并购的具体操作过程媒体的报道不尽一致,有的说海尔不曾投入一分钱只是利用其自身的无形资产入股,但有的媒体却称是双方共同出资。

三、并购特点

毫无疑问本次并购是海尔若干次并购中最具战略意义的一次,它标志着海尔集团向着具有国际竞争能力的企业集团迈进了重要的一大步。就兼并方式而言,海尔也认为这是其品牌运作的一种高级形式,超过了其所谓"吃休克鱼"的模式,是强强联合,优势互补,新造了一条活鱼。

第二十章 跨国公司理财

前面所有章节主要讨论的是国内公司理财的问题,本章开始简介有关跨国公司的理财问题。

所谓跨国公司就是指在国外拥有子公司的企业。尽管跨国公司理财和国内公司理财有着相同的目的,但是前者要比后者复杂得多。跨国公司在经营管理过程中涉及许多不同的国家,而各国的政治、经济、法律和文化环境都存在着很多的差异。国际企业进行财务管理的时候,不仅要考虑本国的各种环境因素,还需要密切关注各国的具体情况。

第一节 跨国公司外汇风险管理

外汇风险问题是跨国公司理财所有问题中最重要也最复杂的问题。跨国公司在跨国筹资、跨国投资、营运资金管理以及税收管理中都要涉及外汇风险问题。外汇风险管理是跨国公司理财的一项重要内容。

一、外汇及汇率

外汇是指用外币表示的用于国际结算的支付手段。外汇的具体形式主要有:外国货币、外币支付凭证、外币有价证券、特别提款权及其他外汇资产。

汇率是指一国货币用另外一国货币表示的价格。例如:1 美元=8.8 元人民币,就是指 1 美元的价格是 8.8 元人民币。将本国货币按汇率购买外汇或将外汇兑换为本国货币,就是进行外汇买卖,汇率是外汇买卖的兑换依据。

在国际市场上主要有两种不同的外汇汇率标价方法。

(1)直接标价法。直接标价法是指把一定单位的外国货币折算为若干本国货币来表示汇率的标价方法。在这种标价方法下，外国货币金额固定不变，汇率涨跌都以本国货币数额的变化表示。除英国和美国外，世界绝大多数国家都采用这种标价法。

(2)间接标价法。间接标价法是指以一定单位的本国货币为标准，折算成若干数额的外国货币来表示其汇率的标价方法。在这种标价方法下，本国货币金额固定不变，汇率涨跌都以外国货币数额的变化表示。英国和美国采用这种标价法。另外值得一提的是，在美国，美元对英镑采用的是直接标价法。

二、外汇风险概述

外汇风险就是由于汇率变动的不确定性而产生的影响。公司以外币计算的资产、负债以及损益都会由于汇率的变动而波动，这种波动既有可能朝着有利的方向发展，也有可能朝着不利方向发展，但是一点可以肯定，这种不确定性确实干扰了公司的正常经营。按照谨慎性原则，在考察汇率的影响时，一般重点考察的是由于汇率变动带来的不利影响的一面。

对一个企业来说，外汇风险一般可以分为交易风险、折算风险及经济风险。下面将分别详述。

（一）交易风险

交易风险是指企业在涉及外汇的交易过程中，由于汇率变动使得折算为本币的数额增加或减少的风险。这些交易主要有：以信用方式进行的商品进出口贸易、外汇借贷交易、外汇买卖、远期外汇交易、以外汇进行的投资等等。

(1)进出口贸易的外汇风险。是指公司进出口商品或劳务的过程中，用外币计价结算的收入或支出，由于汇率的变动，而使得折算为本币以后发生增加或减少的不确定性。

在进出口贸易中，如果以出口商所在国的货币计价结算，则出口商没有汇率风险，而进口商则负担了全部外汇汇率波动风险。反之，如果是以进口商所在国的货币计价结算，则进口商没有汇率风险，而出口商则负担了全部外汇汇率波动风险。如果进出口的商品价款是以第三国货币计价结算，则进出口商都要承担外汇汇率波动风险。

(2)借入或贷出外币资金产生的外汇汇率风险。这种风险是指公司从国外借入某种外汇,由于借入日到偿还日之间汇率发生波动,而使得公司还本付息折合为本币数额增多或减少的风险。

(3)外汇买卖的汇率风险。公司买入一定的外汇,持有一定时间后卖出,由于买卖之间会持续一段时间,这个期间由于汇率变动从而使本币数额存在增多或减少的风险。

(4)远期外汇交易的汇率风险。是指公司在远期外汇交易中,由于合约规定的远期汇率与合约到期日的即期汇率不一致,而使按远期汇率付出的货币金额多于或少于依照即期汇率付出的货币金额而发生的风险。

(5)对外投资的汇率风险。是指公司以外汇对境外投资时,在外汇汇出到汇回本金和利润的这一期间,汇率变动使企业发生的外汇风险。

(二)折算风险

公司会计报表表示一定时期的经营成果、现金流量和一定时点的财务状况,一般都用本币表示,因此,公司也必然将外币计价的资产和负债折算为本国货币列示。对跨国公司而言,国外子公司的财务报表通常是按照所在国货币计算编制的,所以母公司在编制合并报表之前,需要先把子公司用外币表示的财务报表转换为本币计量,这个转换过程被称为折算过程。

由于折算时期汇率会变化,不同的汇率会导致不同的账面损益,这种差异就是我们所说的折算风险。

外币财务报表在换算过程中使用的汇率不同报表结果也是不同的,按照采用的汇率,主要有以下四种会计折算方法:

(1)流动与非流动法

按照这种方法,子公司的资产负债表中,流动资产和流动负债按照现行汇率折算,对于非流动资产和非流动负债则按照历史汇率(业务发生时的实际汇率)折算,利润表中的各个项目、折旧费用和摊销费用按照取得相关资产时的历史汇率折算,其他收入和费用项目按照会计期间内的平均汇率折算。

(2)货币与非货币法

这个方法的原理是:现金与货币性资产和负债具有相同的属性,它们的价值都表现为一个固定的货币金额,其价值随着汇率变化而变化,所以这些项目应该按现行汇率换算。货币性资产和货币性负债包括:现金、应收账款、应付账款和长期借款等。非货币性资产和非货币性负债以及所有者权益用历史汇率换算。非货币性资产和非货币性负债以及所有者权益包括：存货、固定资产、实收资本及资本公积等。利润表中的各个项目、折旧费和摊销费用按照取得相关资产时的历史汇率折算，其他收入和费用项目按照会计期间内的平均汇率折算。

（3）时态法

按这种方法，货币性资产和负债，如现金、应收账款和应付账款都按照现行汇率折算，对于其他项目，则按照不同的情况采用不同的汇率。如果用过去的交换价格登记记录的资产和负债，则按照历史汇率折算。利润表中的收入和费用、折旧费和摊销费用按照取得相关资产时的历史汇率折算，其他收入和费用项目按照会计期间内的平均汇率折算。

（4）现行汇率法

现行汇率即折算日当天的实际汇率。按照这种方法，除了股东权益，所有的外币资产和外币负债都采用现行汇率进行折算。所有的收益和支出（包括与固定资产相关的项目）都按照加权平均汇率折算。

（三）经济风险

经济风险是指由于汇率变动对公司未来产销数量、价格、成本等经济指标的影响，从而使得公司未来的利润和现金流量增加或减少，引起公司价值变化的一种潜在风险。经济风险反映了汇率变化对预期税后净现值的影响。经济风险较之于交易风险和折算风险来说，影响更大。

由于实物性资产产生的现金流有很大的不确定性，财务经理可以使用金融工具在金融市场进行套期保值，部分地规避这种风险。更有效的经济风险管理方法是：在公司选址、生产、原材料来源、分销和市场决策等投资决策过程中进行多元化经营来分散风险。

三、外汇风险的管理

（一）交易风险的规避

对交易风险的防范主要有以下几种方法：

（1）在签订合同的时候，争取对自己有利的币种。由于本国货币不涉及外汇兑换问题，所以应该争取采用本币作为合同交易币种。作为债权方时，选择硬货币作为交易币种；作为债务方时，选择软货币作为交易币种。

（2）在签订合同的时候利用货币保值条款。选择一种币值稳定的非合同货币，将以合同货币表示的商品价格总额转换成以该货币表示，在结算或清偿时，按所选货币表示的金额以合同货币来完成收付活动。

（3）利用金融工具避险。其一，可以利用即期外汇交易消除风险。即期外汇交易是指外汇银行利用即期外汇交易进行同业间的外汇头寸平衡。其二，可以运用远期外汇交易、外汇期货交易及外汇期权交易的套期保值原理进行规避风险。

（4）多元化经营。公司综合运用借款、现货交易及投资来规避交易风险，它一般适用于应收应付外汇账款的交易。

（二）折算风险的规避

跨国企业通常采用资产负债平衡法来规避折算风险。这是一种通过调整跨国公司的资产负债表以实现对受险部分的调控从而达到减少或规避外汇风险的方法。主要特点是：要求令资产负债表中各种以外币表示的受险资产额与受险负债额之间的差额为零，保持二者之间的平衡，这样才能避免汇率变动带来的风险。另外，远期外汇合同法和货币市场套期保值也是规避折算风险的一种方法，由于用得比较少，这里不再展开。

（三）经济风险的规避

经济风险的防范是一个全面决策的过程，除了财务部门，战略部门、生产部门、人事部门、营销部门都要密切关注和配合。提高对汇率变动性的影响研究分析预测能力十分必要，从而针对汇率变动，对公司的产销融资决策提出具体的调整方案，使得影响趋于最小。

公司可以采用多元化经营和财务多元化来分散经济风险或抑制汇率变动给公司带来的损失。另外，必要时，还可以采用提前或者延期结汇以及外汇互换等措施。

第二节　跨国公司筹资决策

在跨国公司经营过程中不可避免地会遇到筹资问题，从筹资渠道看，较之国内公司更为广泛。主要有以下几个方面：①公司内部闲置资金；②从母公司所在地即母国的金融机构和政府组织获取资金；③从子公司所在地即东道国的金融机构筹集资金；④从除了上面三方面的第三国或第三方筹集资金。

　　跨国公司筹集的资金主要来源于国际金融市场。跨国公司在筹资渠道和具体操作方式上与在国内筹资有很大的不同。下面主要介绍几种常见的方式。

一、国际信贷筹资

　　信贷是指货币持有者将约定数额的资金按约定的利率暂时借出，借款者在约定的期限内，按约定的条件还本付息的信用活动。国际信贷作为信贷的一种，主要反映了国与国之间借贷资本的活动。国际信贷按贷款来源不同，可以分为外国政府贷款、国际金融组织贷款、国际商业贷款、国际贸易信贷等。

　　（一）外国政府贷款

　　政府贷款是指一国政府运用自己的财政资金向其他国政府提供的优惠性贷款。它的主要特点有：

　　①一般是基于两个国家间存在和谐的政治及外交关系，贷款一般也带有一定的政治外交目的。

　　②受到贷款国财政经济状况制约，贷款数额不会太大。

　　③贷款期限较长。贷款使用期一般为 1～5 年；贷款偿还期一般规定从某年开始在 10 年、20 年或更长的时间内还清。

　　④分为无息贷款和有息贷款。前者不必支付利息，仅收取一定的手续费，后者要缴纳一定的利息，但是一般很低，低于商业贷款利息，一般为 1%～3%。

　　⑤一般带有一定的附加条件。有的贷款协议中要求借款国所借的资金仅限于购买贷款国的货物。

　　前苏联曾向我国提供利率为 2.5% 的金额约为 15 亿美元的长期贷款，用于第一个五年计划重点建设项目。

　　（二）国际金融组织贷款

　　国际金融组织是指从事国际金融业务，协调国际金融关系，维系国际货币秩序和信用体系正常运转的超国家机构。它是国际货币体系的一部分。

　　国际金融组织既有全球性的，又有区域性的。目前，全球性国际金融机构有：国际货币基金组织、国际复兴开发银行（又称世界银行）及世界银行的两个附属机构——国际开发协会和国际金融公司(三者合称世界银行集团)。区域性的国际金融组织有:国际清算银行、亚洲开发银行、非洲开发银行、泛美开发银行、欧洲投资银行和伊斯兰开发银行等。

(1)世界银行

世界银行贷款的资金主要来自:会员国认缴的股金、发行债券取得的借款、留存的业务净收益和其他资金。

世界银行贷款有以下特点:

①贷款不以营利为核心目的,而主要是为了帮助会员国发展经济。

②只对会员国政府或会员国政府担保的机构发放贷款,而且贷款必须是用于经世界银行审定批准的项目。

③贷款期限较长,最长可达30年,平均约为17年;宽限期4年左右,宽限期后偿还本金一般按年度平均分配,每半年还本一次。

④贷款利率比较优惠,一般低于资本市场利率。贷款收取的手续费用很少,只收取0.75%的手续费。

⑤世界银行贷款只提供项目所需的外汇资金,约占项目总投资的30%~40%,借款国必须筹足剩下的国内配套资金。

⑥贷款申请、审批手续严密,费时较长,从提出项目,经过选定、评定阶段到取得贷款,一般要一年半到两年。

(2)国际开发协会

为了帮助贫困的发展中国家摆脱贫困,世界银行于1960年成立国际开发协会。国际开发协会的资金主要来源有:会员国认缴的股金、各国政府提供的补充资金、世界银行从净收益中的拨款以及协会自己经营业务的净收益。

国际开发协会贷款的特点:

①贷款是无息贷款,只收取0.75%的手续费。

②贷款期限最长可达50年,宽限期10年。

③借款国偿还贷款时,可以一部分或全部用本国货币偿还。

④开发信贷一般与特定的项目相联系,必须如期归还。

⑤接受开发信贷的国家必须是国际信誉和国家经济发展计划执行情况较好的国家。

(3)国际金融公司

为了帮助发展会员国私人企业,促进欠发达地区私人经济的发展,世界银行于1956年7月成立国际金融公司。公司注重对生产性私人企业投资,鼓励私人企业发展,同时还向私人企业提供技术管理经验、经济信息和法律咨询,集中力量协调会员国国内外合伙人、金融机构和企业主三方面的利益。

国际金融公司发放贷款的基本原则是：

①只向具有健全的资本结构、一定管理能力及能够获利的项目发放贷款。

②只向大部分投资资金由私人资本承担的项目的企业贷款。

③如果会员国政府反对，则不向这类会员国私人企业提供资金。

④对企业的投资不能超过企业资本额的 25%。

⑤要求私人企业的投资收益率在 10% 以上。

(4)亚洲开发银行

为了给亚太地区发展中国家(地区)提供项目贷款和技术援助，同联合国及其专门机构进行合作，促进和加强亚洲、太平洋地区发展中国家的经济发展与合作，联合国于 1966 年成立亚洲开发银行。

亚行的资金主要来源有：会员国认缴的股金、亚行的借款、净收益、亚洲开发基金、技术援助特别资金、日本特别基金等。

亚行的主要业务是向会员国提供贷款。亚行贷款领域主要涉及能源、农业和通信方面。亚行的贷款可以分为以下两类：

①普通资金贷款

又称为硬贷款。其贷款对象是收入较高的发展中国家，主要用于基础设施项目，贷款期限为 10～40 年，含宽限期 2～7 年，利率每半年调整一次，根据当时借入贷款的平均成本加上 0.5% 的利差来确定利率。

②开发基金贷款

又称为软贷款。其贷款对象是低收入的成员国，一般是指定用途或限定购买由借款国提供的商品或劳务。贷款期限为 35～40 年，含宽限期 10 年，不收利息，每年仅收 1% 的手续费。

(三)国际商业贷款

商业贷款主要是向银行及其他金融机构借入资金。随着国际贸易的发展，一些发达国家的银行开始对外国借款者发放贷款。

国际商业贷款按照期限长短也可以分为短期银行贷款和中长期银行贷款。短期银行贷款是指贷款期限为 1 年以内的信贷。借款期限最短为一天，最长为一年。中长期银行贷款的借款期限在一年以上，1～5 年以上的借款为中期信贷，5 年以上的为长期信贷。中长期信贷的期限长，风险大，借贷双方需签订贷款协议。

1.国际商业贷款中长期贷款的种类

(1)双边贷款。指一家境外银行向本国境内金融机构或企业提供的贷款,贷款金额较小,但贷款条件较为优惠,贷款方式灵活。一般只有一家银行提供,这样使得借款产生的管理费用较少。

(2)联合贷款。指由一家或数家外国银行与本国的金融机构联合对某一项目提供的贷款。

(3)国际银团贷款。又叫辛迪加贷款,指由一家银行牵头或几家银行牵头,由不同国家的多家国际商业银行参加,共同向一国政府、企业的某个项目,提供金额较大、期限较长的一种贷款。每笔金额一般为1~5亿美元。贷款期限一般为5~10年。

2.国际商业贷款的特点

(1)贷款没有附加条件,可以自由使用。

(2)贷款方式灵活,手续简便,容易取得。

(3)贷款方的资金充足,并允许借款方自由选择借款货币。

(4)国际商业贷款利率较高,期限较短。

(四)国际贸易信贷

国际贸易信贷是当前国际金融业务中量最大、历史最悠久的业务。如果没有国际贸易信贷,世界贸易规模将大大缩减。

跨国公司在从事国际贸易的时候,在贸易的各个环节从不同的渠道融通资金,以便减少资金占用,加速商品流通。按照信贷时间的长短,可以分为国际贸易短期信贷和国际贸易中长期信贷。

1.国际贸易短期信贷

国际贸易短期信贷主要是为了满足公司临时性短期流动资金的需要。根据提供信贷的对象不同,国际贸易短期信贷可以分为商业信用和银行信用。商业信用是进口商和出口商之间提供的信贷。银行信用是进口商或出口商从银行或其他金融机构获得的信贷资金。

2.国际贸易中长期信贷

国际上将对外贸易中长期信贷一般统称为出口信贷。出口信贷的含义是发达国家为支持和扩大本国大型机器设备的出口,提高产品的国际竞争能力,通过提供利息补贴和信贷担保的方式,对本国的出口予以利息补贴并提供信贷担保,鼓励本国银行对本国出口商和国外进口商提供低息贷款或支付货款需要的一种贸易信贷方式。它是当前各国争夺销售市场的一种重要融资手段。

（1）出口信贷的主要形式

①卖方信贷。即为了促进大型机器装备与成套设备的贸易，便于出口商以延期付款方式出售设备，由出口方银行直接向本国出口商提供的贷款。出口商首先以延期付款或赊销方式向进口商出售大型机器装备与成套设备，在进口商购货时，先支付 10％～15％ 的定金，其余部分在全部交货或订购的设备投产后陆续偿还，同时支付延期利息。出口商收到进口商的还款后，再把贷款归还出口方银行。

②买方信贷。即在大型机器装备或成套设备的贸易中，由出口商所在地银行向外国进口商或进口地银行提供信贷，给予融资便利，扩大本国设备的出口的一种信贷方式。这种信贷的本质是通过借贷资本的输出带动商品的输出。

买方信贷总额一般是合同金额的 85％，其余 15％ 作为定金必须支付。定金是在合同签约时先支付 10％，第一次交货时再付 5％。贷款额按交货进程由出口方银行向进口商支付，进口商或进口商银行则于订购的设备全部交清的若干时期内，分期偿还出口方银行的贷款及利息，一般一年 2 次。

③福费廷。福费廷业务产生于二战后，是 forfaiting 的音译词。是指在延期付款的大型机器装备与成套设备的贸易中，出口商把经进口商承兑的期限在半年以上的远期汇票无追索权地出售给出口商所在地银行或大型金融公司，提前取得现款的一种资金融通形式。

④信用安排限额。出口商所在地的银行为了扩大本国一般消费品或基础工程的出口，给予进口商所在地银行以中期融资的便利，并与进口商所在地银行配合，组织较小金融业务的成交的新型出口信贷形式。信用安排限额有两种形式：一般用途限额和项目信用信额。前一种是指出口商所在地银行向进口商所在地银行提供一定的贷款限额，以满足对方众多彼此无直接关系的进口商购买该出口国众多彼此无直接关系的出口商提供的消费品的资金需求。后一种是指出口国银行向进口国银行提供一定贷款限额，以满足进口国的厂商购买本国基础设备或基础工程建设的资金需要。

⑤混合信贷。即买方信贷或卖方信贷与政府信贷混合发放的信贷方式。在出口国银行发放买方信贷或卖方信贷的同时，出口国政府还从预算资金中拿出一笔钱，作为政府贷款，连同买方信贷或卖方信贷一起发放，以满足进口商或出口商支付当地费用与设备价款的需要。

⑥签订存款协议。出口商所在地银行在进口商银行开立账户，在一定期限内存放一定金额的款项，并在期满之前要保持约定的最低额度，以供进口商

在出口商处购买设备之用。

（2）出口信贷的主要特点

①出口信贷一般都有指定用途，只能用于购买出口国的出口商品。

②出口信贷的利率低于市场利率，利差部分由出口国政府给予补贴。一个国家的大型机器设备制造业，如飞机、轮船制造等，它们的产品价值高，交易额巨大，在国内市场有限的情况下，加强这些商品的出口，对一个国家的经济和就业会有很大的好处。

③出口信贷偿还期长、金额巨大，发放贷款的银行存在着较大的风险，为保证出口国银行发出的出口信贷资金的安全，出口商在办理出口信贷前，必须向本国的出口信贷保险机构投保，以减轻可能发生的进口商不履行合同的风险。这样的出口信贷保险机构一般由国家设立，若贷款收不回，信贷保险机构就会利用国家资金给予赔偿。

④因为出口信贷可以加强本国出口商占领世界市场的能力，对国家经济有很大的影响，所以很多国家政府成立专门发放出口信贷的机构，当遇到巨额贷款，商业银行资金不足的时候，国家设立的出口信贷机构将会对其进行支持。

二、国际债券筹资

（一）国际债券筹资概念

国际债券筹资是指国际企业在国际债券市场上通过发行以某种货币为面值的债券所进行的筹资活动。

（二）常见的几种国际债券

国际债券是指一国政府在境外发行的债券，主要包括外国债券和欧洲债券两种。

外国债券是指甲国政府或金融机构在乙国证券市场上发行，以乙国的货币作为面值货币的债券。例如，我国在美国债券市场上发行的美元债券。外国债券有很多别名，外国政府在美国市场发售的美元债券又称为"扬基债券"，在日本市场发售的叫"武士债券"，在英国市场发售的叫"猛犬债券"。

欧洲债券是指甲国政府在乙国证券市场上发行，以第三国货币（通常为美元、日元、英镑及德国马克等）作为面值货币发行的公债。

欧洲债券的特点主要有：

(1)发行人所在国、债券发行地以及债券面值货币所在国三者完全不同。

(2)通常由国际辛迪加承包发行，可同时在债券面值货币归属国以外的若干个国家发售。

(3)发行只需要经筹资者所在国政府批准就可以，不受其他国家法律约束。

(三)国际债券筹资的优缺点分析

(1)国际债券筹资的优点

①国际债券筹资的偿还方式灵活，既可以提前偿还，也可以通过发行新的债券延期偿还，因此财务弹性很大。

②债券的利息是固定的，当公司利润上升的时候，不会有债权人参加分配盈余，这样使得股东获得更多收益。

③债券融资成本较低，还可以获得一笔避税收益。一般来说，债券利率低于同期国际银行贷款利率，也低于国际普通股的筹资成本。

④国际债券的发行，不会影响公司的控制权，股权结构不会分散或改变。

⑤国际债券融资的期限较长。

(2)国际债券筹资的缺点

①国际债务融资增加了公司的财务杠杆比率，因此增加了公司的财务风险。

②发行债券的准备时间较长，审查严格，手续复杂，因此发行的成本很高。

③债券本息的偿还是一笔固定开支，在公司收入较少的时候，可能无法支付，导致公司破产倒闭的风险加大。

三、国际股票筹资

(一)国际股票筹资概述

国际股票筹资是指跨国企业通过在国际资本市场上发行股票向社会筹集资金的一种方式。

国际股票市场在 20 世纪 20 年代就有一定的规模，以后随着跨国公司的发展而不断发展。20 世纪 70 年代以来，发展中国家股市不断发展，西方主要发达国家也不断放松管制，世界股票市场规模迅速扩大，到 80 年代，国际股票市场基本形成。

股票市场朝国际化方向发展有以下三种表现：

（1）公司在本国发行股票，允许外国投资者用外汇购买。

（2）允许公司在国外资本市场发行股票。

（3）有些国家的资本市场允许外国公司来发行股票，并上市交易。

（二）跨国企业在境外资本市场发行股票筹资的利弊分析

（1）国际股票筹资的优点

①可以迅速为企业募集大量所需的外汇资金。据有关部门统计，1993—2000年，我国上市公司在境内外证券市场发行股票和可转债，共筹集外资200多亿美元。利用筹集到的外汇资金从国外引进了大量先进设备和技术，扩大了生产经营规模，提高了投资经济效益。

②有助于改善企业财务结构。过去，在没有发行国际股票之前，我国很多有海外贸易的企业的资产负债率在70％以上，负债占绝对比例，发行股票以后，企业自有资本增加，平均资产负债率在50％左右，使得资产负债率趋于合理水平。

③有助于减少公司的财务风险。发行股票筹集的资金形成企业的自有资本，可以长期使用，无须还本付息。股息红利的发放由公司根据盈利情况决定。发行股票吸收的外资，不形成国家债务负担。如果仅靠借入外债，容易受到国际金融市场利率和汇率波动的影响，使公司的财务风险加大。

④有利于促进企业的国际化经营。公司在境外发行股票之前，都会深入了解上市地国家的政治、经济、金融及文化等方面的情况，公司要向境外投资者公布自己的经营及财务情况，上市后，要按照上市地规则定期披露公司财务信息，这就有利于利用公司在国际上的知名度，为我国公司开拓国际市场创造条件。同时，国外投资者作为公司股东，必然也会关心公司的经营情况，为公司发展服务。

（2）国际股票筹资的缺点

①相对于债权融资，在境外发行股票融资的融资成本较高。对于投资者而言，购买股票比购买债券的风险要大，所以要求的投资报酬率也较高。相应的，公司付出的代价也就较高。另外，债权融资产生的利息支出是在税前开支的，所以会形成一笔节税收益，从而进一步降低债权融资成本。另外，为发行股票而花费的手续费也是笔较大的支出。

②从发行的技术角度来说，境外上市更费时，难度更大。

③公司在境外发行股票必然允许境外投资者拥有所有权,容易产生控制权问题。

综上所述,公司国际股票融资有利有弊,但总的来说,是利大于弊。它的不足之处,正是我们在采取这种融资方式时,需要密切防范的地方,也是我们为此付出的代价。

第三节　国际营运资金管理

同十一章介绍的营运资金管理的方法一样,国际营运资金管理的最终目标也是在最大化收益的同时最小化破产风险,具体目标则根据不同的环境而变化。国际营运资金管理的外在环境比起国内环境来说更为复杂,其中外汇风险、资金转移的时滞以及各国政府的政策变化都存在很大的不确定性。

对于跨国公司来说,国际营运资金管理的具体目标是:通过资金在全球的合理流动和有效配置,实现各种流动资产持有水平的最优化,保证公司营运资本管理的最终目标实现。

本节将按照现金管理、应收账款管理及存货管理分别展开叙述。

一、跨国公司的现金管理

持有一定的现金是维持企业正常运转所必需的,但是公司持有过量的现金,将付出一定的成本,因为持有的现金不能产生盈利。和国内公司一样,迅速控制公司的现金资源和把公司的现金额度压缩至维持公司正常运转的最低水平是跨国公司现金管理的目标。

从现金管理的角度来说,跨国公司的现金管理复杂性主要体现以下两点:

(1)现金流向复杂多样。主要有:母公司与外部公司之间的现金流动、子公司与外部公司之间的现金流动、子公司之间的现金流动、母公司与子公司之间的现金流动。

(2)现金管理涉及多个国家。由于各国政府在外汇管制、税收政策以及其他政策方面是不一样的,所以如何趋利避害是现金管理的一个重要考察方面。

跨国公司的现金管理具体策略有很多,适用的情况也各不一样,主要有以下几种:

（1）加速现金的流入。现金越早回收到手上，就可以越快地将它用作投资或其他用途，从而减少现金的持有成本。

（2）确定公司总体最优现金结余水平，即确定公司正常经营所需要的最低现金余额。对公司海外各子公司或分支机构的现金头寸进行分析和预测，编制现金预算表，规划未来一定时期的现金流出流入量。

（3）采用集中式的现金管理模式。即跨国公司设立全球性或区域性的现金管理中心，负责统一协调、组织各子公司的现金供需。在这个模式下，子公司只需保留维持正常运转的最低现金余额，其余部分均转移至现金管理中心的账户加以统一调度和运用。

（4）关注货币市场，在适当的时机，运用适当的投资工具对暂时闲置的现金做短期投资。

（5）多边净额结算。由于跨国公司对全球的子公司现金进行集中管理，而母公司及子公司之间购销商品和劳务的收付款项较为频繁，故为了减少外汇风险和减少资金转移成本，跨国公司可以在全球范围内对公司内部的收付款项进行综合调度，这就是所谓的多边净额结算。

二、跨国公司的应收账款管理

跨国公司的应收账款主要产生于两种交易：其一是公司外部的应收账款，它是跨国公司向外部客户赊销而形成的；其二是公司内部的应收账款，它是公司内部之间的转移交易形成的。不同类型的应收账款的管理方式各不相同。第一种应收账款反映了公司的商业信用政策，管理的重点是在保证公司产品市场竞争力不受影响的前提下尽可能降低应收账款的投资成本。第二种类型的应收账款体现的是公司内部财务系统的一个组成部分，目的是追求公司整体财务资源的最优配置和组合。

由于各国商业习惯各异、金融服务体系发展水平参差不齐以及各国政治稳定性也不一样，跨国公司的应收账款管理面临更多的坏账损失风险和外汇交易风险。下面就具体的跨国应收账款的管理方式展开叙述。

（1）外部应收账款的管理

公司在决定进行赊销之前，必须对客户的资信状况进行全面的调查，只对那些有着良好资信状况的公司提供商业信用。一旦决定赊销，在确定赊销合同的时候，还要注意以下几个方面，使得风险降到最低：

①选择有利于自己的交易币种。国际贸易中,支付的币种主要有三种选择:选择出口商所在国货币、选择进口商所在国货币、选择第三国货币。出口商选择坚挺币种有利,而进口商倾向于选择疲软的币种。所以,公司在谈判过程中一定要把握好分寸,选择对己有利的币种。

②应收账款的让售与贴现。跨国公司的销售业务量很大,为了加速应收账款的回收,可以采用应收账款的让售与贴现业务。

应收账款的让售业务是指企业将应收账款出售给银行或者其他金融机构,立即取得现款的业务。让售业务会使公司付出一定的成本,但是减少了公司的坏账损失风险。

应收账款的贴现业务是指把应收账款作为抵押品,向银行取得资金。如果公司到期不能还款给银行,银行有权收回应收账款来抵债。

③为了规避销售日和收款日之间的汇率风险,公司可以考虑购买货币信用保险,以此来弥补因赊销而产生的风险。

(2)内部应收账款的管理

内部应收账款的管理与外部应收账款相比,不需要考虑对方的资信问题,付款时间不完全取决于商业习惯,而是取决于跨国公司的全球财务战略。

跨国企业的内部应收账款的管理策略主要有:

①提前或者延迟付款。公司根据具体的情况,相机选择时机提前或延迟付款。如果公司的一家子公司所在国的货币可能贬值,那么公司一般要求这家子公司提前支付该子公司所欠的应付账款,反之亦然。提前或者延迟付款是跨国公司内部应收账款管理中普遍使用的技巧,它有利于减少外汇风险,提高公司的整体偿债能力。

②设置再开票中心。再开票中心是国际企业单独设立的贸易中介公司,它的主要职能是,当跨国公司的子公司从事外贸时,商品和劳务还是直接由子公司提供给买方,但是有关资金的收支都需要由再开票中心负责。

再开票中心一般设置在低税的地区,由于在当地没有具体的购销业务,所以不必在当地纳税,从而可以合理避税。

三、跨国公司的存货管理

存货管理的目标就是以最低的成本提供公司正常经营所需的存货。跨国公司的存货管理更加复杂,因为原材料采购常常是跨国界进行,受到海关、东道国进出口政策、外汇风险的影响。

为了避免因为缺少原材料而导致生产销售中断,公司海外子公司一般持有相对更多的存货,同时也付出更高存货持有成本。如果东道国币种可能贬值,则子公司也会增加存货库存。

一般来说,跨国公司会从下面三个方面进行存货管理。

(1)购置存货决策

由于子公司经常处于通货膨胀的条件下经营,所以公司为了灵活控制存货成本,就经常需要做出存货超前购置还是需要时购置的决策。存货超前购置涉及投资于存货的资金利息、保险费、存储费和存货损耗等。存货延迟购置涉及由于通货膨胀导致的额外支出、因运输缘故导致的存货供不应求造成的经营损失。公司要权衡这两种成本,做出合理决策。

(2)存货定价策略

定价决策也有助于减少库存商品成本。当商品的价格需求弹性不大的时候,提高库存商品价格可以使得存货持有成本减少。反之,如果商品的需求价格弹性较大,当售价无法提高的时候,就应该停止存货的进口。

如果子公司所在地政府实行价格管制政策,那么子公司就应该提高售价;如果预期当地政府实行物价冻结,那么公司在进口的同时就应该制定较高的以本地币种表示的进口商品的价格。

第四节 跨国公司税收管理

一、跨国税收概述

跨国公司无论是在生产还是在购买原材料及销售商品的过程中都不可避免地涉及纳税问题。国际纳税管理成为跨国公司财务管理的一个重要环节。

国际税收是指一国政府凭借自己的政治权力对在其税收管辖范围内从事国际经营活动的企业和个人就国际性收益进行的征税活动,以及由此产生的国与国之间税收权益的协调行为。

从跨国公司的角度来说,进行国际税收管理是为了寻找合法的方法来减少税收负担,使跨国公司的税收总支出最小化,全球利润最大化,从而使得股东财富最大化。

国际税收的课征主要通过各国的税法规定的具体税种实现。税种主要有:

(1)所得税。是以公司收益或个人收入作为课征对象的一种税。

(2)增值税。是以商品生产和流通环节的新增价值或商品附加值为课征对象的一种流转税。

(3)关税。一国政府对过境的应税货物所征收的税,主要对进口货物征税。

(4)其他税种。除了上面三种,还有资本利得税及财产税等。

国际税收管理的目标是降低公司的总税负,减轻公司的税负压力。具体的目标主要有:

(1)避免国际企业出现的双重纳税的情况。当两个国家对同一征税对象都能行使税收征收权的时候,会出现这种不公平、不合理的情况,公司应该充分运用税法和国际公约维护自己利益。

(2)利用有关国家优惠的税收政策,减少公司赋税。可以充分利用各种保税区、避税港的优惠政策。

(3)利用公司内部转移价格合法合理将公司利润转移到低税国家和地区。

二、税收管辖权

税收管辖权是指国家对特定人的特定财产或行为进行征税的权力,它是国家在税收领域中的主权,是一国政府行使主权征税所拥有的管理权力。

税收管辖权是一个主权国家在征税方面所拥有的不受任何约束的权力。任何主权国家的税收管辖权都是独立自主的,任何外力都不得干涉和控制,各国政府都可以按照本国的需要制定本国的税法,因此有关国家的涉外税收部分就会发生冲突,并在国际税收关系上引起不协调。

税收管辖权可以分为收入来源地管辖权和居民管辖权。收入来源地管辖权是指按照属地主义原则确立的税收管辖权,一国政府只对来自或被认为是来自本国境内的所得拥有征税权力。居民管辖权是指按照属人主义原则确立的税收管辖权,一国政府对本国居民的全部所得拥有征税权。

三、国际重复征税问题

当两个或两个以上国家税收管辖权交叉重叠,就会导致国际重复征税问题。国际重复征税是有关国家对同一或不同的跨国纳税人的同一课税对象或税源行使税收管辖权造成的交叉重叠或冲突。国际重复征税主要有三种形式:

(1) 收入来源地管辖权与居民管辖权的重叠。世界上绝大多数国家都同时实行收入来源地管辖权与居民管辖权,这样对于同一跨国纳税人的同一笔跨国所得,就会被收入来源地国家按照收入来源地管辖权征收所得税,同时被其居住国按居民管辖权再征一次所得税,从而产生双重征税的问题。

(2) 居民管辖权和居民管辖权的重叠。当各国对纳税人居民身份的判断标准不同时,同一个跨国纳税人被几个国家同时确认为其居民,就会产生居民管辖权之间的重叠,从而产生国际重复征税的问题。

(3) 收入来源地管辖权与收入来源地管辖权的重叠。由于有关国家对收入来源地的确定标准不同,就会出现有关国家对同一笔收入同时行使收入来源地管辖权,从而产生国际重复征税的问题。

解决重复征税的办法主要有单边式或国际税收协定。

单边式条件下,实行居民管辖权的国家,为了鼓励本国居民积极从事国际经济活动或到国外投资,一般都在其国内税法中单方面做出一些限制本国税收管辖权的规定,主要有免税法和抵税法两种。

(1) 免税法是指征税国实行收入来源地税收管辖权,对纳税人来源于境外并已向收入来源国纳税的所得实行免税。免税法意味着居住国政府完全放弃对其居民来自国外的所得征税的权力。免税法等于放弃居民税收管辖权,只承认收入来源国的税收管辖权。

免税法可分为全额免税和累进免税。全额免税法是指居住国政府对其居民来自国外的所得全部免于征税,只对其居民的国内所得征税,在确定对其居民的国内所得所使用的税率时,不考虑其居民已被免于征税的国外所得。累进免税是指居住国政府对其居民来自国外的所得不征税,只对其居民的国内所得征税,在决定对其居民的国内所得所使用的税率时,有权考虑其居民已被免于征税的国外所得。实行免税法的国家和地区主要有阿根廷、香港、澳门等。

(2) 抵税法是指征税国对其纳税居民在国外已被征收的税款允许在本国税法规定应缴纳的税额中予以抵消。抵税法也就是国际上多数国家都承认收入来源地管辖权的优先地位,并通过承认收入来源地管辖权的优先地位来解决重复征税问题。

国际税收协定是指两个或两个以上主权国家,为了避免国际双重征税,协调相互间的税收分配关系和税务合作等问题,本着平等互利的原则,经由政府间谈判,所签订的确定缔约国各方权利和义务的一种书面协议。

国际税收协定可以分为一般税收协定和特定税收协定两种。前者是指缔约国各方所签订的广泛涉及处理相互间各种税收关系的协定,包括全面性避免国际重复征税、相互交换税收情报以防国际偷税漏税、保证税收无差别待遇及全面协调国家间税收工作关系等内容；后者指缔约国之间对某一特定税种或某一单项税收进行协调所签订的协定，如有关避免海运和空运双重征税的协定、有关避免特许权使用费双重征税的协定，以及有关公司税制度的协定等。

四、国际避税

国际避税是指跨国公司利用不同国家税制的区别，采用选择合适的生产经营地点及恰当的经营方法等合法手段，减少公司赋税开支的一种行为。

各国税法的差异是国际避税行为产生的根本原因，这种差异主要表现为：纳税税率的差异、纳税基数的差异、税种设置的差别、税收管理效率的差别以及各国避免双重纳税方法的差异。

国际避税的主要方法有以下两种：

1. 利用内部转移价格

内部转移价格是指跨国公司内部母子公司或子子公司之间转移商品或劳务时的支付价格。利用内部转移价格是指跨国公司利用各国税制之间的差异通过灵活改变内部转移价格达到减轻税负的目的。由于跨国公司生产经营子公司遍布全球，所以使得这一方式很容易实现。

内部转移价格的特点有：它是同一个企业内部各部门之间的价格转移，它是从企业整体战略角度出发的，各方是在同一个战略目标下进行价格转移的；它有很大的隐蔽性和灵活性，各国政府对其进行税收监管有很大的难度；它是不同的国家税收主体之间的价格转移，因税收的国别差异，转移价格造成转移双方各自不同的税收负担。

内部转移价格的目的主要是规避公司所得税，逃避预提税，减轻关税的不利影响和增加外国税收抵免额；增强子公司的竞争能力，打入与控制所投资国市场，调节利润水平以实现公司集团内部的资金优化配置，避免相关国家的价格控制以及避免外汇风险等。

跨国公司的内部转移价格主要有以下几种：

（1）货物的转移价格。通过货物的转移价格，跨国公司可以影响到各个关联公司的经营成本，从而实现利润的国际转移。

（2）劳务的转移价格。劳务包括运输、加工、修理修配、设计、广告、咨询中介等，通过转移劳务价格，即在高税国的子公司或关联公司向在低税国的子公司或关联公司提供劳务时，就能减少跨国公司整体的纳税负担。

（3）贷款利息的转移价格。如果跨国公司或者其子公司或其他的关联公司有闲置资本或资金，它们可以以高于或者低于市场水平的利率在关联企业内部相互提供，以此来对关联企业的利润进行调节，还可以把从其他地方取得的借款通过高于或低于取得贷款所规定的利率在关联企业之间转贷，以此来调节公司的成本和利润。

（4）无形资产的转移价格。无形资产主要指专利和特许使用权。跨国公司可以人为地提高或降低特许权使用费标准，进而影响分公司的费用和收入。

常用的具体做法有：对由税率较低国家的子公司向高税率国家的子公司出口的商品采取高价；反之，采取低价。

2.利用避税港

避税港是指免征一些税收或低税率征的国家或地区。跨国公司利用避税港避税的主要方法是在避税港设置一些挂牌公司。这些公司设立的目的纯粹是为了避税。公司的很多经营活动不在避税港发生，收益却在避税港申报，因为和其他地方相比，税率相差是很大的，所以公司可以合法规避大量的税负。

一般来说，每一个避税港都会具有以下共同的特点：具备良好的通信设施、有大量优秀的金融服务人员提供金融服务等便利条件；对外资或本国公司的销售收入征收较低的所得税，对向母公司支付的股息征收较低的预扣税；币值稳定，可以自由兑换；政治稳定，政府鼓励外国公司在本国建立相关便利设施。

按照征税的不同，世界上的避税港主要有以下几种类型：

（1）不征收所得税、资本利得税、财产税和财产净值税的地区，如百慕大、开曼群岛等。

（2）征收某些所得税，但税率远低于其他国家或地区，如以色列、中国澳门等。

（3）对来自国内的收入征税，但对来自国外的收入免征所得税，如阿根廷、巴拿马及香港等。

（4）允许税收特权的避税港。这类避税港实行正常的税制，在正常征税的同时，有较为灵活的税收优惠。

跨国公司在避税港进行投资活动时，可以享受到许多优惠。如免缴公司所得税，当局不能审查公司开业经营的账目，不得干预和过问公司的经营活动和经营方向等。外国银行在避税港开展业务不受当地政府监督，当地政府对银行之间以及与银行往来有业务关系的经济实体所需保密的信息、文件等予以保密。避税港在保险、信托投资、商业贸易等方面可为跨国公司提供良好的便利条件。

　　跨国公司在运用避税港避税的时候,采用的方式主要有以下三种:

　　(1)虚构避税港营业。这种方式主要是通过总公司或母公司将销售和提供给其他国家和地区的商品、技术和各项劳务服务,虚构为设在避税港受控公司的转手交易,从而将所得滞留在避税港,以躲避高税率国家的税收负担。

　　(2)虚设避税港信托资产。通过建立信托财产或信托关系进行国际避税。信托关系在避税港是能够无限制地存在下去的,虚设避税港信托财产是通过在避税港设立一个受控信托公司,再把高税国财产转移到避税港,借以躲避有关税收。

　　(3)转移定价。即是指通过从高税率国家向避税港以较低的内部转移定价销售商品和分配费用,或者从避税港向高税率国家以较高的内部转移定价销售商品和分摊费用,以减轻跨国公司整体税负。

附录一　复利终值系数表

期数	1%	2%	3%	4%	5%	6%	7%	8%	9%	10%	11%	12%	13%	14%	15%	16%	17%	18%
1	1.010 0	1.020 0	1.030 0	1.040 0	1.050 0	1.060 0	1.070 0	1.080 0	1.090 0	1.10 00	1.110 0	1.120 0	1.130 0	1.140 0	1.150 0	1.160 0	1.170 0	1.180 0
2	1.020 1	1.040 4	1.060 9	1.081 6	1.102 5	1.123 6	1.144 9	1.166 4	1.188 1	1.210 0	1.232 1	1.254 4	1.276 9	1.299 6	1.322 5	1.345 6	1.368 9	1.392 4
3	1.030 3	1.061 2	1.092 7	1.124 9	1.157 6	1.191 0	1.225 0	1.259 7	1.295 0	1.331 0	1.367 6	1.404 9	1.442 9	1.481 5	1.520 9	1.560 9	1.601 6	1.643 0
4	1.040 6	1.082 4	1.125 5	1.169 9	1.215 5	1.262 5	1.310 8	1.360 5	1.411 6	1.464 1	1.518 1	1.573 5	1.630 5	1.689 0	1.749 0	1.810 6	1.873 9	1.938 8
5	1.051 0	1.104 1	1.159 3	1.216 7	1.276 3	1.338 2	1.402 6	1.469 3	1.538 6	1.610 5	1.685 1	1.762 3	1.842 4	1.925 4	2.011 4	2.100 3	2.192 4	2.287 8
6	1.061 5	1.126 2	1.194 1	1.265 3	1.340 1	1.418 5	1.500 7	1.586 9	1.677 1	1.771 6	1.870 4	1.973 8	2.082 0	2.195 0	2.313 1	2.436 4	2.565 2	2.699 6
7	1.072 1	1.148 7	1.229 9	1.315 9	1.407 1	1.503 6	1.605 8	1.713 8	1.828 0	1.948 7	2.076 2	2.210 7	2.352 6	2.502 3	2.660 0	2.826 2	3.001 2	3.185 5
8	1.082 9	1.171 7	1.266 8	1.368 6	1.477 5	1.593 8	1.718 2	1.850 9	1.992 6	2.143 6	2.304 5	2.476 0	2.658 4	2.852 6	3.059 0	3.278 4	3.511 5	3.758 9
9	1.093 7	1.195 1	1.304 8	1.423 3	1.551 3	1.689 5	1.838 5	1.999 0	2.171 9	2.357 9	2.558 0	2.773 1	3.004 0	3.251 9	3.517 9	3.803 0	4.108 4	4.435 5
10	1.104 6	1.219 0	1.343 9	1.480 2	1.628 9	1.790 8	1.967 2	2.158 9	2.367 4	2.593 7	2.839 4	3.105 8	3.394 6	3.707 2	4.045 6	4.411 4	4.806 8	5.233 8
11	1.115 7	1.243 4	1.384 2	1.539 5	1.710 3	1.898 3	2.104 9	2.331 6	2.580 4	2.853 1	3.151 8	3.478 5	3.835 9	4.226 2	4.652 4	5.117 3	5.624 0	6.175 9
12	1.126 8	1.268 2	1.425 8	1.601 0	1.795 9	2.012 2	2.252 2	2.518 2	2.812 7	3.138 4	3.498 5	3.896 0	4.334 5	4.817 9	5.350 3	5.936 0	6.580 1	7.287 6
13	1.138 1	1.293 6	1.468 5	1.665 1	1.885 6	2.132 9	2.409 8	2.719 6	3.065 8	3.452 3	3.883 3	4.363 5	4.898 0	5.492 4	6.152 8	6.885 8	7.698 7	8.599 4
14	1.149 5	1.319 5	1.512 6	1.731 7	1.979 9	2.260 9	2.578 5	2.937 2	3.341 7	3.797 5	4.310 4	4.887 1	5.534 8	6.261 3	7.075 7	7.987 5	9.007 5	10.147
15	1.161 0	1.345 9	1.558	1.800 9	2.078 9	2.396 6	2.759 0	3.172 2	3.642 5	4.177 2	4.784 6	5.473 6	6.254 3	7.137 9	8.137 1	9.265 5	10.539	11.974
16	1.172 6	1.372 8	1.604 7	1.873 0	2.182 9	2.540 4	2.952 2	3.425 9	3.970 3	4.595 0	5.310 9	6.130 4	7.067 3	8.137 2	9.357 6	10.748	12.330	14.129
17	1.184 3	1.400 2	1.652 8	1.947 9	2.292 0	2.692 8	3.158 8	3.700 0	4.327 6	5.054 5	5.895 1	6.866 0	7.986 1	9.276 5	10.761	12.468	14.426	16.672
18	1.196 1	1.428 2	1.702 4	2.025 8	2.406 6	2.854 3	3.379 9	3.996 0	4.717 1	5.559 9	6.543 6	7.690 0	9.024 3	10.575	12.375	14.463	16.879	19.673
19	1.208 1	1.456 8	1.753 5	2.106 8	2.527 0	3.025 6	3.616 5	4.315 7	5.141 7	6.115 9	7.263 3	8.612 8	10.197	12.056	14.232	16.777	19.748	23.214
20	1.220 2	1.485 9	1.806 1	2.191 1	2.653 3	3.207 1	3.869 7	4.661 0	5.604 4	6.727 5	8.062 3	9.646 3	11.523	13.743	16.367	19.461	23.106	27.393
21	1.232 4	1.515 7	1.860 3	2.278 8	2.786 0	3.399 6	4.140 6	5.033 8	6.108 8	7.400 2	8.949 2	10.804	13.021	15.668	18.822	22.574	27.034	32.324
22	1.244 7	1.546 0	1.916 1	2.369 9	2.925 3	3.603 5	4.430 4	5.436 5	6.658 6	8.140 3	9.933 6	12.100	14.714	17.861	21.645	26.186	31.629	38.142
23	1.257 2	1.576 9	1.973 6	2.464 7	3.071 5	3.819 7	4.740 5	5.871 5	7.257 9	8.954 3	11.026	13.552	16.627	20.362	24.891	30.376	37.006	45.008
24	1.269 7	1.608 4	2.032 8	2.563 3	3.225 1	4.048 9	5.072 4	6.341 2	7.911 1	9.849 7	12.239	15.179	18.788	23.212	28.625	35.236	43.297	53.109
25	1.282 4	1.640 6	2.093 8	2.665 8	3.386 4	4.291 9	5.427 4	6.848 5	8.623 1	10.835	13.585	17.000	21.231	26.462	32.919	40.874	50.658	62.669
26	1.295 3	1.673 4	2.156 6	2.772 5	3.555 7	4.549 4	5.807 4	7.396 4	9.399 2	11.918	15.080	19.040	23.991	30.167	37.857	47.414	59.270	73.949
27	1.308 2	1.706 9	2.221 3	2.883 4	3.733 5	4.822 3	6.213 9	7.988 1	10.245	13.110	16.739	21.325	27.109	34.390	43.535	55.000	69.345	87.260
28	1.321 3	1.741 0	2.287 9	2.998 7	3.920 1	5.111 7	6.648 8	8.627 1	11.167	14.421	18.580	23.884	30.633	39.204	50.066	63.800	81.134	102.97
29	1.334 5	1.775 8	2.356 6	3.118 7	4.116 1	5.418 4	7.114 3	9.317 3	12.172	15.863	20.624	26.750	34.616	44.693	57.575	74.009	94.927	121.50
30	1.347 8	1.811 4	2.427 3	3.243 4	4.321 9	5.743 5	7.612 3	10.063	13.268	17.449	22.892	29.960	39.116	50.950	66.212	85.850	111.06	143.37

续表

期数\利率	19%	20%	21%	22%	23%	24%	25%	26%	27%	28%	29%	30%	31%	32%	33%	34%	35%	36%
1	1.190 0	1.200 0	1.210 0	1.220 0	1.230 0	1.240 0	1.250 0	1.260 0	1.270 0	1.280 0	1.290 0	1.30 0	1.310 0	1.320 0	1.330 0	1.340 0	1.350 0	1.360 0
2	1.416 1	1.440 0	1.464 1	1.488 4	1.512 9	1.537 6	1.562 5	1.587 6	1.612 9	1.638 4	1.664 1	1.690 0	1.716 1	1.742 4	1.768 9	1.795 6	1.822 5	1.849 6
3	1.685 2	1.728 0	1.771 6	1.815 8	1.860 9	1.906 6	1.953 1	2.000 4	2.048 4	2.057 2	2.146 7	2.197 0	2.248 1	2.300 0	2.352 6	2.406 1	2.460 4	2.515 5
4	2.005 3	2.073 6	2.143 6	2.215 3	2.288 9	2.364 2	2.441 4	2.520 5	2.601 4	2.684 4	2.769 2	2.856 1	2.945 0	3.036 0	3.129 0	3.224 2	3.321 5	3.421 0
5	2.386 4	2.488 3	2.593 7	2.702 7	2.815 3	2.931 6	3.051 8	3.175 8	3.303 8	3.436 0	3.572 3	3.712 9	3.857 9	4.007 5	4.161 6	4.320 4	4.484 0	4.652 6
6	2.839 8	2.986 0	3.138 4	3.297 3	3.462 8	3.635 2	3.814 7	4.001 5	4.195 9	4.398 0	4.608 3	4.826 8	5.053 9	5.289 9	5.534 9	5.789 3	6.053 4	6.327 5
7	3.379 3	3.583 2	3.797 5	4.022 7	4.259 3	4.507 7	4.768 4	5.041 9	5.328 8	5.629 5	5.944 7	6.274 9	6.620 6	6.982 6	7.361 4	7.757 7	8.172 2	8.605 4
8	4.021 4	4.299 8	4.595 0	4.907 7	5.238 9	5.589 5	5.960 5	6.352 8	6.767 5	7.205 8	7.668 6	8.157 3	8.673 0	9.217 0	9.790 7	10.395	11.032	11.703
9	4.785 4	5.159 8	5.559 9	5.987 4	6.443 9	6.931 0	7.450 6	8.004 5	8.594 8	9.223 4	9.892 5	10.604	11.362	12.166	13.022	13.930	14.894	15.917
10	5.694 7	6.191 7	6.727 5	7.304 6	7.925 9	8.594 4	9.313 2	10.086	10.915	11.806	12.761	13.786	14.884	16.060	17.319	18.666	20.107	21.647
11	6.776 7	7.430 1	8.140 3	8.911 7	9.748 9	10.657	11.642	12.708	13.862	15.112	16.462	17.922	19.498	21.199	23.034	25.012	27.144	29.439
12	8.064 2	8.916 1	9.849 7	10.872	11.991	13.215	14.552	16.012	17.605	19.343	21.236	23.298	25.542	27.983	30.635	33.516	36.644	40.037
13	9.596 4	10.699	11.918	13.264	14.749	16.386	18.190	20.175	22.359	24.759	27.395	30.288	33.460	36.937	40.745	44.912	49.470	54.451
14	11.420	12.839	14.421	16.182	18.141	20.319	22.737	25.421	28.396	31.691	35.339	39.374	43.833	48.757	54.190	60.182	66.784	74.053
15	13.590	15.407	17.449	19.742	22.314	25.196	28.422	32.030	36.062	40.565	45.587	51.186	57.421	64.359	72.073	80.644	90.158	100.71
16	16.172	18.488	21.114	24.086	27.446	31.243	35.527	40.358	45.799	51.923	58.808	66.542	75.221	84.954	95.858	108.06	121.71	136.97
17	19.244	22.186	25.548	29.384	33.759	38.741	44.409	50.851	58.165	66.461	75.862	86.504	98.540	112.14	127.49	144.80	164.31	186.28
18	22.901	26.623	30.913	35.849	41.523	48.039	55.511	64.072	73.870	85.371	97.862	112.46	129.09	148.02	169.56	194.04	221.82	253.34
19	27.252	31.948	37.404	43.736	51.074	59.568	69.389	80.731	93.815	108.89	126.24	146.19	169.10	195.39	225.52	260.01	299.46	344.54
20	32.429	38.338	45.259	53.358	62.821	73.864	86.736	101.72	119.14	139.38	162.85	190.05	221.53	257.92	299.94	348.41	404.27	468.57
21	38.591	46.005	54.764	65.096	77.269	91.592	108.42	128.17	151.31	178.41	210.08	247.06	290.20	340.45	398.92	466.88	545.77	637.26
22	45.923	55.206	66.264	79.418	95.041	113.57	135.53	161.49	192.17	228.36	271.00	321.18	380.16	449.39	530.56	625.61	736.79	866.67
23	54.649	66.247	80.180	96.889	116.90	140.83	169.41	203.48	244.05	292.30	349.59	417.54	498.01	593.20	705.65	838.32	994.66	1 178.7
24	65.032	79.497	97.017	118.21	143.79	174.63	211.76	256.39	309.95	374.14	450.98	542.80	652.40	783.02	938.51	1 123.4	1 342.8	1 603.0
25	77.388	95.396	117.39	144.21	176.86	216.54	264.70	323.05	393.63	478.90	581.76	705.64	854.64	1 033.6	1 248.2	1 505.3	1 812.8	2 180.1
26	92.092	114.48	142.04	175.94	217.54	268.51	330.87	407.04	499.92	613.00	750.47	917.33	1 119.6	1 364.3	1 660.1	2 017.1	2 447.2	2 964.9
27	109.59	137.37	171.87	214.64	267.57	332.95	413.59	512.87	634.89	784.64	968.10	1192.5	1 466.6	1 800.9	2 208.0	2 702.9	3 303.8	4 032.3
28	130.41	164.84	207.97	261.86	329.11	412.86	516.99	646.21	806.31	1 004.3	1 248.9	1 550.3	1 921.3	2 377.2	2 936.6	3 621.9	4 460.1	5 483.9
29	155.19	197.81	251.64	319.47	404.81	511.95	646.23	814.23	1 024.0	1 285.6	1 611.0	2 015.4	2 516.9	3 137.9	3 905.7	4 853.3	6 021.1	7 458.1
30	184.68	237.38	304.48	389.76	497.91	634.82	807.79	1 025.9	1 300.5	1 645.5	2 078.2	2 620.0	3 297.2	4 142.1	5 194.6	6 503.5	8 128.5	10 143

附录二 复利现值系数表

期数\利率	1%	2%	3%	4%	5%	6%	7%	8%	9%	10%	11%	12%	13%	14%	15%	16%	17%	18%
1	0.990 1	0.980 1	0.970 9	0.961 5	0.952 4	0.943 4	0.934 6	0.925 9	0.917 4	0.909 1	0.900 9	0.892 9	0.885 0	0.877 2	0.869 6	0.862 1	0.854 7	0.847 5
2	0.980 3	0.961 2	0.942 6	0.924 6	0.907 0	0.890 0	0.873 4	0.857 3	0.841 7	0.826 4	0.811 6	0.797 2	0.783 1	0.769 5	0.756 1	0.743 2	0.730 5	0.718 2
3	0.970 6	0.942 3	0.915 1	0.889 0	0.863 8	0.839 6	0.816 3	0.793 8	0.772 2	0.751 3	0.731 2	0.711 8	0.693 1	0.675 0	0.657 5	0.640 7	0.624 4	0.608 6
4	0.961 0	0.923 8	0.888 5	0.854 8	0.822 7	0.792 1	0.762 9	0.735 0	0.708 4	0.683 0	0.658 7	0.635 5	0.613 3	0.592 1	0.571 8	0.552 3	0.533 7	0.515 8
5	0.951 5	0.905 7	0.862 6	0.821 9	0.783 5	0.747 3	0.713 0	0.680 6	0.649 9	0.620 9	0.593 5	0.567 4	0.542 8	0.519 4	0.497 2	0.476 1	0.456 1	0.437 1
6	0.942 0	0.888 0	0.837 5	0.790 3	0.746 2	0.705 0	0.666 3	0.630 2	0.596 3	0.564 5	0.534 6	0.506 6	0.480 3	0.455 6	0.432 3	0.410 4	0.389 8	0.370 4
7	0.932 7	0.870 6	0.813 1	0.759 9	0.710 7	0.665 1	0.622 7	0.583 5	0.547 0	0.513 2	0.481 7	0.452 3	0.425 1	0.399 6	0.375 9	0.353 8	0.333 2	0.313 9
8	0.923 5	0.853 5	0.789 4	0.730 7	0.676 8	0.627 4	0.582 0	0.540 3	0.501 9	0.466 5	0.433 9	0.403 9	0.376 2	0.350 6	0.326 9	0.305 0	0.284 8	0.266 0
9	0.914 3	0.836 8	0.766 4	0.702 6	0.644 6	0.591 9	0.543 9	0.500 2	0.460 4	0.424 1	0.390 9	0.360 6	0.332 9	0.307 5	0.284 3	0.263 0	0.243 4	0.225 5
10	0.905 3	0.820 3	0.744 1	0.675 6	0.613 9	0.558 4	0.508 3	0.463 2	0.422 4	0.385 5	0.352 2	0.322 0	0.294 6	0.269 7	0.247 2	0.226 7	0.208 0	0.191 1
11	0.896 3	0.804 3	0.722 4	0.649 6	0.584 7	0.526 8	0.475 1	0.428 9	0.387 5	0.350 5	0.317 3	0.287 5	0.260 7	0.236 6	0.214 9	0.195 4	0.177 8	0.161 9
12	0.887 4	0.788 5	0.701 4	0.624 6	0.556 8	0.497 0	0.444 0	0.397 1	0.355 5	0.318 6	0.285 8	0.256 7	0.230 7	0.207 6	0.186 9	0.168 5	0.152 0	0.137 2
13	0.878 7	0.773 0	0.681 0	0.600 6	0.530 3	0.468 8	0.415 0	0.367 7	0.326 2	0.289 7	0.257 5	0.229 2	0.204 2	0.182 1	0.162 5	0.145 2	0.129 3	0.116 3
14	0.870 0	0.757 9	0.661 1	0.577 5	0.505 1	0.442 3	0.387 8	0.340 5	0.299 2	0.263 3	0.232 0	0.204 6	0.180 7	0.159 7	0.141 3	0.125 2	0.111 0	0.098 5
15	0.861 3	0.743 0	0.641 9	0.555 3	0.481 0	0.417 3	0.362 4	0.315 2	0.274 5	0.239 4	0.209 0	0.182 7	0.159 9	0.140 1	0.122 9	0.107 9	0.094 9	0.083 5
16	0.852 8	0.728 4	0.623 2	0.533 9	0.458 1	0.393 6	0.338 7	0.291 9	0.251 9	0.217 6	0.188 3	0.163 1	0.141 5	0.122 9	0.106 9	0.093 0	0.081 1	0.070 8
17	0.844 4	0.714 2	0.605 0	0.513 4	0.436 3	0.371 4	0.316 6	0.270 3	0.231 1	0.197 8	0.169 6	0.145 6	0.125 2	0.107 8	0.092 9	0.080 2	0.069 3	0.060 0
18	0.836 0	0.700 2	0.587 4	0.493 6	0.415 5	0.350 3	0.295 9	0.250 2	0.212 0	0.179 9	0.152 8	0.130 0	0.110 8	0.094 6	0.080 8	0.069 1	0.059 2	0.050 8
19	0.827 7	0.686 4	0.570 3	0.474 6	0.395 7	0.330 5	0.276 5	0.231 7	0.194 5	0.163 5	0.137 7	0.116 1	0.098 1	0.082 9	0.070 3	0.059 6	0.050 6	0.043 1
20	0.819 5	0.673 0	0.553 7	0.456 4	0.376 9	0.311 8	0.258 4	0.214 5	0.178 4	0.148 6	0.124 0	0.103 7	0.086 8	0.072 8	0.061 1	0.051 4	0.043 3	0.036 5
21	0.811 4	0.659 8	0.537 5	0.438 8	0.358 9	0.294 2	0.241 5	0.198 7	0.163 7	0.135 1	0.111 7	0.092 6	0.076 8	0.063 8	0.053 1	0.044 3	0.037 0	0.030 9
22	0.803 4	0.646 8	0.521 9	0.422 0	0.341 8	0.277 5	0.225 7	0.183 9	0.150 2	0.122 8	0.100 7	0.082 6	0.068 0	0.056 0	0.046 2	0.038 2	0.031 6	0.026 2
23	0.795 4	0.634 2	0.506 7	0.405 7	0.325 6	0.261 8	0.210 9	0.170 3	0.137 8	0.111 7	0.090 7	0.073 8	0.060 1	0.049 1	0.040 2	0.032 9	0.027 0	0.022 2
24	0.787 6	0.621 7	0.491 9	0.390 1	0.310 1	0.247 0	0.197 1	0.157 7	0.126 4	0.101 5	0.081 7	0.065 9	0.053 2	0.043 1	0.034 9	0.028 4	0.023 1	0.018 8
25	0.779 8	0.609 5	0.477 6	0.375 1	0.295 3	0.233 0	0.184 2	0.146 0	0.116 0	0.092 3	0.073 6	0.058 8	0.047 1	0.037 8	0.030 4	0.024 5	0.019 7	0.016 0
26	0.772 0	0.597 6	0.463 7	0.360 7	0.281 2	0.219 8	0.172 2	0.135 2	0.106 4	0.083 9	0.066 3	0.052 5	0.041 7	0.033 1	0.026 4	0.021 1	0.016 9	0.013 5
27	0.764 4	0.585 9	0.450 2	0.346 8	0.267 8	0.207 4	0.160 9	0.125 2	0.097 6	0.076 3	0.059 7	0.046 9	0.036 9	0.029 1	0.023 0	0.018 2	0.014 4	0.011 5
28	0.756 8	0.574 4	0.437 1	0.333 5	0.255 1	0.195 6	0.150 4	0.115 9	0.089 5	0.069 3	0.053 8	0.041 9	0.032 6	0.025 5	0.020 0	0.015 7	0.012 3	0.009 7
29	0.749 3	0.563 1	0.424 3	0.320 7	0.242 9	0.184 6	0.140 6	0.107 3	0.082 2	0.063 0	0.048 5	0.037 4	0.028 9	0.022 4	0.017 4	0.013 5	0.010 5	0.008 2
30	0.741 9	0.552 1	0.412 0	0.308 3	0.231 4	0.174 1	0.131 4	0.099 4	0.075 4	0.057 3	0.043 7	0.033 4	0.025 6	0.019 9	0.015 1	0.011 6	0.009 0	0.007 0

续表

期数 \ 利率	19%	20%	21%	22%	23%	24%	25%	26%	27%	28%	29%	30%	31%	32%	33%	34%	35%	36%
1	0.840 3	0.833 3	0.826 4	0.819 7	0.813 0	0.806 5	0.800 0	0.793 7	0.787 4	0.781 3	0.775 2	0.769 2	0.763 4	0.757 6	0.751 9	0.746 3	0.740 7	0.735 3
2	0.706 2	0.694 4	0.683 0	0.671 9	0.661 0	0.650 4	0.640 0	0.629 9	0.620 0	0.610 4	0.600 9	0.591 7	0.582 7	0.573 9	0.565 3	0.556 9	0.548 7	0.540 7
3	0.593 4	0.578 7	0.564 5	0.550 7	0.537 4	0.524 5	0.512 0	0.499 9	0.488 2	0.476 8	0.465 8	0.455 2	0.444 8	0.434 8	0.425 1	0.415 6	0.406 4	0.397 5
4	0.498 7	0.482 3	0.466 5	0.451 4	0.436 9	0.423 0	0.409 6	0.396 8	0.384 4	0.372 5	0.361 1	0.350 1	0.339 6	0.329 4	0.319 6	0.310 2	0.301 1	0.292 3
5	0.419 0	0.401 9	0.385 5	0.370 0	0.355 2	0.341 1	0.327 7	0.314 9	0.302 7	0.291 0	0.279 9	0.269 3	0.259 2	0.249 5	0.240 3	0.231 5	0.223 0	0.214 9
6	0.352 1	0.334 9	0.318 6	0.303 3	0.288 8	0.275 1	0.262 1	0.249 9	0.238 3	0.227 4	0.217 0	0.207 2	0.197 9	0.189 0	0.180 7	0.172 7	0.165 2	0.158 0
7	0.295 9	0.279 1	0.263 3	0.248 6	0.234 8	0.221 8	0.209 7	0.198 3	0.187 7	0.177 6	0.168 2	0.159 4	0.151 0	0.143 2	0.135 8	0.128 9	0.122 4	0.116 2
8	0.248 7	0.232 6	0.217 6	0.203 8	0.190 9	0.178 9	0.167 8	0.157 4	0.147 8	0.138 8	0.130 4	0.122 6	0.115 3	0.108 5	0.102 1	0.096 2	0.090 6	0.085 4
9	0.209 0	0.193 8	0.179 9	0.167 0	0.155 2	0.144 3	0.134 2	0.124 9	0.116 4	0.108 4	0.101 1	0.094 3	0.088 0	0.082 2	0.076 8	0.071 8	0.067 1	0.062 8
10	0.175 6	0.161 5	0.148 6	0.136 9	0.126 2	0.116 4	0.107 4	0.099 2	0.091 6	0.084 7	0.078 4	0.072 5	0.067 2	0.062 3	0.057 7	0.053 6	0.049 7	0.046 2
11	0.147 6	0.134 6	0.122 8	0.112 2	0.102 6	0.093 8	0.085 9	0.078 7	0.072 1	0.066 2	0.060 7	0.055 8	0.051 3	0.047 2	0.043 4	0.040 0	0.036 8	0.034 0
12	0.124 0	0.112 2	0.101 5	0.092 0	0.083 4	0.075 7	0.068 7	0.062 5	0.056 8	0.051 7	0.047 1	0.042 9	0.039 2	0.035 7	0.032 6	0.029 8	0.027 3	0.025 0
13	0.104 2	0.093 5	0.083 9	0.075 4	0.067 8	0.061 0	0.055 0	0.049 6	0.044 7	0.040 4	0.036 5	0.033 0	0.029 9	0.027 1	0.024 5	0.022 3	0.020 2	0.018 4
14	0.087 6	0.077 9	0.069 3	0.061 8	0.055 1	0.049 2	0.044 0	0.039 3	0.035 2	0.031 6	0.028 3	0.025 4	0.022 8	0.020 5	0.018 5	0.016 6	0.015 0	0.013 5
15	0.073 6	0.064 9	0.057 3	0.050 7	0.044 8	0.039 7	0.035 2	0.031 2	0.027 7	0.024 7	0.021 9	0.019 5	0.017 4	0.015 5	0.013 9	0.012 4	0.011 1	0.009 9
16	0.061 8	0.054 1	0.047 4	0.041 5	0.036 4	0.032 0	0.028 1	0.024 8	0.021 8	0.019 3	0.017 0	0.015 0	0.013 3	0.011 8	0.010 4	0.009 3	0.008 2	0.007 3
17	0.052 0	0.045 1	0.039 1	0.034 0	0.029 6	0.025 8	0.022 5	0.019 7	0.017 2	0.015 0	0.013 2	0.011 6	0.010 1	0.008 9	0.007 8	0.006 9	0.006 1	0.005 4
18	0.043 7	0.037 6	0.032 3	0.027 9	0.024 1	0.020 8	0.018 0	0.015 6	0.013 5	0.011 8	0.010 2	0.008 9	0.007 7	0.006 8	0.005 9	0.005 2	0.004 5	0.003 9
19	0.036 7	0.031 3	0.026 7	0.022 9	0.019 6	0.016 8	0.014 4	0.012 4	0.010 7	0.009 2	0.007 9	0.006 8	0.005 9	0.005 1	0.004 4	0.003 8	0.003 3	0.002 9
20	0.030 8	0.026 1	0.022 1	0.018 7	0.015 9	0.013 5	0.011 5	0.009 8	0.008 4	0.007 2	0.006 1	0.005 3	0.004 5	0.003 9	0.003 3	0.002 9	0.002 5	0.002 1
21	0.025 9	0.021 7	0.018 3	0.015 4	0.012 9	0.010 9	0.009 2	0.007 8	0.006 6	0.005 6	0.004 8	0.004 0	0.003 4	0.002 9	0.002 5	0.002 1	0.001 8	0.001 6
22	0.021 8	0.018 1	0.015 1	0.012 6	0.010 5	0.008 8	0.007 4	0.006 2	0.005 2	0.004 4	0.003 7	0.003 1	0.002 6	0.002 2	0.001 9	0.001 6	0.001 4	0.001 2
23	0.018 3	0.015 1	0.012 5	0.010 3	0.008 6	0.007 1	0.005 9	0.004 9	0.004 1	0.003 4	0.002 9	0.002 4	0.002 0	0.001 7	0.001 4	0.001 2	0.001 0	0.000 8
24	0.015 4	0.012 6	0.010 3	0.008 5	0.007 0	0.005 7	0.004 7	0.003 9	0.003 2	0.002 7	0.002 2	0.001 8	0.001 5	0.001 3	0.001 1	0.000 9	0.000 7	0.000 6
25	0.012 9	0.010 5	0.008 5	0.006 9	0.005 7	0.004 6	0.003 8	0.003 1	0.002 5	0.002 1	0.001 7	0.001 4	0.001 2	0.001 0	0.000 8	0.000 7	0.000 6	0.000 5
26	0.010 9	0.008 7	0.007 0	0.005 7	0.004 6	0.003 7	0.003 0	0.002 5	0.002 0	0.001 6	0.001 3	0.001 1	0.000 9	0.000 7	0.000 6	0.000 5	0.000 4	0.000 3
27	0.009 1	0.007 3	0.005 8	0.004 7	0.003 7	0.003 0	0.002 4	0.001 9	0.001 6	0.001 3	0.001 0	0.000 8	0.000 7	0.000 6	0.000 5	0.000 4	0.000 3	0.000 2
28	0.007 7	0.006 1	0.004 8	0.003 8	0.003 0	0.002 4	0.001 9	0.001 5	0.001 2	0.001 0	0.000 8	0.000 6	0.000 5	0.000 4	0.000 3	0.000 3	0.000 2	0.000 2
29	0.006 4	0.005 1	0.004 0	0.003 1	0.002 5	0.002 0	0.001 5	0.001 2	0.001 0	0.000 8	0.000 6	0.000 5	0.000 4	0.000 3	0.000 2	0.000 2	0.000 2	0.000 1
30	0.005 4	0.004 2	0.003 3	0.002 6	0.002 0	0.001 6	0.001 2	0.001 0	0.000 8	0.000 6	0.000 5	0.000 4	0.000 3	0.000 2	0.000 2	0.000 2	0.000 1	0.000 1

附录三　年金终值系数表

期数＼利率	1%	2%	3%	4%	5%	6%	7%	8%	9%	10%	11%	12%	13%	14%	15%	16%	17%	18%
1	1.000 0	1.000 0	1.000 0	1.000 0	1.000 0	1.000 0	1.000 0	1.000 0	1.000 0	1.000 0	1.000 0	1.000 0	1.000 0	1.000 0	1.000 0	1.000 0	1.000 0	1.000 0
2	2.010 0	2.020 0	2.030 0	2.040 0	2.050 0	2.060 0	2.070 0	2.080 0	2.090 0	2.100 0	2.110 0	2.120 0	2.130 0	2.140 0	2.150 0	2.160 0	2.170 0	2.180 0
3	3.030 1	3.060 4	3.090 9	3.121 6	3.152 5	3.183 6	3.214 9	3.246 4	3.278 1	3.310 0	3.342 1	3.374 4	3.406 9	3.439 6	3.472 5	3.505 6	3.538 9	3.572 4
4	4.060 4	4.121 6	4.183 6	4.246 5	4.310 1	4.374 6	4.439 9	4.506 1	4.573 1	4.641 0	4.709 7	4.779 3	4.849 8	4.921 1	4.993 4	5.066 5	5.140 5	5.215 4
5	5.101 0	5.204 0	5.309 1	5.416 3	5.525 6	5.637 1	5.750 7	5.866 6	5.984 7	6.105 1	6.227 8	6.352 8	6.480 3	6.610 1	6.742 4	6.877 1	7.014 4	7.154 2
6	6.152 0	6.308 1	6.468 4	6.633 0	6.801 9	6.975 3	7.153 3	7.335 9	7.523 3	7.715 6	7.912 9	8.115 2	8.322 7	8.535 5	8.753 7	8.977 5	9.206 8	9.442 0
7	7.213 5	7.434 3	7.662 5	7.898 3	8.142 0	8.393 8	8.654 0	8.922 8	9.200 4	9.487 2	9.783 3	10.089	10.405	10.730	11.067	11.414	11.772	12.142
8	8.285 7	8.583 0	8.892 3	9.214 2	9.549 1	9.897 5	10.260	10.637	11.028	11.436	11.859	12.300	12.757	13.233	13.727	14.240	14.773	15.327
9	9.368 5	9.754 6	10.159	10.583	11.027	11.491	11.978	12.488	13.021	13.579	14.164	14.776	15.416	16.085	16.786	17.519	18.285	19.086
10	10.462	10.950	11.464	12.006	12.578	13.181	13.816	14.487	15.193	15.937	16.722	17.549	18.420	19.337	20.304	21.321	22.393	23.521
11	11.567	12.169	12.808	13.486	14.207	14.972	15.784	16.645	17.560	18.531	19.561	20.655	21.814	23.045	24.349	25.733	27.200	28.755
12	12.683	13.412	14.192	15.026	15.917	16.870	17.888	18.977	20.141	21.384	22.713	24.133	25.650	27.271	29.002	30.850	32.824	34.931
13	13.809	14.680	15.618	16.637	17.713	18.882	20.141	21.495	22.953	24.523	26.212	28.029	29.985	32.089	34.352	36.786	39.404	42.219
14	14.947	15.974	17.086	18.292	19.599	21.015	22.550	24.215	26.019	27.975	30.095	32.393	34.883	37.581	40.505	43.672	47.103	50.818
15	16.097	17.293	18.599	20.024	21.579	23.276	25.129	27.152	29.361	31.772	34.405	37.280	40.417	43.842	47.580	51.660	56.110	60.965
16	17.258	18.639	20.157	21.825	23.657	25.673	27.888	30.324	33.003	35.950	39.190	42.753	46.672	50.980	55.717	60.925	66.649	72.939
17	18.430	20.012	21.762	23.698	25.840	28.213	30.840	33.750	36.974	40.545	44.501	48.884	53.739	59.118	65.075	71.673	78.979	87.068
18	19.615	21.412	23.414	25.645	28.132	30.906	33.999	37.450	41.301	45.599	50.396	55.750	61.725	68.394	75.836	84.141	93.406	103.74
19	20.811	22.841	25.117	27.671	30.539	33.760	37.379	41.446	46.018	51.159	56.939	63.440	70.749	78.969	88.212	98.603	110.28	123.41
20	22.019	24.297	26.870	29.778	33.066	36.786	40.995	45.762	51.160	57.275	64.203	72.052	80.947	91.025	102.44	115.38	130.03	146.63
21	23.239	25.783	28.676	31.969	35.719	39.993	44.865	50.423	56.765	64.002	72.265	81.699	92.470	104.77	118.81	134.84	153.14	174.02
22	24.472	27.299	30.537	34.248	38.505	43.392	49.006	55.457	62.873	71.403	81.214	92.503	105.49	120.44	137.63	157.41	180.17	206.34
23	25.716	28.845	32.453	36.618	41.430	46.996	53.436	60.893	69.532	79.543	91.148	104.60	120.20	138.30	159.28	183.60	211.80	244.49
24	26.973	30.422	34.426	39.083	44.502	50.816	58.177	66.765	76.790	88.497	102.17	118.16	136.83	158.66	184.17	213.98	248.81	289.49
25	28.243	32.030	36.459	41.646	47.727	54.865	63.249	73.106	84.701	98.347	114.41	133.33	155.62	181.87	212.79	249.21	292.10	342.60
26	29.526	33.671	38.553	44.312	51.113	59.156	68.676	79.954	93.324	109.18	128.00	150.33	176.85	208.33	245.71	290.09	342.76	405.27
27	30.821	35.344	40.710	47.084	54.669	63.706	74.484	87.351	102.72	121.10	143.08	169.37	200.84	238.50	283.57	337.50	402.03	479.22
28	32.129	37.051	42.931	49.968	58.403	68.528	80.698	95.339	112.97	134.21	159.82	190.70	227.95	272.89	327.10	392.50	471.38	566.48
29	33.450	38.792	45.219	52.966	62.323	73.640	87.347	103.97	124.14	148.63	178.40	214.58	258.58	312.09	377.17	456.30	552.51	669.45
30	34.785	40.568	47.575	56.085	66.439	79.058	94.461	113.28	136.31	164.49	199.02	241.33	293.20	356.79	434.75	530.31	647.44	790.95

续表

期数\利率	19%	20%	21%	22%	23%	24%	25%	26%	27%	28%	29%	30%	31%	32%	33%	34%	35%	36%
1	1.000 0	1.000 0	1.000 0	1.000 0	1.000 0	1.000 0	1.000 0	1.000 0	1.000 0	1.000 0	1.000 0	1.000 0	1.000 0	1.000 0	1.000 0	1.000 0	1.000 0	1.000 0
2	2.190 0	2.200 0	2.210 0	2.220 0	2.230 0	2.240 0	2.250 0	2.260 0	2.270 0	2.280 0	2.290 0	2.300 0	2.310 0	2.320 0	2.330 0	2.340 0	2.350 0	2.360 0
3	3.606 1	3.640 0	3.674 1	3.708 4	3.742 9	3.777 6	3.812 5	3.847 6	3.882 9	3.918 4	3.954 1	3.990 0	4.026 1	4.062 4	4.098 9	4.135 6	4.172 5	4.209 6
4	5.291 3	5.368 0	5.445 7	5.524 2	5.603 8	5.684 2	5.765 6	5.848 0	5.931 3	6.015 6	6.100 8	6.187 0	6.274 2	6.362 4	6.451 5	6.541 7	6.632 9	6.725 1
5	7.296 6	7.441 6	7.589 2	7.739 6	7.892 6	8.048 4	8.207 0	8.368 4	8.532 7	8.699 9	8.870 0	9.043 1	9.219 2	9.398 3	9.580 5	9.765 9	9.954 4	10.146
6	9.683 0	9.929 9	10.183	10.442	10.708	10.980	11.259	11.544	11.837	12.136	12.442	12.756	13.077	13.406	13.742	14.086	14.438	14.799
7	12.523	12.916	13.321	13.740	14.171	14.615	15.073	15.546	16.032	16.534	17.051	17.583	18.131	18.696	19.277	19.876	20.492	21.126
8	15.902	16.499	17.119	17.762	18.430	19.123	19.842	20.588	21.361	22.163	22.995	23.858	24.752	25.678	26.638	27.633	28.664	29.732
9	19.923	20.799	21.714	22.670	23.669	24.712	25.802	26.940	28.129	29.369	30.664	32.015	33.425	34.895	36.429	38.029	39.696	41.435
10	24.709	25.959	27.274	28.657	30.113	31.643	33.253	34.945	36.723	38.593	40.556	42.619	44.786	47.062	49.451	51.958	54.590	57.352
11	30.404	32.150	34.001	35.962	38.039	40.238	42.566	45.031	47.639	50.398	53.318	56.405	59.670	63.122	66.769	70.624	74.697	78.998
12	37.180	39.581	42.142	44.874	47.788	50.895	54.208	57.739	61.501	65.510	69.780	74.327	79.168	84.320	89.803	95.637	101.84	108.44
13	45.244	48.497	51.991	55.746	59.779	64.110	68.760	73.751	79.107	84.853	91.016	97.625	104.71	112.30	120.44	129.15	138.48	148.47
14	54.841	59.196	63.909	69.010	74.528	80.496	86.949	93.926	101.47	109.61	118.41	127.91	138.17	149.24	161.18	174.06	187.95	202.93
15	66.261	72.035	78.330	85.192	92.669	100.82	109.69	119.35	129.86	141.30	153.75	167.29	182.00	198.00	215.37	234.25	254.74	276.98
16	79.850	87.442	95.780	104.93	114.98	126.01	138.11	151.38	165.92	181.87	199.34	218.47	239.42	262.36	287.45	314.89	344.90	377.69
17	96.022	105.93	116.89	129.02	142.43	157.25	173.64	191.73	211.72	233.79	258.15	285.01	314.64	347.31	383.30	422.95	466.61	514.66
18	115.27	128.12	142.44	158.40	176.19	195.99	218.04	242.59	269.89	300.25	334.01	371.52	413.18	459.45	510.80	567.76	630.92	700.94
19	138.17	154.74	173.35	194.25	217.71	244.03	273.56	306.66	343.76	385.32	431.87	483.97	542.27	607.47	680.36	761.80	852.75	954.28
20	165.42	186.69	210.76	237.99	268.79	303.60	342.94	387.39	437.57	494.21	558.11	630.17	711.38	802.86	905.88	1 021.8	1 152.2	1 298.8
21	197.85	225.03	256.02	291.35	331.61	377.46	429.68	489.11	556.72	633.59	720.96	820.22	932.90	1 060.8	1 205.8	1 370.2	1 556.5	1 767.4
22	236.44	271.03	310.78	356.44	408.88	469.06	538.10	617.28	708.03	812.00	931.04	1 067.3	1 223.1	1 401.2	1 604.7	1 837.1	2 102.3	2 404.7
23	282.36	326.24	377.05	435.86	503.92	582.63	673.63	778.77	900.20	1 040.4	1 202.0	1 388.5	1 603.3	1 850.6	2 135.3	2 462.7	2 839.0	3 271.3
24	337.01	392.48	457.22	532.75	620.82	723.46	843.03	982.25	1 144.3	1 332.7	1 551.6	1 806.0	2 101.3	2 443.8	2 840.9	3 301.0	3 833.7	4 450.0
25	402.04	471.98	554.24	650.96	764.61	898.09	1 054.8	1 238.6	1 454.2	1 706.8	2 002.6	2 348.8	2 753.7	3 226.8	3 779.5	4 424.4	5 176.5	6 053.0
26	479.43	567.38	671.63	795.17	941.46	1 114.6	1 319.5	1 561.7	1 847.8	2 185.7	2 584.4	3 054.4	3 608.3	4 260.4	5 027.7	5 929.7	6 989.3	8 233.1
27	571.52	681.85	813.68	971.10	1 159.0	1 383.1	1 650.4	1 968.7	2 347.8	2 798.7	3 334.8	3 971.8	4 727.9	5 624.8	6 687.8	7 946.8	9 436.5	1 1198
28	681.11	819.22	985.55	1 185.7	1 426.6	1 716.1	2 064.0	2 481.6	2 982.6	3 583.3	4 302.9	5 164.3	6 194.5	7 425.7	8 895.8	1 0650	1 2740	1 5230
29	811.52	984.07	1 193.5	1 447.6	1 755.7	2 129.0	2 580.9	3 127.8	3 789.0	4 587.7	5 551.8	6 714.6	8 115.8	9 802.9	11 832	14 272	17 200	20 714
30	966.71	1 181.9	1 445.2	1 767.1	2 160.5	2 640.9	3 227.2	3 942.0	4 813.0	5 873.2	7 162.8	8 730.0	10 633	12 941	15 738	19 125	23 222	28 172

附录四 年金现值系数表

期数 \ 利率	1%	2%	3%	4%	5%	6%	7%	8%	9%	10%	11%	12%	13%	14%	15%	16%	17%	18%
1	0.990 1	0.980 4	0.970 9	0.961 5	0.952 4	0.943 4	0.934 6	0.925 9	0.917 4	0.909 1	0.900 9	0.892 9	0.885 0	0.877 2	0.869 6	0.862 1	0.854 7	0.847 5
2	1.970 4	1.941 6	1.913 5	1.886 1	1.859 4	1.833 4	1.808 0	1.783 3	1.759 1	1.735 5	1.712 5	1.690 1	1.668 1	1.646 7	1.625 7	1.605 2	1.585 2	1.565 6
3	2.941 0	2.883 9	2.828 6	2.775 1	2.723 2	2.673 0	2.624 3	2.577 1	2.531 3	2.486 9	2.443 7	2.401 8	2.361 2	2.321 6	2.283 2	2.245 9	2.209 6	2.174 3
4	3.902 0	3.807 7	3.717 1	3.629 9	3.546 0	3.465 1	3.387 2	3.312 1	3.239 7	3.169 9	3.102 4	3.037 3	2.974 5	2.913 7	2.855 0	2.798 2	2.743 2	2.690 1
5	4.853 4	4.713 5	4.579 7	4.451 8	4.329 5	4.212 4	4.100 2	3.992 7	3.889 7	3.790 8	3.695 9	3.604 8	3.517 2	3.433 1	3.352 2	3.274 3	3.199 3	3.127 2
6	5.795 5	5.601 4	5.417 2	5.242 1	5.075 7	4.917 3	4.766 5	4.622 9	4.485 9	4.355 3	4.230 5	4.111 4	3.997 5	3.888 7	3.784 5	3.684 7	3.589 2	3.497 6
7	6.728 2	6.472 0	6.230 3	6.002 1	5.786 4	5.582 4	5.389 3	5.206 4	5.033 0	4.868 4	4.712 2	4.563 8	4.422 6	4.288 3	4.160 4	4.038 6	3.922 4	3.811 5
8	7.651 7	7.325 5	7.019 7	6.732 7	6.463 2	6.209 8	5.971 3	5.746 6	5.534 8	5.334 9	5.146 1	4.967 6	4.798 8	4.638 9	4.487 3	4.343 6	4.207 2	4.077 6
9	8.566 0	8.162 2	7.786 1	7.435 3	7.107 8	6.801 7	6.515 2	6.246 9	5.995 2	5.759 0	5.537 0	5.328 2	5.131 7	4.946 4	4.771 6	4.606 5	4.450 6	4.303 0
10	9.471 3	8.982 6	8.530 2	8.110 9	7.721 7	7.360 1	7.023 6	6.710 1	6.417 7	6.144 6	5.889 2	5.650 2	5.426 2	5.216 1	5.018 8	4.833 2	4.658 6	4.494 1
11	10.368	9.786 8	9.252 6	8.760 5	8.306 4	7.886 9	7.498 7	7.139 0	6.805 2	6.495 1	6.206 5	5.937 7	5.686 9	5.452 7	5.233 7	5.028 6	4.836 4	4.656 0
12	11.255	10.575	9.954 0	9.385 1	8.863 3	8.383 8	7.942 7	7.536 1	7.160 7	6.813 7	6.492 4	6.194 4	5.917 6	5.660 3	5.420 6	5.197 1	4.988 4	4.793 2
13	12.134	11.348	10.635	9.985 6	9.393 6	8.852 7	8.357 7	7.903 8	7.486 9	7.103 4	6.749 9	6.423 5	6.121 8	5.842 4	5.583 1	5.342 3	5.118 3	4.909 5
14	13.004	12.106	11.296	10.563	9.898 6	9.295 0	8.745 5	8.244 2	7.786 2	7.366 7	6.981 9	6.628 2	6.302 5	6.002 1	5.724 5	5.467 5	5.229 3	5.008 1
15	13.865	12.849	11.938	11.118	10.380	9.712 2	9.107 9	8.559 5	8.060 7	7.606 1	7.190 9	6.810 9	6.462 4	6.142 2	5.847 4	5.575 5	5.324 2	5.091 6
16	14.718	13.578	12.561	11.652	10.838	10.106	9.446 6	8.851 4	8.312 6	7.823 7	7.379 2	6.974 0	6.603 9	6.265 1	5.954 2	5.668 5	5.405 3	5.162 4
17	15.562	14.292	13.166	12.166	11.274	10.477	9.763 2	9.121 6	8.543 6	8.021 6	7.548 8	7.119 6	6.729 1	6.372 9	6.047 2	5.748 7	5.474 6	5.222 3
18	16.398	14.992	13.754	12.659	11.690	10.828	10.059	9.371 9	8.755 6	8.201 4	7.701 6	7.249 7	6.839 9	6.467 4	6.128 0	5.817 8	5.533 9	5.273 2
19	17.226	15.678	14.324	13.134	12.085	11.158	10.336	9.603 6	8.950 1	8.364 9	7.839 3	7.365 8	6.938 0	6.550 4	6.198 2	5.877 5	5.584 5	5.316 2
20	18.046	16.351	14.877	13.590	12.462	11.470	10.594	9.818 1	9.128 5	8.513 6	7.963 3	7.469 4	7.024 8	6.623 1	6.259 3	5.928 8	5.627 8	5.352 7
21	18.857	17.011	15.415	14.029	12.821	11.764	10.836	10.017	9.292 2	8.648 7	8.075 1	7.562 0	7.101 6	6.687 0	6.312 5	5.973 1	5.664 8	5.383 7
22	19.660	17.658	15.937	14.451	13.163	12.042	11.061	10.201	9.442 4	8.771 5	8.175 7	7.644 6	7.169 5	6.742 9	6.358 7	6.011 3	5.696 4	5.409 9
23	20.456	18.292	16.444	14.857	13.489	12.303	11.272	10.371	9.580 2	8.883 2	8.266 4	7.718 4	7.229 7	6.792 1	6.398 8	6.044 2	5.723 4	5.432 1
24	21.243	18.914	16.936	15.247	13.799	12.550	11.469	10.529	9.706 6	8.984 7	8.348 1	7.784 3	7.282 9	6.835 1	6.433 8	6.072 6	5.746 5	5.450 9
25	22.023	19.523	17.413	15.622	14.094	12.783	11.654	10.675	9.822 6	9.077 0	8.421 7	7.843 1	7.330 0	6.872 9	6.464 1	6.097 1	5.766 2	5.466 9
26	22.795	20.121	17.877	15.983	14.375	13.003	11.826	10.810	9.929 0	9.160 9	8.488 1	7.895 7	7.371 7	6.906 1	6.490 6	6.118 2	5.783 1	5.480 4
27	23.560	20.707	18.327	16.330	14.643	13.211	11.987	10.935	10.027	9.237 2	8.547 8	7.942 6	7.408 6	6.935 2	6.513 5	6.136 4	5.797 5	5.491 9
28	24.316	21.281	18.764	16.663	14.898	13.406	12.137	11.051	10.116	9.306 6	8.601 6	7.984 4	7.441 2	6.960 7	6.533 5	6.152 0	5.809 9	5.501 6
29	25.066	21.844	19.188	16.984	15.141	13.591	12.278	11.158	10.198	9.369 6	8.650 1	8.021 8	7.470 1	6.983 0	6.550 9	6.165 5	5.820 4	5.509 8
30	25.808	22.396	19.600	17.292	15.372	13.765	12.409	11.258	10.274	9.426 9	8.693 8	8.055 2	7.495 7	7.002 7	6.566 0	6.177 2	5.829 4	5.516 8

续表

期数\利率	19%	20%	21%	22%	23%	24%	25%	26%	27%	28%	29%	30%	31%	32%	33%	34%	35%	36%
1	0.840 3	0.833 3	0.826 4	0.819 7	0.813 0	0.806 5	0.800 0	0.793 7	0.787 4	0.781 3	0.775 2	0.769 2	0.763 4	0.757 6	0.751 9	0.746 3	0.740 7	0.735 3
2	1.546 5	1.527 8	1.509 5	1.491 5	1.474 0	1.456 8	1.440 0	1.423 5	1.407 4	1.391 6	1.376 1	1.360 9	1.346 1	1.331 5	1.317 2	1.303 2	1.289 4	1.276 0
3	2.139 9	2.106 5	2.073 9	2.042 2	2.011 4	1.981 3	1.952 0	1.923 4	1.895 6	1.868 4	1.842 0	1.816 1	1.790 9	1.766 3	1.742 3	1.718 8	1.695 9	1.673 5
4	2.638 6	2.588 7	2.540 4	2.493 6	2.448 3	2.404 3	2.361 6	2.320 2	2.280 0	2.241 0	2.203 1	2.166 2	2.130 5	2.095 7	2.061 8	2.029 0	1.996 9	1.965 8
5	3.057 6	2.990 6	2.926 0	2.863 6	2.803 5	2.745 4	2.689 3	2.635 1	2.582 7	2.532 0	2.483 0	2.435 6	2.389 7	2.345 2	2.302 1	2.260 4	2.220 0	2.180 7
6	3.409 8	3.325 5	3.244 6	3.166 9	3.092 3	3.020 5	2.951 4	2.885 0	2.821 0	2.759 4	2.700 0	2.642 7	2.587 5	2.534 2	2.482 8	2.433 1	2.385 2	2.338 8
7	3.705 7	3.604 6	3.507 9	3.415 5	3.327 0	3.242 3	3.161 1	3.083 3	3.008 7	2.937 0	2.868 2	2.802 1	2.738 6	2.677 5	2.618 7	2.562 0	2.507 5	2.455 0
8	3.954 4	3.837 2	3.725 6	3.619 3	3.517 9	3.421 2	3.328 9	3.240 7	3.156 4	3.075 8	2.998 6	2.924 7	2.853 9	2.786 0	2.720 8	2.658 2	2.598 2	2.540 4
9	4.163 3	4.031 0	3.905 4	3.786 3	3.673 1	3.565 5	3.463 1	3.365 7	3.272 8	3.184 2	3.099 7	3.019 0	2.941 9	2.868 1	2.797 6	2.730 0	2.665 3	2.603 3
10	4.338 9	4.192 5	4.054 1	3.923 2	3.799 3	3.681 9	3.570 5	3.464 8	3.364 4	3.268 9	3.178 1	3.091 5	3.009 1	2.930 4	2.855 3	2.783 6	2.715 0	2.649 5
11	4.486 5	4.327 1	4.176 9	4.035 4	3.901 8	3.775 7	3.656 4	3.543 5	3.436 5	3.335 1	3.238 8	3.147 3	3.060 4	2.977 6	2.898 7	2.823 6	2.751 9	2.683 4
12	4.610 5	4.439 2	4.278 4	4.127 4	3.985 2	3.851 4	3.725 1	3.605 9	3.493 3	3.386 8	3.285 9	3.190 3	3.099 5	3.013 3	2.931 4	2.853 4	2.779 2	2.708 4
13	4.714 7	4.532 7	4.362 4	4.202 8	4.053 0	3.912 4	3.780 1	3.655 5	3.538 1	3.427 2	3.322 4	3.223 3	3.129 4	3.040 4	2.955 9	2.875 7	2.799 4	2.726 8
14	4.802 3	4.610 6	4.431 7	4.264 6	4.108 2	3.961 6	3.824 1	3.694 9	3.573 3	3.458 7	3.350 7	3.248 7	3.152 2	3.060 9	2.974 4	2.892 3	2.814 4	2.740 3
15	4.875 9	4.675 5	4.489 0	4.315 2	4.153 0	4.001 3	3.859 3	3.726 1	3.601 0	3.483 4	3.372 6	3.268 2	3.169 6	3.076 4	2.988 3	2.904 7	2.825 5	2.750 2
16	4.937 7	4.729 6	4.536 4	4.356 4	4.189 4	4.033 3	3.887 4	3.750 9	3.622 8	3.502 6	3.389 6	3.283 2	3.182 9	3.088 2	2.998 7	2.914 0	2.833 7	2.757 5
17	4.989 7	4.774 6	4.575 5	4.390 8	4.219 0	4.059 1	3.909 9	3.770 5	3.640 0	3.517 7	3.402 8	3.294 8	3.193 1	3.097 1	3.006 5	2.920 9	2.839 8	2.762 9
18	5.033 3	4.812 2	4.607 9	4.418 7	4.243 1	4.079 9	3.927 9	3.786 1	3.653 6	3.529 4	3.413 0	3.303 7	3.200 8	3.103 9	3.012 4	2.926 0	2.844 3	2.766 8
19	5.070 0	4.843 5	4.634 6	4.441 5	4.262 7	4.096 7	3.942 4	3.798 5	3.664 2	3.538 6	3.421 0	3.310 5	3.206 7	3.109 0	3.016 9	2.929 9	2.847 6	2.769 7
20	5.100 9	4.869 6	4.656 7	4.460 3	4.278 6	4.110 3	3.953 9	3.808 3	3.672 6	3.545 8	3.427 1	3.315 8	3.211 2	3.112 9	3.020 2	2.932 7	2.850 1	2.771 8
21	5.126 8	4.891 3	4.675 0	4.475 6	4.291 6	4.121 2	3.963 1	3.816 1	3.679 2	3.551 4	3.431 9	3.319 8	3.214 7	3.115 8	3.022 7	2.934 9	2.851 9	2.773 4
22	5.148 6	4.909 4	4.690 0	4.488 2	4.302 1	4.130 0	3.970 5	3.822 3	3.684 4	3.555 8	3.435 6	3.323 0	3.217 3	3.118 0	3.024 6	2.936 5	2.853 3	2.774 6
23	5.166 8	4.924 5	4.702 5	4.498 5	4.310 6	4.137 1	3.976 4	3.827 3	3.688 5	3.559 2	3.438 4	3.325 4	3.219 3	3.119 7	3.026 0	2.937 7	2.854 3	2.775 4
24	5.182 2	4.937 1	4.712 8	4.507 0	4.317 6	4.142 8	3.981 1	3.831 2	3.691 8	3.561 9	3.440 6	3.327 2	3.220 9	3.121 0	3.027 1	2.938 6	2.855 0	2.776 0
25	5.195 1	4.947 6	4.721 3	4.513 9	4.323 2	4.147 4	3.984 9	3.834 2	3.694 3	3.564 0	3.442 3	3.328 6	3.222 0	3.122 0	3.027 9	2.939 2	2.855 6	2.776 5
26	5.206 0	4.956 3	4.728 4	4.519 6	4.327 8	4.151 1	3.987 9	3.836 7	3.696 3	3.565 6	3.443 7	3.329 7	3.222 9	3.122 7	3.028 5	2.939 7	2.856 0	2.776 8
27	5.215 1	4.963 6	4.734 2	4.524 3	4.331 6	4.154 2	3.990 3	3.838 7	3.697 9	3.566 9	3.444 7	3.330 5	3.223 6	3.123 3	3.028 9	2.940 1	2.856 3	2.777 1
28	5.222 8	4.969 7	4.739 0	4.528 1	4.334 6	4.156 6	3.992 3	3.840 2	3.699 1	3.567 9	3.445 5	3.331 2	3.224 1	3.123 7	3.029 3	2.940 3	2.856 5	2.777 3
29	5.229 2	4.974 7	4.743 0	4.531 2	4.337 1	4.158 5	3.993 8	3.841 5	3.700 1	3.568 7	3.446 1	3.331 7	3.224 5	3.124 0	3.029 5.	2.940 6	2.856 7	2.777 4
30	5.234 7	4.978 9	4.746 3	4.533 8	4.339 1	4.160 1	3.995 0	3.842 4	3.700 9	3.569 3	3.446 6	3.332 1	3.224 8	3.124 2	3.029 7	2.940 7	2.856 8	2.777 5

参考文献

[1]张亦春,郑振龙.证券投资理论与技巧(第2版)[M].厦门:厦门大学出版社,2000

[2]何孝星.证券投资理论与实务[M].北京:清华大学出版社,2004

[3]罗孝玲.期货投资学[M].北京:经济科学出版社,2003

[4]高鸿祯.投资决策——技术分析与金融工程[M].北京:中国财政经济出版社,2001

[5]吴晓求.公司并购原理[M].北京:中国人民大学出版社,2002

[6]J.弗雷德·威斯通、郑光、苏姗·E.侯格,唐旭译.兼并、重组与公司控制[M].北京:经济科学出版社,1998

[7]张建凉.国际理财学.北京:中国财政经济出版社,1998

[8]蒋屏.国际财务管理[M].北京:对外经贸大学出版社,2004

[9]陈德萍.公司理财理论与实务[M].北京:中国财政经济出版社,2002

[10]李相国,王化成.国际财务管理[M].北京:中国人民大学出版社,1996

[11]夏书乐.国际财务管理[M].北京:中国财政经济出版社,2001

[12]叶京生.国际投资实务[M].上海:知识出版社,1995

[13]张学谦.公司财务[M].北京:中国商务出版社,2004

[14]刘力.财务管理学[M].北京:企业管理出版社,2000

[15]陈共等人.公司并购原理与案例[M].北京:中国人民大学出版社,1998

[16]张涛.公司财务学基础[M].北京:经济科学出版社,2003

[17]贾根良,赵世堂,徐志宏编著.公司理财[M].天津:南开大学出版社,1994

[18]刘曼红编著.公司理财[M].北京:中国人民大学出版社,1999

[19]斯蒂芬·A.罗斯(Stephen A. Ross)等著.吴世农,沈艺峰等译.公司理财(第5版)[M].北京:机械工业出版社,2000

[20]何志勇等编著.公司理财[M].成都:西南财经大学出版社,1998

[21]陈兴滨编著.公司理财[M].北京:中国人民大学出版社,2003

[22]赵力群著.公司理财[M].上海:上海科学普及出版社,2002

[23]郭复初主编.公司理财[M].成都:西南财经大学出版社,1999

[24]道格拉斯·R.爱默瑞,约翰·D.芬尼特著.荆新,王华诚,李焰等译.
　　公司财务管理[M].北京:中国人民大学出版社,1999

[25]刘淑莲主编.企业财务管理[M].大连:东北财经大学出版社,2007

[26]刘俊勇编著.公司理财[M].北京:石油工业出版社,2001

[27]韩建勋编著.公司理财[M].北京:北京大学出版社,2002

[28]胡玉明编著.公司理财[M].大连:东北财经大学出版社,2002

[29]钱海波,贾国军主编.公司理财[M].北京:人民邮电出版社,2003

[30]周永强主编.理财学原理[M].北京:企业管理出版社 1995

[31]蒋屏主编.公司理财[M].北京:中信出版社,2005

[32]熊楚能,刘传兴编著.公司中级理财学[M].北京:清华大学出版社,
　　2005

[33]龙云飞主编.财务管理学[M].北京:中国人民大学出版社,2004

[34]钟田丽,王艳辉编著.公司理财[M].沈阳:东北大学出版社,2003

[35]宋效中主编.公司理财[M].北京:机械工业出版社,2005

[36]傅元略主编.财务管理[M].厦门:厦门大学出版社,2003

[37]汪平主编.中级财务管理[M].上海:上海财经大学出版社,2004

[38]理查德·A.布雷利,斯图尔特·C.迈尔斯著.方曙,范龙振,陆宝群
　　等译.公司财务原理[M].北京:机械工业出版社,2004

[39]王文华主编.现代企业理财学[M].上海:立信会计出版社,2003

[40]朱开悉主编.财务管理学[M].长沙:中南大学出版社,2004

[41]陈有余,张传明主编.企业财务管理学[M].北京:中国财政经济出版
　　社,2003

[42]陈文浩主编.公司理财学[M].上海:上海财经大学出版社,2006

[43]王永海主编.财务管理原理[M].武汉:武汉大学出版社,2003

[44]王满主编.公司理财学[M].上海:立信会计出版社,2006

[45]Ross,Westerfield,Jaffe 著.张中民译.财务管理(第五版)[M].台
　　北:台湾西书出版社.1999

[46]沈熙著.公司财务管理[M].上海:上海人民出版社,1995

图书在版编目(CIP)数据

公司理财/周永强主编,张玉哲副主编. —2 版. —厦门:厦门大学出版社,2012.8
(厦门大学统计学系列教材)
ISBN 978-7-5615-2906-5

Ⅰ.①公…　Ⅱ.①周…②张…　Ⅲ.①公司－财务管理－高等学校－教材
Ⅳ.①F276.6

中国版本图书馆 CIP 数据核字(2012)第 164440 号

厦门大学出版社出版发行
(地址:厦门市软件园二期望海路 39 号　邮编:361008)
http://www.xmupress.com
xmup @ xmupress.com
厦门市明亮彩色印刷有限公司印刷
2012 年 8 月第 2 版　2012 年 8 月第 1 次印刷
开本:720×970　1/16　印张:30.25
字数:550 千字　印数:4 000～7 000 册
定价:45.00 元
本书如有印装质量问题请直接寄承印厂调换